Métodos Quantitativos de Pesquisa

Série de livros sobre CQRM Aplicado

Volume I

Aplicação da Simulação de Risco Monte Carlo, Inteligência Artificial, Aprendizado de Máquina, Ciência de Dados, Previsão Estocástica, Análise de Dados, e Business Intelligence

IIPER Press

Terceira Edição

IIPER
Press

Johnathan Mun, Ph.D.

Califórnia, EUA

Risk *Simulator*

RQV *BizStats*

Este livro é dedicado a Jayden, Emma e Penny.

Num mundo onde o risco e a incerteza abundam,
São as únicas constantes na minha vida.

Dedicado à memória de amor da minha mãe.

Delicie-se com o Senhor e ele conceder-lhe-á os desejos do seu coração.

Salmo 37:4

A **Série de Livros CQRM Aplicado** discute como aplicar análises avançadas, contidas no programa Certificação em Gestão Quantitativa de Risco (CQRM), para problemas de negócios da vida real. No Volume I, mostramos como o *Risk Simulator* e o ROV *BizStats* podem ser usados para realizar análises quantitativas em pesquisas de graduação e pós-graduação.

As aplicações pragmáticas são enfatizadas para desmistificar os elementos que não estão qualificando à análise de risco. Uma caixa preta continuará a ser uma caixa preta se ninguém conseguir entender os conceitos, apesar de seu poder e aplicabilidade. Até que os métodos da caixa preta se tornem transparentes, para que os pesquisadores possam entender, aplicar e convencer outros de seus resultados, seu valor agregado e aplicabilidade, é que as abordagens receberão ampla atenção. Essa transparência é alcançada através das aplicações passo a passo da modelagem quantitativa, bem como a apresentação de múltiplos casos e discussão sobre aplicações na vida real.

Este livro destina-se àqueles que completaram o programa de certificação CQRM; mas também pode ser consultado por aqueles familiarizados com métodos básicos de pesquisa quantitativa, há algo para todos! É um texto igualmente aplicável no segundo ano de um MBA/MS ou no nível introdutório de um Doutorado. Os exemplos do livro exigem conhecimento prévio do tema.

Para obter informações adicionais sobre o programa CQRM, acesse os seguintes sites:

www.iiper.org

www.realoptionsvaluation.com

www.rovusa.com

Prof. Dr. **Johnathan C. Mun é** o fundador, presidente e CEO da Real Options Valuation, Inc. (ROV), uma empresa localizada ao norte do Vale do Silício, Califórnia e focada em consultoria, treinamento e desenvolvimento de software. Especializada em opções reais estratégicas, avaliação financeira, simulação de risco Monte Carlo, previsão estocástica, otimização, análise de decisões, *business intelligence*, sistemas analíticos para seguros de saúde, gestão de riscos de negócios, gerenciamento de riscos de projetos, métodos de pesquisa quantitativa e análise de riscos. A ROV tem parceiros e consultores em vários continentes, tais como: **África**: África do Sul, Gana, Nigéria, **América do Sul**: Argentina, Brasil, Colômbia, Peru, Venezuela, **América Central**: Porto Rico, **América do Norte**: EUA/ *Chicago, Nova York,* México / *Cidade do México,* **Ásia**: Arábia Saudita, China/ *Pequim, Hong Kong, Xangai,* Cingapura, Coreia do Sul, Índia, Japão, Malásia, Rússia, **Europa**: Eslovênia, Espanha, Itália, Reino Unido e Suíça / *Zurique,* entre outros. ROV também tem um escritório local em Xangai.

Por sua vez, o Dr. Mun preside o Instituto Internacional de Educação Profissional e Pesquisa (IIPER), uma organização globalmente credenciada, composta por professores de grandes universidades do mundo e que fornece Certificação em Gestão Quantitativa de Riscos (CQRM) e Certificação em Gestão de Riscos (CRM), entre outras.

Dr. Mun é o criador de várias ferramentas de software poderosas, incluindo: Risk Simulator, Real Options SLS Super Lattice Solver, Modeling Toolkit, Project Economics Analysis Tool (PEAT), ALM: Credit Market Operational Liquidity Risk (CMOL), Equity Options Assessment of Employees, ROV BizStats, ROV Modeler Suite (Basel Credit Modeler, Risk Modeler, Optimizer e Valuator), ROV Compiler, ROV Extractor and Evaluator, ROV Dashboard, ROV Quantitative Data Miner e outros softwares de aplicação de aplicativos, bem como DVD de treinamento de análise de risco ROV. Realiza seminários públicos sobre análise de riscos e programas de CQRM. Possui mais de 21 patentes registradas e pendentes em todo o mundo. Escreveu mais de 26 livros publicados por John Wiley & Sons, Elsevier Science, IIPER Press, e ROV Press, incluindo múltiplos volumes da Série Aplicada CQRM (IIPER Press, 2019-2020), *Modelagem de Risco, Aplicação de Simulação de Monte Carlo, Opções Estratégicas Reais, Previsões Estocásticas, Otimização de Portfólio, Análise de Dados, Business Intelligence e Modelagem de Decisões,* Primeira Edição (Wiley, 2006), Segunda Edição (Wiley, 2010) e Terceira Edição (ROV Press, 2015); *Manual do Banqueiro sobre Risco de Crédito* (2008); *Modelos Analíticos Avançados: 250 aplicações sob o Acordo de Basileia para Wall Street e Além* (Wiley 2008 e Thomson-Shore 2016); *Análise de Opções Reais: Ferramentas e Técnicas,* Primeira Edição 2003, Segunda Edição 2005, Terceira Edição (2016); Curso de Análise de Opções *Reais: Casos de Negócios* (2003); *Análise de Risco Aplicado: Ultrapassando a incerteza* (2003) e *Valorizando as Opções de Ações de Funcionários* (2004).

Seus livros e softwares são usados em mais de 350 das melhores universidades do mundo, incluindo: Instituto Bern na Alemanha, Universidade Chung-Ang na Coréia do Sul, Universidade de Georgetown, ITESM no México, MIT, American Navy Graduate School, New York University, Estocolmo University na Suécia, University de Andes no Chile, University of Chile, University of Hull, University of Pennsylvania Escola Wharton, Nova Iorque.

Atualmente, o Dr. Mun é professor de risco, finanças e economia. Lecionou cursos de gestão financeira, investimentos, opções reais, economia e estatística na universidade e pós-graduação no nível do MBA, Mestrado em Administração de Empresas e Doutorado. Lecionou em universidades de vários países, como a Naval Postgraduate School dos EUA (Monterrey, Califórnia) e a Universidade de Ciências Aplicadas (Suíça e Alemanha) como professor titular, Golden Gate University (Califórnia) e Universidade de St. Mary (Califórnia). a Ele orientou várias teses de graduação em pesquisas dentro dos comitês de MBA e dissertação de Doutorado. Também ministra cursos públicos semanais em Análise de Riscos, Análise de Opções Reais e Análise de Risco para Gestores, onde os participantes podem obter certificações de conclusão de CRM e CQRM. É sócio principal do Magellan Center e é membro do Conselho de Padronização da Academia Americana de Gestão Financeira.

Foi Vice-Presidente de Análises da Decisioneering, Inc., onde liderou o desenvolvimento software de opções e de análise financeira, consultoria analítica, treinamento e suporte técnico e onde também foi o criador do software *Real Options Analysis Toolkit*, mais antigo e menos poderoso que o antecessor SLS Opções Reais. Antes de ingressar no Decisioneering, foi Consultor e Economista Financeiro na área de Avaliação Global e Serviços Financeiros da KPMG Consultoria e Gerente de Serviços de Consultoria Econômica da KPMG LLP.

Possui vasta experiência em modelagem econométrica, análise financeira, opções reais, análise econômica e estatística. Durante seu mandato na Real Options Valuation, Inc., Decisioneering e KPMG Consulting, ele ensinou e assessorou diversas questões relacionadas a opções reais, análise financeira, previsão financeira, gerenciamento de projetos e avaliação financeira para mais de 100 empresas multinacionais (entre seus clientes anteriores e atuais estão: 3M, Airbus, Boeing, BP, Chevron Texaco, Financial Accounting Standards Board, Fujitsu, GE, Goodyear, Microsoft, Northropthrop , Pfizer, Timken, Departamento de Defesa dos EUA, Marinha dos EUA e Veritas, entre muitos outros). Antes de ingressar na KPMG, trouxe uma experiência como Diretor de Planejamento Financeiro e Análises da Viking Inc. e na FedEx, fez previsões financeiras, análise econômica e trabalho de pesquisa de mercado. Antes disso, trabalhou de forma independente em planejamento financeiro e consultoria.

Dr. Mun é Doutor em finanças e economia pela Universidade de Lehigh, onde suas áreas de pesquisa e interesse acadêmico têm girado em torno de investimento financeiro, modelagem econométrica, opções financeiras, finanças corporativas e teoria microeconômica. Também é Bacharel em Ciências da Gestão e Graduado em Ciências da Gestão (BS) em Biologia e Física. É certificado em Gestão de Riscos Financeiros, Consultoria Financeira e Gestão Quantitativa de Riscos. É membro da *American Mensa, Phi Beta Kappa Honor Society* e *Golden Key Honor Society*, bem como muitas outras organizações profissionais, como as Associações Financeiras do Leste e do Sul, a *American Economics Association* e a International *Association of Risk Professionals.*

Além disso, o Dr. Mun escreveu muitos artigos acadêmicos que foram publicados em: *Journal of Expert Systems with Applications; Revista de Investigação de Aquisição de Defesa; Instituto Americano de Procedimentos Físicos; Investigação de Aquisições; Revisão dos avanços em Contabilidade Quantitativa e Finanças; Global Finance Journal; Revisão Financeira Internacional; Journal of Financial Analysis; Revista de Economia Financeira Aplicada; Journal of International Financial Markets, Institutions and Money;*

Notícias de Engenharia Financeira; e *Journal of the Society of Petroleum Engineers.* Finalmente, ele contribuiu com dezenas de capítulos de livros e escreveu mais de cem artigos técnicos, boletins informativos, estudos de caso e artigos de pesquisa para Real Options Valuation, Inc.

JohnathanMun@cs.com   São Francisco

Sobre o Tradutor

Prof. **Nelson Rodrigues de Albuquerque** – Análise de Projetos e Riscos Corporativos. Engenheiro Eletrônico PUC-Rio, MBA Executivo pela COPPEAD/UFRJ, Mestre em Administração IBMEC-RJ e Doutor em Engenharia Elétrica / Especialista em Métodos de Apoio à Decisão e Gestão Quantitativa de Risco. Profissional Certificado pelo IIPER-USA. Na área academica: coordenador de cursos *in-Company* do IBMEC-RJ; Pesquisador do Laboratório de Inteligência Aplicada-ICA do DEE-PUC-Rio); consultor CTC-PUC-Rio. Ministrou cursos avulsos na Universidade Estácio de Sá (Niterói-RJ) / Pós-Graduação, na FUNENSEG/ENS-Rio, e na Universidade Federal do Rio Grande do Sul – UFRGS – Dept°. Metalurgia. Coorientador de candidato a Doutorado da UFRGS/PPGE3M. Atualmente é professor da Universidade Brasília-UnB / Departamento de Ciência da Computação (admissão março de 2020) e professor do Instituto Brasileiro de Executivos de Finanças – IBEF-Rio.

Pesquisador: Coordenou e/ou participou de projetos de pesquisa para: MME, USAID, Banco Mundial, PNUD, ENRON, ANP-Petrobras, ANEEL-LIGHT e UFGRS.

Executivo: CAEEB (Setor Elétrico), Cia. Navegação Lloyd Brasileira S.A., HPUmatic Automação Industrial, Barueri/SP, Membro do Conselho do Padrões do IIPER/USA.

Empresário: Sócio da empresa Métodos de Apoio à Decisão (ROV-Brasil) e consultor da *Real Options Valuation, Inc.*

Nelson.Albuquerque@unb.br / Nelson@realoptionsvaluation.com

... poderoso conjunto de ferramentas para gestores de portfólio/programa na escolha racional entre alternativas...
Contra-Almirante James Greene (Ret.), Presidente de Aquisições, Escola de Pós-Graduação Naval (EUA)

... essencial para qualquer profissional... abordagem lógica, concreta e conclusiva...
Jean Louis Vaysse, Vice-Presidente da Airbus (França)

... abordagem comprovada e revolucionária para quantificar riscos e oportunidades em um mundo incerto...
Mike Twyman, Presidente, Soluções de Missão, Cubic Global Defense, Inc. (EUA)

... leitura obrigatória para quem trabalha em economia e investimentos... É a melhor maneira de quantificar riscos e opções estratégicas...
Mubarak A. Alkhater, Diretor Executivo, Novos Negócios, Saudi Electric Co. (Arábia Saudita)

... técnicas de risco pragmáticas e poderosas, valiosas perspectivas teóricas e analíticas úteis na indústria...
Dr. Robert S. Finocchiaro, Diretor, Serviços corporativos de P&D, 3M (EUA)

... as ferramentas de risco mais importantes em um único volume, fonte definitiva em gerenciamento de riscos com exemplos claros...
Dr. Ricardo Valerdi, Sistemas de Engenharia, Instituto de Tecnologia de Massachusetts (EUA)

... conceitos passo a passo complexos com facilidade e clareza incomparáveis... uma "leitura obrigatória" para todos os profissionais...
Dr. Hans Weber, Líder de Desenvolvimento de Produtos, Syngenta AG (Suíça)

... abordagem passo a passo clara... tecnologia de última geração na tomada de decisões para o mundo real dos negócios...
Dr. Paul W. Finnegan, Vice-Presidente da Alexion Pharmaceuticals (EUA)

... Mapa de estradas e escopo claro de tópicos para criar estratégias e opções dinâmicas e ajustadas ao risco...

Jeffrey A. Clark, Vice-Presidente de Planejamento Estratégico,
A Timken Company (EUA)

... exploração claramente organizada e apoiada em ferramentas sobre riscos, opções e estratégias de negócios na vida real...

Robert Mack, vice-presidente, analista distinto,
Grupo Gartner (EUA)

... toda a gama de metodologias que quantificam e mitigam riscos para alcançar uma gestão de negócios eficaz...

Raymond Heika, Diretor de Planejamento Estratégico,
Northrop Grumman Corporation (EUA)

... leitura obrigatória para gerentes de portfólio de produtos... captura exposição de risco de investimentos estratégicos...

Rafael Gutierrez, Diretor Executivo de Planejamento Estratégico
de Marketing da Seagate Technologies (EUA)

... temas complexos explicados excepcionalmente... que podem ser compreendidos e implementados...

Agustín Velázquez, Economista Sênior,
Banco Central da Venezuela (Venezuela)

... Fonte permanente de aplicações práticas com simplesmente excelente teoria de gerenciamento de riscos!

Alfredo Roisenzvit, Diretor Executivo/Professor,
Risk-Business Latin America (Argentina)

... o livro de modelagem de melhor risco agora é ainda melhor... leitura necessária para todos os executivos...

David Mercier, vice-presidente corporativo Dev.
Bonanza Creek Energy [Petróleo e Gás] (EUA)

... ponte entre teoria e prática, intuitiva com interpretações compreensíveis...

Luis Melo, Econometrist Sênior,
Banco da República da Colômbia (Colômbia)

... ferramentas valiosas para as empresas gerarem valor para seus acionistas e sociedade, mesmo em tempos difíceis...

Dr. Markus Gotz Junginger, Sócio Sênior,
Gallup (Alemanha)

Sumário

MÉTODOS QUANTITATIVOS DE PESQUISA EM POUCAS PALAVRAS

Os campos das estatísticas e métodos quantitativos estão intimamente relacionados. Coletivamente, referem-se à compilação, apresentação, análise e uso de dados numéricos para tirar conclusões e tomar decisões sobre incerteza. As estatísticas são usadas principalmente para descrever o comportamento de certas variáveis e inferir sobre a verdadeira natureza delas. As estatísticas descritivas resumem dados e estatísticas inferenciais que generalizam a população, usando um pequeno conjunto de amostras para fazer previsões. A análise quantitativa pode ser vista como a aplicação de estatísticas que ajudam gestores ou administradores a tomarem decisões embasadas. Um exemplo simples demonstra como as estatísticas podem ser aplicadas para coletar informações sobre o nível médio de renda populacional em uma cidade específica. É assim que é realizado um levantamento da população da cidade e a renda média é tabulada. Técnicas de amostragem estatística são, então, utilizadas para tirar conclusões sobre os níveis reais de renda média da população. E é aí que a análise quantitativa é aplicada para apoiar a tomada de decisões e saber se um shopping center deve ser construído ou não no centro da cidade, com base na distribuição da riqueza dos moradores locais.

Em geral, a maioria dos métodos estatísticos utilizados em métodos de pesquisa quantitativa e mista, requer o desenho de um experimento, coleta de dados amostrais, análise de dados coletados utilizando estatísticas básicas descritivas, uso de testes de hipóteses, estimativas ou previsões, execução de ajustes das estimativas e apoio à tomada de decisão tática e estratégica.

Este livro permite o aprofundamento de técnicas que abrangem estatísticas descritivas e inferenciais e este capítulo fornece uma visão geral rápida desses métodos.

> O termo *variável* refere-se ao elemento de interesse que está sendo estudado, como receita, peso, idade, e assim por diante. O termo *amostra* refere-se ao subconjunto da população que está sendo analisada, e suas principais medidas tabuladas são chamadas, de *estatística*. O objetivo principal da estatística é de indicar a natureza real da *população*, incluindo todos possíveis elementos e observações de interesse de uma variável. Para o conjunto de elementos de uma população as estatísticas são chamadas de *Parâmetros*.

ESTATÍSTICAS DESCRITIVAS E MOMENTOS DE UMA DISTRIBUIÇÃO

Estatísticas descritivas geralmente se aplicam aos dados da pesquisa coletados. Com isso, estamos simplesmente descrevendo o que é ou o que os dados coletados mostram. As estatísticas descritivas são usadas para apresentar descrições quantitativas de forma gerenciável e simplificada. A análise pode incluir representações gráficas dos dados na forma de gráficos de barras, gráficos de linha, gráficos cumulativos e histogramas de probabilidade. Além disso, cálculos estatísticos básicos podem ser usados para determinar a média, mediana, moda, desvio padrão, variância, volatilidade, coeficiente de variação, percentis, intervalos de confiança, e assim por diante, de um conjunto de dados. A Figura 1.1 descreve os métodos.

Uma área entre estatísticas descritivas e inferenciais é a aplicação da teoria das probabilidades e a distribuição de probabilidade. Às vezes, os dados coletados podem vir na forma de proporções, ou chances de certos eventos ocorrerem, ou seja, a probabilidade de um evento. Essas probabilidades podem então ser generalizadas para inferir sobre toda a população. Por exemplo, frequências relativas podem ser usadas para gerar um histograma de probabilidade para descrever os dados coletados. As regras básicas de probabilidade e Teorema de Bayes aparecem na Figura 1.2, enquanto a Figura 1.3 mostra distribuições de probabilidade discretas, seguidas de uma explicação das distribuições contínuas de probabilidade.

TESTES DE HIPÓTESES

Os testes de hipóteses baseiam-se em várias distribuições de probabilidades subjacentes (Figura 1.3). Com os testes de hipóteses (Figura 1.4), entramos na área de estatísticas inferenciais, onde o pesquisador tenta chegar a conclusões que vão além apenas dos dados imediatos. Estatísticas inferenciais permitem ao investigador fazer julgamentos de probabilidade que mostrem diferenças entre dois ou mais grupos seguros e confiáveis ou que podem ter ocorrido por acaso.

O teste de hipótese é um método estatístico usado para testar se um conjunto de dados amostral está perto o suficiente de algum valor hipotético, ou se dois ou mais conjuntos de dados são estatisticamente semelhantes ou estatisticamente diferentes. Por exemplo, suponha que você execute uma simples correlação linear usando os dados coletados sobre a atividade diária de manchas solares e os retornos do mercado de ações nos últimos 10 anos. Em teoria, seria quase impossível obter uma correlação perfeita de zero (por exemplo, 0,0000...) quando existe um grande conjunto de dados. Suponha que a correlação calculada seja de 0,02. Essa correlação é próxima de zero para dizer que a correlação real é realmente zero e que qualquer pequena variação é devido ao acaso? E se a correlação fosse 0,03, ou 0,05, ou 0,20? Em que ponto podemos dizer que a correlação está longe de zero e não é mais zero ou estatisticamente significante?

MÉTODOS ESTATÍSTICOS PARA UMA VARIÁVEL

A Figura 1.5 mostra o básico do teste de hipótese para uma variável. Isso inclui testes de hipóteses, onde é feita uma hipótese sobre um parâmetro populacional e então são testadas estatísticas associadas aos dados amostrados. Essa suposição pode ou não ser verdadeira e pode ser testada estatisticamente se houverem estatísticas disponíveis. O termo técnico *"teste de hipóteses"* refere-se aos procedimentos estatísticos formais e matemáticos, utilizados pelos estatísticos, para aceitar ou rejeitar certas hipóteses.

Claramente, a melhor maneira de determinar com absoluta certeza, que uma hipótese é verdadeira seria examinando toda a população. Isso geralmente é impraticável, então os pesquisadores examinam uma amostra menor população, mas aleatória. Se as estatísticas calculadas dos dados amostrais não forem consistentes com a hipótese estatística, a hipótese é rejeitada. Às vezes, é realizado um teste de hipótese de uma variável para determinar se a média ou o desvio padrão de uma determinada variável é algum valor padrão (p.ex., se um coeficiente de correlação é estatisticamente significativo).

MÉTODOS ESTATÍSTICOS PARA DUAS OU MAIS VARIÁVEIS

As Figuras 1.6 e 1.7 tratam de testes de hipóteses adicionais em duas ou mais variáveis. Testar duas variáveis, como o nome indica, compara dois conjuntos de dados amostrais entre si, para determinar se há uma diferença estatisticamente significativa entre os mesmos e a população, ou seja, se um determinado evento ou experimento tem um efeito. Variáveis adicionais podem ser adicionadas e essas variáveis podem ser testadas simultaneamente. No Capítulo 6 você encontrará uma lista detalhada de todos os métodos disponíveis no software ROV *BizStats*. Esse Capítulo além de permitir uma visão geral também mergulha nas metodologias mais utilizadas, começando com teste-*t* em pares, teste *F* emparelhados e ANOVA, continuando com regressão múltipla e análises não paramétricas.

Este livro também abrange o básico de técnicas avançadas adicionais que o ajudarão em seus esforços de pesquisa em andamento. Para obter informações detalhadas adicionais, sugerimos a leitura do livro do Dr. Johnathan Mun intitulados: *Quantitative Research Methods* e *Modeling Risk,* Terceira Edição. Por exemplo, esses livros fornecem detalhes sobre previsões e modelagem preditiva, onde dados históricos ou contemporâneos coletados podem ser usados para prever resultados futuros. Da mesma forma, abordam técnicas de modelagem aplicando regressão multivariada, onde você pode modelar as interações e efeitos estatísticos de múltiplas variáveis independentes na variável dependente, e quantificar estatisticamente os efeitos. Esses livros incluem simulação e geração de dados, através de distribuições de probabilidades. Usando dados de amostragem limitados, a distribuição populacional pode ser gerada empiricamente usando técnicas de simulação. Para dados limitados, a simulação pode ser usada para realizar re-amostragens não paramétricas para gerar um conjunto maior de dados para fins de análise.

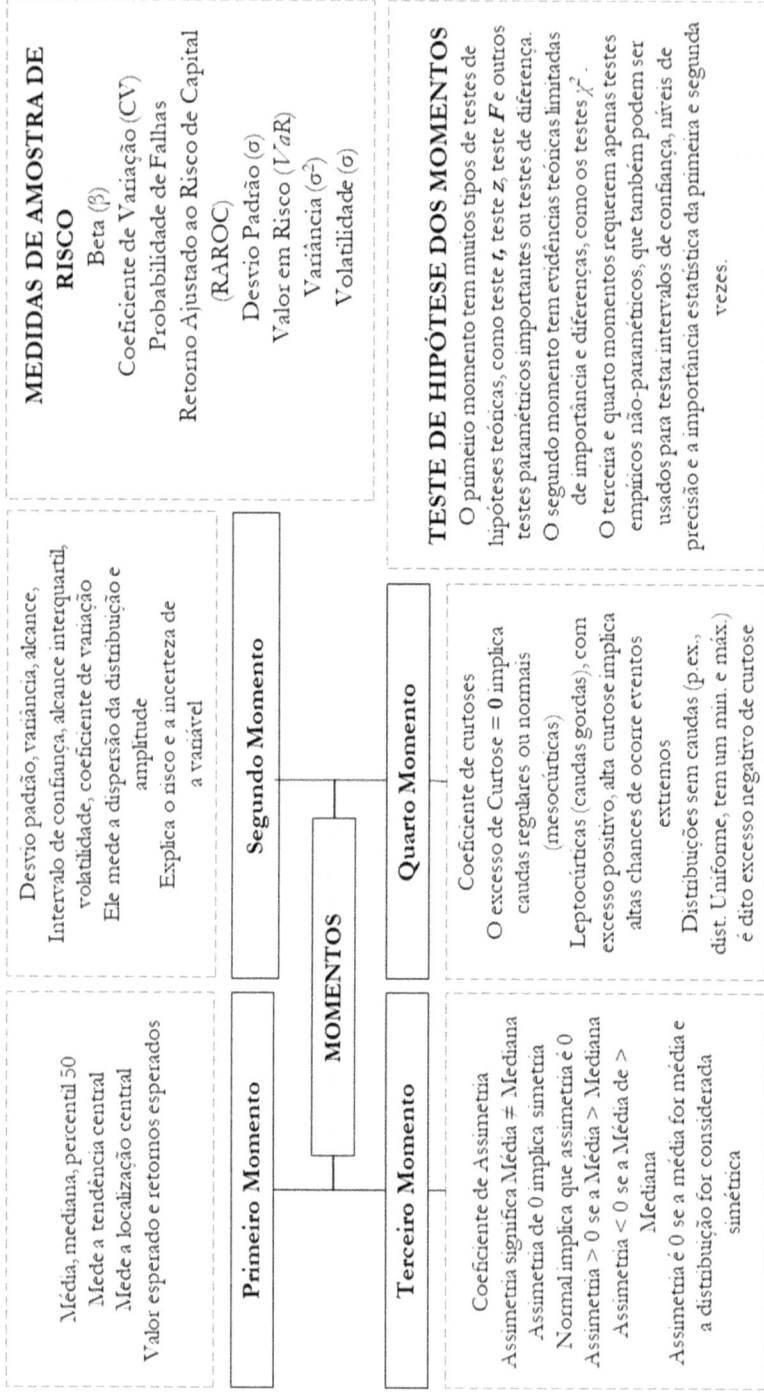

Figura 1.1: Momentos de Distribuição e Estatísticas Descritivas

MEDIDAS DE AMOSTRA DE RISCO
- Beta (β)
- Coeficiente de Variação (CV)
- Probabilidade de Falhas
- Retorno Ajustado ao Risco de Capital (RAROC)
- Desvio Padrão (σ)
- Valor em Risco (VaR)
- Variância (σ^2)
- Volatilidade (σ)

TESTE DE HIPÓTESE DOS MOMENTOS
O primeiro momento tem muitos tipos de testes de hipóteses teóricas, como teste t, teste z, teste F e outros testes paramétricos importantes ou testes de diferença.
O segundo momento tem evidências teóricas limitadas de importância e diferenças, como os testes χ^2.
O terceira e quarto momentos requerem apenas testes empíricos não-paramétricos, que também podem ser usados para testar intervalos de confiança, níveis de precisão e importância estatística da primeira e segunda vezes.

MOMENTOS

Primeiro Momento
Média, mediana, percentil 50
Mede a tendência central
Mede a localização central
Valor esperado e retornos esperados

Segundo Momento
Desvio padrão, variância, alcance, Intervalo de confiança, alcance interquartil, volatilidade, coeficiente de variação
Ele mede a dispersão da distribuição e amplitude
Explica o risco e a incerteza da variável

Terceiro Momento
Coeficiente de Assimetria
Assimetria significa Média ≠ Mediana
Assimetria de 0 implica simetria
Normal implica que assimetria é 0
Assimetria > 0 se a Média > Mediana
Assimetria < 0 se a Média de > Mediana
Assimetria é 0 se a média for média e a distribuição for considerada simétrica

Quarto Momento
Coeficiente de curtose
O excesso de Curtose = 0 implica caudas regulares ou normais (mesocúrticas)
Leptocúrticas (caudas gordas), com excesso positivo, alta curtose implica altas chances de ocorrer eventos extremos
Distribuições sem caudas (p.ex., dist. Uniforme, tem um mín. e máx.) é dito excesso negativo de curtose

Teorema de Bayes

$$P(A|M) = \frac{P(A \cap M)}{P(M)} = \frac{P(A)P(M|A)}{P(M)} = \frac{P(A)P(M|A)}{P(A \cap M) + P(B \cap M) + P(C \cap M)} = \frac{P(A)P(M|A)}{P(A)P(M|A) + P(B)P(M|B) + P(C)P(M|C)}$$

$$P(X_1|M) = \frac{P(X_1)P(M|X_1)}{P(X_1)P(M|X_1) + P(X_2)P(M|X_2) + P(X_3)P(M|X_3) + \dots + P(X_n)P(M|X_n)}$$

Para cada teste, apenas dois resultados que são mutuamente exclusivos são possíveis. Os ensaios são independentes — o que acontece no primeiro julgamento não afeta o próximo julgamento. A probabilidade de ocorrência de um evento permanece o mesmo teste após o julgamento.

Combinações e Permutações

$$C_x^n = \frac{n!}{x!(n-x)!} \qquad P_x^n = \frac{n!}{(n-x)!}$$

Distribuição Binomial

$$P(x) = \frac{n!}{x!(n-x)!} p^x (1-p)^{(n-x)} \quad for \; n > 0; \; x = 0, 1, 2, \dots n; \; and \; 0 < p < 1$$

Distribuição Poisson

$$de \quad P(x) = \frac{e^{-\lambda}\lambda^x}{x!}$$

O número de ocorrências possíveis em qualquer intervalo é ilimitado. As ocorrências são independentes. O número de ocorrências em um intervalo não afeta o número de ocorrências em outros intervalos. O número médio de ocorrências deve permanecer igual de intervalo a intervalo. Os valores x e s > 0.

Distribuição Hipergeométrica

$$P(x) = \frac{\dfrac{(N_x)!}{x!(N_x - x)!} \dfrac{(N - N_x)!}{(n-x)!(N - N_x - n + x)!}}{\dfrac{N!}{n!(N-n)!}} \quad for \; x = Max(n - (N - N_x), 0), \dots Min(n, N_x)$$

O número total de itens ou itens (tamanho populacional) é um número fixo, uma população finita. O tamanho populacional deve ser menor ou igual a 1.750. O tamanho amostral é o número de ensaios e representa uma parcela da população. A conhecida probabilidade inicial de sucesso na população muda após cada ensaio.

Distribuição Normal

$$f(x) = \frac{1}{\sqrt{2\pi}\sigma} e^{-\frac{(x-\mu)^2}{2\sigma^2}} \quad for \; all \; values \; of \; x$$

Um certo valor da variável incerta é o mais provável (a média da distribuição). A variável incerta pode ser acima da média como abaixo da média (simétrica sobre média). A variável incerta é mais provável estar na proximidade da média do que mais distante dela.

Figura 1.2: : Teoria das Probabilidades e Distribuições de Probabilidade

DISTRIBUIÇÕES COMUMENTE USADAS

TRIANGULAR

Parece um triângulo, valores contínuos, as caudas terminam no mínimo e no máximo com o valor mais provável como seu pico. Pode ser assimétrica ou simétrica com o excesso de Curtose negativa (Caudas truncadas). Exemplos: previsões de vendas, estimativas de especialistas, suposições de gestão.

NORMAL

A curva sino contínua a ser conhecida como distribuição Gaussiana, caudas infinitas em ambos os lados, requer entradas: desvio médio e padrão. É simétrica com zero assimetria e excesso de Curtose zero. Exemplos: Retornos sobre ações, Altura, Peso, QI (mais normal truncado com limites).

UNIFORME

Área plana contínua com igual probabilidade de ocorrência em qualquer ponto entre o mínimo e o máximo. Simétrico com assimetria zero e curtose negativa em excesso (pontos finais fixos). Exemplos: previsões de negócios e previsões econômicas.

BINOMIAL

Eventos discretos com dois resultados independentes e mutuamente exclusivos, com uma probabilidade fixa de sucesso em cada julgamento sucessivo. É simétrica e aproxima a distribuição Normal com um alto número de testes. Exemplo: jogar uma moeda várias vezes.

POISSON

Eventos discretos que ocorrem independentemente, com a mesma taxa média de repetição, e medidos em tempo ou espaço (área). P.ex.: previsões de vendas, estimativas de especialistas, suposições de gestão. Aproximando-se do Normal com médias altas.

PERSONALIZADA

Distribuição discreta ajustada empiricamente quando poucos dados estão disponíveis ou quando outras distribuições teóricas falham. Adequado para métodos Delfos, pode ser multimodal ou irregular. Exemplos: estimativas de especialistas, suposições de gestão e estimativas qualitativas que se tornam numericamente.

DISTRIBUIÇÕES IMPORTANTES, MAS MENOS COMUMENTE UTILIZADAS

BERNOULLI

Versão discreta de um único teste Binomial (por exemplo, simulando o sucesso ou o fracasso do projeto)

BETA 4

Distribuição contínua altamente flexível capaz de tomar múltiplas formas e escalas

UNIFORME DISCRETA

Gama de eventos discretos com igual probabilidade de ocorrência (p.ex., lançando um dado de 6 lados).

EXPONENCIAL 2

Alta probabilidade de valores baixos, baixa probabilidade de altos valores contínuos (p.ex., tempo limite).

GUMBEL

Valores extremos de simulação de fim de fila para resultados contínuos (por exemplo, colapso do mercado).

LOGNORMAL

Variáveis com valores contínuos não negativos e não-zero (por exemplo, preços das ações).

T-TEST DE STUDENT

O NORMAL contínua com caudas gorda ou maior probabilidade de extremos (p.ex., retornos arriscados).

WEIBULL 3

Tempo médio contínuo antes das estimativas de falha e confiabilidade (p.ex., tempo médio entre falhas (MTBF) motor).

OUTRAS DISTRIBUIÇÕES: Arcoseno, Beta, Beta 3, Cauchy, Chi-quadrado, Cosseno, Doble Log, Erlang, Exponencial, F, Fréchet, Gamma, Geométrica, Gumbel Mín, Gumbel Max, Hipergeométrica, Laplace, Logística, LogNormal 3, Binomial Negativa, Parabólica, Pareto Generalizada, Pareto, Pascal, Pearson V, Pearson VI, PERT, Potência, Potência 3, Rayleigh, Normal Estándar, T Estándar, Weibull

Figura 1.3: Distribuições de Probabilidades Mais Comuns

Hipóteses comprovadas são geralmente:

$H_0: \mu_1 = \mu_2$, ou seja, as duas médias amostrais são estatisticamente semelhantes

$H_A: \mu_1 \neq \mu_2$, ou seja, os dois meios amostrais são estatisticamente diferentes

A hipótese nula (H_0) geralmente tem o sinal de equivalência (p.ex., $=$, $\geq$, $\leq$), enquanto a hipótese alternativa (H_A) tem seu complemento (p.ex., $\neq$, $<$, $>$). O sinal de hipótese alternativa aponta para se o teste é de duas caudas ($\neq$) ou um teste de cauda (a cauda direita é indicada por $>$, enquanto uma cauda esquerda usa $<$). Como exemplo, para iniciar um teste de hipótese de duas amostras, um conjunto de dados com algum número de pontos de dados é colocado lado a lado para duas variáveis (com tamanhos amostrais n_1 e n_2). Suas respectivas médias amostrais são então calculadas x_1 e x_2 e as variações amostrais padrão s_1 e s_2 são calculadas. Posteriormente, a estatística-t é calculada utilizando-se várias fórmulas em comparação com os valores críticos de t. Na maioria das situações, os p-valores desta t-estatística calculada são calculados e comparados a algum nível de significância predefinido (p.ex., serão assumidos junto, níveis de significância padrão α de 0,10, 0,05 e 0,01) utilizando distribuição t com algum grau de liberdade (gl). Se o p-valor estiver abaixo desses níveis de α, rejeitamos a hipótese nula e aceitamos a hipótese alternativa.

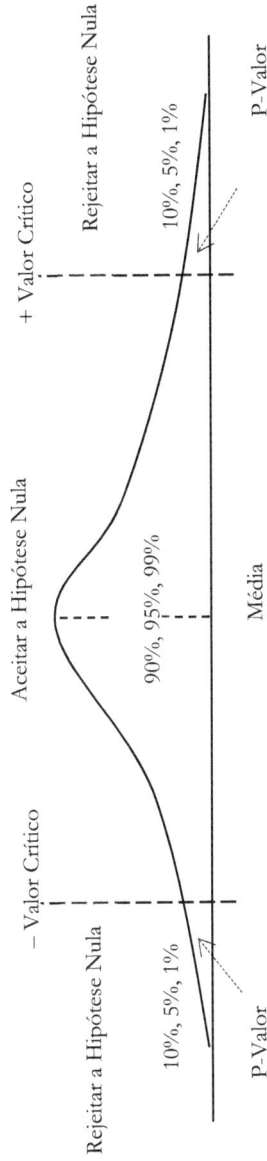

Figura 1.4: Fundamentos do Teste de Hipóteses

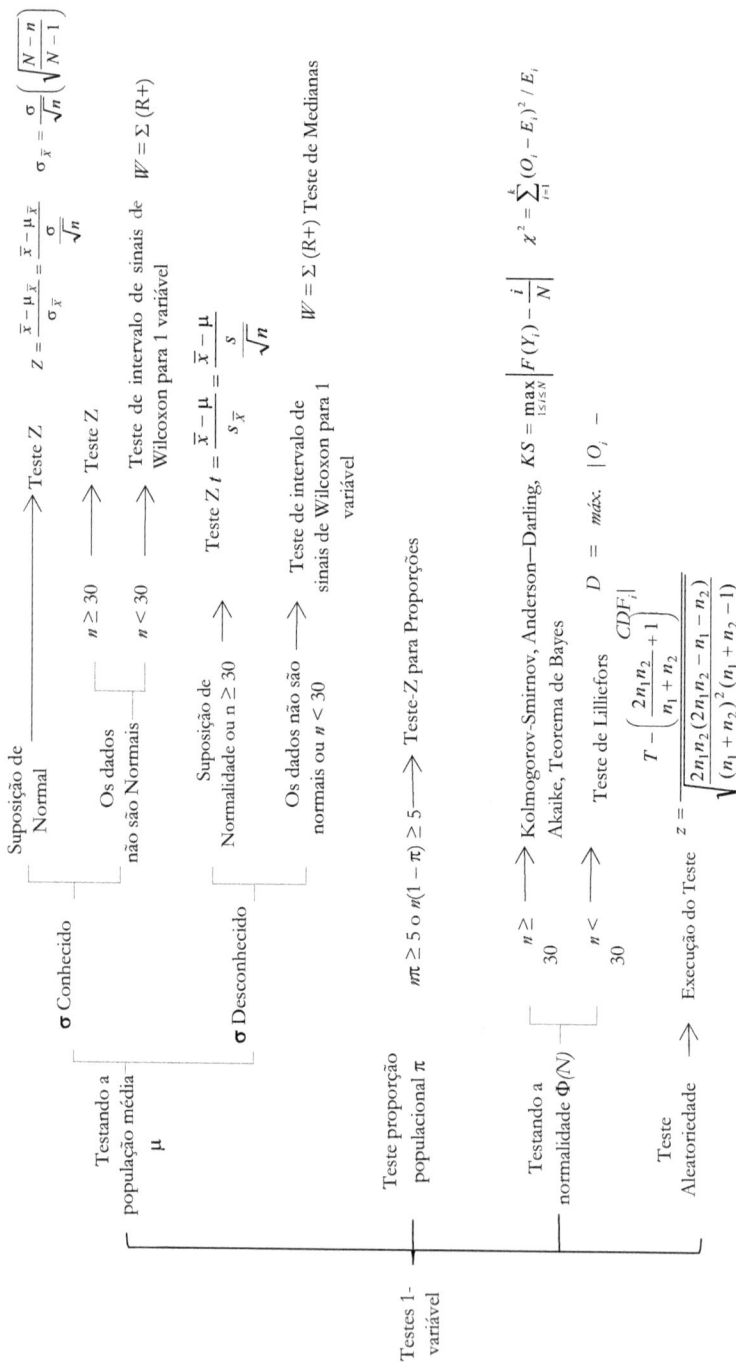

Testes 1-variável

Testando a população média μ

σ Conhecido → Suposição de Normal ⟶ Teste Z, $\quad Z = \dfrac{\bar{x} - \mu_{\bar{x}}}{\sigma_{\bar{x}}} = \dfrac{\bar{x} - \mu_{\bar{x}}}{\frac{\sigma}{\sqrt{n}}} \qquad \sigma_{\bar{x}} = \dfrac{\sigma}{\sqrt{n}}\left(\sqrt{\dfrac{N-n}{N-1}}\right)$

Os dados não são Normais → $n \geq 30$ ⟶ Teste Z

$n < 30$ ⟶ Teste de intervalo de sinais de Wilcoxon para 1 variável $\quad W = \Sigma(R+)$

σ Desconhecido → Suposição de Normalidade ou $n \geq 30$ → Teste Z, $t = \dfrac{\bar{x} - \mu}{s_{\bar{x}}} = \dfrac{\bar{x} - \mu}{\frac{s}{\sqrt{n}}}$

Os dados não são normais ou $n < 30$ → Teste de intervalo de sinais de Wilcoxon para 1 variável $\quad W = \Sigma(R+)$ Teste de Medianas

Teste proporção populacional π

$n\pi \geq 5$ o $n(1 - \pi) \geq 5$ ⟶ Teste-Z para Proporções

Testando a normalidade Φ(N)

$n \geq 30$ ⟶ Kolmogorov–Smirnov, Anderson–Darling, Akaike, Teorema de Bayes $\quad KS = \max_{1 \leq i \leq N}\left|F(Y_i) - \dfrac{i}{N}\right| \qquad \chi^2 = \sum_{i=1}^{k}(O_i - E_i)^2 / E_i$

$n < 30$ ⟶ Teste de Lilliefors $\quad D = máx. \ \left|O_i - CDF_i\right|$

Teste Aleatoriedade ⟶ Execução do Teste $\quad z = \dfrac{T - \left(\frac{2n_1 n_2}{n_1 + n_2} + 1\right)}{\sqrt{\dfrac{2n_1 n_2(2n_1 n_2 - n_1 - n_2)}{(n_1 + n_2)^2(n_1 + n_2 - 1)}}}$

Figura 1.5: Métodos Estatísticos para Uma (1) Variável

Testes de 2-Variáveis

Suposição da Normalidade & Testando a média da população $(\mu_1 = \mu_2)_{H_0}$

$\sigma_1 = \sigma_2$ → Teste de variância T igual com variância Agrupados

$$t = \frac{(\bar{x}_1 - \bar{x}_2) - (\mu_1 - \mu_2)}{\sqrt{s_p^2\left(\dfrac{1}{n_1} + \dfrac{1}{n_2}\right)}} \qquad s_p^2 = \frac{(n_1-1)s_1^2 + (n_2-1)s_2^2}{n_1+n_2-2} \qquad df = n_1 + n_2 - 2$$

$\sigma_1 \neq \sigma_2$ → Teste T de Variâncias Não Iguais

$$t = \frac{(\bar{x}_1 - \bar{x}_2) - (\mu_1 - \mu_2)}{\sqrt{\dfrac{s_1^2}{n_1} + \dfrac{s_2^2}{n_2}}} \qquad df = \frac{\left[\dfrac{s_1^2/n_1 + s_2^2/n_2}{}\right]^2}{\dfrac{\left(s_1^2/n_1\right)^2}{n_1-1} + \dfrac{\left(s_2^2/n_2\right)^2}{n_2-1}}$$

As variáveis são dependentes → Teste T de Variáveis Dependente

$$t = \frac{\bar{d}}{s_d/\sqrt{n}} \qquad df = n-1$$

Suposição da Normalidade & Testando a Variância População

→ Teste F $F = \max\left(s_1^2/s_2^2, s_2^2/s_1^2\right)$ $F(\alpha/2, n_L - 1, n_S - 1)$

Assumindo nenhuma Normalidade & Testando a Média da População

→ Teste de intervalo de sinais de Wilcoxon para 2 variáveis $W = \Sigma\,(R+)$

Testes de relacionamento

Medição Co-movimentos → Correlações lineares e não lineares

$$r_{x,y} = \frac{n\sum x_i y_i - \sum x_i \sum y_i}{\sqrt{n\sum x_i^2 - \left(\sum x_i\right)^2}\sqrt{n\sum y_i^2 - \left(\sum y_i\right)^2}}$$

Medição Efeitos explicativos → Regressão Linear e Não Linear Bivariada

$$\beta_1 = \frac{\displaystyle\sum_{i=1}^{n}(X_i - \bar{X})(Y_i - \bar{Y})}{\displaystyle\sum_{i=1}^{n}(X_i - \bar{X})^2} = \frac{\displaystyle\sum_{i=1}^{n} X_i Y_i - \frac{\displaystyle\sum_{i=1}^{n} X_i \sum_{i=1}^{n} Y_i}{n}}{\displaystyle\sum_{i=1}^{n} X_i^2 - \frac{\left(\displaystyle\sum_{i=1}^{n} X_i\right)^2}{n}}$$

$$\beta_0 = \bar{Y} - \beta_1 \bar{X}$$

Figura 1.6: Métodos Estatísticos para Duas (2) Variável

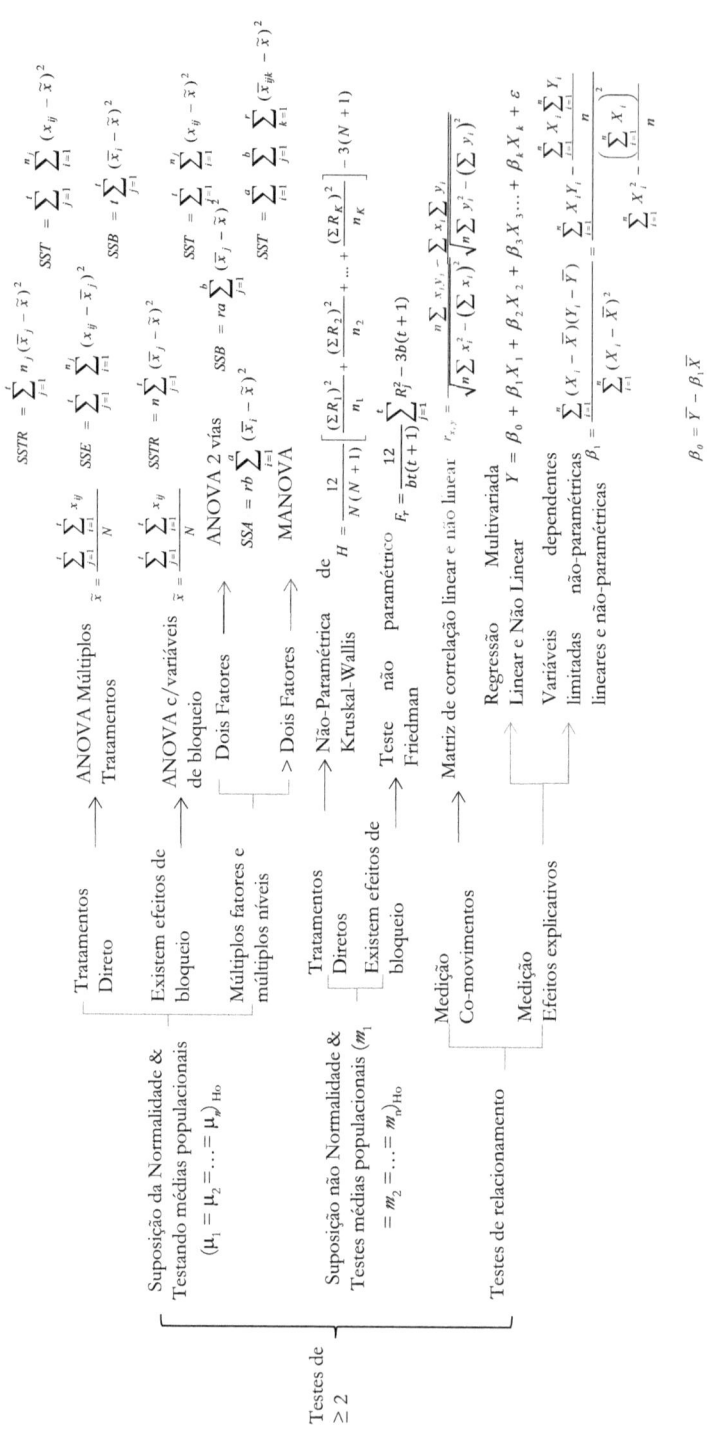

Figura 1.7: Métodos Estatísticos para Duas ou Mais (≥ 2) Variável

Testes de ≥ 2

Suposição da Normalidade & Testando médias populacionais $(\mu_1 = \mu_2 = ... = \mu_n)_{H_0}$

- Tratamentos Direto → ANOVA Múltiplos Tratamentos

$$\tilde{x} = \frac{\sum_{j=1}^{t}\sum_{i=1}^{t} x_{ij}}{N}$$

$$SSTR = \sum_{j=1}^{t} n_j (\bar{x}_j - \tilde{x})^2 \qquad SST = \sum_{j=1}^{t}\sum_{i=1}^{n_j}(x_{ij}-\tilde{x})^2$$

- Existem efeitos de bloqueio → ANOVA c/variáveis de bloqueio

$$\tilde{x} = \frac{\sum_{j=1}^{t}\sum_{i=1}^{t} x_{ij}}{N}$$

$$SSE = \sum_{j=1}^{t}\sum_{i=1}^{n_j}(x_{ij}-\tilde{x})^2 \qquad SSB = t\sum_{j=1}^{t}(\bar{x}_j - \tilde{x})^2$$

- Múltiplos fatores e múltiplos níveis
  - Dois Fatores → ANOVA 2 vías

$$SSTR = n\sum_{j=1}^{t}(\bar{x}_j - \tilde{x})^2$$

$$SSA = rb\sum_{i=1}^{a}(\bar{x}_i - \tilde{x})^2 \qquad SSB = ra\sum_{j=1}^{b}(\bar{x}_j - \tilde{x})^2$$

$$SST = \sum_{j=1}^{t}\sum_{i=1}^{n_j}(x_{ij}-\tilde{x})^2$$

  - > Dois Fatores → MANOVA

$$SST = \sum_{i=1}^{a}\sum_{j=1}^{b}\sum_{k=1}^{r}(\bar{x}_{ijk}-\tilde{x})^2$$

Suposição não Normalidade & Testes médias populacionais $(m_1 = m_2 = ... = m_n)_{H_0}$

- Tratamentos Diretos → Não-Paramétrica Kruskal-Wallis de

$$H = \frac{12}{N(N+1)}\left[\frac{(\Sigma R_1)^2}{n_1}+\frac{(\Sigma R_2)^2}{n_2}+...+\frac{(\Sigma R_K)^2}{n_K}\right] - 3(N+1)$$

- Existem efeitos de bloqueio → Teste não paramétrico Friedman

$$F_r = \frac{12}{bt(t+1)}\sum_{j=1}^{t}R_j^2 - 3b(t+1)$$

Testes de relacionamento

- Medição Co-movimentos → Matriz de correlação linear e não linear

$$r_{x,y} = \frac{n\sum x_i y_i - \sum x_i \sum y_i}{\sqrt{n\sum x_i^2 - (\sum x_i)^2}\,\sqrt{n\sum y_i^2 - (\sum y_i)^2}}$$

- Medição Efeitos explicativos → Regressão Linear e Não Linear → Multivariada

$$Y = \beta_0 + \beta_1 X_1 + \beta_2 X_2 + \beta_3 X_3 ... + \beta_k X_k + \varepsilon$$

  Variáveis dependentes não-paramétricas
  Variáveis limitadas lineares e não-paramétricas

$$\beta_1 = \frac{\sum_{i=1}^{n}(X_i - \bar{X})(Y_i - \bar{Y})}{\sum_{i=1}^{n}(X_i-\bar{X})^2} = \frac{\sum_{i=1}^{n} X_i Y_i - \dfrac{\sum_{i=1}^{n} X_i \sum_{i=1}^{n} Y_i}{n}}{\sum_{i=1}^{n} X_i^2 - \dfrac{\left(\sum_{i=1}^{n} X_i\right)^2}{n}}$$

$$\beta_0 = \bar{Y} - \beta_1 \bar{X}$$

MOMENTOS DAS DISTRIBUIÇÕES

O estudo das estatísticas refere-se à coleta, apresentação, análise e uso de dados numéricos para inferir e tomar decisões em um ambiente de incerteza, onde os dados populacionais reais são desconhecidos. Há dois ramos no estudo da estatística: *estatísticas descritivas*, que resumem e descrevem dados e *estatísticas inferenciais*, que generalizam a população através de uma pequena amostra aleatória, o que é útil para fazer previsões ou tomar decisões quando as características populacionais são desconhecidas.

Podemos definir uma *amostra* como um subconjunto da população sendo medida, enquanto a *população* é definida como todas as possíveis observações de interesse em uma variável. Por exemplo, se alguém está interessado nas práticas de votação de todos os eleitores registrados nos Estados Unidos, todo o agrupamento de centenas de milhões de eleitores registrados é considerado a população, enquanto uma pequena pesquisa de mil eleitores registrados em pequenas cidades em todo o país é a amostra. As características calculadas da amostra (p.ex., média, desvio padrão) são chamadas de *estatísticas,* enquanto os parâmetros implicam que toda a população foi pesquisada e que os resultados foram tabulados. Portanto, em uma investigação, as estatísticas são de vital importância quando se considera que toda a população às vezes é desconhecida (p.ex., quem são todos os seus clientes, qual é a participação total do mercado, e assim por diante) ou porque é muito difícil obter todas as informações relevantes sobre a população, porque levaria muito tempo e onerosa nos recursos.

Aqui estão os passos usuais para realizar pesquisas sobre estatísticas inferenciais:

- Projetar o experimento — esta fase inclui criar maneiras de coletar todos os dados possíveis e relevantes.
  - Coleta de dados da amostra — os dados são coletados e tabulados.
  - Análise dos dados — é realizada uma análise estatística.
  - Estimativa ou previsão – inferências são feitas com base nas estatísticas obtidas.
  - Teste de hipóteses — As decisões são testadas contra os dados para ver os resultados.
- Determine a qualidade do ajuste — os dados reais são comparados com dados históricos para ver o quão precisa, válida e confiável a inferência pode ser.
- Tomada de decisão — as decisões são tomadas com base no resultado da inferência.

MEDINDO O CENTRO DA DISTRIBUIÇÃO — PRIMEIRO MOMENTO

Os primeiros momentos de distribuição de resultados medem a taxa de retorno esperada de um determinado projeto. Estes medem a localização dos cenários do projeto e a média dos possíveis resultados. As estatísticas comuns para o primeiro momento incluem *média*, *mediana* (centro da distribuição) e *moda* (o valor mais frequente). A Figura 2.1 mostra a primeira vez em que, neste caso, o primeiro momento dessa distribuição é medido por valor médio (μ) ou média.

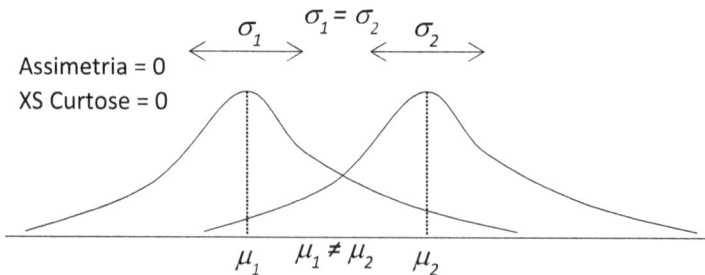

Figura 2.1: Primeiro Momento

O segundo momento mede a dispersão de uma distribuição, que é uma medida de risco. A dispersão ou amplitude de uma distribuição indica a variabilidade de uma variável, ou seja, o potencial para a variável cair em diferentes regiões da distribuição, ou ainda, os cenários potenciais dos resultados. A Figura 2.2 exibe duas distribuições com primeiros momentos idênticos (médias idênticas), mas com segundos momentos ou riscos, muito diferentes. A imagem é mais clara na Figura 2.3. Como exemplo, suponha que haja duas ações. Os movimentos de uma das ações são representados pelos pontos da linha sólida, com a menor flutuação. Em comparação, os valores do segundo ativo são representados na linha mais grossa e pontilhada, apresentando uma maior flutuação de preços. Claramente, um investidor veria as ações com a flutuação mais descontrolada como arriscada, porque os resultados das ações de risco são relativamente mais desconhecidos do que as ações menos arriscadas. O eixo vertical da Figura 2.3 mede os preços das ações; portanto, a ação com mais riscos tem uma gama mais ampla de resultados potenciais. Essa faixa se move dentro da amplitude da distribuição (eixo horizontal) na Figura 2.2, onde a distribuição mais ampla representa o ativo com mais risco. Portanto, a amplitude ou dispersão de uma distribuição mede os riscos de uma variável.

Deve-se notar que na Figura 2.2, as duas distribuições têm momentos ou tendências centrais idênticas, mas claramente as distribuições são muito diferentes. Essa diferença é mensurável na faixa de distribuição. Matematicamente e estatisticamente, a amplitude ou risco de uma variável pode ser medida por diferentes estatísticas, incluindo, desvio padrão (σ), variância (σ^2), coeficiente de variação (CV), percentil, amplitude interquartil, intervalo de confiança, volatilidade (σ), beta (β), Valor de Risco (VaR), entre outros.

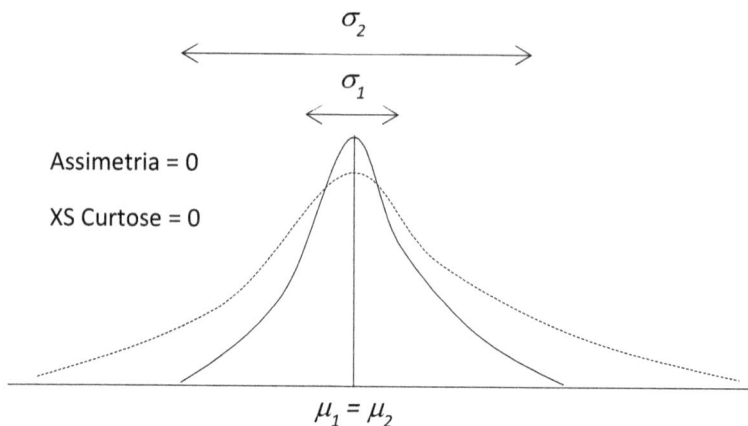

Figura 2.2: Segundo Momento

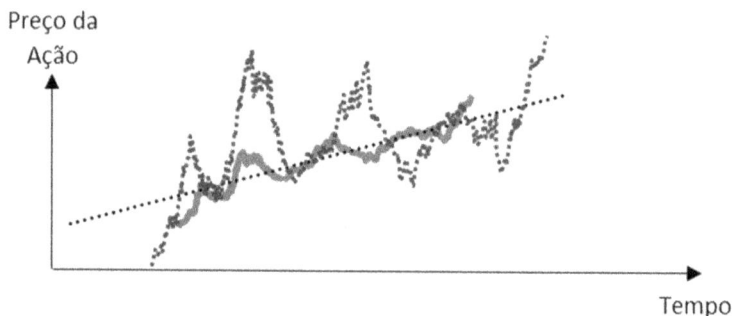

Figura 2.3: Flutuações no Preço da Ação

Variância e Desvio Padrão

Variância e desvio padrão são duas medidas comuns do segundo momento. A variância é a média do quadrado dos desvios da média, em unidades ao quadrado:

$$\sigma^2 = \sum_{i=1}^{N} \frac{(x_i - \mu)^2}{N} \quad \text{e} \quad s^2 = \sum_{i=1}^{n} \frac{(x_i - \bar{x})^2}{n-1}$$

O desvio padrão está nas unidades originais e, portanto, é útil como meio direto de comparação da dispersão e variabilidade medida nas mesmas unidades:

$$\sigma = \sqrt{\sum_{i=1}^{N} \frac{(x_i - \mu)^2}{N}} \quad e \quad s = \sqrt{\sum_{i=1}^{n} \frac{(x_i - \bar{x})^2}{n-1}}$$

Embora o desvio padrão e a variância tenham muitos usos, eles são limitados porque suas medidas estão nas mesmas unidades e, portanto, são consideradas valores absolutos de risco, incerteza ou dispersão. Letras gregas (μ, σ) e letras maiúsculas (N) representam a população, enquanto alfabetos latinos padrão e letras minúsculas(s, n, x) representam a amostra.

Coeficiente de Variação

O coeficiente de variação *(CV)* não possui unidades e mede a variabilidade relativa. Portanto, permite a comparação de dois conjuntos de dados para ver qual deles tem a maior variabilidade sem se preocupar com drives. Em comparação, os desvios-padrão são medidas absolutas de variabilidade e dependem fortemente da unidade de medida dos dados.

$$CV = \frac{s}{\bar{x}} \quad ou \quad CV = \frac{\sigma}{\mu}$$

EXEMPLO:

ESTATÍSTICA	# NA FAMÍLIA	DESPESAS COM ALIMENTAÇÃO ($)
$\bar{x}$	3,23	$110,5
s	1,34	$25,25

Qual tem mais variação, o número de familiares ou o custo da alimentação?

CV #família = 1,34/3,23 = 0,415

CV em despesas = 25,25/110,25 = 0,229

Os cálculos mostram que há mais variação no número de familiares.

O terceiro momento mede a assimetria da distribuição, ou seja, como a distribuição está localizada para um lado ou para o outro em relação a sua moda. A Figura 2.4 ilustra uma assimetria negativa ou esquerda (a cauda mais longa da distribuição aponta para a esquerda) e a Figura 2.5 ilustra uma assimetria positiva ou direita (a cauda mais longa da distribuição aponta para a direita). A média é sempre mais deslocada na direção do alongamento da cauda de distribuição, a mediana é intermediária e a moda permanece constante. Outra maneira de ver isso é que a média se move, mas o desvio padrão, variância ou amplitude podem permanecer constantes. Se o terceiro momento não for levado em conta, e apenas os retornos esperados (média) e o risco (desvio padrão) forem olhados, você pode escolher incorretamente um projeto com assimetria positiva!

Por exemplo, se o eixo horizontal representa a receita de um projeto, então uma distribuição com simetria negativa pode ser claramente preferida, pois há uma maior probabilidade de maior retorno (Figura 2.4) quando comparado a uma maior probabilidade de um nível mais baixo de retorno (Figura 2.5). Portanto, em uma distribuição plana a mediana é uma melhor medida de retorno, uma vez que as medianas das Figuras 2.4 e 2.5, são idênticas, os riscos são idênticos e, portanto, é melhor ter um projeto com distribuição negativamente ampliada. A incapacidade de não levar em conta a assimetria da distribuição de um projeto pode levar à escolha do projeto errado (p.ex., dois projetos podem ter momentos idênticos no primeiro e segundo momentos, ou seja, ambos têm retornos idênticos e perfis de risco, mas sua assimetria de distribuição pode ser muito diferente). A assimetria é calculada por:

$$Assimetria = \frac{n}{(n-1)(n-2)} \sum_{i=1}^{n} \left(\frac{x_{i} - \bar{x}}{s} \right)^3$$

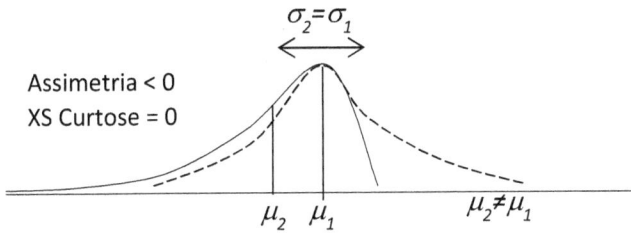

Figura 2.4: Terceiro Momento (Assimetria Esquerda)

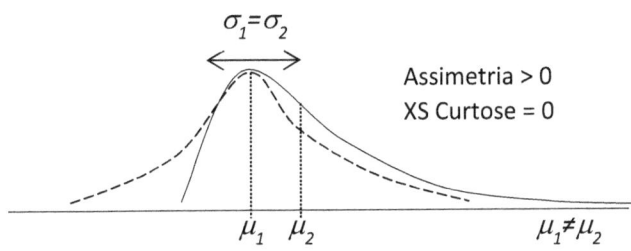

Figura 2.5: Terceiro Momento (Assimetria Direita)

MEDIDA DE EVENTOS EXTREMOS EM UMA DISTRIBUIÇÃO — QUARTO MOMENTO

O quarto momento, ou curtose, mede o direcionamento de uma distribuição. A Figura 2.6 ilustra esse efeito. O antecedente é uma distribuição normal com uma curtose de 3.0 ou um excesso de curtose de 0 (o excesso de curtose é definido como a diferença na curtose de uma distribuição Normal). A nova distribuição tem uma curtose maior, ou seja, a área abaixo da curva é mais espessa nas caudas, com menos área no corpo central. Essa condição tem maior impacto na análise da incerteza, pois para as duas distribuições na Figura 2.6, os três primeiros momentos (média, desvio padrão e assimetria) podem ser idênticos, mas o quarto momento (curtose) é diferente. Isso significa que, embora os retornos esperados e as incertezas sejam idênticos, as chances de eventos extremos e catastróficos (grandes perdas ou ganhos potenciais) são maiores para uma distribuição com alta curtose (por exemplo, os retornos do mercado de ações são Leptocúrticas ou têm alta curtose). Ignorar a curtose dos retornos do projeto pode ser prejudicial.

Felizmente, a ferramenta *BizStats* no software *Risk Simulator* da ROV (www.realoptionsvaluation.com), calcula automaticamente esses quatro momentos, como você verá em capítulos posteriores. A curtose é definida como:

$$Curtose = \frac{n(n+1)}{(n-1)(n-2)(n-3)} \sum_{i=1}^{n} \left(\frac{x_i - \bar{x}}{s}\right)^4 - \frac{3(n-1)^2}{(n-2)(n-3)}$$

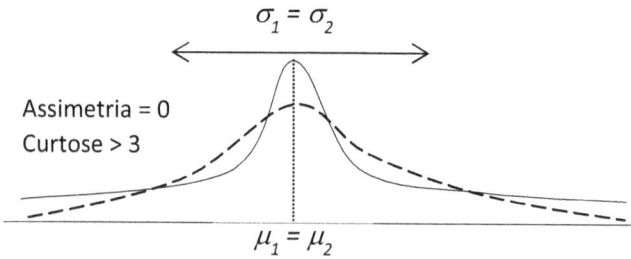

Figura 2.6: Quarto Momento

A maioria das distribuições pode ser definida por até quatro momentos. O primeiro momento descreve a localização central ou tendência de uma distribuição (valor esperado); o segundo momento descreve sua amplitude ou dispersão (incerteza); o terceiro momento, sua assimetria direcional (eventos mais prováveis); e o quarto momento, sua precisão ou afilamento na região do desvio padrão (eventos extremos e catastróficos levantam as caudas). Todos os quatro momentos devem ser calculados e interpretados para fornecer uma visão mais abrangente do projeto que está sendo analisado.

Finalmente, ou termo "momento" refere-se a maior *potência de x* em cada uma das equações das estatísticas.

TESTE DE HIPÓTESES

Uma hipótese estatística é uma suposição que fazemos sobre o parâmetro de uma população. Essa suposição pode ser ou não verdadeira e pode ser testada estatisticamente se as estatísticas estiverem disponíveis. O termo *teste de hipóteses* refere-se aos procedimentos estatísticos e matemáticos formais utilizados pelos estatísticos para aceitar ou rejeitar uma determinada hipótese ou questão de pesquisa. Claramente, a melhor maneira de determinar com absoluta certeza a veracidade de uma hipótese seria examinando toda a população. O acima é geralmente impraticável; portanto, os pesquisadores examinam uma pequena, mas aleatória amostra da população. Se as estatísticas calculadas dos dados amostrais não forem consistentes com a hipótese estatística, a hipótese é rejeitada.

Existem dois tipos de hipóteses estatísticas. A Hipótese Nula, geralmente indicada pelo símbolo H_0, é a hipótese típica onde observações das amostras resultam por acaso. A hipótese concorrente ou Hipótese Alternativa, geralmente indicadas pelo símbolo H_1 ou H_A , é a hipótese em que as observações amostrais são influenciadas por alguma causa não aleatória.

Resumindo, o teste de hipóteses é:

- Um palpite sobre como o mundo se parece ou como o mundo não se parece.
- Um teste de suposição usando amostras para inferir a população.
- Pode ser resolvido por meio de quatro métodos diferentes, mas relacionados:
  - Método Clássico
  - Método Padronizado

- Método de P-Valor
- Método de Intervalo de Confiança

Este capítulo assume que o leitor já é familiarizado e conhece as estatísticas básicas e os testes de hipóteses. Por exemplo, os seguintes exemplos saltarão diretamente para o meio dos testes de hipóteses com uma distribuição Z Normal Padrão e uma distribuição-t de Student.

Exemplo: você é um fabricante de cereais em caixas com 20 oz de *Muesli, Nut 'N Honey* e *Count Chocula*. Você tem controle de qualidade em mente e quer testar a hipótese de que essas caixas de cereal estão cheias com 20 oz[1] em média. Então, você pega uma amostra de 100 caixas e descobre que sua média é de 20,15 oz. Com alguma variação, onde seu desvio amostral padrão $\bar{x}$ é de 0,2 oz., a população das caixas em média μ igual a 20 oz? Tente esta suposição usando um α nível de 5% de significância. A pergunta seria então: os 20,15 oz estão longe o suficiente de 20 oz para dizer que é estatisticamente diferente, ou poderia ser que, por acaso, os 20,15 oz? Eles estão perto o suficiente para serem proclamados como estatisticamente idênticos aos 20 oz.?

- *Passo 1*: Identifique a hipótese — $H_0: \mu = 20$ e $H_A: \mu \neq 20$. Então, este é um teste de duas caudas.

- *Passo 2*: Use o $\bar{x}$. como o estatístico teste, com $\alpha = 0,05$. Portanto, este é um teste de duas caudas. Regra da decisão: se $\bar{x} > x_U$ limite superior, ou quando $\bar{x} < x_L$ limite inferior, rejeitar H_0 e aceitar H_A; caso contrário, aceitar H_0 e rejeitar H_A.

- *Passo 3*: Calcule os limites:

  Sabemos que $n = 100$, para que possamos assumir anormalidade e usar um *escore*-Z (distribuição Normal Padrão). A equação para os limites de confiança é:

  $$\mu \pm Z\left(\frac{\sigma}{\sqrt{n}}\right)$$

  Uma vez que assumimos a normalidade quando $n > 30$, os limites são:

---

[1] 1 oz = 28,35g

$20 \pm 1{,}96 \left(\frac{0{,}2}{\sqrt{100}} \right)$ retorna 19,96 e 20,04, e

Portanto, rejeita-se H_0 e aceita-se H_A. A questão é que há uma diferença estatisticamente significante.

Deve-se notar que neste exemplo, usamos a estatística Z ou o *escore-Z*, que é outro nome para a distribuição Normal Padrão, por exemplo, uma distribuição com média de zero e um desvio padrão igual a um, *chamado* $N(0;1)$. Além disso, com um nível de significância α de 5% para um intervalo de confiança de duas caudas, 5% dividido por dois, ou 2,5% em cada cauda. Podemos fazer um gráfico de três maneiras diferentes, mas equivalentes.

No gráfico a seguir, A1 deve ser 47,5%, A2 deve ser 97,5%, e A3 é 95%, deixando a cauda $\alpha/2$ ou 2,5%. Utilizando a Tabela no final deste livro sobre a distribuição Normal Padrão com área parcial, vemos a área A1=0,4750, que rende um valor Z de 1,96. Também podemos usar a distribuição Normal Cumulativa e procurar o 0,9750, que também fornece um valor Z de 1,96. Além disso, através do Excel, você pode inserir a função "=NORMSINV(0,975)", a função de distribuição cumulativa inversa para uma distribuição Normal Padrão (p.ex., área A2), que também resultaria em 1,96. Usando uma abordagem semelhante, você pode facilmente encontrar o escore-Z relevante para qualquer nível de significância α. Quando $n < 30$, usamos a distribuição-t, como mostrado nos exemplos abaixo. Em caso de utilização da distribuição-t, é necessário levar em conta os graus de liberdade (gl).

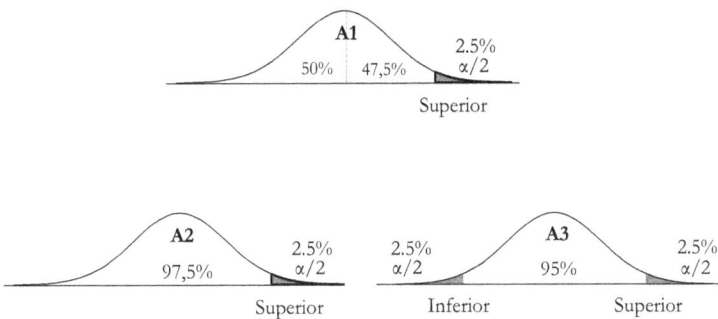

ETAPAS PARA ESTABELECER UM TESTE DE HIPÓTESES

Método Clássico

1. Definir a hipótese nula (H_0) e a hipótese alternativa (H_A).

   a. Sempre defina a hipótese alternativa primeiro, e depois a hipótese nula.

   b. A hipótese alternativa será sempre > ou < ou ≠

   c. A hipótese nula será sempre ≥ ou ≤ ou =.

   d. Se a hipótese alternativa for ≠, então é um teste de duas caudas; se <, é teste de cauda esquerda; e se >, então, é teste de cauda direita.

   e. O sinal da hipótese alternativa sempre aponta para os limites.

2. Desenhe a curva Normal e inclua os limites — as extremidades das caudas são as áreas de *rejeição*; por exemplo, defina as Regras de Decisão: se $\bar{x} > x_U$ limite superior, ou quando $x < x_L$ limite inferior, rejeitar H_0 e aceitar H_A; caso contrário, aceitar H_0 e rejeitar H_A.

3. Calcule esses limites quando $n > 30$ ou Normal, mas use $\mu \pm t\left(\frac{\sigma}{\sqrt{n}}\right)$, quando $n < 30$ onde os valores Z e t são obtidos a partir de tabelas estatísticas no final desta pasta de trabalho. Devido a um tamanho amostral menor, use um fator de correção para a amostra finita (consulte a seção correspondente ao Teorema do Limite Central para obter mais detalhes sobre este fator de correção) com uma correção para os graus de liberdade onde $gl = n - 1$.

4. Se $\bar{x}$ estiver na área de rejeição, rejeite H_0; se você estiver na área de aceitação, aceite H_0.

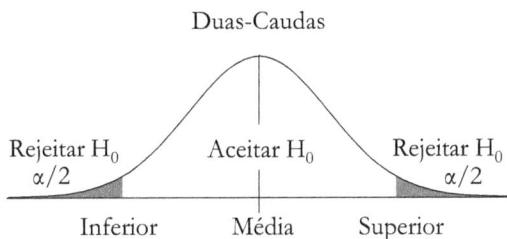

Duas-Caudas

Rejeitar H_0
$\alpha/2$

Aceitar H_0

Rejeitar H_0
$\alpha/2$

Inferior   Média   Superior

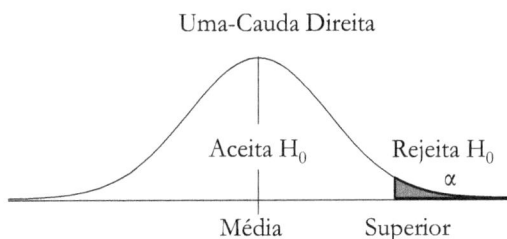

Uma-Cauda Direita

Aceita H_0

Rejeita H_0
α

Média   Superior

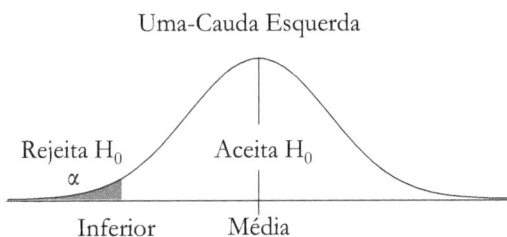

Uma-Cauda Esquerda

Rejeita H_0
α

Aceita H_0

Inferior   Média

Método Padronizado

Em vez de alterar os valores Z para limites superiores e inferiores usando

$$\mu \pm Z\left(\frac{\sigma}{\sqrt{n}}\right) \quad \text{ou} \quad \mu \pm t\left(\frac{\sigma}{\sqrt{n}}\right)$$

também podemos simplesmente deixar unidades $\pm Z$ Padrão como limites críticos.

Converter $\bar{x}$ unidades padronizadas e utilizar as mesmas regras de decisão; por exemplo, se Z calculada $> Z_U$ limite superior, ou quando Z calculada $< Z_L$ limite inferior, rejeitar H_0 e aceitar H_A; caso contrário, aceite (não rejeitar) H_0 e rejeitar H_A.

Método do P-Valor

Calcule os valores Z como de costume e, em seguida, obtenha o p-valor aproximado nas tabelas. Se não houver correspondências exatas, use um intervalo.

Se o p-valor calculado de uma cauda for $< \alpha$ para um teste de uma-cauda ou $2\times$ o p-valor $< \alpha$ para um teste de duas caudas, rejeite H_0 e aceite H_A.

Método de Intervalo de Confiança

- $IC = 1 - \alpha$ ou por $\alpha = 0,05$, um $IC = 95\%$, e se o valor $\bar{x}$ está dentro dos limites de intervalo, aceite H_0 e rejeite H_A.

- Para um teste de duas-caudas, dobre o p-valor calculado, divida o nível α por dois, para cada área da cauda, e use as tabelas estatísticas.

Exemplos: Teste de Hipóteses

$$Z = \frac{\bar{x} - \mu_{\bar{x}}}{\sigma_{\bar{x}}} = \frac{\bar{x} - \mu_{\bar{x}}}{\frac{\sigma}{\sqrt{n}}}$$

$$FPC = \sigma_{\bar{x}} = \frac{\sigma}{\sqrt{n}}\sqrt{\frac{N-n}{N-1}} \quad \text{para} \quad \frac{n}{N} \geq 5\%$$

Exemplo 1: Um fabricante de lâmpadas (lâmpadas e ampolas) quer testar a hipótese de que suas lâmpadas podem durar, em média, 1.000 horas de operação. Ele emprega um aluno que atualmente estuda estatística e solicita seu instrutor para permitir que esse aluno faça este projeto para a empresa em vez de seu exame final. Então, para obter um A- nesta classe (já que é um problema fácil de resolver): se o gerente seleciona aleatoriamente 100 lâmpadas de amostra, e descobre que a vida média amostral é de 980 horas e o desvio padrão é de 80 horas, a um nível de significância de 5%, qual é a conclusão?

$H_0: \mu = 1000$ e $H_A: \mu \neq 1000$

Desde $n > 30$, podemos assumir uma normalidade e podemos estimar σ.

Para $\alpha = 0,05$, $Z = \pm 1,96$ ou um teste de duas-caudas, ou $\frac{\alpha}{2} = 0,025$. Use a tabela Normal Padrão no final deste livro ou a função Excel "=NORMSINV(0,975)" para obter o valor $\pm 1,96$.

Se os valores calculados nas caudas estiverem além do valor crítico, rejeite H_0.

Clássico— Limites críticos:

$$x_{critico} = \mu \pm Z\left(\frac{s}{\sqrt{n}}\right) = 1.000 \pm 1,96\left(\frac{80}{\sqrt{100}}\right) \text{ Temos}$$

$X_{Superior} = 1.015,68$ e $X_{Inferior} = 984,32$.

Então, $980 < X_{Inferior}$ e então rejeitamos H_0.

Padronizado:

$$Z = \frac{\bar{x} - \mu_{\bar{x}}}{\frac{s}{\sqrt{n}}} = \frac{980 - 1.000}{\frac{80}{\sqrt{100}}} = -2,5$$

$-2,5 <- 1,96$ significa que está na cauda e rejeitamos H_0.

P-Valor: Para o valor Z calculado de -2,5, temos o p-valor de $0,5 - 0,4938$ obtendo um p-valor de 0,0062, que é inferior a α de 0,05, então rejeitamos H_0. Use a tabela normal padrão no final deste livro ou '=NORMSDIST(-2,5) no Excel para obter esse valor de 0,0062.

Intervalo de Confiança (IC): O intervalo de confiança foi calculado anteriormente utilizando o método clássico. Dessa forma, o IC varia de 984,32 a 1.015,68, e como a medição da amostra $\bar{x} = 980$ não está dentro dessa região, rejeitamos H_0.

Em todos os casos, as abordagens poderiam ser ligeiramente diferentes, mas produziriam conclusões semelhantes, ou seja, rejeitariam o H_0. Portanto, aceitamos H_A que a média populacional é significativamente diferente de 1.000.

Exemplo 2: Uma empresa quer saber com um nível de confiança de 95% ($\alpha = 0,05$) se pode alegar que as caixas de detergente que vende contêm mais de 500g de detergente. A partir de experiências anteriores, a empresa sabe que a quantidade de detergente nas caixas é normalmente distribuída. Tomando uma amostra aleatória de $n = 25$, a média encontrada foi de 520g e o desvio padrão de 75g. Realizar um teste de hipótese.

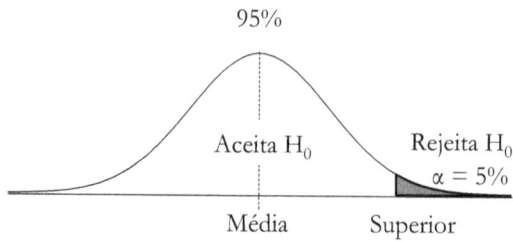

95%

Aceita H_0   Rejeita H_0
              α = 5%

Média   Superior

$H_0: \mu \leq 500$ e $H_A: \mu > 500$

Desde $n = 25$, usamos uma distribuição-t.

Valor crítico de t para $gl = n-1 = 25-1 = 24$ é de 1,711 em $\alpha = 0,05$ para um teste de uma cauda. Use a tabela t no final deste livro de trabalho ou no Excel "=TINV (0,05*2,24)" para obter esse valor de 1,711 (a tabela calcula aproximadamente 1,709 em comparação com o valor exato do Excel de 1,711).

Clássico:

$$x_{crítico} = \mu \pm t\left(\frac{s}{\sqrt{n}}\right) = 500 \pm 1,711\left(\frac{75}{\sqrt{25}}\right) = 525,66$$

Desde 520 < nível crítico 525,66, aceitamos H_0.

Padronizado:

$$t = \frac{\bar{x} - \mu_{\bar{x}}}{\frac{s}{\sqrt{n}}} = \frac{520 - 500}{\frac{75}{\sqrt{25}}} = 1,33$$

Uma vez que se enquadra na região de aceitação; nós aceitamos H_0.

P-Valor: Com o valor t calculado de 1,33, para $gl = 24$, o p-valor está entre 0,05 e 0,10, o que significa que aceitaremos H_0 já que 0,05 está acima. A função Excel correspondente é =TDIST (1,33; 24; 1), obtendo um p-valor exato de 0,0980.

Intervalo de Confiança: Utilizando os resultados do método clássico, IC varia de 0,00 a 525,66, e porque 520 se enquadra nessa região do IC, aceitamos H_0.

Porque ao tentar medir toda a população é muito custoso, demorado e difícil, geralmente pegamos uma amostra e usamos para fazer inferências sobre a população. Por exemplo, para tentar descobrir qual é a porcentagem de eleitores que gostam de um determinado político, teríamos que pesquisar cada eleitor (N) e até vários milhões deles; em vez disso, usamos uma pequena amostra (n) de 1.000 eleitores. Então precisamos encontrar uma maneira de quantificar essas amostras e é aí que entra a teoria da amostragem.

Como exemplo, suponha que haja uma população com distribuição Uniforme, então vamos provar $n = 2$ em $N = 4$.

x_i	$1	2	3	4
$P(x_i)$	0,25	0,25	0,25	0,25

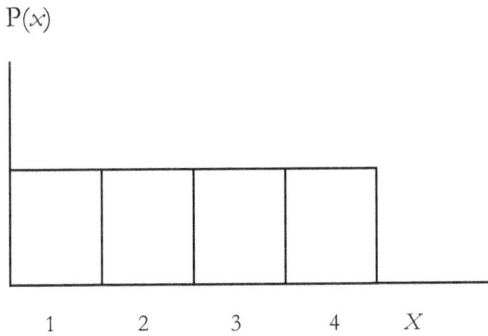

Aqui, a população

$\mu = \Sigma x P(x) = 1(0,25) + 2(0,25) + 3(0,25) + 4(0,25) = \$2,50.$

Da mesma forma, a população

$\sigma^2 = \Sigma(x-\mu)^2 P(x) = \$1,25.$

Se pegarmos amostras de $n = 2$, então veremos todos os conjuntos de amostras possíveis que podemos tomar:

1,1	1,2	1,3	1,4
2,2	2,2	2,3	2,4
3,1	3,2	3,3	3,4
4,1	4,2	4,3	4,4

Por essa razão, todos os meios amostrais possíveis de $\bar{x}$ em uma distribuição de probabilidade são:

x_i	$1	1,5	2	2,5	3	3,5	4
P(x_i)	1/16	2/16	3/16	4/16	3/16	2/16	1/16

A distribuição da amostra não é nada como a distribuição uniforme original. De fato, de acordo com o Teorema do Limite Central, todas as distribuições amostrais tendem a uma distribuição Normal, justificando termos assumido a Normalidade se o tamanho da nossa amostra for grande suficiente, geralmente quando $n > 30$.

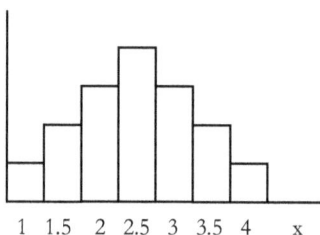

1 1.5 2 2.5 3 3.5 4   x

Na verdade, aqui a amostragem da distribuição é $\mu_{\bar{x}} = \sum \bar{x} P(\bar{x}) = 1(1/16) + 1,5 (2/16) + \cdots = \$2,50$, o que equivale à média populacional $\mu = \$2,50$. Então, a média amostral é um estimador não-enviesado da média populacional.

Em seguida, amostragem da distribuição $\sigma_{\bar{x}}^2 = \sum (\bar{x} - \mu_{\bar{x}}) P(\bar{x}) = (1 - 0,25)^2 \left(\frac{1}{16}\right) + (1,5 - 0,25)^2 \left(\frac{2}{16}\right) + \cdots = 0,625$ em comparação com $\sigma^2 = 1,25$, o que é o dobro disso. Em geral, para distribuições amostrais, $\sigma_{\bar{x}}^2 = \frac{\sigma^2}{n}$ ou simular $\sigma_{\bar{x}} = \frac{\sigma}{\sqrt{n}}$, é sempre mantido. Desde que $n = 2$, portanto, $1,25/2 = 0,625$.

De acordo com o Teorema do Limite Central, de modo que a população em si não é normal, para um n grande o suficiente, a média ou $\bar{x}$ da variável aleatória é aproximadamente igual aos parâmetros da Normal com a média μ e $\sigma_{\bar{x}} = \frac{\sigma}{\sqrt{n}}$.

Em outras palavras, temos:

$$Z = \frac{\bar{x} - \mu_{\bar{x}}}{\sigma_{\bar{x}}} = \frac{\bar{x} - \mu_{\bar{x}}}{\frac{\sigma}{\sqrt{n}}}$$

Além disso, de acordo com o Fator de Correção de População Finita (FPC), quando a população é muito pequena, e a amostra é muito grande, então quando n é pequena, o FPC se aproxima da unidade. Este fator FPC aumenta a precisão das estimativas.

$$FPC = \sigma_{\bar{x}} = \frac{\sigma}{\sqrt{n}} \sqrt{\frac{N-n}{N-1}} \text{ , para } \frac{n}{N} \geq 5\%$$

Exemplos: Teoria Amostral

Exemplo 1: Selecionamos aleatoriamente 100 pessoas de uma população de 550.000 habitantes de uma determinada região, para pesquisar sua renda. Com base na teoria econômica, sabemos que a renda não é necessariamente distribuída normalmente, dependendo da estratificação da renda da população. A amostra revela uma média de $35.000 e um desvio padrão de $5.000. Qual é a probabilidade de uma pessoa, selecionada aleatoriamente na área, ter uma renda de mais de $40.000?

$Z = (40 - 35)/5/\sqrt{100} = 10$, então, $P(x \geq 40{,}000) = 0.0$. Não use o escore-Z simples, onde com $Z = (40 - 35)/5 = 1{,}0$ com $P(x) = 0{,}5 - 0{,}3413 = 0{,}1587$

Exemplo 2: Suponha que uma cepa virulenta do vírus Ebola mate pessoas na população acima mencionada, exceto 1.000 delas. Uma vez que vocês são estatísticos inabaláveis, você decide ignorar ameaças contra sua própria vida e resolve pesquisar uma amostra de 100 pessoas. A nova média de renda amostral é de $5.000 e o desvio padrão é de $1.000 (vírus mortais tendem a estragar as coisas). Qual é a probabilidade de uma pessoa selecionada aleatoriamente ter uma renda superior a $5.500?

Devemos usar o Fator de Correção Populacional Finita (FPC):

FPC corrigido é $\sigma_{\bar{x}} = \left(\frac{1000}{\sqrt{100}}\right)\left(\frac{[1000-100]}{[1000-1]}\right) = 94,915$, a partir daqui, $Z = \frac{5500-5000}{94,915} = 5,26$ e nós temos $P(x \geq 5500) = 0\%$. Nota: Não devemos calculá-lo com Z regular $= \frac{5500-5000}{1000} = 0,5$, com uma $P(x \geq 5500) = 0,5-0,1915 = 0,3085$ correspondente, o que é incorreto.

Exemplo 3: Suponha que peguemos um único dado com 6 lados e joguemos 100.000 vezes. Vemos que a média resultante e o desvio padrão são teoricamente 3,50 e 1,71, respectivamente. Sabemos que a média teórica para uma distribuição uniforme discreta é e o desvio padrão é $ordem\left[\frac{n+1}{2}\right] = 3,5^{\circ}\ ordem = 3,5$, e que o Desvio Padrão é definido por: $Ordem\sqrt{\frac{(n-1)(n+1)}{12}} = Ordem\sqrt{\frac{(6-1)(6+1)}{12}} = Ordem(1,71) = 1,71$. De fato, uma simulação computacional Monte Carlo foi realizada e vemos que os resultados empíricos simulados (3,50 e 1,71 arredondados) correspondem aos nossos resultados teóricos (ver Figura 3.1).

Agora, digamos que, em vez de jogar um único dado 100.000 vezes, agora rolamos 4 dados de cada vez, 25.000 vezes. Isso parece lançar um único dado 100.000 vezes porque registraríamos um total de 100.000 resultados. Os resultados são mostrados na Figura 3.2. Vemos a mesma média de 3,50, mas agora o desvio padrão é de 0,85. Este caso é um problema de distribuição de amostras, onde cada vez, o tamanho da amostra é 4. Acabamos de testar isso empiricamente $\frac{1,71}{\sqrt{4}} = 0,85$ (arredondado).

Da mesma forma, se jogarmos 10 dados simultaneamente 10.000 vezes, obteremos os resultados que aparecem na Figura 3.3, onde a média ainda é de 3,50 e o desvio padrão é de 0,54 (arredondado). Podemos provar isso empiricamente $\frac{1,71}{\sqrt{10}} = 0,54$ (arredondado).

Os exemplos 1, 2 e 3 ilustram o poder do Teorema do Limite Central e da amostragem estatística. A média amostral aproxima-se da média populacional, e o desvio padrão amostral aproxima o desvio padrão populacional dividido pela raiz quadrada do tamanho da amostra.

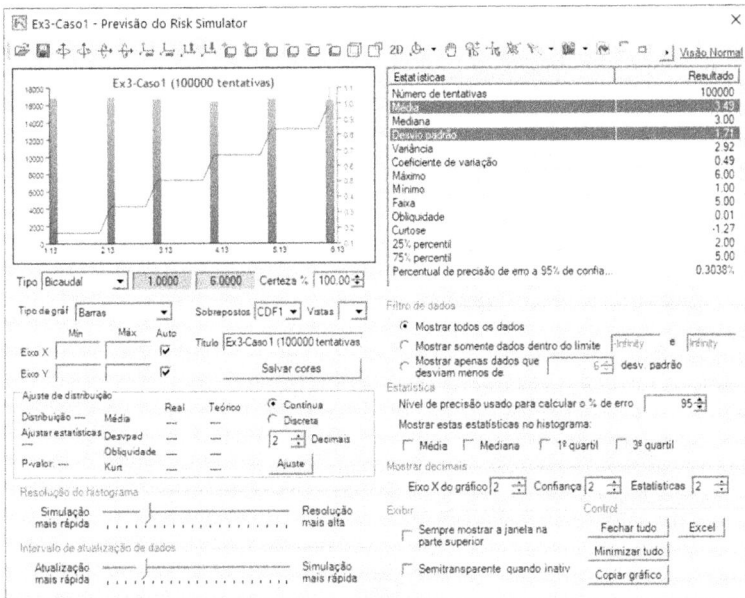

Figura 3.1: Jogue um Único Dado 100.000 Vezes

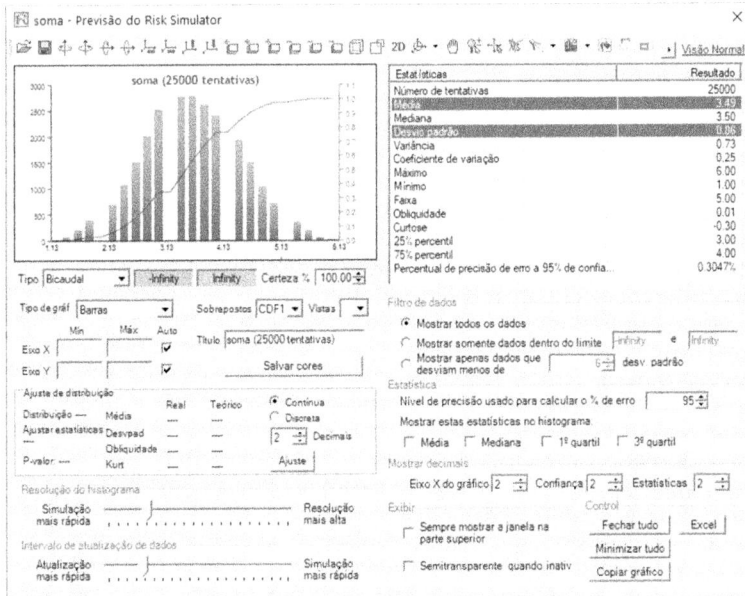

Figura 3.2: Jogue 4 Dados 25.000 Vezes

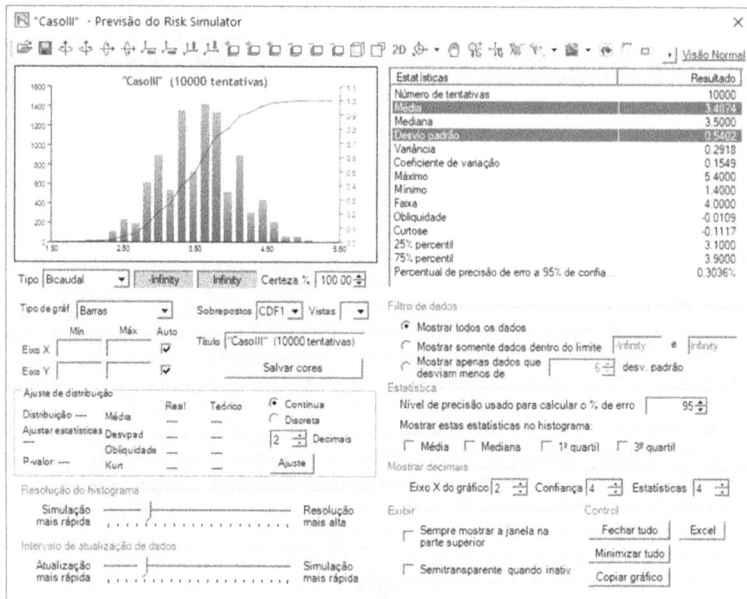

Figura 3.3: Jogue 10 Dados 10.000 Vezes

ERROS TIPO I, TIPO II, TIPO III E TIPO IV E VIESES NA AMOSTRAGEM DE DADOS

Como mencionado anteriormente, há hipóteses direcionais de uma cauda e não direcionais de duas caudas. Rejeitaríamos a hipótese nula quando o p-valor calculado for menor ou igual a um certo nível de significância α pré-especificado, geralmente definido para 0,01, 0,05 ou 0,10. Mas é preciso um pouco mais de discussão sobre essa regra simples.

A questão é, por que usamos essas regras para rejeitar a hipótese nula? Por outro lado, por que não estabelecer uma regra para aceitar a hipótese nula? A questão é uma questão-chave na filosofia da ciência. Por exemplo, digamos que queremos testar a existência de vida extraterrestre (microrganismos extraterrestres, não super-humanos verdes com naves interestelares avançadas). A hipótese nula seria que não há vida extraterrestre fora da Terra, e a hipótese alternativa seria que há vida fora da Terra. Para rejeitar a hipótese nula, basta encontrar uma única ocorrência ou evidência de vida fora da Terra. No entanto, para "aceitar" a hipótese nula verdadeira e completamente, teríamos que cavar por vida em cada canto e fenda de todo o universo conhecido e provar que não há vida. Portanto, é quase sempre mais fácil rejeitar uma hipótese nula do que aceitá-la, e geralmente dizemos que "não rejeitamos nulo", em vez de aceitar nulo completamente. Não rejeitar não significa que o aceitamos automaticamente como um fato, mas que, até agora, evidências empíricas da amostra nos dizem que a aceitação do nulo é mais provável que uma rejeição. Outro exemplo simples seria que recebemos uma caixa no correio contendo 1.000 caixas lacradas de caixas com ovos. Cada caixa de papelão contém uma dúzia de ovos. Abrimos várias caixas dessas e descobrimos que não há nenhum ovo quebrado. Uma vez que abrimos caixas de papelão suficientes para testar (tamanho amostral suficiente) e todos os ovos estão intactos, podemos dizer que, *provavelmente*, não há ovos quebrados nas 1.000 caixas de papelão (a hipótese nula). Claramente, isso não pode ser confirmado com 100% de certeza (p.ex., difícil "aceitar" a hipótese nula com total certeza) a menos que todas as caixas de papelão sejam abertas e todos os ovos sejam verificados.

Outra questão relacionada a considerar são os erros do Tipo I–IV. O nível de significância de α é na verdade um controle para o erro Tipo I, também conhecido como *erro alfa* ou *falsos positivos*. O erro Tipo I é a probabilidade de que você rejeite a hipótese nula quando for *verdade*. Claro que queremos que isso seja baixo. Este erro é cometido quando rejeitamos nulo quando é realmente verdade e não deve ser rejeitado. Em outras palavras, dizemos que há um efeito quando realmente não há efeito. Podemos explicar melhor esse conceito com uma analogia simples. Concordamos que, para uma sociedade civilizada, é melhor deixar um "homem culpado" livre em vez de prender um "homem inocente". Portanto, se assumirmos que a inocência é verdadeira, a hipótese nula é a inocência ou a existência de culpa zero. Então, se rejeitarmos essa hipótese nula, rejeitamos inocência e culpa zero, o que significa que você manda um homem inocente para a cadeia. Isso cria um falso positivo (falso *porque* ele é inocente, mas dizemos que ele é culpado; e positivo *porque* o consideramos culpado). Portanto, nesta situação, você prefere que esse erro falso positivo seja pequeno, ou seja, um *alfa* baixo, que é tradicionalmente definido para 1%, 5%, ou 10%.

Erros Tipo II ocorrem quando *aceitamos uma hipótese nula que é falsa*. Aqui usamos o termo "aceitar" no lugar de "não rejeitar", como discutido acima. Esse erro também é conhecido como um *erro beta* ou *falso negativo*. Aceitar ou não rejeitar a hipótese nula quando é falso significa que passamos por cima ou ignoramos um efeito quando ele realmente existe. Uma analogia simples seria a do alarme de incêndio em sua casa. Suponha uma condição binária, onde o alarme pode ou não ser acionado. Além disso, essa condição binária também inclui se há um incêndio na casa ou se não há incêndio. A hipótese nula é que não há casos de fogo. Neste caso, um erro Tipo I significa que você rejeita quando a hipótese nula é verdadeira (p.ex., o alarme é acionado quando não há fogo, não haveria problema, porque isso só te acorda e você fica chateado). No entanto, um erro Tipo II é uma questão mais importante porque significa que você aceita a hipótese nula quando ela é falsa (p.ex., o alarme não é acionado quando há realmente um incêndio). Neste exemplo, gostaríamos de minimizar o *erro beta* ou maximizar seu complemento de $1 - \beta$. Outro nome para este complemento é o *Potência* de um teste (*Potência* $= 1 - \beta$).

A matriz a seguir resume os dois primeiros tipos de erros:

Hipótese Nula	Verdade	Falso
Aceitar	Verdadeiro Negativo $(1 - \alpha)$	Tipo II (β) Falso Negativo
Rejeitar	Tipo I (α) Falso Positivo	Potência $(1 - \beta)$ Verdadeiro Positivo

Há também aqueles erros menos conhecidos, como o Tipo III e o Tipo IV. O erro Tipo III ocorre quando a conclusão correta é alcançada, mas pela razão errada. Por exemplo, você usou incorretamente uma hipótese de uma-cauda em vez de uma hipótese de duas-caudas, ou vice-versa, ou fez a pergunta errada, ou incorretamente a hipótese. O erro Tipo IV ocorre quando há vieses de agregação de dados, erros na interpretação dos resultados ou você rejeitou corretamente a hipótese nula, mas o conjunto de dados tem problemas ou vieses de multicolinearidade na coleta de dados.

Erros Tipo IV são mais difíceis de medir quantitativamente. O capítulo sobre modelagem de regressão e diagnóstico de dados explica como testar alguns desses vieses, enquanto o capítulo sobre o teste de hipóteses abrange alguns exemplos ao usar o modelo do *Índice de Diversidade de Shannon*, teste Grubbs *Outliers*, executar modelo não aleatoriedade, entre outros. Abaixo está uma lista dos exemplos mais comuns e autoexplicativos de vieses em dados e amostragem que podem resultar em um erro Tipo IV:

Viés de Deserção
Viés de Variáveis de Confusão
Viés de Exclusão
Viés de Habitação
Viés de Maturação
Viés sem Resposta
Viés de Atípica
Viés de Ordem nas Perguntas
Viés de Memória
Viés do Investigador
Viés de Resposta
Viés de Seleção
Viés de Desabilidade Social
Viés de Sobrevivência
Viés de Confirmação

Viés Cultural
Viés de Acescência
Viés de Inclusão
Viés de Medição
Viés de Observador
Viés de Envelope e "sub ajuste"
Viés Preconceito ou Preconceito
Viés de Cognitivo
Viés de Informação Científica
Viés do Entrevistado
Viés Amostral
Viés de auto seleção
Viés de Patrocínio

GUIA INÍCIAL DO ROV BIZSTATS

A ferramenta ROV *BizStats* é um módulo muito poderoso e rápido do software *Risk Simulator*. Ela disponibiliza mais de 200 modelos estatísticos de negócios e exemplos analíticos com seus dados. A seguir são apresentadas as etapas para um rápido acesso e execução do módulo e os detalhes de cada item desse software. Siga estas etapas para executar o ROV *BizStats* (ver Figuras 4.1–4.4 com as janelas e os detalhes de determinados itens), assumindo que você já tenha o *Risk Simulator* ou ROV *BizStats* instalados.

- Abrir o ROV *BizStats* no *Risk Simulator*. No menu *Risk Simulator* | *ROV BizStats* ou clicar alternativamente diretamente ícone ROV *BizStats* da área de trabalho, caso tenha sido instalado a versão autônoma do software. Uma vez com acesso a janela de abertura do software, siga os seguintes passos:

    o *Passo 1*. Para começar a aprender a ferramenta, clique no botão [A] *Exemplos* para carregar os dados padrão da amostra e modelar o perfil ou inserir seus dados ou *Copiar/Colar* seus próprios dados na grade de dados [B] do Excel ou outro software (Figura 4.1). Você pode adicionar suas próprias notas ou nomes variáveis na primeira linha de *Notas* [C].

    o *Passo 2*. Selecione o modelo relevante [D] para executar e digite os parâmetros e as variáveis apropriadas [G]. Observe a área [F] para alguns exemplos de entrada do modelo selecionado, bem como algumas descrições curtas. Separe as variáveis para o mesmo parâmetro com ponto e vírgula e use uma nova linha (pressione *Enter* para criar uma nova linha) para diferentes parâmetros. (Clique em qualquer um dos modelos salvos no *Passo 4* [J] para ver alguns exemplos de modelos predefinidos e suas entradas de usuário).

○ *Passo 3*. Clique em Executar [K] para calcular os resultados [L]. Você pode visualizar qualquer um dos resultados estatísticos analíticos ou *tabelas relevantes* das duas guias [M].

○ *Passo 4*. Se necessário, você pode nomear um modelo [H] *para adicionar* [I] o modelo dentro do perfil. Vários modelos [J] podem ser salvos no mesmo perfil único. Os modelos existentes podem ser editados ou excluídos [I] e reorganizados por ordem de ocorrência [N], e todas as alterações podem ser salvas em um único perfil com a extensão do arquivo *.bizstats*. O perfil pode ser salvo usando o menu *Arquivo | Salvar* ou *| Salvar Como* [O].

Notas e Lembretes Adicionais

• Salvar. Observe que o comando [O] no menu Arquivo | *Salvar* salva todo o conjunto de dados, configurações, notas e modelos e cálculos criados em um único arquivo *.bizstats*. Como exemplo, isso é semelhante a salvar um Excel *.xlsx*. No entanto, há também as funções Adicionar, *Editar | Excluir* [I] na *Etapa 4* da interface do usuário para salvar modelos individuais, variáveis de entrada, notas e configurações. Pense nesses modelos salvos [J] como diferentes guias de planilha no Microsoft Excel. Então, você ainda precisa salvar todo o arquivo *.bizstats* uma vez que você terminar de adicionar todos esses modelos. Ou seja, adicionar várias planilhas no Excel é bom, mas você deve se lembrar de salvar todo o arquivo *.xlsx* uma vez que você terminar.

• Maximize a Interface do Usuário. Você pode maximizar a interface do usuário para ter visões mais amplas da grade de dados, resultados e tabelas ou usar a visualização de tamanho padrão para facilitar a manipulação de software.

Para alternar entre visualizações maximizadas ou padronizadas clique nos botões de formatação correspondentes do Windows no canto superior direito do software.

- Colar Dados. Ao copiar e colar seus dados na grade de dados [B] no *ROV BizStats*, certifique-se de clicar e selecionar a localização correta e única da célula antes de colá-la (clique e selecione o local, em seguida, pressione *CTRL+V* ou clique com o botão direito do mouse e selecione *Colar Dados*). Certifique-se de selecionar uma célula na grade de dados (este é o canto superior esquerdo dos dados para colar) começando das linhas de dados (p.ex., Linha 1) ou da linha NOTES se os dados copiados tiverem cabeçalhos.

- Tamanho da Grade. O tamanho da grade de dados pode ser definido no menu e pode acomodar até 1.000 colunas de variáveis com 1 milhão de linhas de dados por variável. O menu também permite que você altere as configurações de idioma e decimais para seus dados. Finalmente, os *Dados Ajuste Automático ente Colunas* [O] permite ajustar automaticamente toda a grade de dados ao mesmo tempo.

- Carregar Exemplo. Para começar, é sempre uma boa ideia carregar o arquivo de amostra [A] que vem completo com alguns dados e modelos pré-criados [J]. Você pode clicar duas vezes em qualquer um desses modelos para executá-los e os resultados aparecem na área de relatório [L], que às vezes pode ser uma tabela ou modelo estatístico [M ou U]. Usando este arquivo de amostra, você pode ver como os parâmetros de entrada [G] são inseridos com base na descrição do modelo [F], para que você possa proceder para criar seus próprios modelos personalizados.

- Auto Ajuste. Se uma célula tiver um valor grande que não seja totalmente exibido, clique e passe o mouse sobre aquela célula e você verá um comentário aparecer mostrando o valor total ou simplesmente redimensionar a coluna variável (arraste a coluna para ampliá-la, clique duas vezes na borda da coluna para ajustá-la automaticamente ou clique com o botão direito do cabeçalho da coluna e selecione Auto Fit). Você também pode usar o item do menu [O] *Data | Colunas ajustadas automaticamente* para ajustar automaticamente toda a grade de dados ao mesmo tempo.

- Navegação. Use as setas para cima, para baixo, esquerda e direita para se mover ao redor da grade, ou use os botões no teclado *Home* e *End* para ir para a extrema esquerda e extrema direita de uma linha. Você também pode usar uma combinação de cursores como *Ctrl+Home* para saltar para o canto superior esquerdo, *Ctrl+End*, para saltar para a célula inferior direita, *Shift+Up/Down,* para selecionar uma área específica, e assim por diante

- Adicione Notas. Você pode escrever notas curtas para cada variável na linha Notes [C]. Tente fazer suas anotações breves e simples.

- Ícones. Teste os vários ícones de janela na guia *Visualizar* [S] para alterar a aparência e o estilo das tabelas (p.ex., girar, alterar, ampliar, alterar cores, adicionar texto e assim por diante).

- Copiar. O botão Copiar [R] é usado para copiar os guias Resultados, *Tabelas* e *Estatísticas* na *Etapa 3* após a execução de um modelo. Se os modelos não forem executados, a função cópia só copiará uma página em branco.

- Relatório. O botão Relatório [R] só será executado se houver modelos salvos na *Etapa 4* ou se houver dados na grade, caso contrário, o relatório gerado estará vazio. Você também precisará instalar o Microsoft Excel para executar relatórios de extração e resultados de dados, além de ter o Microsoft PowerPoint para executar relatórios de tabela. Se você tiver um grande número de modelos salvos, o relatório pode levar alguns minutos para ser concluído.

- Carregar Exemplos. Quando surgirem dúvidas sobre como executar um modelo ou método estatístico específico, inicie o perfil *Exemplo* [A] e revise como os dados são configurados na *Etapa 1* ou como os parâmetros de entrada são inseridos na *Etapa 2*. Você pode usar os modelos acima como guias e inicialização para seus próprios dados e modelos.

- Idiomas. Há uma maneira de mudar o idioma no *menu Idioma* [O]. Deve-se notar que o software tem 12 idiomas disponíveis e terá mais no futuro. No entanto, às vezes, certos resultados, ainda que de forma limitada, aparecerão em inglês.

- Pronto para ver Modelos. Você pode alterar a forma como a lista de modelos aparece no *Passo 2* alterando a lista de *drop-down* "Exibir" [E]. Você pode listar modelos em ordem alfabética, ou por categorias de modelos e usando requisitos de entrada de dados — deve-se notar que em certos idiomas Unicode (p.ex., chinês, japonês e coreano), não há ordem alfabética e, portanto, a primeira opção não estará disponível.

- Decimais. O software pode lidar com diferentes locais numéricos e decimais (p.ex., mil dólares e 50 centavos podem ser escritos como 1.000,50 ou 1.000,50 ou 1'000,50 e assim por diante). As configurações decimais podem ser definidas no menu *Data Configurações Decimais ROV BizStats* [O]. No entanto, em caso de dúvida, é sugerido mudar a configuração "local" do computador para os EUA e manter o padrão da América do Norte 1,000.50 no ROV *BizStats* (esta configuração é garantida para trabalhar com ROV *BizStats* e os exemplos padrão).

- Cabeçalhos da Coluna. Clique no cabeçalho da coluna da grade de dados para selecionar toda a coluna ou variável(s) e, uma vez selecionada, você pode clicar com o botão direito do cabeçalho para a coluna *Auto Fit, Corte, Copie, Excluir* ou *Colar dados*. Você também pode clicar e selecionar vários cabeçalhos de coluna para selecionar várias variáveis e clicar com o botão direito do mouse e selecionar *Exibir* para inserir os dados ou clicar no botão *Exibir* [Q] (Figura 4.2). Da mesma forma, você pode alterar diferentes tipos de tabelas usando a lista de *drop-down* da tabela [T].

- Comprimentos dos Dados. Se você precisar executar modelos com diferentes comprimentos de dados do mesmo conjunto de dados, recomendamos simplesmente criar colunas adicionais de dados variáveis. Isso ajuda a simplificar o monitoramento e auditoria de seus resultados. Alternativamente, você pode usar controles de linha de dados entre [K] e [M].

- Exibir Dados. Clique nos cabeçalhos variáveis [P] para selecionar uma ou mais variáveis de cada vez e, em seguida, clique com o botão direito do mouse para adicionar, excluir, copiar, colar ou exibir [Q] as variáveis selecionadas. Em seguida, você pode clicar na guia Exibir [S] para visualizar a tabela.

- Comando. Os modelos também podem ser inseridos usando um console de comando [V/W/X] (Figura 4.3) para operação, clique duas vezes para executar um modelo [J] e ir para o console Command [V]. Você pode replicar o modelo ou criar o seu próprio, e quando estiver pronto, clique em *Executar comando* [X]. Cada linha no console representa um modelo e seus parâmetros correspondentes. Aqui, você pode executar todos ou um comando selecionado. Salve comandos existentes como um arquivo separado ou abra comandos previamente salvos. Os comandos permitem que você execute rapidamente e, ao mesmo tempo, vários modelos sem clicar em torno da interface do usuário. Os resultados também podem ser anexados à parte inferior, onde vários modelos são executados em sequência. Todos os resultados serão criados como um extenso relatório único (veja os dois botões "rádio" abaixo da área M).

- Editor XML. Todo o perfil *.bizstats* (onde vários dados e modelos são criados e salvos) pode ser editado diretamente no XML [Z] abrindo o *Editor XML* a partir do menu Arquivo [Y]. Aqui você pode fazer alterações programáticas no perfil e ser eficaz uma vez que o arquivo é salvo (Figura 4.4).

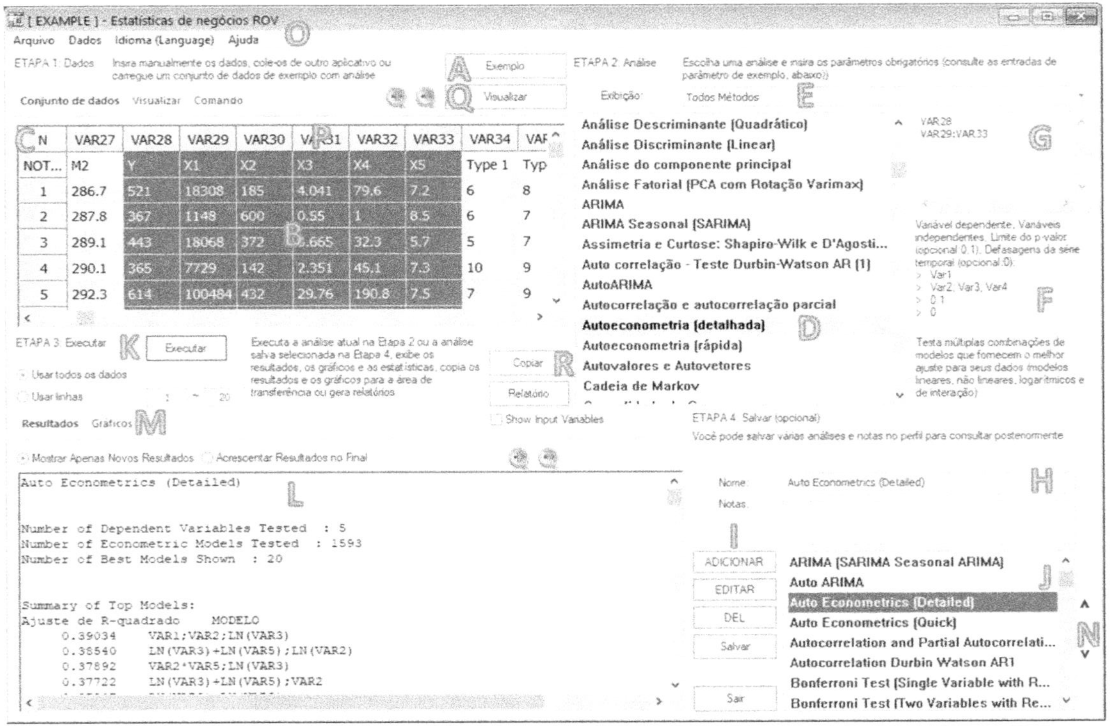

[EXAMPLE] - Estatísticas de negócios ROV

Arquivo Dados Idioma (Language) Ajuda

ETAPA 1: Dados Insira manualmente os dados, coleos de outro aplicativo ou carregue um conjunto de dados de exemplo com análise

Conjunto de dados Visualizar Comando

Exemplo Visualizar

ETAPA 2: Análise

Exibição Todos Métodos

Escolha uma análise e insira os parâmetros obrigatórios (consulte as entradas de parâmetro do exemplo, abaixo)

N	VAR27	VAR28	VAR29	VAR30	VAR31	VAR32	VAR33	VAR34	VAR
NOT...	M2	Y	X1	X2	X3	X4	X5	Type 1	Typ
1	286.7	521	18308	185	4.041	79.6	7.2	6	8
2	287.8	367	1148	600	0.55	1	8.5	6	7
3	289.1	443	18068	372	8.665	32.3	5.7	5	7
4	290.1	365	7729	142	2.351	45.1	7.3	10	9
5	292.3	614	100484	432	29.76	190.8	7.5	7	9

ETAPA 3: Executar Executar

Executa a análise atual na Etapa 2 ou a análise salva selecionada na Etapa 4, exibe os resultados, os gráficos e se estatísticas, copia os resultados e os gráficos para a área de transferência ou gera resíduos

○ Usar todos os dados
○ Usar linhas   :   - 20

Resultados Gráficos

Copiar

Relatório

○ Show Input Variables

○ Mostrar Apenas Novos Resultados ○ Acrescentar Resultados no Final

Auto Econometrics (Detailed)

Number of Dependent Variables Tested : 5
Number of Econometric Models Tested : 1593
Number of Best Models Shown : 20

Summary of Top Models:
Ajuste de R-quadrado MODELO
0.39034   VAR1:VAR2:LN(VAR3)
0.38540   LN(VAR3)+LN(VAR5):LN(VAR2)
0.37892   VAR2*VAR5:LN(VAR3)
0.37722   LN(VAR3)+LN(VAR5):VAR2

Análise Discriminante [Quadrático]
Análise Discriminante [Linear]
Análise do componente principal
Análise Fatorial [PCA com Rotação Varimax]
ARIMA
ARIMA Seasonal [SARIMA]
Assimetria e Curtose: Shapiro-Wilk e D'Agosti...
Auto correlação - Teste Durbin-Watson AR (1)
AutoARIMA
Autocorrelação e autocorrelação parcial
Autoeconometria [detalhada]
Autoeconometria [rápida]
Autovalores e Autovetores
Cadeia de Markov

ETAPA 4: Salvar (opcional)
Você pode salvar várias análises e notas no perfil para consultar posteriormente

Nome Auto Econometrics (Detailed)
Notas

ADICIONAR
EDITAR
DEL
Salvar

Auto Econometrics (Detailed)
Auto ARIMA
ARIMA [SARIMA Seasonal ARIMA]
Auto Econometrics [Quick]
Autocorrelation and Partial Autocorrelati...
Autocorrelation Durbin Watson AR1
Bonferroni Test [Single Variable with R...
Bonferroni Test [Two Variables with Re...

Variável dependente. Variáveis independentes. Limite do p-valor (opcional 0.1). Defasagem da série temporal (opcional 0).
> Var1
> Var2, Var3, Var4
> 0.1
> 0

Testa múltiplas combinações de modelos que fornecem o melhor ajuste para seus dados (modelos lineares, não lineares, logarítmicos e de interação)

VAR28
VAR29:VAR33

Figura 4.1: (Análise Estatística) ROV BizStats

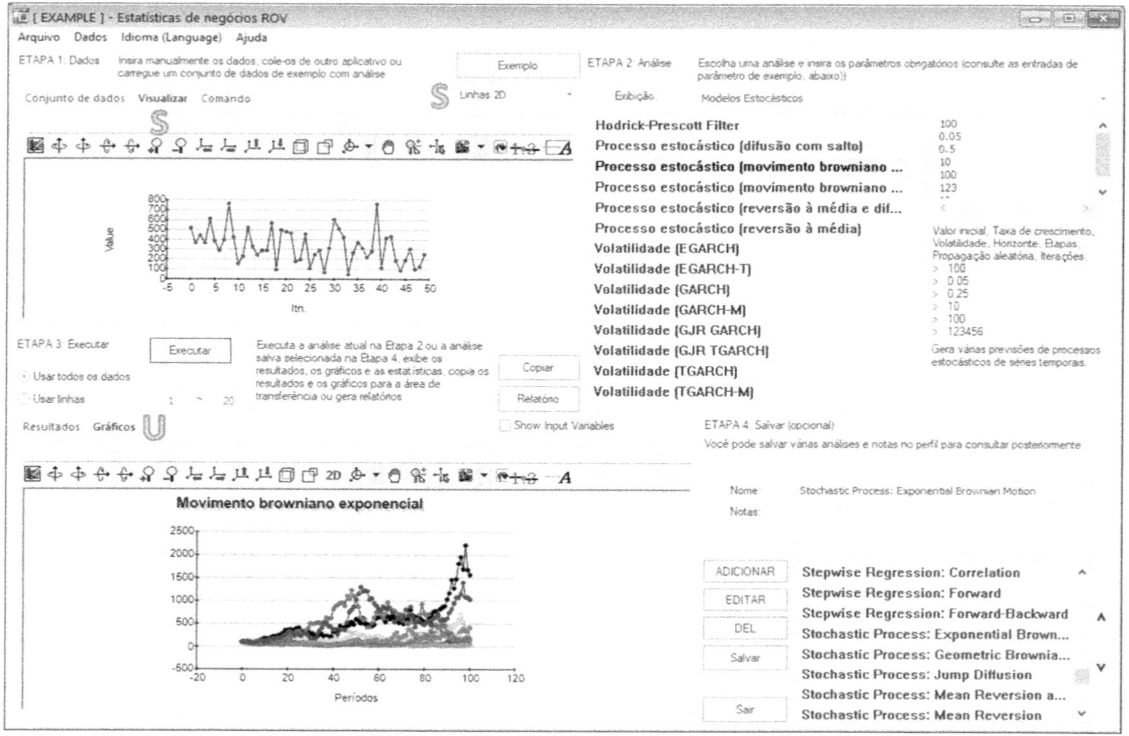

Figura 4.2: Visualização de Dados e Tabelas de Resultados

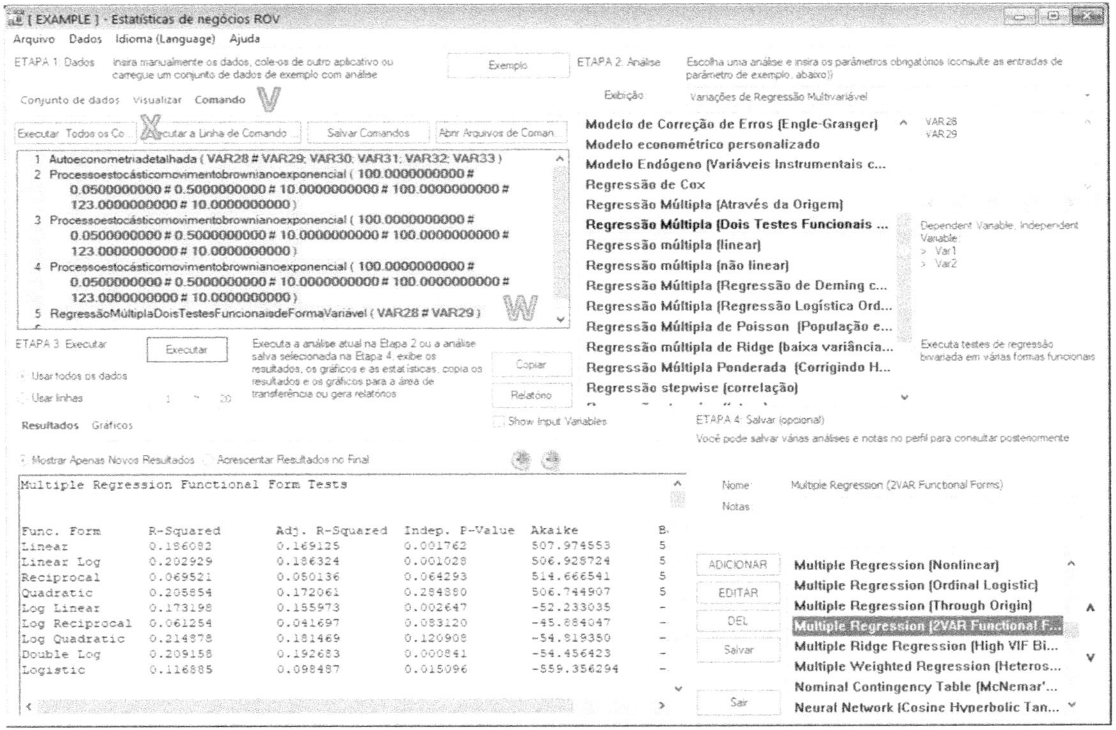

Figura 4.3: Console de Comando

[EXAMPLE] - Estatísticas de negócios ROV

Arquivo Dados Idioma (Language) Ajuda

ETAPA 1 Dados   Insira manualmente os dados, cole os de outro aplicativo ou carregue um conjunto de dados de exemplo com analise

ETAPA 2 Análise   Escolha uma análise e insira os parâmetros obrigatórios (consulte as entradas de parâmetro de exemplo, abaixo))

Exemplo

Conjunto de dados Visualizar Comando

Execução   Todos Métodos

Executar Todos os Co   Executar a Linha de Comando   Salvar Comandos   Abrir Arquivo de Coman

1 AnálisedeDadosTabulaçãoCruzada (VAR84 # VAR85)

Análise de Dados: Apenas Valores Únicos
Análise de Dados: Subtotal por Categoria
Análise de Dados: Tabulação Cruzada

...ális de série temporal [aditiva de Holt-Wi...
...ális de série temporal [aditiva de sazonal...
...ális de série temporal [multiplicativa de H...
...ális de série temporal [multiplicativa de s...
...ális de série temporal [média móvel dupl...
...ális de série temporal [média móvel dupla]
...ális de série temporal [média móvel simp...
...ális de série temporal [suavização expon...
...ális de série temporal [suavização expon...
...ális Discriminante [Quadrático]
...ális Discriminante [Linear]
...es

VAR84
VAR85

Variable 1, Variable 2
> Ver1
> Ver2

Executar Tabulação Cruzada em valores alfanuméricos ou texto exclusivos

ETAPA 4 Salvar (opcional)
Você pode salvar varias análises e notas no perfil para consultar posteriormente

Nome
Notas

Data Analysis: Cross Tabulation

ADICIONAR
EDITAR
DEL
Salvar

Cox Regression
Cubic Spline
Custom Econometric Model
Data Analysis: Cross Tabulation
Data Analysis: New Values Only
Data Analysis: Subtotal
Data Analysis: Unique Values
Data Descriptive Statistics

Sair

Editor de XML

```
1  <?xml version="1.0"?>
2  <root>
3    <locale decimal="."/>
4    <data atomic="0"/>
5    <var name="VAR1" notes="Group1 X1" DblVal="1" data="   39 36 17 25 15 8 31"/>
6    <var name="VAR2" notes="Group1 X2" DblVal="1" data="45 37 13 50 35 40 33 17"/>
7    <var name="VAR3" notes="Group1 X3" DblVal="1" data="20 42 31 24 15 13 9 21 31 13"/>
8    <var name="VAR4" notes="Group1 X4" DblVal="1" data="12 10 19 18 14 8 7 19 25 26"/>
9    <var name="VAR5" notes="Group2 X1" DblVal="1" data="17.5 104.6 64.7 47 22 12.4 20 79.7"/>
10   <var name="VAR6" notes="Group2 X2" DblVal="1" data="70.8 45.9 47.5 77.8 70.9 84.8 49.8
34.6"/>
11   <var name="VAR7" notes="Group2 X3" DblVal="1" data="71.4 55 54 27.9 40.6 33 22.2 80.5 80
41"/>
12   <var name="VAR8" notes="Group2 X4" DblVal="1" data="35 33 34.2 43.2 20 37 28.2 46.4 64.9
59.4"/>
13   <var name="VAR9" notes="Category" DblVal="0" data=
"loam!loam!loam!loam!loam!loam!sandy!sandy!sandy!sandy!sandy!sandy!sa
lty!salty!salty!salty!salty!salty!clay!clay!clay!clay!clay!clay"/>
14   <var name="VAR10" notes="Treatment 1" DblVal="1" data="76.7 60.5 96.1 88.1 50.2 55.0 65.4
63.7 67.3 61.3 58.2 76.9 66.9 55.4 50.5 64.1 62.8 45.0 47.8 75.6 46.6 50.6 45.7 68.4 52.5
80.0 54.7 63.5 46.3 61.5 62.9 49.3"/>
15   <var name="VAR11" notes="Treatment 2" DblVal="1" data="29.5 32.1 40.7 45.1 34.1 31.1 21.6
27.7 48.3 28.9 42.5 20.4 23.9 29.1 18.0 14.5 25.9 15.9 36.1 27.7 46.9 29.7 27.6 35.3 39.0
54.2 32.1 25.6 31.8 16.8 25.8 39.4"/>
16   <var name="VAR12" notes="Treatment 3" DblVal="1" data="7.5 6.3 4.2 4.9 11.7 6.9 4.3 5.3
5.5 6.9 4.8 3.0 1.1 5.0 4.8 3.7 2.9 1.2 4.1 6.3 3.6 4.7 6.2 1.9 3.1 4.0 5.7 3.0 7.4 1.9
2.4 5.2"/>
17   <var name="VAR13" notes="Notes" DblVal="0" data="Block 1!Block 1!Block 1!Block 2!Block 3"/>
18   <var name="VAR14" notes="Method 1" DblVal="1" data="90 86 76"/>
```

Ocultar base tags XML

First Variable is in the Column and Second Variable is in the Row

Salvar   OK   Cancelar

Figura 4.4: Editor XML

5

ANALÍTICOS MAIS COMUNS

Este capítulo representa o coração da parte quantitativa deste livro, pois abrange metodologias analíticas comumente utilizadas. Como na maioria dos projetos de pesquisa, quando os dados são coletados, devem ser analisados. Normalmente, o pesquisador tenta testar alguma teoria ou hipótese pela qual, se uma determinada situação ou condição é aplicada em um experimento, os dados são coletados antes e, depois da realização do experimento, são analisados para ver se a hipótese é validada ou descartada.

Por exemplo, se um banco está tentando testar se um novo sistema de digitalização de depósitos de cheques, juntamente com o treinamento associado, reduziria seus riscos operacionais (p.ex., erros que ocorrem durante os depósitos), ele poderia começar coletando os dados em uma única agência bancária, antes de implementar o novo sistema, e continuaria a coletar os mesmos dados após a implementação da prova de conceito do sistema , naquela agência. Então, através de testes estatísticos de hipóteses, você determinaria se as diferenças observadas nos dados pré e pós-implantação são atribuíveis à aleatoriedade ou são uma clara indicação de que o novo sistema está funcionando e, portanto, tomaria a decisão de implementar o mesmo sistema em todas as suas outras agências.

Outros exemplos podem incluir os militares dos EUA testando a eficácia da implementação de uma série de equipamentos de suporte e serviços para aumentar o tempo médio entre falhas (MTBF); ou uma empresa farmacêutica avaliando a eficácia de sua nova droga experimental; ou uma montadora testando um novo *design* de engenharia que melhore a vida útil do motor em comparação com o *design* convencional; e afins.

Este capítulo começa com testes simples -t, -F, e -z onde duas variáveis são testadas simultaneamente para determinar se suas médias e variâncias são significativamente diferentes ou similares em termos estatísticos. Este capítulo continua com a aplicação de ANOVA ou análise de variância, onde várias variáveis são testadas ao mesmo tempo. Outros testes não paramétricos são apresentados, onde nem a normalidade nem grandes conjuntos de dados devem ser assumidos, pois são exigidos em testes padrão -t e -z. São apresentados testes de normalidade, multicolinearidade e heterocedasticidade, juntamente com o básico dos modelos de regressão multivariada linear e não linear.

TESTE-T DE DUAS AMOSTRAS COM IGUAL VARIÂNCIA

Como o nome sugere, o teste-t de duas amostras com igual variância compara dois conjuntos de dados entre si para determinar se há uma diferença significativa no nível estatístico entre as médias populacionais (μ). Em outras palavras, o teste pode identificar se um determinado evento ou experimento tem algum um efeito. Este teste-t pressupõe que os desvios de padrão populacional desconhecido (σ) de ambas as amostras são praticamente os mesmos e as populações são normalmente distribuídas. A distribuição t é apropriada aqui, pois os verdadeiros desvios padrão das populações são desconhecidos e quando tamanhos amostrais menores estão disponíveis (tipicamente < 30). Este teste também é conhecido como o teste-t combinado de variância porque pega os desvios padrão das duas amostras, e as combina em um único parâmetro no modelo.

Hipóteses comprovadas são geralmente:

$H_0: \mu_1 = \mu_2$, as amostras são estatisticamente semelhantes

$H_A: \mu_1 \neq \mu_2$, as amostras são estatisticamente significativamente diferentes.

Como lembrete, a hipótese nula (H_0), geralmente tem o sinal de equivalência(p.ex., $\geq$, $\leq$), enquanto a hipótese alternativa (H_A) tem seu complemento (*i.e.*, $\neq$, $<$, $>$). O sinal de hipótese alternativa aponta para determinar se o teste é duas caudas ($\neq$) ou uma cauda (a cauda direita é denotada com $>$, enquanto a cauda esquerda usa $<$).

Para começar, existem dois conjuntos de dados com um certo número de pontos de dados (com tamanhos de amostra n_1 e n_2) que são colocados lado a lado (ver Figura 5.2). Em seguida, são calculadas as médias amostrais correspondentes ($\bar{x}_1$ e $\bar{x}_2$) e os desvios padrão da amostra (s_1 e s_2). A estatística-t é então calculada usando a fórmula na parte inferior e comparada com os valores críticos de t. Na maioria das situações, os p-valores desta estatística obtidas são calculados e comparados a algum nível de significância predefinido (p.ex., os níveis α de significância padrão de 0,10, 0,05 e 0,01 serão assumidos ao longo desses exemplos) utilizando-se a distribuição-t com determinado grau de liberdade(gl). Se o p-valor estiver abaixo desses níveis de significância α, rejeitamos a hipótese nula e aceitamos a hipótese alternativa (Figura 5.1).

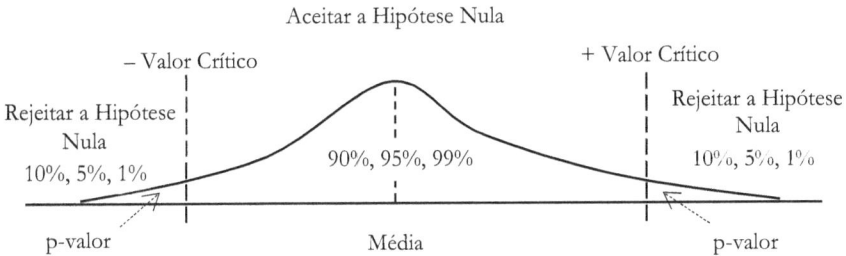

Aceitar a Hipótese Nula

– Valor Crítico

\+ Valor Crítico

Rejeitar a Hipótese
Nula
10%, 5%, 1%

90%, 95%, 99%

Rejeitar a Hipótese
Nula
10%, 5%, 1%

p-valor

Média

p-valor

Figura 5.1: Representação Visual das Regiões de Aceitação/Rejeição

As especificações formais do teste de duas amostras com igual variância são:

$$t = \frac{(\bar{x}_1 - \bar{x}_2) - (\mu_1 - \mu_2)}{\sqrt{s_p^2\left(\frac{1}{n_1} + \frac{1}{n_2}\right)}} \quad \text{com } s_p^2 = \frac{(n_1 - 1)s_1^2 + (n_2 - 1)s_2^2}{n_1 + n_2 - 2} \quad \text{e}$$

$$gl = n_1 + n_2 - 2$$

Como mostrado na Figura 5.2, o modelo foi executado na caixa de ferramentas de análise de dados do Microsoft Excel. A estatística-t foi calculada como −1,2273, e o p-valor de duas caudas é de 0,2355, correspondendo a um valor-t crítico de duas caudas de ±2,1009. Como explicado nos capítulos anteriores, se a estatística t calculada exceder esses valores t críticos, rejeitamos a hipótese nula, caso contrário não rejeitaríamos nulo e, em suma, *aceitaríamos* a hipótese alternativa. Uma abordagem alternativa, talvez mais simples, é comparar o p-valor calculado com o nível de significância α. Se o p-valor é $\leq \alpha$, então rejeitamos a hipótese nula.

Teste-t: duas amostras presumindo variâncias equivalentes

VAR1	VAR2
11	10
8	11
8	9
3	7
7	2
5	11
9	12
5	3
1	6
3	7

	VAR1	VAR2
Média	6	7.8
Variância	9.7778	11.7333
Observações	10	10
Variância agrupada	10.75556	
Hipótese da diferença de média	0	
gl	18	
Stat t	-1.2273	
P(T<=t) uni-caudal	0.1178	
t crítico uni-caudal	1.7341	
P(T<=t) bi-caudal	0.2355	
t crítico bi-caudal	2.1009	

Figura 5.2: Teste-T de Duas Amostras com Variância Igual

Com base nos cálculos acima, o p-valor excede os limiares de 0,10, 0,05, 0,01 normas, o que significa que não rejeitamos a hipótese nula e concluímos que os dois conjuntos de dados amostrais não são estatisticamente diferentes um do outro e que qualquer experimento ou tratamento que tenha sido aplicado foi ineficaz.

A análise pode ser realizada manualmente (a Figura 5.3 mostra os cálculos manuais feitos no Excel e você pode apreciar as equações celulares correspondentes) especificando o modelo fornecido acima, ou usando o software ROV *BizStats* (Figura 5.4).

Figura 5.3: Cálculos Manuais

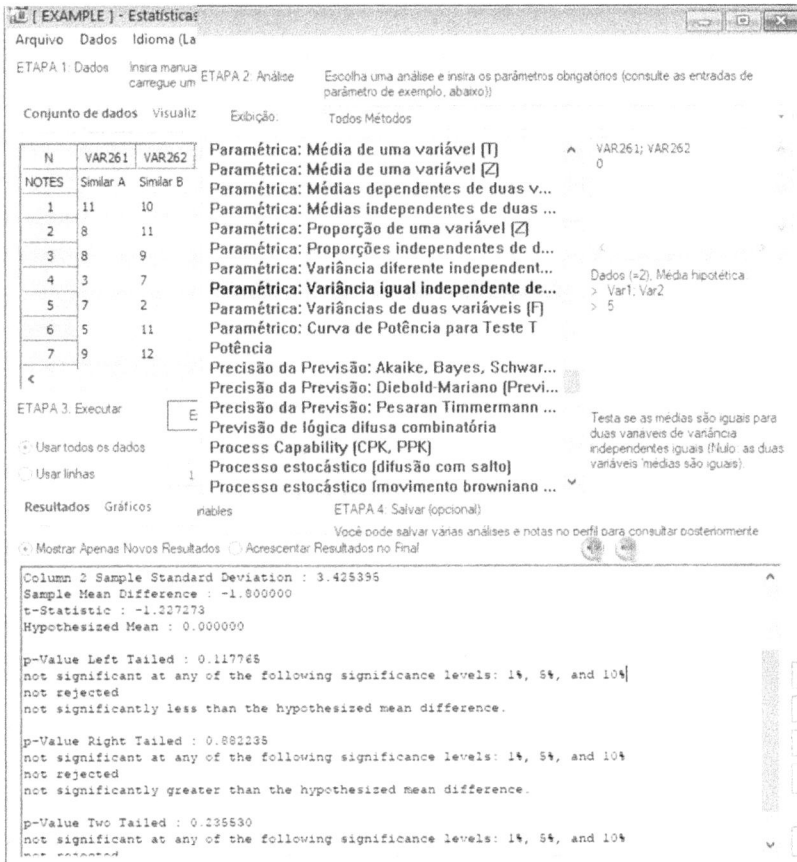

Figura 5.4: Cálculos do ROV BizStats

Para usar a ferramenta ROV *BizStats*, certifique-se de ter o ROV *Risk Simulator* instalado em seu computador. Em seguida, inicie o Excel, clique no menu *Risk Simulator* e selecione a guia *ROV BizStats*. Você verá uma interface de usuário semelhante à mostrada na Figura 5.4. Na grade de dados da Etapa 1, você pode inserir manualmente os dois conjuntos de dados agora ou copiá-los e colá-los de outra fonte, como o Microsoft Excel ou outro banco de dados ou arquivo de texto. Em seguida, selecione a análise relevante na Etapa 2.

Neste exemplo específico, o *Teste Paramétrico (T) para duas variáveis independentes com igual variância* deve ser selecionado. Quando este elemento for selecionado, você verá os requisitos dos dados da amostra (p.ex., Dados = 2 Variáveis, Média Hipotética e exemplos VAR1, VAR2). Em seguida, digite manualmente *VAR1; VAR2* separado por um ponto e vírgula, em seguida, pressione *Enter* e digite *0* na caixa de entrada na Etapa 2, para a diferença hipotética, ou simplesmente clique duas vezes no cabeçalho variável (p.ex., VAR1 e depois VAR2) para adicionar essas variáveis automaticamente. Em seguida, clique em *Executar* para fazer os cálculos. Você pode ver que os resultados confirmam tanto os cálculos manuais quanto os resultados da Caixa de Ferramentas de Análise de Dados do Excel (p.ex., a Estatística-t é -1,2273 e o *p*-valor é 0,2355).

TESTE-T DE DUAS AMOSTRAS COM VARIÂNCIA IRREGULAR

Se os desvios padrão dos dois conjuntos de dados amostrais ainda forem desconhecidos, mas considerados diferentes, seria inapropriado combiná-los em uma única estimativa combinada como feito anteriormente. Portanto, os desvios padrão (*s*) amostrais serão utilizados de forma independente para estimar desvios de padrão populacional (σ). No entanto, a normalidade do conjunto de dados subjacente é assumida, embora essa suposição se torne menos importante com conjuntos de dados maiores. O teste-t de duas amostras com variância irregular seria necessário, e suas especificações estão listadas abaixo:

$$t = \frac{(\bar{x}_1 - \bar{x}_2) - (\mu_1 - \mu_2)}{\sqrt{\left(\frac{s_1^2}{n_1} + \frac{s_2^2}{n_2}\right)}} \quad e \quad gl = \frac{[s_1^2/n_1 + s_1^2/n_2]^2}{\frac{(s_2^2/n_1)^2}{n_1 - 1} + \frac{(s_2^2/n_2)^2}{n_2 - 1}}$$

Como exemplo, suponha que um fabricante químico esteja testando um novo aditivo de óleo do motor para ver se há uma diferença significativa na eficiência do combustível. O fabricante seleciona aleatoriamente 70 carros na cidade e testa seu aditivo em metade desses carros, deixando a outra metade sem o aditivo. A Figura 5.5 mostra o desvio médio e padrão dos dois conjuntos de dados amostrais. Hipóteses comprovadas são o típico teste de duas caudas:

H_0: $\mu_1 = \mu_2$, as duas médias amostrais são estatisticamente
    semelhantes.

H_A: $\mu_1 \neq \mu_2$, os dois meios são significativamente diferentes no
    nível estatístico.

Figuras 5.5 e 5.6 mostram os cálculos. O *p*-valor de duas caudas é de 0,0212, que é inferior aos níveis de significância alfa padrão

(α=0,10, 0,05), então podemos concluir que o aditivo do óleo do motor tem uma diferença significativa de milhas por galão de eficiência de combustível. Como os tipos de carros não foram estratificados ou pré-selecionados, não sabemos se as variâncias dos dois conjuntos de dados da amostra são idênticas. Portanto, neste caso é utilizado o teste de variância desigual.

TESTE-T DE DUAS AMOSTRAS E MÉDIA DEPENDENTES

Em situações em que os dois conjuntos de dados dependem um do outro, é utilizado o teste-t de duas amostras com meios dependentes. Este teste também é conhecido como teste de observação emparelhado, o que significa que o número de observações em cada um dos dois conjuntos de dados deve ser o mesmo $(n=n_1=n_2)$. Por exemplo, se o pesquisador estiver interessado em testar os efeitos anteriores e subsequentes sobre a produtividade na mesma amostra de funcionário após uma mudança no horário de trabalho, os dados são obtidos a partir do mesmo conjunto de dados (p.ex., os mesmos funcionários são avaliados). O teste de meios dependentes usa:

$$t = \frac{\bar{d}}{s_d/\sqrt{n}} \ e \ gl = n - 1$$

onde $\bar{d}$ é a média de cada diferença entre duas unidades de teste e $d = (x_1 - x_2)$. Figura 5.7 é um exemplo do estudo de produtividade onde o X_1 é medido após a mudança no horário de trabalho, em comparação com a mudança anterior medida em X_2. Os números indicam o total de horas necessárias para completar uma determinada atividade, e cada linha no conjunto de dados representa uma pessoa. Hipóteses comprovadas são testes típicos de uma cauda:

H_0: $\mu_1 \geq \mu_2$, os meios amostrais são estatisticamente semelhantes.

H_A: $\mu_1 < \mu_2$, média da amostra 1 é significativamente menor a média da amostra 2.

Como o p-valor calculado de uma cauda é de 0,0141, rejeitamos a hipótese nula e aceitamos a hipótese alternativa e concluímos que a mudança no horário de trabalho resultará em maior produtividade (medida pelo menor total de horas necessárias para completar alguma tarefa pré-especificada). A Figura 5.8 ilustra a implementação do problema no ROV *BizStats*.

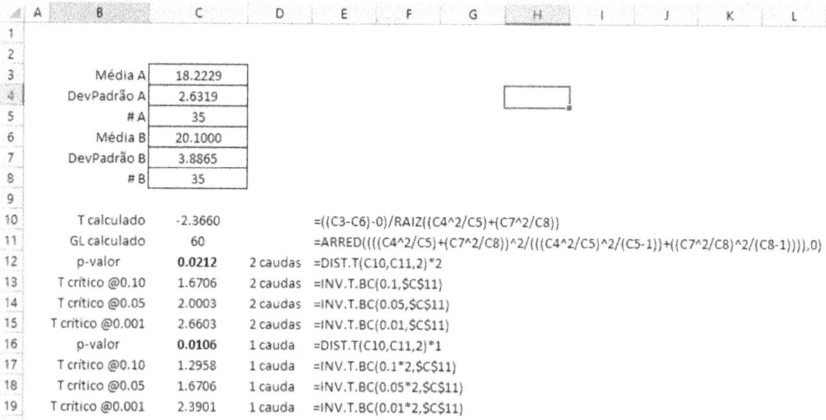

	A	B	C	D	E	F	G	H	I	J	K	L
1												
2												
3		Média A	18.2229									
4		DevPadrão A	2.6319									
5		# A	35									
6		Média B	20.1000									
7		DevPadrão B	3.8865									
8		# B	35									
9												
10		T calculado	-2.3660		=((C3-C6)-0)/RAIZ((C4^2/C5)+(C7^2/C8))							
11		GL calculado	60		=ARRED(((((C4^2/C5)+(C7^2/C8))^2/(((C4^2/C5)^2/(C5-1))+((C7^2/C8)^2/(C8-1)))),0)							
12		p-valor	0.0212	2 caudas	=DIST.T(C10,C11,2)*2							
13		T crítico @0.10	1.6706	2 caudas	=INV.T.BC(0.1,C11)							
14		T crítico @0.05	2.0003	2 caudas	=INV.T.BC(0.05,C11)							
15		T crítico @0.001	2.6603	2 caudas	=INV.T.BC(0.01,C11)							
16		p-valor	0.0106	1 cauda	=DIST.T(C10,C11,2)*1							
17		T crítico @0.10	1.2958	1 cauda	=INV.T.BC(0.1*2,C11)							
18		T crítico @0.05	1.6706	1 cauda	=INV.T.BC(0.05*2,C11)							
19		T crítico @0.001	2.3901	1 cauda	=INV.T.BC(0.01*2,C11)							

Figura 5.5: Exemplos de Cálculos para o Teste-T de Variância Desigual

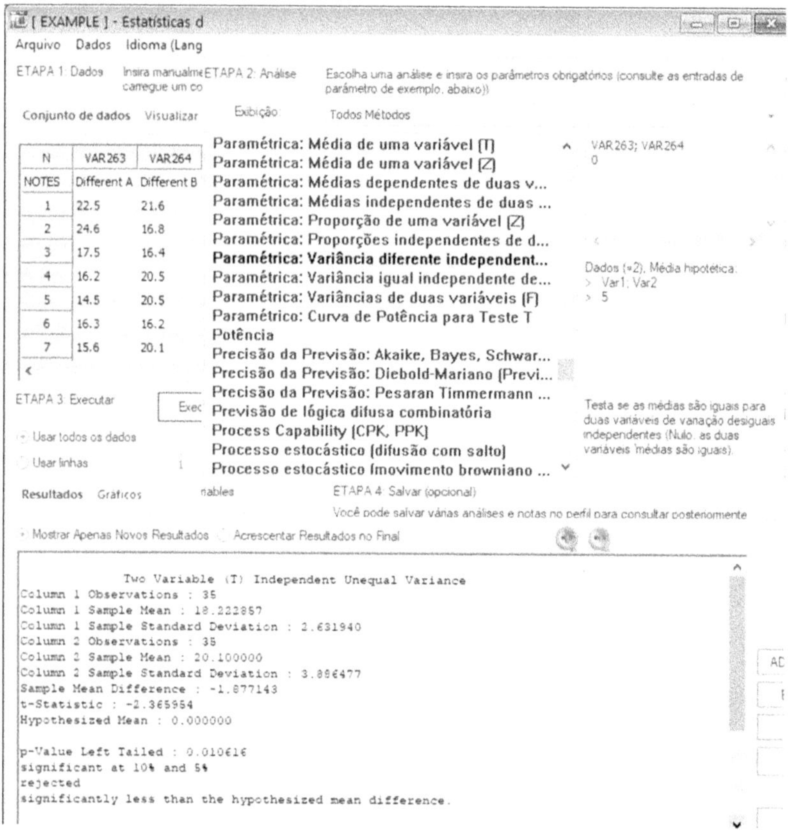

Figura 5.6: Teste-T com Variância Desigual no ROV BizStats

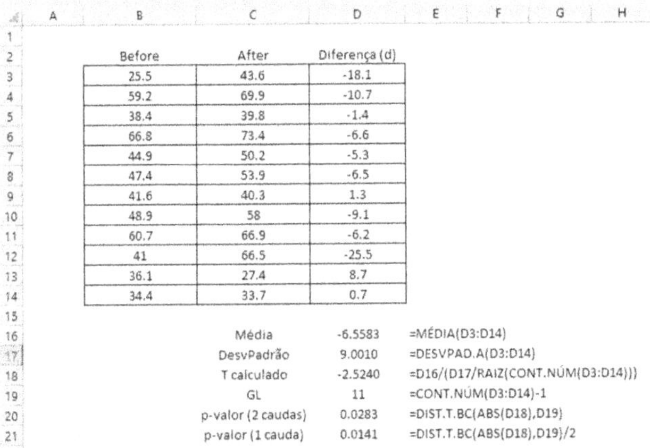

	A	B	C	D	E	F	G	H
1								
2		Before	After	Diferença (d)				
3		25.5	43.6	-18.1				
4		59.2	69.9	-10.7				
5		38.4	39.8	-1.4				
6		66.8	73.4	-6.6				
7		44.9	50.2	-5.3				
8		47.4	53.9	-6.5				
9		41.6	40.3	1.3				
10		48.9	58	-9.1				
11		60.7	66.9	-6.2				
12		41	66.5	-25.5				
13		36.1	27.4	8.7				
14		34.4	33.7	0.7				
15								
16		Média	-6.5583	=MÉDIA(D3:D14)				
17		DesvPadrão	9.0010	=DESVPAD.A(D3:D14)				
18		T calculado	-2.5240	=D16/(D17/RAIZ(CONT.NÚM(D3:D14)))				
19		GL	11	=CONT.NÚM(D3:D14)-1				
20		p-valor (2 caudas)	0.0283	=DIST.T.BC(ABS(D18),D19)				
21		p-valor (1 cauda)	0.0141	=DIST.T.BC(ABS(D18),D19)/2				

Figura 5.7: Cálculos para o Teste-T de Observações Emparelhadas Dependentes

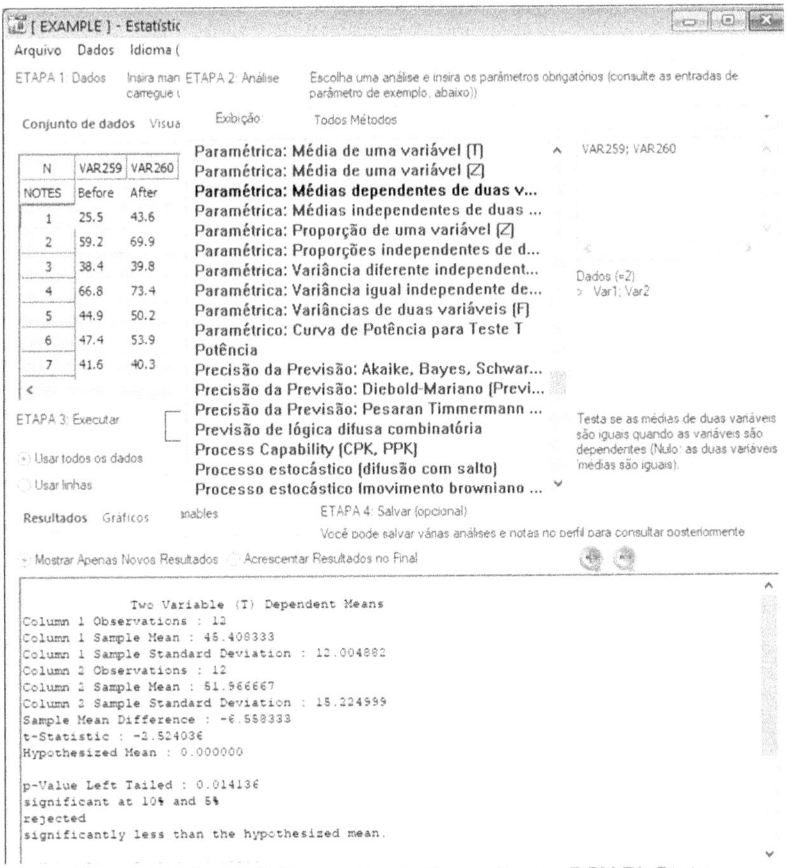

Figura 5.8: Teste-T Emparelhado Dependente - ROV BizStats

TESTE-F DE VARIÂNCIAS DE AMOSTRAS INDEPENDENTES

Às vezes, podemos precisar comparar as variâncias de dois conjuntos de amostras separados. Por exemplo, ao comparar o tempo médio entre falhas (MTBF) de duas configurações de computador diferentes e medir a quantidade de variação que existe, podemos determinar a maior variação de MTBF, seja a do equipamento antigo ou novo. O teste F é usado neste caso, onde testamos as seguintes hipóteses:

H_0: $\sigma_1^2 = \sigma_2^2$, não há diferença na variação entre as amostras

H_A: $\sigma_1^2 \neq \sigma_2^2$, há uma diferença na variação entre as amostras

O teste usa as seguintes especificações:

$$F = \max\left(s_1^2/s_2^2, s_2^2/s_1^2\right) \text{ e o valor crítico é: } F(\alpha/2, n_L - 1, n_S - 1)$$

onde os valores $n-1$ são graus de liberdade, n_L é a amostra com maior variância, e n_S é a amostra com menor variância.

Exemplo: Suponha que dois conjuntos de equipamentos foram implantados cada um em sete locais diferentes e que seus respectivos MTBF's em meses foram coletados. Conforme mostrado na Figura 5.9, os desvios padrão amostrais foram calculados como 0,7091 e 0,5350 para esses dois conjuntos de equipamentos (ver Figura 5.9). A estatística F é calculada como 1,7571 com p-valor correspondente de 0,2552 (uma cauda) e 0,5104 (duas caudas), o que significa que não rejeitamos a hipótese nula e concluímos que não há diferença estatisticamente significativa na variação do MTBF. A Figura 5.10 mostra como implementar o cálculo no ROV *BizStats*.

	A	B	C	D	E	F	G
1							
2		X1	X2				
3		2.5	5.2				
4		2.6	5.6				
5		3.4	5.4				
6		2.9	5.9				
7		4.3	5.9				
8		4.1	6.2				
9		3.6	6.8				
10							
11	Média	3.3429	5.8571	=MÉDIA(B3:B9) e =MÉDIA(C3:C9)			
12	DesvPadrão	0.7091	0.5349677	=DESVPAD.A(B3:B9) e =DESVPAD.A(C3:C9)			
13	#	7	7	=CONT.NÚM(B3:B9) e =CONT.NÚM(C3:C9)			
14	Estatística F	1.7571	uma cauda	=MÁXIMO(B12^2/C12^2,C12^2/B12^2)			
15	p-valor	0.2552	uma cauda	=DIST.F.CD(B14,B13-1,C13-1)			

Figura 5.9: Teste-F para Variâncias

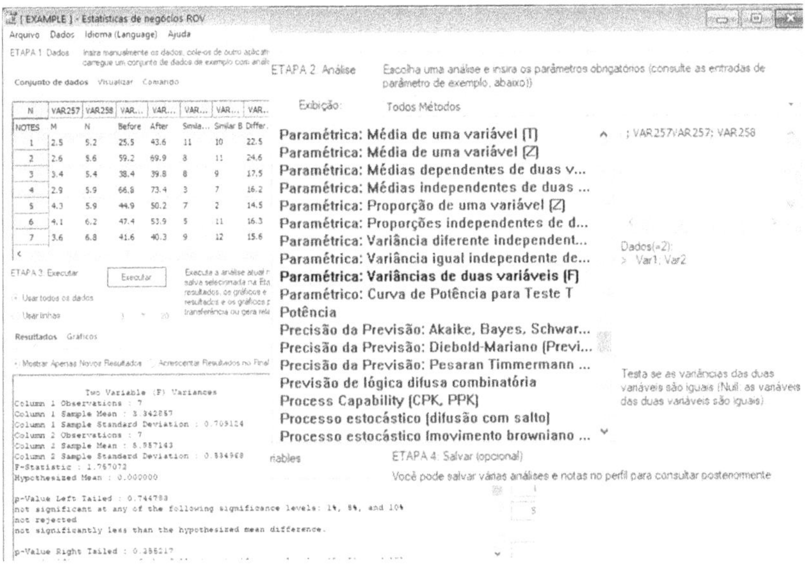

Figura 5.10: Teste-F para Variâncias - ROV BizStats

TESTE-Z DE PROPORÇÕES

Em certas situações, as proporções (p) são utilizadas em vez de valores brutos. Nessas situações, quando há dois conjuntos de dados, as duas proporções podem ser testadas utilizando as seguintes hipóteses:

H_0: $\mu_{(p1-p2)} = 0$, não há diferença entre os dois conjuntos de dados

H_A: $\mu_{(p1-p2)} \neq 0$, há uma diferença entre os dois conjuntos de dados

O teste-z é utilizado para duas proporções independentes, com as seguintes especificações:

$$z = \frac{(p_1 - p_2)}{\sqrt{\bar{p}(1-\bar{p})\left(\frac{1}{n_1} + \frac{1}{n_2}\right)}} \quad \text{onde} \quad \bar{p} = \frac{n_1 p_1 + n_2 p_2}{n_1 + n_2}$$

E onde n_1 e n_2 são os tamanhos amostrais, p_1 e p_2 são as proporções amostrais, e $\bar{p}$ é a estimativa combinada da razão populacional conforme descrito acima.

Esta abordagem pressupõe que $n_1 p_1$, $n_1(1-p_1)$, $n_2 p_2$, e $n_2(1-p_2)$ deve ser tudo ≥ 5 e cada $n \geq 30$ para a distribuição Binomial subjacente (uma razão equivale a uma distribuição de probabilidade Binomial com dois resultados) para aproximar a distribuição Normal; daí a capacidade de usar o teste-z.

No teste para médias independentes, as duas médias amostrais são testadas usando:

H_0: $\mu_{(\bar{x}_1 - \bar{x}_2)} = 0$, não há diferença entre os dois conjuntos de dados

H_A: $\mu_{(\bar{x}_1 - \bar{x}_2)} \neq 0$, há uma diferença entre os dois conjuntos de dados

$$z = \frac{(\bar{x}_1 - \bar{x}_2) - (\mu_1 - \mu_2)}{\sqrt{\left(\frac{s_1^2}{n_1} + \frac{s_2^2}{n_2}\right)}}$$

Exemplo: Suponha que um experimento médico inclua um total de 3.806 pacientes cardíacos, do sexo masculino, que estão divididos em dois grupos iguais, cada um de 1.903 (Figura 5.11). Neste caso, $n_1 = n_2 = 1.903$, que satisfaz os requisitos da distribuição Normal. O primeiro grupo recebeu um novo medicamento para o coração, e um registro foi feito do número de eventos coronários leves para ambos os grupos. No primeiro grupo, foram registrados 155 eventos coronários, enquanto houve 187 eventos no segundo grupo. Desta forma, calculamos as proporções onde $p_1 = 155/1903 = 0,0815$ e $p_2 = 187/1903 = 0,0983$. Neste exemplo, utilizamos a hipótese de uma cauda onde H_0 é $\mu_{(p1-p2)} \geq 0$ e H_A é $\mu_{(p1-p2)} < 0$, indicando que o grupo 1 com a nova droga tem uma proporção menor de eventos coronários e, portanto, a droga tem um efeito estatisticamente significativo. A Figura 5.11 mostra cálculos manuais no Excel, e o p-valor de uma cauda é de 0,0350. Isso significa que rejeitamos a hipótese nula no nível $\alpha = 0,05$, e concluímos que a droga não tem um efeito significativo.

	A	B	C	D	E	F	G	H
1								
2		Proporção 1	0.081450					
3		Proporção 2	0.098266					
4		#1	1903					
5		#2	1903					
6								
7		P Agrupado	0.0899		=(C4*C2+C5*C3)/(C4+C5)			
8		Z-escore	-1.8138		=(C2-C3)/RAIZ(C7*(1-C7)*(1/C4+1/C5))			
9		p-valor	0.0349	1 cauda	=DIST.NORMP.N(C8,VERDADEIRO)			
10		p-valor	0.0697	2 caudas	=DIST.NORMP.N(C8,VERDADEIRO)*2			
11		Z crítico @0.10	-1.2816	1 cauda	=INV.NORMP.N(0.1)			
12		T crítico @0.05	-1.6449	1 cauda	=INV.NORMP.N(0.05)			
13		T crítico @0.001	-2.3263	1 cauda	=INV.NORMP.N(0.01)			

Figura 5.11: Teste-Z para Proporções

A Figura 5.12 ilustra o uso do ROV *BizStats* utilizando dados reais brutos onde 1 representa uma redução e 0 representa não redução. As proporções são calculadas automaticamente. O p-valor de uma cauda mostra 0,0349 e a mesma interpretação é aplicada como nos cálculos manuais.

Z-TESTE DE PROPORÇÕES E MÉDIAS

Da mesma forma, o teste z para meias pode ser aplicado usando:

$$z = \frac{(\bar{x}_1 - \bar{x}_2) - (\mu_1 - \mu_2)}{\sqrt{\left(\frac{s_1^2}{n_1} + \frac{s_2^2}{n_2}\right)}}$$

As hipóteses que estão sendo testadas são geralmente:

H_0: $\mu_1 = \mu_2$, os meios amostrais são estatisticamente semelhantes

H_A: $\mu_1 \neq \mu_2$, médias amostrais com significativamente diferentes em termos estatísticos

Este teste é a alternativa para variâncias de teste-t irregulares quando n_1 e $n_2 \geq 30$. O teste também pode ser realizado usando o ROV *BizStats*.

Arquivo   Dados   Idioma

ETAPA 1: Dados   Insira mar   ETAPA 2: Análise   Escolha uma análise e insira os parâmetros obrigatórios (consulte as entradas de
                    carregue   parâmetro de exemplo, abaixo))

Conjunto de dados   Visu: Exibição   Todos Métodos

N	VAR...	VAR268
NOTES	Prop 1	Prop 2
1	1	1
2	1	1
3	1	1
4	1	1
5	0	1
6	1	1
7	1	0

Paramétrica: Média de uma variável (T)
Paramétrica: Média de uma variável [Z]
Paramétrica: Médias dependentes de duas v...
Paramétrica: Médias independentes de duas ...
Paramétrica: Proporção de uma variável [Z]
Paramétrica: Proporções independentes de d...
Paramétrica: Variância diferente independent...
Paramétrica: Variância igual independente de...
Paramétrica: Variâncias de duas variáveis [F]
Paramétrico: Curva de Potência para Teste T
Potência
Precisão da Previsão: Akaike, Bayes, Schwar...
Precisão da Previsão: Diebold-Mariano (Previ...
Precisão da Previsão: Pesaran Timmermann ...
Previsão de lógica difusa combinatória
Process Capability (CPK, PPK)
Processo estocástico (difusão com salto)
Processo estocástico (movimento browniano ...

VAR267; VAR268
0

Dados(=2); Média hipotética:
> Var1; Var2
> 5

Testa se as proporções são iguais
para duas variáveis independentes
(Nulo: as proporções das duas
variáveis são iguais)

ETAPA 3: Executar

• Usar todos os dados

◦ Usar linhas

Resultados   Gráficos   ariáveis   ETAPA 4: Salvar (opcional)

                                         Você pode salvar várias análises e notas no perfil para consultar posteriormente

• Mostrar Apenas Novos Resultados   ◦ Acrescentar Resultados no Final

```
                Two Variable (Z) Independent Proportions
Column 1 Observations : 220
Column 1 Sample Mean : 0.090909
Column 1 Sample Standard Deviation : 0.288135
Column 2 Observations : 220
Column 2 Sample Mean : 0.104545
Column 2 Sample Standard Deviation : 0.306665
Z-Statistic : -0.481635
Hypothesized Mean : 0.000000

p-Value Left Tailed : 0.315033
not significant at any of the following significance levels: 1%, 5%, and 10%
not rejected
not significantly less than the hypothesized mean.

p-Value Right Tailed : 0.684967
```

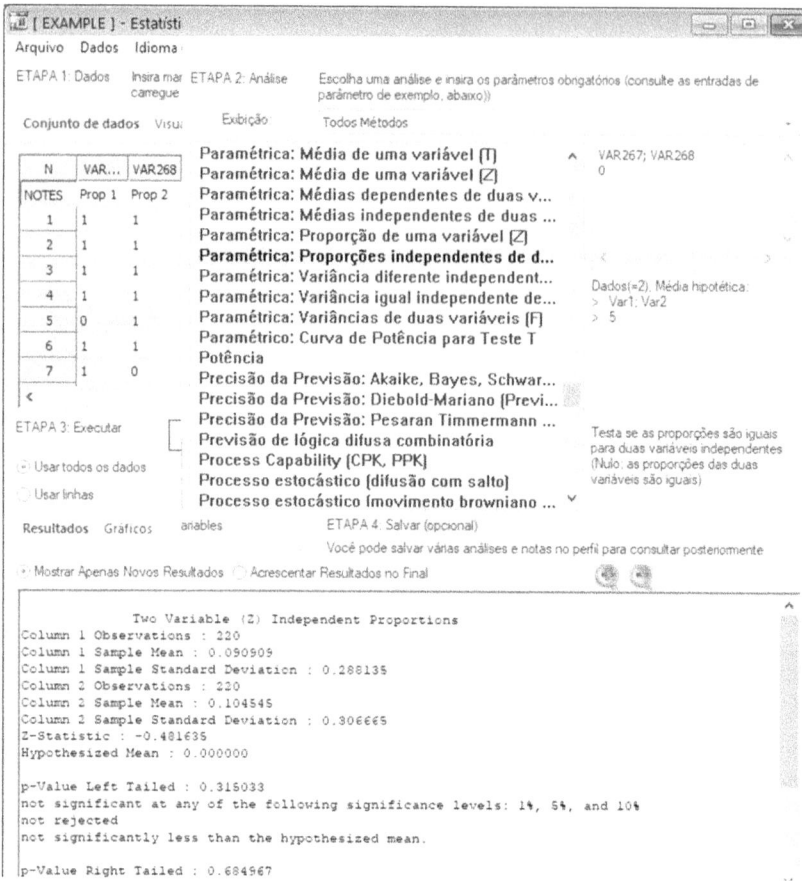

Figura 5.12: Teste Z para Proporções - ROV BizStats

ANOVA SIMPLES COM MÚLTIPLOS TRATAMENTOS

Os testes -t, -z e -F descritos acima, são aplicados a duas variáveis ao mesmo tempo, para determinar se suas médias, proporções ou variâncias são significativamente diferentes no nível estatístico, ou se as pequenas diferenças são aleatoriamente atribuíveis. Quando duas ou mais médias amostrais devem ser testadas ao mesmo tempo, assistimos aos testes de Análise de Variância (ANOVA).

A ANOVA simples com múltiplos tratamentos testa uma variável independente categórica (com múltiplos níveis de tratamento, tipos ou categorias) e uma variável dependente numérica (atribuída aleatoriamente às múltiplas categorias de tratamento) para determinar se seus meios populacionais são iguais. Cada coluna de dados terá um tratamento diferente (p.ex., um novo método de fabricação, um novo regime de treinamento, uma nova tecnologia empregada). Este teste pressupõe que os tratamentos são atribuídos de forma completa e aleatória a todas as pessoas do experimento e os dados subjacentes são normalmente distribuídos com igual variância. Deve-se notar que o equivalente não paramétrico é o teste Kruskal-Wallis, que é apresentado mais adiante, neste capítulo.

Exemplo: Nove funcionários de uma organização foram divididos aleatoriamente em três equipes, cada uma de três pessoas e cada equipe recebeu um tipo diferente de treinamento. Estes são três cursos ou tratamentos diferentes neste caso. Ao final do curso de treinamento, cada pessoa tinha a tarefa de concluir e o tempo que levou para terminar a tarefa foi registrado e exibido na grade de dados. Como a seleção é aleatória, usamos o ANOVA simples randomizado com múltiplos tratamentos para testar as seguintes hipóteses:

H_0: $\mu_1 = \mu_2 = ... = \mu_t$ para tratamentos 1 a t
(não há efeito sobre os tratamentos)

H_A: As médias populacionais não são iguais
(há um efeito em pelo menos um dos tratamentos)

A Figura 5.13 expõe os resultados da Ferramenta de Análise do Excel, e a Figura 5.14 mostra a implementação e os resultados do ROV *BizStats*.

	Método 1	Método 2	Método 3
Pessoa 1	15	10	18
Pessoa 2	20	15	19
Pessoa 3	19	11	23

Análise Pacote Estatístico Excel

Anova: fator único

RESUMO

Grupo	Contagem	Soma	Média	Variância
Método 1	3	54	18	7
Método 2	3	36	12	7
Método 3	3	60	20	7

ANOVA

Fonte da variação	SQ	gl	MQ	F	valor-P	F crítico
Entre grupos	104	2	52	7.4286	0.0238	5.1433
Dentro dos grupos	42	6	7			
Total	146	8				

Figura 5.13: ANOVA Simples com Múltiplos Tratamentos Randomizados

A especificação testada é $x_{i,j} = \mu + \tau_j + \varepsilon_{i,j}$ e os cálculos são feitos da seguinte forma:

A média global é:

$$\tilde{x} = \frac{\sum_{j=1}^{t} \sum_{i=1}^{t} x_{j,i}}{N}$$

Soma dos Erros ao Quadrado (SQ) é:

$$\sum_{j=1}^{t} n_j (\bar{x}_j - \tilde{x})^2$$

Soma dos quadrados de erro (Erro SQ) é

$$\sum_{j=1}^{t} \sum_{i=1}^{n_j} (x_{ij} - \bar{x}_j)^2$$

Soma das Praças Totais (Total SQ) é

$$\sum_{j=1}^{t} \sum_{i=1}^{n_j} (x_{ij} - \tilde{x})^2$$

Quadrados Médios Entre Tratamentos é:

(Tratamento SQ)/(Número de Tratamentos–1)

Quadrados dos erros médios de ou quadrados médios entre Tratamentos (erro de MQ) são calculados como:

(Erro SQ)/(Observações totais– Número de tratamentos)

As estatísticas F são calculadas como MQ Tratamento /MQ Erro

O p-valor da estatística F tem um grau de liberdade definido como (Número de Tratamentos – 1) no numerador e (Observações Totais – Número de Tratamentos) no denominador. A Figura 5.15 mostra a implementação desses cálculos no Excel.

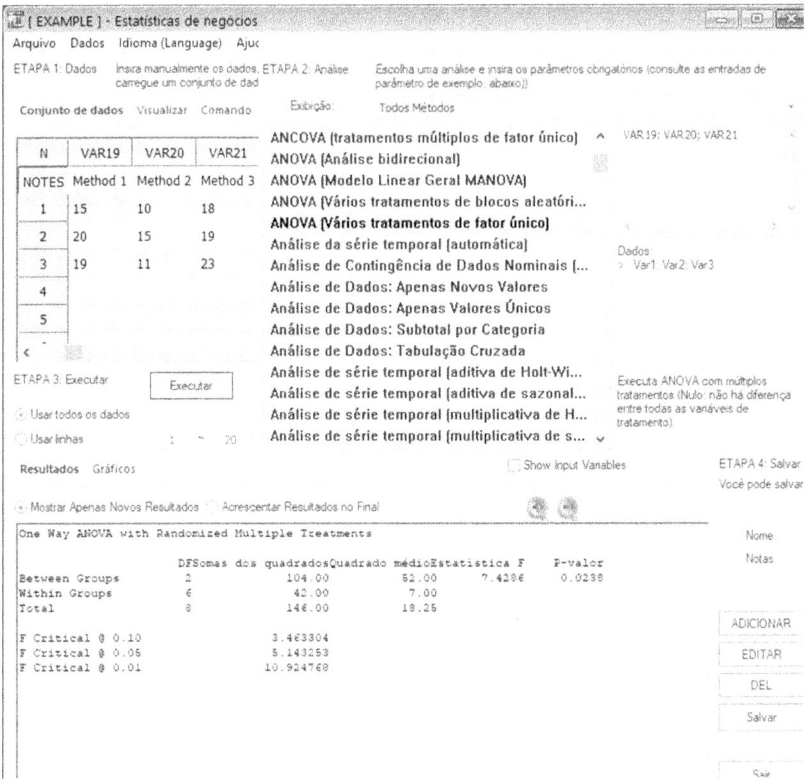

Figura 5.14: ANOVA Simples com Múltiplos Tratamentos Randomizados em ROV BizStats

	A	B	C	D	E	F	G	H	I	J
1		Método 1	Método 2	Método 3						
2	Pessoa 1	15	10	18						
3	Pessoa 2	20	15	19						
4	Pessoa 3	19	11	23						
5										
6	Média Variável	18	12	20						
7										
8	Média Global	16.6667	=MÉDIA(B6:D6)							
9	Soma dos Quadrados	104.000	=CONT.NÚM(B2:B4)*(B6-B8)^2+CONT.NÚM(C2:C4)*(C6-B8)^2+CONT.NÚM(D2:D4)*(D6-B8)^2							
10	Soma dos Quadrados	42.000	=(B2-B6)^2+(B3-B6)^2+(B4-B6)^2+(C2-C6)^2+(C3-C6)^2+(C4-C6)^2+(D2-D6)^2+(D3-D6)^2+(D4-D6)^2							
11	Soma dos Quadrados	146.000	=+B9+B10							
12	# Total de Dados	9	=CONT.NÚM(B2:D4)							
13	# Variáveis	3	=CONT.VALORES(B1:D1)							
14	GL	2	=B13-1							
15	GL	6	=B12-B13							
16	GL	8	=B14+B15							
17	Mínimos Quadrados	52.0000	=B9/B14							
18	Mínimos Quadrados	7.0000	=B10/B15							
19	Mínimos Quadrados	18.2500	=B11/B16							
20	EstatísticaF calculada	7.4286	=B17/B18							
21	p-valor	0.0238	=DIST.F.CD(B20,B14,B15)							

Figura 5.15: Cálculos Manuais do ANOVA Simples

A Figura 5.16 considera os resultados da ANOVA simples. O p-valor foi calculado abaixo do limiar de 0,05, por isso concluímos que pelo menos um desses tratamentos tem um efeito estatisticamente significativo. O problema com a ANOVA é que não podemos determinar qual dos tratamentos é eficaz, apenas que pelo menos um deles seria eficaz. Para determinar qual tratamento específico é eficaz, execute teste-t de pares de todas as combinações possíveis (AB, AC, BC) ou use análise de regressão multivariada.

ANOVA: Fator Único

	gl	SQ	MQ	F	p-valor
Entre Grupos	2	104	52	7.4286	0.0238
Dentro de grupos	6	42	7		
Total	8	146	18.25		

Figura 5.16: Resultados ANOVA Simples

ANOVA COM TESTE DE BLOCO RANDOMIZADO

No teste anova simples anterior, a suposição era de que os tratamentos eram atribuídos a todos no experimento de forma completa e aleatória. Essa abordagem pode resultar em uma representação aberta ou sub-representada em alguns grupos de tratamento simplesmente por acaso. Se as propriedades ou características dos participantes do experimento tiverem forte influência nas medições e dados obtidos, a ANOVA simples pode acabar medindo os diferenciais dentro desse grupo experimental, em vez dos efeitos dos tratamentos. Para resolver este problema, você pode usar o ANOVA com Blocos Randomizados. Deve-se notar que o equivalente não paramétrico é o Teste de Friedman.

A especificação testada neste ANOVA é $x_{i,j} = \mu + \tau_j + \beta_i + \varepsilon_{i,j}$

H_0: $\tau_j = 0$ para tratamentos j = 1 a t

(não há efeito sobre os tratamentos)

H_A: $\tau_j \neq 0$ para pelo menos um tratamento j x 1 a t

(um ou mais tratamentos tem um efeito)

onde τ representa tratamentos e β é a variável de bloqueio.

Exemplo: Suponha que quatro faróis ou luzes do carro estejam sendo desenvolvidos. O fabricante quer testar a visibilidade de cada *design* desses faróis medindo o quão longe alguém pode ver ou utilizar cada um desses faróis. Agora suponha que 12 pessoas sejam selecionadas aleatoriamente para participar deste experimento, que são classificados entre jovens (Y), de meia-idade (M) e velhos (O). Se randomizarmos completamente a seleção desses indivíduos, cada um dos métodos pode ser mais ou sub representado em termos de faixas etárias, como mostra a primeira grade de dados na Figura 5.17. Agora, vamos também supor que as propriedades dos participantes (p.ex., idade) influenciam sua visão (p.ex., os participantes mais velhos não podem ver tão longe quanto os participantes mais jovens). Portanto, a randomização completa dos participantes dentro desses grupos produziria resultados enviesados. A melhor abordagem é *bloquear* essa variável que intervém por idade. A segunda grade de dados do Figura 5.17 ilustra como criar um conjunto de dados ANOVA com blocos. Neste exemplo, há três blocos e eles são classificados por linhas.

Projeto ANOVA randomizado unilateral

Notas	Método 1	Método 2	Método 3	Método 4
Pessoa 1	y	M	O	Y
Pessoa 2	Y	O	Y	M
Pessoa 3	O	O	M	Y

ANOVA com variável de bloqueio

Notas	Método 1	Método 2	Método 3	Método 4
Block 1	Y	Y	Y	Y
Block 2	M	M	M	M
Block 3	O	O	O	O

Figura 5.17: Crie um ANOVA com Blocos Randomizados

A seguir estão os cálculos para blocos randomizados ANOVA:

A média global é:

$$\tilde{x} = \frac{\sum_{j=1}^{t} \sum_{i=1}^{t} x_{ij}}{N}$$

Soma das Média de Tratamento (Tratamentos SQ) é

$$n \sum_{j=1}^{t} (\overline{x}_j - \tilde{x})^2$$

Soma dos Quadrados dos Erros (Erro SQ) é

Total SQ - SQ Treatment - SQ Block

Soma dos Quadrados dos Bloco (*SQ Block*) é

$$t \sum_{j=1}^{t} (\overline{x}_i - \tilde{x})^2$$

Soma dos Quadrados Totais (Total SQ) é

$$\sum_{j=1}^{t} \sum_{i=1}^{n_j} (x_{ij} - \tilde{x})^2$$

A Média dos Quadrados entre os Tratamentos (Tratamento em MQ) é

(Tratamento SQ)/ (Número de Tratamentos – 1)

A Médios dos Quadrados dos Bloco (MQ *Block*) são calculados como

(Bloco SQ)/ (Observações Totais – 1)

Os quadrados médios de erros ou quadrados médios dentro dos tratamentos (Erro de MQ) são calculados como

(Erro SQ)/ ((Observações Totais – 1) (Número de Tratamentos – 1))

A Estatística F é calculada como

Tratamento em MQ / Erro MQ

O p-valor da estatística F tem um grau de liberdade definido para (Número de Tratamentos – 1) no numerador e (Observações Totais – 1)*(Número de Tratamentos – 1) no denominador.

A Figura 5.18 ilustra a abordagem passo a passo para calcular este modelo ANOVA.

	A	B	C	D	E	F	G
1	Notes	Método 1	Método 2	Método 3	Método 4	Média	
2	Block 1	90	87	93	85	88.7500	
3	Block 2	86	79	87	83	83.7500	
4	Block 3	76	74	77	73	75.0000	
5	Média	84.0000	80.0000	85.6667	80.3333		
6							
7	Média Global	82.5000	=MÉDIA(B2:E4)				
8	# de Blocos (linhas)	3	=CONT.NÚM(B2:B4)				
9	# de Tratamentos (Colunas)	4	=CONT.NÚM(B2:E2)				
10	SQ Total	473.0000	=(B2-B7)^2+(B3-B7)^2+(B4-B7)^2+(C2-B7)^2+(C3-B7)^2+(C4-B7)^2+(D2-B7)^2+(D3-B7)^2+(D4-B7)^2+(E2-B7)^2+(E3-B7)^2+(E4-B7)^2			
11	SQ Blocos (Linhas)	387.5000	=B9*((F2-B7)^2+(F3-B7)^2+(F4-B7)^2)				
12	SQ Tratamnetos (Colunas)	69.6667	=B8*((B5-B7)^2+(C5-B7)^2+(D5-B7)^2+(E5-B7)^2)				
13	SQ Erros	15.8333	=B10-B12-B11				
14	MQ Blocos	193.75	=B11/B17				
15	MQ Tratamentos	23.2222	=B12/B18				
16	MQ Erro	2.6389	=B13/B19				
17	GL Bloco	2	=B8-1				
18	GL Tratamneto	3	=B9-1				
19	GL Erro	6	=B17*B18				
20	Estatística F (Tratamento)	8.8000	=B15/B16				
21	P-valor (Tratamento)	0.0129	=DIST.F.CD(B20,B18,B19)				
22	Estatística F (Segmentando)	73.4211	=B14/B16				
23	P-valor (Blocking)	0.0001	=DIST.F.CD(B22,B17,B19)				
24	F crítico (Tratamento) @0.10	3.2888	=INV.F.CD(0.1,B18,B19)				
25	F crítico (Tratamento) @0.05	4.7571	=INV.F.CD(0.05,B18,B19)				
26	F crítico (Tratamento) @0.01	9.7795	=INV.F.CD(0.01,B18,B19)				
27	F crítico (Blocking) @0.10	3.4633	=INV.F.CD(0.1,B17,B19)				
28	F crítico (Blocking) @0.05	5.1433	=INV.F.CD(0.05,B17,B19)				
29	F crítico (Blocking) @0.015	10.9248	=INV.F.CD(0.01,B17,B19)				
30	A variável de bloqueio tem um efeito estatisticamente significativo em Alfa 5% em pelo menos um dos níveis						
31	A variável de tratamentos tem um efeito estatisticamente significativo em alfa 1% em pelo menos um dos níveis						

Figura 5.18: Cálculo ANOVA com Blocos Randomizados

A Figura 5.19 mostra os resultados da ANOVA com blocos randomizados usando o ROV *BizStats*. A tabela mostra como os cálculos e configurações correspondentes podem ser implementados. O p-valor para processamento é de 0,0129 e o p-valor para a variável de bloqueio (idade, neste caso) é de 0,0001. Isso indica que há uma diferença estatisticamente significativa em pelo menos um dos tratamentos, e que a variável de bloqueio (idade) não tem um efeito estatisticamente significativo no conjunto de dados.

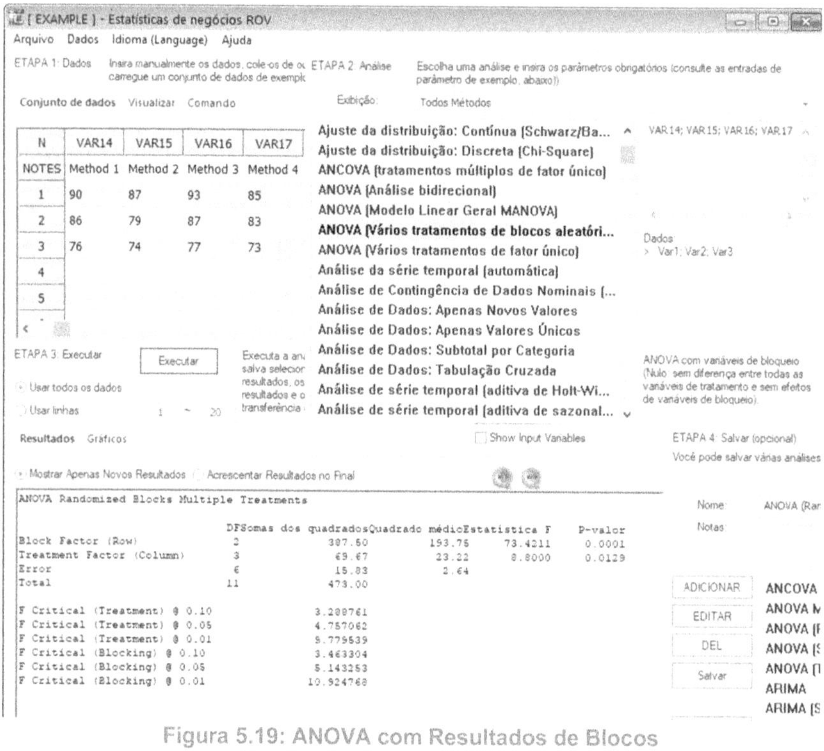

Figura 5.19: ANOVA com Resultados de Blocos Randomizados em ROV BizStats

ANOVA DOIS FATORES

O modelo ANOVA um-fator apresentados acima olha para um único fator na variável dependente. Nesta seção, introduzimos o ANOVA dois-fatores, um método que examina simultaneamente os efeitos de *dois* fatores (duas variáveis independentes categóricas) sobre uma variável dependente numérica, bem como as interações de diferentes níveis dos dois fatores. Ou seja, atribuições aleatórias são feitas de tal forma que dois ou mais participantes são submetidos a cada possível combinação dos níveis de fator. O número de pessoas ou participantes dentro de cada uma dessas combinações é chamado de *número de repetições* (*r*) e *r* tem que ser ≥ 2.

A especificação neste ANOVA é $x_{i,j} = \mu + \alpha_i + \beta_j + (\alpha\beta)_{ij} + \varepsilon_{ijk}$

Testando o principal efeito, fator A:

H_0: $\alpha_i = 0$ para cada fator A nível, para $i = 1$ até a (nenhum fator A nível tem um efeito)

H_A: $\alpha_i \neq 0$ por pelo menos um valor de i, onde i s 1 até a (pelo menos um nível tem um efeito)

Testando o principal efeito, fator B:

H_0: $\beta_j = 0$ para cada nível de fator B, para $j = 1$ a b (nenhum nível de fator B tem efeito)

H_A: $\beta_j \neq 0$ por pelo menos um valor de j, onde $j = 1$ a b (pelo menos um nível tem um efeito)

Testando os efeitos de interação, entre os níveis de fator A e B:

H_0: $\alpha\beta_{ij} = 0$ para cada combinação de i e j (sem efeitos de interação)

H_A: $\alpha\beta_{ij} \neq 0$ para pelo menos uma combinação de i e j (pelo menos uma combinação faz efeito)

Exemplo: suponha que um fabricante de aeronaves esteja testando três diferentes ligas metálicas (*alloys*) (B1, B2 e B3) para construção de asas em uma nova aeronave, e cada tipo de *alloy* pode ser produzida em quatro níveis diferentes de espessura (A1 a A4). O número de torções e flexões são registrados até que uma falha de estresse seja detectada. Os dados são então submetidos a um ANOVA bidirecional, como mostrado na Figura 5.20, que ilustra como os dados são configurados. Cálculos e resultados detalhados são mostrados na Figura 5.21 e a Figura 5.22 explica como configurar o modelo no ROV *BizStats*.

	Fator B1	Fator B2	Fator B3
Fator A1	804	836	804
Fator A1	816	828	808
Fator A2	819	844	807
Fator A2	813	836	819
Fator A3	820	814	819
Fator A3	821	811	829
Fator A4	806	811	827
Fator A4	805	806	835

Figura 5.20: Configurações e Resultados da ANOVA dois fatores

As especificações do método são:

Soma de quadrados para o fator A : $SSA = rb \sum_{i=1}^{a} (\overline{x}_i - \widetilde{x})^2$

Soma de quadrados para o fator B : $SSB = ra \sum_{j=1}^{b} (\overline{x}_j - \widetilde{x})^2$

Soma total dos quadrados : $SST = \sum_{i=1}^{a} \sum_{j=1}^{b} \sum_{k=1}^{r} (\overline{x}_{ijk} - \widetilde{x})^2$

Soma dos quadrados dos erros : $SSE = \sum_{i=1}^{a} \sum_{j=1}^{b} \sum_{k=1}^{r} (x_{ijk} - \overline{x}_{ij})^2$

Os Graus de Liberdade calculados (*gl*) para o fator A é (a–1), fator B é (b–1), Interação AB é (a–1)(b–1), Erro é $ab*(r-1)$ e Total é (abr–1).

As Médios dos Quadrados (MQ) para o fator A são $\frac{SQA}{gl(A)}$, fator B são $\frac{SQB}{gl}$ (B), fator AB é $\frac{SQAB}{gl(AB)}$, Erro é $\frac{SQE}{gl}$ (E).

Estatística F calculada para o fator A é $\frac{MQ(A)}{MQ(E)}$, o fator B é $\frac{MQ(B)}{MQ(E)}$ e interação AB é $\frac{MQ(AB)}{MQ(E)}$.

A Figura 5.21 exibe esses cálculos com mais detalhes. Nesta tabela você pode ver que a linha Fator A é significativa no nível 0,10, enquanto a coluna fator B e a interação AB é estatisticamente significante no nível 0,01. Podemos concluir que pelo menos um nível de A e B e pelo menos uma combinação de A e B têm um efeito significativo.

	Fator B1	Fator B2	Fator B3	Média
Fator A1	804	836	804	
Fator A1	816	828	808	816.0000
Fator A2	819	844	807	823.0000
Fator A2	813	836	819	
Fator A3	820	814	819	
Fator A3	821	811	829	819.0000
Fator A4	806	811	827	
Fator A4	805	806	835	815.0000
Média	813.0000	823.2500	818.5000	818.5000

		FÓRMULA\TEXTO(i)	
Replicação / linhas (entrada do usuário)	2		
Número de Colunas	8	=CONT.NÚM(B2:B12)	
Fator/Linhas	4	=B17/B16	
Fator/Colunas	3	=CONT.NÚM(B2:D2)	
Média Global	818.2500	=MÉDIA(B2:D12)	
SS Total	3142.5000	Ver equação à direita	
Fator SS linhas	232.5000	=B16*B19*((E3-B20)^2+(E6-B20)^2+(E9-B20)^2+(E12-B20)^2)	
Fator SS Colunas	421.0000	=B16*B18*((B14-B20)^2+(C14-B20)^2+(D14-B20)^2)	
Interações SS	2155.0000	=B21-B22-B23-B25	
Erros SS	334.0000	Ver a equação ao lado	
Fator MS Linhas	77.5000	=B22/(B18-1)	
Fator MS Colunas	210.5000	=B23/(B19-1)	
Fator MS Interações	359.1667	=B24/((B18-1)*(B19-1))	
Erros MS	27.8333	=B25/((B18*B19*(B16-1)))	
Estatística F para Fator Linhas	2.7844	=B26/B29	
Estatística F para Fator Colunas	7.5629	=B27/B29	
Estatística F para Fator Interações	12.9042	=B28/B29	
GL Fator Linha	3	=B18-1	
GL Fator Coluna	2	=B19-1	
GL Interações	6	=(B18-1)*(B19-1)	
GL Fator Ambos	12	=B18*B19*(B16-1)	
P-valor para Fator Linhas	0.0864	=DIST.F.CD(B30,B33,B36)	
P-valor para Fator Colunas	0.0075	=DIST.F.CD(B31,B34,B36)	
P-valor para Fator Interações	0.0001	=DIST.F.CD(B32,B35,B36)	

B18=(B2-B20)^2+(B3-B20)^2+(B5-B20)^2+(B6-B20)^2+(B8-B20)^2+(B9-B20)^2+(B11-B20)^2+(B12-B20)^2+(C2-B20)^2+(C3-B20)^2+(C5-B20)^2+(C6-B20)^2+(C8-B20)^2+(C9-B20)^2+(C11-B20)^2+(C12-B20)^2+(D2-B20)^2+(D3-B20)^2+(D5-B20)^2+(D6-B20)^2+(D8-B20)^2+(D9-B20)^2+(D11-B20)^2+(D12-B20)^2

[cuidado com este ... o exemplo tem 2 repetições, portanto, calculamos a média de apenas duas linhas, se a replicação for 5, a média de todas as 5 linhas e fazer a diferença e o quadrado para todos os cinco itens ...]

B22 =(B2-MÉDIA(B2:B3))^2+(B3-MÉDIA(B2:B3))^2+(B5-MÉDIA(B5:B6))^2+(B6-MÉDIA(B5:B6))^2+(B8-MÉDIA(B8:B9))^2+(B9-MÉDIA(B8:B9))^2+(B11-MÉDIA(B11:B12))^2+(B12-MÉDIA(B11:B12))^2+(C2-MÉDIA(C2:C3))^2+(C3-MÉDIA(C2:C3))^2+(C5-MÉDIA(C5:C6))^2+(C6-MÉDIA(C5:C6))^2+(C8-MÉDIA(C8:C9))^2+(C9-MÉDIA(C8:C9))^2+(C11-MÉDIA(C11:C12))^2+(C12-MÉDIA(C11:C12))^2+(D2-MÉDIA(D2:D3))^2+(D3-MÉDIA(D2:D3))^2+(D5-MÉDIA(D5:D6))^2+(D6-MÉDIA(D5:D6))^2+(D8-MÉDIA(D8:D9))^2+(D9-MÉDIA(D8:D9))^2+(D11-MÉDIA(D11:D12))^2+(D12-MÉDIA(D11:D12))^2

Two Way ANOVA Results

	DF	Somas dos quadrados	Quadrado médio	Estatística F	P-valor
Row Factor	3	232.50	77.50	2.7844	0.0664
Column Factor	2	421.00	210.50	7.5629	0.0075
Interaction	6	2155.00	359.17	12.9042	0.0001
Error	12	334.00	27.83		
Total	23	3142.50			

Figura 5.21: Cálculos Bidirecional de ANOVA

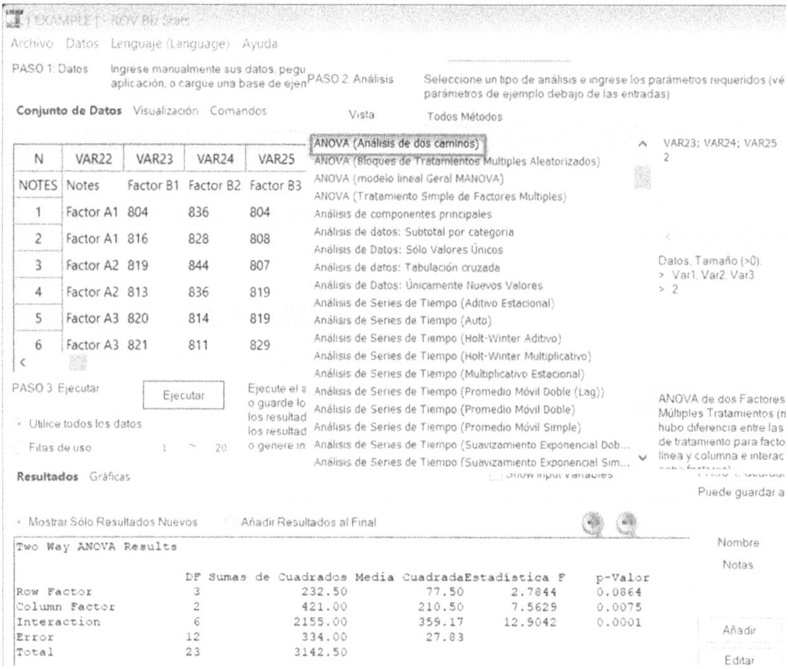

Figura 5.22: ANOVA Dois Fatores em ROV BizStats

ANCOVA, MANOVA E MANOVA DOIS FATORES

A Análise Múltipla da Variância, ou MANOVA, estende o modelo de ANOVA Tratamento Múltiplo de Fator Único. O MANOVA Dois-Fatores é uma extensão do modelo ANOVA Dois-Fatores. Consulte a Figura 5.23 para uma comparação desses Modelos Lineares Gerais e Figura 5.24, por exemplo, e a configuração de dados necessária no BizStats.

Como lembrete dos diferentes métodos ANOVA, a variação do modelo *ANOVA* de *Tratamento Múltiplo de Fator Único* é usada para testar diferenças estatísticas de *uma* variável dependente numérica contínua contra *uma* variável independente categórica (com múltiplas subcategorias ou tipos de tratamentos). Esses tratamentos são coletivamente considerados um único fator que está sendo testado. Como exemplo, coletamos e modelamos pontuações de testes de matemática de 90 alunos (as notas do teste de matemática são valores contínuos e são coletivamente consideradas a variável única dependente) que foram atribuídas aleatoriamente em três diferentes grupos de tratamento (p.ex., Matemática Russa, Matemática de Cingapura, Matemática dos EUA) para ver se as três diferentes técnicas de ensino geram diferenças estatisticamente significativas na aptidão matemática. Neste exemplo, a variável dependente são os escores do teste de matemática (valores numéricos entre 0% e 100%), e a variável independente são as diferentes técnicas de ensino de matemática (valores nominais categóricos das três técnicas de ensino de matemática).

O *ANOVA Medidas Repetidas de Fator Único* é utilizado quando o pesquisador deseja testar a validade do instrumento de teste utilizado. Por exemplo, um grupo de 30 alunos é submetido a três testes de matemática em momentos diferentes. Dependendo da questão da pesquisa, esses testes de matemática são geralmente semelhantes (p.ex., níveis de dificuldade idênticos, conceitos semelhantes com perguntas ligeiramente diferentes, perguntas idênticas feitas ligeiramente diferentes, perguntas semelhantes, mas ordenadas de forma diferente etc.). Há apenas *uma* variável dependente (resultados de testes de matemática) e *uma* variável independente (testes de matemática, categorizados em primeiro teste, segundo teste ou terceiro teste).

O *ANOVA com Variáveis de Controle* é usado para testar *uma* variável dependente contra *uma* variável independente, enquanto controla ou *bloqueia* uma variável exógena, que pode potencialmente impactar a variável dependente. Por exemplo, as três diferentes técnicas de ensino de matemática (a variável independente) são testadas em um grupo de alunos, mas o tipo de escola (privada, pública, escola domiciliar) é controlada.

Uma abordagem relacionada é a *ANCOVA,* ou Análise *da Covariância,* onde um modelo ANOVA de fator único com tratamentos repetidos (Grupo 1), que remove os efeitos covariados do Grupo 2. Os efeitos líquidos após a contabilização das covariáveis serão para testar a hipótese nula de que os vários tratamentos do Grupo 1 são idênticos entre si. Os efeitos covariados são usados como referência, ou valores de controle de casos básicos, de efeitos que não são de interesse do pesquisador. Exemplos de efeitos covariados podem incluir diferentes níveis de riqueza familiar dos alunos ou se as escolas estão em áreas urbanas ou rurais. O modelo ANCOVA exige que esses dois grupos de variáveis tenham o mesmo número de variáveis. Como algumas controvérsias cercam o uso de métodos ANCOVA, talvez seja melhor aplicar uma regressão múltipla.

Em seguida, o *ANOVA Dois-Fatores* fornece uma extensão para incluir *uma* variável dependente contra *duas* variáveis independentes, ou fatores, e suas interações. Por exemplo, os mesmos escores numéricos de teste de matemática (variável dependente) são coletados, mas os alunos são divididos em um desenho fatorial de 3 × 3, com tratamentos de dois fatores (variáveis independentes). Por exemplo, o Fator A são as diferentes técnicas de ensino (Matemática Russa, Matemática de Cingapura, Matemática dos EUA) e Fator B é o tempo que as técnicas matemáticas são ensinadas (p.ex., 1 mês, 3 meses, 6 meses), para ver se o Fator A, Fator B ou a Interação dos Fatores A & B, causa quaisquer diferenças estatísticas percepcionais nos resultados dos testes de aptidão matemática.

O modelo *Análise Multivariada da Variância,* ou *MANOVA,* estende o ANOVA Fator Único, permitindo *múltiplas* variáveis dependentes ao mesmo tempo contra *uma* variável independente. Por exemplo, são coletadas múltiplas variáveis numéricas contínuas, como notas de teste de matemática, escores de pesquisa de satisfação dos alunos e classificações de professores, e essas variáveis dependentes são comparadas com a variável independente categórica única (p.ex., pública, privada, charter e escola domiciliar). MANOVA pode ser considerado como múltiplas corridas ANOVA simultâneas. No entanto, o MANOVA tem algumas vantagens fundamentais sobre a ANOVA. Ele protege contra erros do Tipo I em comparação com executar vários modelos ANOVA de forma independente. Às vezes, a MANOVA pode, potencialmente, revelar diferenças estatísticas não descobertas pela execução de vários testes ANOVA independentes. No entanto, o MANOVA pode ser significativamente mais complicado do que o ANOVA, causando ambiguidade ao tirar conclusões concretos sobre quais variáveis independentes podem ou não afetar cada uma das variáveis dependentes.

O *MANOVA Dois-Fatores* permite o teste de *múltiplas* variáveis dependentes contra *duas* variáveis ou fatores independentes. Ampliando o exemplo acima, coletamos de forma semelhante múltiplas variáveis numéricas contínuas, como escores de testes de matemática, escores de pesquisa de satisfação dos alunos e classificações de professores, e essas variáveis dependentes são comparadas com duas variáveis independentes categóricas. O primeiro fator variável independente é o tipo de escola (pública, privada, charter e escola domiciliar) e a segunda variável independente é a condição econômica onde está localizado o distrito escolar (rico, médio, pobre). A Figura 5.23 resume os principais métodos ANOVA e MANOVA.

Finalmente, em outras situações multivariadas, seria mais apropriado aplicar múltiplos modelos de regressão utilizando variáveis falsas no lugar das variáveis independentes categóricas.

MODELO LINEAR GERAL	Variável(eis) dependente(s)	Variável(eis) independente(s)	Notas
ANOVA Fator Único Múltiplos Tratamentos	Um	Um	Um fator com múltiplos tipos de tratamento.
ANOVA Fator Único com Medidas Repetidas	Um	Um	Repetindo testes semelhantes para confiabilidade.
ANOVA com Variáveis de Bloqueio	Um	Um	Controles e testes para impactos exógenos.
ANOVA Dois-Fatores	Um	Dois	Dois fatores com múltiplos tipos de tratamento cada, e testes para suas interações.
ANCOVA	Um	Um	Controles para linhas de base usando covariadas.
MANOVA	Vários	Um	ANOVA simultânea testando múltiplas variáveis dependentes ao mesmo tempo.
MANOVA Dois-Fatores"	Vários	Dois	Dois fatores com múltiplos tipos de tratamento cada, e testes para suas interações em múltiplas variáveis dependentes ao mesmo tempo.

Figura 5.23: Comparação de Métodos ANOVA e MANOVA

ANOVA Fator Simples Múltiplos Tratamentos
1 Variável Dependente vs. 1 Independente (Um Fator e Multimplos Tratamentos)

	Método 1	Método 2	Método 3
Participantes	Tratamento	Tratamento	Tratamento
Pessoa 1	58	80	96
Pessoa 2	68	82	92
Pessoa 3	70	88	90
...	...	...	...
...	...	...	...
Pessoa 30	72	86	88

* Método 1: Mat. Russa; Método 2: Mat. Singapura; Método 3: Mat. EUA
* Fator Simples Testado: Diferentes Técnicas de Ensino
* Var. Dependente: Nota em Mat. (Valores numéricos tabulados)
* Var. Independente: Técnicas de Ensino (Grupos nas colunas)

ANOVA Fator Simples Medições Repetidas
1 Variável Dependente vs. 1 Independente (Testes Repetidos)

Participantes	Teste 1	Teste 2	Teste 3
Pessoa 1	50	52	50
Pessoa 2	88	90	92
Pessoa 3	60	62	58
...	...	...	...
...	...	...	...
Pessoa 30	78	80	80

* O mesmo tratamento é utilizado , mas os participantes são testados várias vezes
* Var. Dependente: Nota em Mat. (Valores numéricos tabulados)
* Os mesmos alunos são submetidos a vários tstes

ANOVA com Variáveis de Bloqueio
1 Variável Dependente vs. 1 Independente com Variável de Bloqueio

	Método 1	Método 2	Método 3
Blocos	Tratamento	Tratamento	Tratamento
Escola Privada	66	82	94
Escola Pública	68	84	90
Home School	70	88	90

* Método 1: Mat. Russa; Método 2: Mat. Singapura; Método 3: Mat. EUA
* Fator Simples Testado: Diferentes Técnicas de Ensino
* Var. Dependente: Conceito em Mat. (Valores numéricos tabulados)
* Var. Independente: Técnicas de Ensino (Grupos nas colunas)
* Var. de Bloqueio: Tipo de Escola (variável a controlar)

ANOVA Dois-Fatores
1 Variável Dependente vs. 2 Independente (Um Fator Múltiplos Tratamentos)

	Método 1	Método 2	Método 3
Fator B	Fator A	Fator A2	Fator A3
Fator B1: 1 mês	68	82	96
Fator B2: 3 meses	72	84	86
Fator B3: 6 meses	66	90	92

* Os Dois Fatores Testados: Diferentes Técnica de Ensino vs. Duração do Período Aula
* Fator A: : Método 1: Mat. Russa; Método 2: Mat. Singapura; Método 3: Mat. EUA
* Fator B:: 1 mês; 3 meses; 6 meses
* Var. Dependente: Conceito em Mat. (Valores numéricos tabulados)
* Var. Independente: Técnicas de Ensino (Grupos nas colunas)
* Este Exemplo é um Modelos Fatorial 3 x 3

Figura 5.24: Exemplos e configuração de dados (cont.)

MANOVA
Múltiplas Variáveis Dependentes vs. 1 Variável Independente

Var. Independente	Var. Dependente 1	Var. Dependente 2	Var. Dependente 3
Escolas	Notas Mat.	Satisfação	Aval. Prof.s
Pública	76,7	29,5	7,5
Pública	60,5	32,1	6,3
Pública	96,1	40,7	4,2
Privada	76,9	20,4	3,0
Privada	66,9	23,9	1,1
Privada	55,4	29,1	5,0
Charter	62,8	25,9	2,9
Charter	45,0	15,9	1,2
Charter	47,8	36,1	4,1
HomeSchool	52,5	39,0	3,1
HomeSchool	80,0	54,2	4,0
HomeSchool	54,7	32,1	5,7

* Múltiplas Variáveis Dependentes : Valores numéricos tabulados incluem Notas dos
testes, Satifação dos Estudantes, e avaliação dos Professores
* Variável Independente - única: Tipo de Escola

MANOVA DOIS FATORES
Múltiplas Variáveis Dependentes vs. 2 Variável Independente

Var. Independente 1	Var. Independente 2	Var. Dependente 1	Var. Dependente 2	Var. Dependente 3
Escolas	Padrão Econômico	Notas Mat.	Satisfação	Aval. Prof.s
Pública	Rica	29,50	29,50	7,50
Pública	Rica	32,10	32,10	6,30
Pública	Média	40,70	40,70	4,20
Pública	Média	29,50	29,50	7,50
Pública	Pobre	32,10	32,10	6,30
Pública	Pobre	40,70	40,70	4,20
Privada	Rica	20,40	20,40	3,00
Privada	Rica	23,90	23,90	1,10
Privada	Média	29,10	29,10	5,00
Privada	Média	25,90	25,90	2,90
Privada	Pobre	15,90	15,90	1,20
Privada	Pobre	36,10	36,10	4,10
HomeSchool	Rica	39,00	39,00	3,10
HomeSchool	Rica	54,20	54,20	4,00
HomeSchool	Média	32,10	32,10	5,70
HomeSchool	Média	39,00	39,00	3,10
HomeSchool	Pobre	54,20	54,20	4,00
HomeSchool	Pobre	32,10	32,10	5,70

* Múltiplas Variáveis Dependentes : Valores numéricos tabulados incluem Notas dos testes,
Satifação dos Estudantes, e avaliação dos Professores

Figura 5.24: Exemplos e configuração de dados de
ANOVA e MANOVA (cont.)

Os números 5.25, 5.26 e 5.27 ilustram os resultados dos modelos MANOVA e MANOVA Dois-Fatores utilizando o BizStats. Semelhante aos modelos ANOVA e ANOVA Dois-Fatores, os resultados indicam as várias somas de quadrados, quadrados médios, graus de liberdade, estatísticas-F e p-valores para cada uma das variáveis ou fatores independentes, bem como suas interações. Esses resultados são obtidos por meio da execução de testes entre sujeitos, semelhantes aos modelos ANOVA. No entanto, como o MANOVA executa múltiplas variáveis dependentes ao mesmo tempo, para reduzir os impactos do Erro tipo I, os graus de liberdade e as estatísticas F calculadas precisarão ser ajustados. Os três ajustes para MANOVA são o traço de Pillai, Lambda de Wilk e traço de Hotelling. As estatísticas-F computadas e os p-valores são interpretados exatamente da mesma forma que seus pares ANOVA.

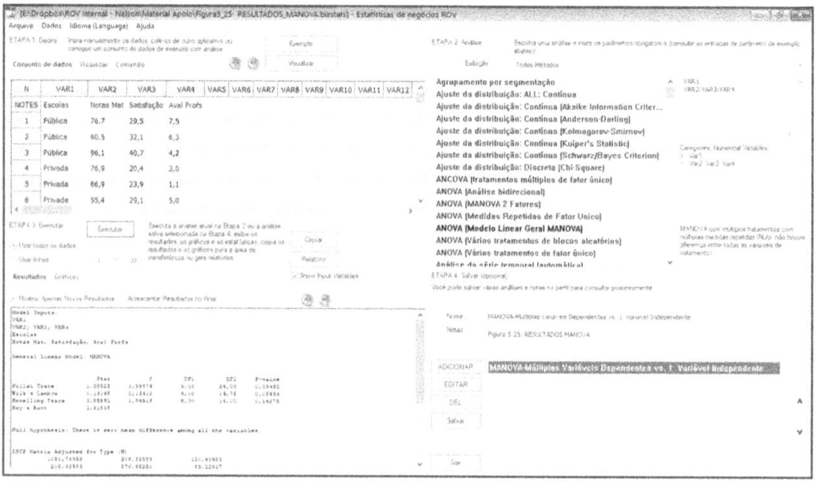

Figura 5.25: RESULTADOS MANOVA em BizStats

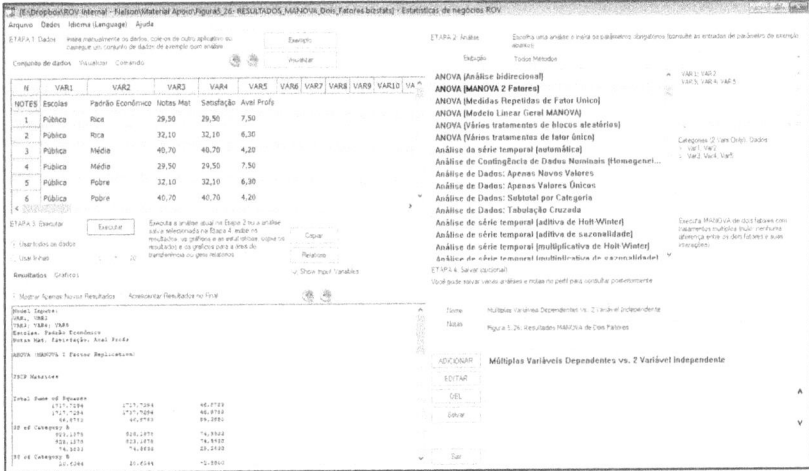

Figura 5.26: Resultados MANOVA de Dois Fatores

Between Subjects Effects Test

	Sum of Squares	DF	Mean Square	F Stat	P-Value
Variable A on Treatment 1	823,1878	2	411,5939	5,2778	0,0304
Variable A on Treatment 2	823,1878	2	411,5939	5,2778	0,0304
Variable A on Treatment 3	29,2633	2	14,6317	6,0364	0,0217
Variable B on Treatment 1	20,6044	2	10,3022	0,1321	0,8779
Variable B on Treatment 2	20,6044	2	10,3022	0,1321	0,8779
Variable B on Treatment 3	1,1233	2	0,5617	0,2317	0,7978
Interactions AB on Treatment 1	172,0622	4	43,0156	0,5516	0,7031
Interactions AB on Treatment 2	172,0622	4	43,0156	0,5516	0,7031
Interactions AB on Treatment 3	7,1833	4	1,7958	0,7409	0,5875
Errors on Treatment 1	701,875	9	77,9861		
Errors on Treatment 2	701,875	9	77,9861		
Errors on Treatment 3	21,815	9	2,4239		

Multivariate Tests

VAR A	Stat	DF1	DF2	F Stat	P-Value
Pillai's Trace	0,4879	6,0000	16,0000	0,8604	0,5439
Wilk's Lambda	0,0000	6,0000	14,0000	8,9958	0,0000
Hotelling's Trace	0,0000	6,0000	12,0000	0,0000	1,0000
Roy's Largest Root	0,0000				
VAR B	**Stat**	**DF1**	**DF2**	**F Stat**	**P-Value**
Pillai's Trace	0,0431	6,0000	16,0000	0,0588	0,9989
Wilk's Lambda	0,0000	6,0000	14,0000	3,4376	0,0000
Hotelling's Trace	0,0000	6,0000	12,0000	0,0000	1,0000
Roy's Largest Root	0,0000				
VAR AB	**Stat**	**DF1**	**DF2**	**F Stat**	**P-Value**
Pillai's Trace	0,0000	12,0000	27,0000	0,0000	1,0000
Wilk's Lambda	0,8031	12,0000	18,8118	0,1354	0,9995
Hotelling's Trace	0,0000	12,0000	17,0000	0,0000	1,0000
Roy's Largest Root	0,0000				

Figura 5.27: Resultados detalhados MANOVA de Dois Fatores

TESTES QUI-QUADRADO

A distribuição Qui-Quadrado (X^2) é usada para modelar três testes:

1. Teste de Qualidade do Ajuste

   H_0: A amostra vem da distribuição especificada.
   H_A: A amostra não vem da distribuição especificada.

2. Prova de Independência

   H_0: As variáveis são independentes umas das outras.
   H_A: As variáveis não são independentes umas das outras.

3. Comparação de Proporções de Múltiplas Amostras Independentes

   H_0 : $\pi_1 = \pi_2 \ldots = \pi_k$ para j=1 a k populações
   H_A: Pelo menos um dos valores π_j difere dos outros.

Todos os três modelos são calculados usando ROV *BizStats* (ver Figura 5.28).

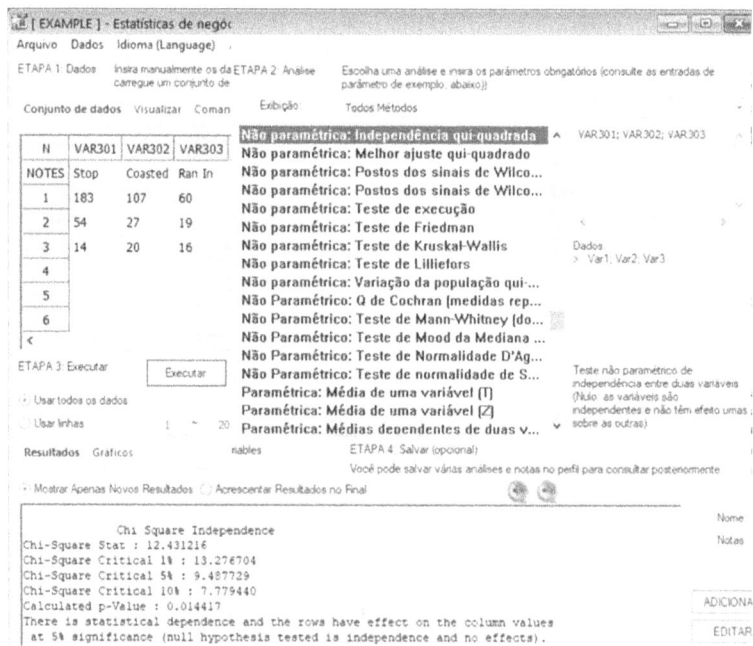

Figura 5.28: Testes Qui-Quadrado em ROV BizStats

O coeficiente de correlação é uma medida da força e direção da relação entre duas variáveis, podendo levar qualquer valor entre -1,0 e +1,0. Ou seja, o coeficiente de correlação pode ser dividido dentro de seus sinais (relação positiva ou negativa entre duas variáveis) e a magnitude ou força da relação (quanto maior o valor absoluto do coeficiente de correlação, mais forte a relação).

O coeficiente de correlação pode ser calculado de diferentes formas. A primeira abordagem é calcular a correlação r de duas variáveis x e y usando:

$$r_{x,y} = \frac{n \sum x_i y_i - \sum x_i \sum y_i}{\sqrt{n \sum x_i^2 - (\sum x_i)^2} \sqrt{n \sum y_i^2 - (\sum y_i)^2}}$$

A segunda abordagem é usar a função =*CORREL* do Excel. Por exemplo, se os 10 pontos de dados para x e y estiverem listados nas células A1:B10, então a função Excel a ser usada é =*CORREL(A1:A10, B1:B10)*.

A terceira abordagem é executar no *Risk Simulator | Ferramentas Analíticas | 12 Ajuste de Distribuição (Múltiplas Variáveis)*, e a matriz de correlação resultante serão calculados e implantados.

É importante notar que a correlação não envolve causalidade. Duas variáveis aleatórias não relacionadas podem apresentar alguma correlação, mas isso não implica qualquer causa entre os dois (p.ex., a atividade da mancha solar e os eventos no mercado de ações estão correlacionados, mas não há causa entre os dois).

Existem dois tipos gerais de correlações: correlações paramétricas e não paramétricas. O coeficiente de correlação ponto de *Pearson* é a correlação mais comum e geralmente é referido simplesmente como o coeficiente de correlação. No entanto, a correlação de *Pearson* é uma medida paramétrica, o que significa que requer ambas as variáveis correlacionadas para ter uma distribuição Normal subjacente e que a relação entre as variáveis é linear.

Quando essas condições são violadas, o que é comum na simulação Monte Carlo, contrapartes não-paramétricas tornam-se mais importantes. O coeficiente de correlação de *Spearman* e o tau de *Kendall* são duas alternativas paramétricas.

A correlação de Spearman é mais comumente utilizada e é mais apropriada quando aplicada no contexto da simulação de Monte Carlo - não há dependência de distribuições Normais ou linearidade, o que significa que correlações podem ser aplicadas entre diferentes variáveis com diferentes distribuições. Para calcular a correlação de *Spearman*, primeiro ranquear todos os valores das variáveis *x* e *y*, em seguida, aplicar os cálculos de correlação de Pearson.

A Figura 5.29-a e b fornece exemplos visuais de correlações emparelhadas entre *X* e *Y*. Correlações positivas (A e D) podem ser exibidas como inclinações positivas, enquanto correlações negativas têm inclinações negativas (B). Uma linha plana denota correlação zero. Quanto mais próximos os valores forem da função linear, maior o valor absoluto da correlação $|C| > |B| > |A|$. Os gráficos A-D indicam correlações lineares, enquanto E e G mostram que correlações não lineares têm melhor ajuste do que correlações lineares F e H.

Correlação

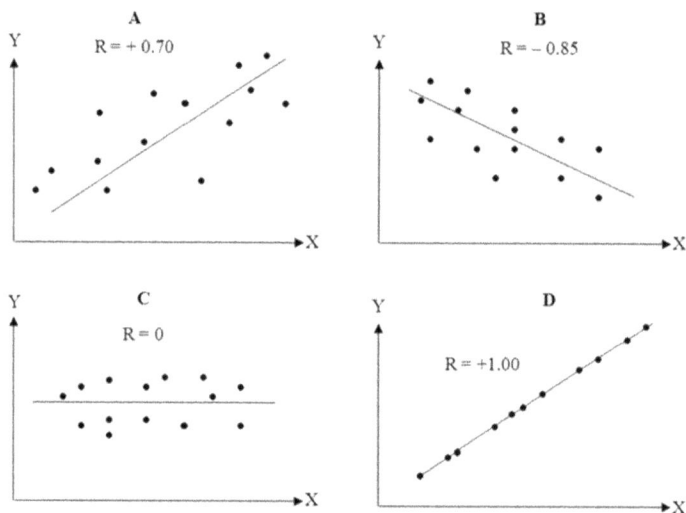

Figura 5.29-a: Correlações Lineares

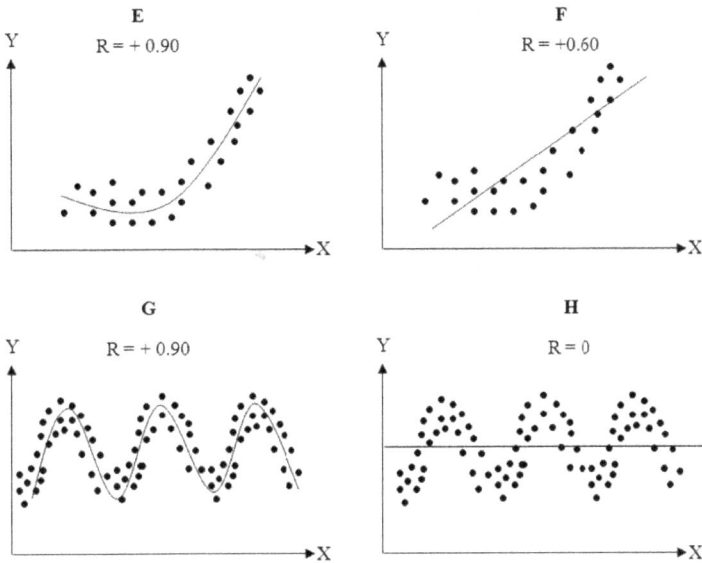

Figura 5.29-b: Correlações Não Lineares

No caso do *Risk Simulator*, a correlação utilizada é a correlação mais robusta de ranqueamento não-paramétricas de *Spearman*. No entanto, para simplificar o processo de simulação e ser consistente com a função de correlação no Excel, as entradas de correlação necessárias são o coeficiente de correlação de *Pearson*. O *Risk Simulator* aplicará seus próprios algoritmos para executar a correlação de *Spearman*, simplificando o processo. Além disso, para simplificar a interface do usuário, permitimos que os usuários indiquem o mapeamento (produto-momento) *Pearson* mais comum (p.ex., calculado usando a função *CORREL* do Excel), enquanto, em códigos matemáticos, convertemos essas correlações simples em mapeamentos *Spearman* para simulações de distribuição.

Aqui estão alguns efeitos-chave da correlação, bem como alguns detalhes que serão úteis para modelagem:

- Os coeficientes de correlação estão entre -1,00 e +1,00, sendo 0,00 como valor possível.

- O coeficiente de correlação consiste em duas partes: um sinal e um valor. O sinal mostra a relação direcional enquanto o valor mostra a magnitude do efeito (quanto maior o valor, maior a magnitude, enquanto os valores zero não envolvem razão). Outra maneira de pensar sobre a magnitude de uma correlação é com o inverso do ruído (quanto menor o valor, maior o ruído).

- Correlação envolve dependência e não causalidade. Em outras palavras, se duas variáveis estão correlacionadas, significa simplesmente que ambas as variáveis se movem juntas na mesma direção ou oposta (correlações positivas versus negativas) com alguma força de co-movimento. No entanto, não implica que uma variável seja a causa de outra. Além disso, não se pode determinar o impacto exato do quanto *causa* uma variável na outra.

- Se houver duas variáveis independentes, a correlação será, por definição, zero. No entanto, uma correlação zero pode não implicar independência (porque algumas relações não lineares podem existir).

- Correlações podem ser visualmente aproximadas em um gráfico X-Y. Se gerarmos um gráfico X-Y e a linha for plana, a correlação é próxima ou igual a zero; se a inclinação for positiva (os dados estão subindo), então a correlação é positiva; se a inclinação é negativa (os dados estão descendo), então a correlação é negativa; quanto mais perto a linha reta os pontos de dados dispersos do gráfico são, maior será o valor da correlação linear.

- O coeficiente de correlação populacional (ρ) pode ser definido como covariância padronizada:

  ○ $\rho_{x,y} = corr(X,Y) = \frac{cov(X,Y)}{\sigma_X \sigma_Y} = \frac{E[(X-\mu_X)(Y-\mu_Y)]}{\sigma_X \sigma_Y}$ onde X e Y são os dados de duas variáveis populacionais. A covariância mede a média ou expectativa (E) dos comovimentos de todos os valores X, a partir de sua *média* (μ_X) multiplicada pelos comovimentos de todos os valores Y de sua *média* populacional (μ_Y). O valor da covariância está entre o infinito positivo e negativo, o que dificulta bastante sua interpretação. No entanto, padronizando a covariância, dividindo-a pelo desvio *padrão populacional* (σ) de X, temos o coeficiente de correlação, que é delimitado entre $-1,00$ e $+1,00$.

- No entanto, na prática, geralmente só temos acesso aos dados da amostra, e o coeficiente de correlação amostral (r)

pode ser determinado utilizando os dados amostrais de duas variáveis x e y, suas médias $(\bar{x}, \bar{y})$, seus desvios padrão (s_x, s_y),e a contagem (n) dos pares de dados de x e y:

$$r_{x,y} = \frac{\sum_{i=1}^{n} x_i y_i - n\bar{x}\bar{y}}{(n-1)s_x s_y} = \frac{\sum_{i=1}^{n}(x_i - \bar{x})(y_i - \bar{y})}{(n-1)s_x s_y}$$

$$r_{x,y} = \frac{\sum_{i=1}^{n}(x_i - \bar{x})(y_i - \bar{y})}{\sqrt{\sum_{i=1}^{n}(x_i - \bar{x})^2 \sum_{i=1}^{n}(y_i - \bar{y})^2}}$$

$$r_{x,y} = \frac{n\sum_{i=1}^{n} x_i y_i - \sum_{i=1}^{n} x_i \sum_{i=1}^{n} y_i}{\sqrt{n\sum_{i=1}^{n} x_i^2 - \left(\sum_{i=1}^{n} x_i\right)^2} \sqrt{n\sum_{i=1}^{n} y_i^2 - \left(\sum_{i=1}^{n} y_i\right)^2}}$$

- Correlações são simétricas. Em outras palavras, $r_{A,B} = r_{B,A}$. Portanto, às vezes nos referimos a coeficientes de correlação, como correlações *emparelhadas*.

- Se houver n variáveis, o número total de correlações emparelhadas é $C_x^n = \frac{n!}{x!(n-x)!}$. Por exemplo, se houver $n = 3$ variáveis, A, B, C, o número de combinações emparelhadas ($x = 2$, ou dois elementos são escolhidos de uma só vez) pares de correlação total $C_2^3 = \frac{3!}{2!(3-2)!} = \frac{3!}{2!1!} = 3$, $r_{A,B}$, $r_{A,C}$ e $r_{B,C}$.

- Correlações podem ser lineares ou não lineares. O coeficiente de correlação de *Pearson* é usado para modelar correlações lineares, e a correlação de *Spearman* é usada para modelar correlações não lineares.

- Correlações lineares (também conhecidas como R Pearson) podem ser calculadas usando a função *CORREL* do *Excel* ou usando as equações descritas acima.

- Correlações não lineares são calculadas primeiro por ranqueamento dos dados brutos não lineares e, em seguida, aplicando correlação linear de Pearson. O resultado é uma correlação não linear ou R Spearman. Use a versão de correlação (linear ou não linear) que tenha um valor absoluto maior.

- A correlação linear de Pearson também é uma correlação paramétrica, com a suposição implícita de que os dados são linearcs e próximos de serem Normalmente distribuídos. A correlação de Spearman é não paramétrico, não depende de os dados subjacentes estarem Normais.

- O quadrado do coeficiente de correlação (R^2) é chamado de coeficiente de determinação ou R-quadrado. Este é o mesmo R-quadrado que é utilizado na modelagem de regressão, e indica a variação percentual na variável dependente que é explicada dada a variação na variável(s) independente.

- R-quadrado é limitado a ser entre 0,00 e 1,00 e geralmente aparece como uma porcentagem. Especificamente, como R tem um domínio entre –1,00 e +1,00, o quadrado de um valor R positivo ou negativo sempre renderá um valor R-quadrado positivo e acertar qualquer valor R entre 0,00 e 1,00 sempre renderá um resultado R-quadrado entre 0,00 e 1,00. Isso significa que o R-quadrado está localizado entre 0% e 100%, por construção.

- Em um modelo simplesmente positivo, correlações negativas reduzem o risco total da carteira, enquanto correlações positivas aumentam o risco total da carteira. Por outro lado, em um modelo simples negativamente relacionado, correlações negativas aumentam o risco total da carteira, enquanto as correlações diminuem o risco total da carteira.

    o Modelo Positivo (+) com Correlação Positiva (+) - Risco aumentado (+).

    o Modelo Positivo (+) com Correlação Negativa (–) - Menor Risco (–).

    o Modelo Negativo (–) com Correlação Positiva (+) - Menor Risco (–).

    o Modelo Negativo (–) com Correlação Negativa (–) - Risco aumentado (+).

- Tradicionalmente, a Diversificação de Portfólio envolve a seguinte condição: um Modelo Positivo (+) com Correlação Negativa (–) significa um Menor Risco (–). Por exemplo, o risco diversificado dos níveis de carteira (p) é calculado tomando $\sigma_P = \sqrt{\sum_{i=1}^{n} \omega_i^2 \sigma_i^2 + \sum_{i=1}^{n} \sum_{j=1}^{m} 2\omega_i \omega_j \rho_{i,j} \sigma_i \sigma_j}$ onde os respectivos pesos $\omega_{i,j}$ ou alocação de capital estão em cada projeto; $\rho_{i,j}$ são as respectivas correlações cruzadas entre os ativos, e $\sigma_{i,j}$ são os riscos de volatilidade. Portanto, se as correlações cruzadas com correlações negativas, há efeitos de diversificação de risco e diminuição do risco da carteira.

- Exemplos de um modelo simples positivamente relacionado são uma carteira de investimentos (o retorno total de uma carteira é a soma dos retornos para cada ativo individual, por exemplo, A + B + C = D, portanto, aumentando A ou B ou C, o D resultante também aumentará, indicando uma relação direcional positiva) ou a receita total de uma empresa, que é a soma de toda a receita de produtos individuais. Correlações negativas nesses modelos significam que, se o retorno de um ativo diminuir (perdas), os retornos sobre outros ativos aumentariam (utilitários). A dispersão ou distribuição dos retornos líquidos totais de toda a carteira diminuiria (menor risco). Portanto, a correlação negativa *diversificaria* o risco da carteira.

- Alternativamente, um exemplo de um modelo simples negativamente relacionado é o rendimento menos o custo igual ao lucro líquido (p.ex., A – B = C, o que significa que B aumenta, C diminuiria, indicando uma razão negativa). Variáveis negativamente correlacionadas nesse modelo aumentariam a dispersão total da distribuição do lucro líquido.

- Em modelos mais complexos ou maiores, onde a razão é difícil de determinar (p.ex., em um modelo de fluxo de caixa descontado onde temos receita de produto adicionada à receita de outros produtos, mas menos custos para obter lucros brutos, e onde a depreciação é usada como escudos fiscais, então os impostos são deduzidos etc.), podendo haver correlações positivas e negativas entre várias receitas (p.ex., linhas de produtos similares versus linhas de produtos concorrentes canibalizando sua respectiva renda). A única maneira de determinar o efeito final é através de simulações.

- Normalmente, as correlações afetam apenas o segundo momento (risco) da distribuição, deixando no início (retorno médio ou esperado) relativamente estável. Há um efeito desconhecido nos terceiro e quarto momentos (assimetria e curtose) e somente após a realização de uma simulação é que os resultados podem ser determinados empiricamente, porque os efeitos dependem inteiramente do tipo, assimetria, curtose e forma da distribuição. Portanto, em estimativas tradicionais de ponto único, onde apenas o primeiro momento pode ser determinado, as correlações não afetarão os resultados. Quando você usa modelos de simulação, você recebe a distribuição completa da probabilidade dos resultados e, portanto, as correlações são críticas.

- Correlações devem ser usadas em uma simulação se houver dados históricos para calcular seu valor. Eles devem até mesmo ser inseridos em situações sem dados históricos, mas com claras justificativas teóricas para correlações. Caso contrário, as dispersões de distribuição não seriam precisas. Por exemplo, uma curva de demanda teoricamente tem uma inclinação negativa (negativamente correlacionada), ou seja, quanto maior o preço, menor o valor exigido (devido a fins de renda e substituição), e vice-versa. Portanto, se as correlações não forem inseridas no modelo, os resultados da simulação podem gerar preços elevados aleatoriamente com altas demandas, criando rendimentos extremos e altos, bem como preços baixos e baixos valores demandados, criando rendimentos extremamente baixos. A distribuição simulada de probabilidade de receita pode, portanto, ter dispersões mais amplas para as caudas esquerda e direita. Essas margens mais amplas não são representativas da verdadeira natureza da distribuição. No entanto, a média ou valor esperado da distribuição permanece relativamente estável. São apenas os percentis e intervalos de confiança que aparecem no modelo enviesado.

- Portanto, mesmo sem dados históricos, se sabemos que as correlações não existem por experimentação, teoria amplamente aceita, ou simplesmente pela lógica e adivinhação, em qualquer caso, deve-se inserir as correlações aproximadas ao modelo de simulação. Essa abordagem é aceitável porque os primeiros resultados ou dos resultados finais esperados permanecerão inalterados (apenas os riscos serão afetados, como mencionado). Normalmente, as seguintes correlações aproximadas podem ser aplicadas mesmo sem dados históricos:

  o   Use 0,00 se não houver correlações entre as variáveis.

o Use ±0,25 para correlações fracas (use o sinal apropriado).

o Use ±0,50 para correlações médias (use o sinal apropriado).

o Use ±0,75 para correlações fortes (use o sinal apropriado).

- Teoricamente é muito difícil, para não dizer impossível, ter grandes conjuntos de dados empíricos de variáveis da vida real que sejam perfeitamente não-correlacionados (p.ex., uma correlação de 0,000000000... e assim por diante). Portanto, dado qualquer dado aleatório, a adição de variáveis adicionais geralmente aumentará os valores absolutos totais dos coeficientes de correlação em uma carteira (R-quadrado sempre aumenta, razão pela qual o conceito de R-quadrado Ajustado é apresentado, o que explica o aumento marginal da correlação total em relação ao número de variáveis; por enquanto pense em R-quadrado Ajustado como o ajuste ao R-quadrado levando em conta as correlações de lixo). Por conseguinte, é geralmente importante realizar testes estatísticos em coeficientes de correlação para ver se eles são estatisticamente significativos ou se seus valores podem ser considerados aleatórios e insignificantes. Por exemplo, sabemos que uma correlação de 0,9 é provavelmente significativa, mas que tal 0,8, ou 0,7, ou 0,3, e assim por diante? Ou seja, em que ponto podemos dizer estatisticamente que uma correlação é insignificantemente diferente de zero; você classificaria 0,10 ou 0,05 ou 0,03 e assim por diante?

- O teste t com o teste de hipótese de $n - 2$ graus de liberdade, pode ser calculado tomando $t = r\sqrt{\frac{n-2}{1-r^2}}$. A hipótese nula é tal que a correlação populacional é $\rho = 0$.

- Existem outras medidas de dependência, como τ Kendall, correlação Browniana, Coeficiente de Dependência Aleatória (RDC), correlação de entropia, correlação policórica, correlação canônica e medidas de dependência baseadas em copulação. Estes são menos aplicáveis para a maioria dos dados empíricos e não são tão populares ou aplicáveis na maioria das situações.

- Finalmente, abaixo estão algumas notas para aplicar e analisar correlações no *Risk Simulator*.

  o O Risk Simulator usa os métodos de cópula Normal, T e quase-Normal para simular suposições variáveis correlacionadas. A cópula Normal é a padrão e pode ser alterada dentro de *Opções* do Risk Simulator. A Cópula T é semelhante à Cópula Normal, mas permite valores extremos nas caudas (eventos com curtose mais alta), e cópula quase-Normal, simula os valores correlacionados entre as cópulas Normais e T.

  o Depois de configurar pelo menos duas ou mais suposições, você pode estabelecer correlações entre variáveis emparelhadas, selecionando uma suposição existente e usando o *Risk Simulator| Definir Valores de Entrada*

  o Alternativamente, você pode usar o item do menu *Risk Simulator | Ferramentas Analíticas| 15 Editar Correlações* para inserir múltiplas correlações usando a matriz de correlação.

  o Se houver dados históricos de múltiplas variáveis, por meio do ajuste de distribuição usando o *Risk Simulator | Ferramentas Analíticas| 12 Ajuste da Distribuição (Múltiplas Variáveis)*, o relatório gerará automaticamente as distribuições mais ajustadas com suas correlações calculadas e emparelhadas, como premissas de simulação. Além disso, essa ferramenta permite identificar e isolar correlações consideradas estatísticas insignificantes usando um teste t de duas amostras.

TESTES DE NORMALIDADE E AJUSTE DE DISTRIBUIÇÃO

Existem vários testes estatísticos para decidir se um conjunto amostral de dados vem de uma distribuição específica. Os mais usados são os testes *Kolmogorov–Smirnov* e Qui-Quadrado. Cada teste tem suas vantagens e desvantagens. As seções a seguir detalham as particularidades desses testes quando aplicadas na configuração de distribuição de análise de simulação Monte Carlo. Existem outros testes menos poderosos, como o *Jarque–Bera* e o *Shapiro–Wilkes*, que não são usados no *Risk Simulator*, pois são testes paramétricos e sua precisão depende se o conjunto de dados Normal ou próximo da Normal. Dessa forma, os resultados desses testes, muitas vezes, produzem suspeitas ou produzem resultados inconsistentes.

Teste de Kolmogorov–Smirnov

O teste *Kolmogorov–Smirnov* (*KS*) é um teste não paramétrico baseado na função de distribuição empírica de um conjunto de dados amostral. Este recurso não paramétrico é a chave para entender o teste *KS*, o que significa simplesmente que a distribuição da estatística de teste *KS* não depende da função de distribuição cumulativa subjacente em teste. Não paramétrico, simplesmente significa que não são necessários parâmetros de distribuição predefinidos. Em outras palavras, o teste *KS* é aplicável em uma infinidade de distribuições subjacentes. Outra vantagem é que é um teste exato quando comparado com o teste Qui-quadrado, que depende de um tamanho amostral adequado para que as aproximações sejam válidas. Apesar dessas vantagens, o teste *KS* tem várias limitações importantes. Só se aplica a distribuições contínuas, e tende a ser mais sensível perto do centro da distribuição do que nas caudas da distribuição. Você também deve especificar a distribuição completamente.

Dado o N ponto de dados classificados $Y_1, Y_2, ..., Y_N$, a função de distribuição empírica é definida como onde $E_n = n_i / N$, n_i é o número de pontos menos que Y_i, onde Y_i são classificados de menor para maior valor. É em uma função escalonada que aumenta na razão $1/N$ para o valor de cada ponto de dados ordenado.

A hipótese nula indica que o conjunto de dados segue uma distribuição especificada, enquanto a hipótese alternativa significa que o conjunto de dados não segue a distribuição especificada. A hipótese é testada utilizando-se a estatística *KS* definida como $KS = \max_{1 \leq i \leq N} \left| F(Y_i) - \frac{i}{N} \right|$ onde F é a distribuição cumulativa teórica da distribuição contínua que está em teste e deve ser totalmente especificada (p.ex., parâmetros de localização, escala e forma não podem ser estimados a partir dos dados).

A hipótese sobre a forma de distribuição é rejeitada se o teste estatístico, *KS*, for maior do que o valor crítico obtido na tabela a seguir. Deve-se notar que 0,03 a 0,05 são os níveis mais comuns de valores críticos (em níveis de significância de 1%, 5% e 10%). Portanto, qualquer estatística de KS calculada inferior a esses valores críticos implica que a hipótese nula não é rejeitada e que a distribuição é um bom ajuste.

Existem várias variações dessas tabelas que usam escalas um pouco diferentes para estatísticas de testes KS e regiões críticas. Essas formulações alternativas devem ser equivalentes, de tal forma que sejam consistentes com a forma como os valores críticos foram tabulados. No entanto, a regra geral é que, se um teste estatístico KS for inferior a 0,03 ou 0,05, isso indica que é um bom ajuste.

NÍVEL ALFA DE DUAS CAUDAS	KS CRÍTICAS
10%	0,03858
5%	0,04301
1%	0,05155

Teste Qui-Quadrado

O teste Qualidade de Ajuste Qui-Quadrado (QQ) aplica-se a dados conteinerizados (p.ex., dados colocados em classes), e uma característica atraente do teste QQ é que ele pode ser aplicado a qualquer distribuição uni variante para a qual você pode calcular a função de distribuição cumulativa. No entanto, os valores estatísticos do teste QQ dependem de como os dados são agrupados, e o teste requer um tamanho amostral suficiente para que a aproximação de QQ seja válida. Este teste é sensível à escolha de contêineres. Pode ser aplicado a distribuições discretas, como Binomial e Poisson, enquanto o teste *KS* é limitado a distribuições contínuas.

A hipótese nula indica que o conjunto de dados segue uma distribuição especificada, enquanto a hipótese alternativa indica que o conjunto de dados não segue uma distribuição especificada. A hipótese é testada utilizando-se a estatística QQ definida como, $\chi^2 = \sum_{i=1}^{k}(O_i - E_i)^2/E_i$ onde O_i é a frequência observada para o recipiente i e E_i é a frequência esperada para o recipiente i. A frequência esperada é calculada por $E_i = N(F(Y_U) - F(Y_L))$, onde F é a função de distribuição cumulativa para a distribuição em teste, Y_U é o limite superior para classe i, Y_L é o limite inferior para classe *i*, e N é o tamanho da amostra.

A estatística de teste segue uma distribuição QQ com $(k-c)$ graus de liberdade, onde k é o número de células não vazias e c é o número de parâmetros estimados (incluindo parâmetros de localização, escala e forma) para distribuição $+ 1$. Por exemplo, para uma distribuição Weibull de três parâmetros, $c = 4$. Portanto, a hipótese de que os dados vêm de uma população com distribuição especificada é rejeitada se $\chi^2 > \chi^2(\alpha, k - c)$ a $\chi^2(\alpha, k - c)$ função de ponto percentual de QQ estiver com $k - c$ graus de liberdade e um nível de significância α.

Novamente, porque a hipótese nula indica que os dados seguem alguma distribuição especificada, quando aplicados à configuração de distribuição no *Risk Simulator*, um baixo p-valor (p.ex., menor que 0,10, 0,05 ou 0,01) indica que há um ajuste ruim (hipótese nula é rejeitada) enquanto um alto p-valor indica um ajuste estatisticamente bom.

Valores Críticos da Amostra de Teste Qualidade de Ajuste
Qui-Quadrado 23 Graus de Liberdade

NÍVEL ALFA	PONTO DE CORTE
10%	32,00690
5%	35,17246
1%	1.63840

Critério de Informação de Akaike, Anderson–Darling, Estatística Kuiper e Critério Schwarz/Bayes

A seguir apresentamos os métodos de teste de ajuste de distribuição:

- Critério de Informação *Akaike* (AIC). Recompensa a qualidade do ajuste, mas também inclui uma penalidade que é uma função crescente do número de parâmetros estimados (embora penalize o número de parâmetros com menos vigor do que outros métodos).

- *Anderson–Darling* (AD). Quando aplicado para testar se uma distribuição Normal, descreve adequadamente um conjunto de dados, é uma das ferramentas estatísticas mais poderosas para detectar saídas Normais e igualmente poderosas para testar caudas Normais. No entanto, em distribuições não Normais, este teste carece de energia em comparação com outros.

- Estatística *Kuiper* (K). Relacionado ao teste KS, o que o torna tão sensível nas caudas quanto na mediana, além de torná-lo invariante sob transformações cíclicas da variável independente. É inestimável ao testar variações cíclicas ao longo do tempo. Em comparação, o teste de AD proporciona sensibilidade igual nas caudas como na mediana, mas não oferece invariância cíclica.

- Critério *Schwarz /Bayes* (SC/BIC). O teste SC/BIC apresenta um termo de penalidade para o número de parâmetros no modelo, com pena maior do que a AIC.

A hipótese nula a ser testada indica que a distribuição ajustada é a mesma da população da qual os dados amostrais vêm a ser ajustados. Portanto, se o p-valor calculado for inferior a um nível *alfa crítico* (tipicamente 0,10 ou 0,05), então a distribuição é a errada (rejeite a hipótese nula). Por outro lado, quanto maior o p-valor, melhor será a distribuição aos dados (não rejeite a hipótese nula, o que significa que a distribuição ajustada está correta, ou a hipótese nula de H_0: *Erro=0*, onde o erro é definido como a diferença entre os dados empíricos e a distribuição teórica). Na prática, você pode pensar no p-valor como uma porcentagem explicada; ou seja, por exemplo, se o p-valor calculado de uma distribuição Normal ajustada for de 0,9727, então definir uma distribuição Normal com a média ajustada e o desvio padrão explica cerca de 97,27% da variação dos dados, indicando um ajuste particularmente bom.

Tanto os resultados quanto o relatório mostram a estatística do teste, o p-valor, a estatística teórica (baseada na distribuição selecionada), a estatística empírica (com base nos dados brutos), os dados originais (para manter um registro dos dados utilizados) e as suposições completas com os parâmetros relevantes da distribuição (p.ex., se você selecionou a opção no *Risk Simulator* para gerar suposições automaticamente e se existir um perfil de simulação). Os resultados também apresentam, deforma hierárquica, todas as distribuições selecionadas e o quão bem se ajustam nos dados.

As Figuras 5.30 e 5.31 ilustram o método de Ajuste de Distribuição do *Risk Simulator*. A hipótese nula (H_0) testada indica que a distribuição ajustada é a mesma distribuição da população, a partir da qual os dados amostrais vêm a ser ajustados. Portanto, se o p-valor calculado for inferior ao nível alfa crítico (geralmente 0,10 ou 0,05), então a distribuição é a errada. Por outro lado, *quanto maior o p-valor, melhor será a distribuição aos dados.* Na prática, você pode pensar no p-valor como um percentual explicado ; ou seja, se o p-valor calculado for 0,9996 (Figura 5.31), então definir uma distribuição Normal com uma média de 100,67 e um desvio padrão de 10,40 explica cerca de 99,96% da variação nos dados, indicando um ajuste particularmente bom. Os dados vêm de uma simulação de 1.000 testes no *Risk Simulator* com base em uma distribuição Normal com uma média de 100 e um desvio padrão de 10. Como apenas 1.000 testes foram simulados, a distribuição resultante está bem próxima dos parâmetros de distribuição especificados e, neste caso, tem 99,96% de precisão.

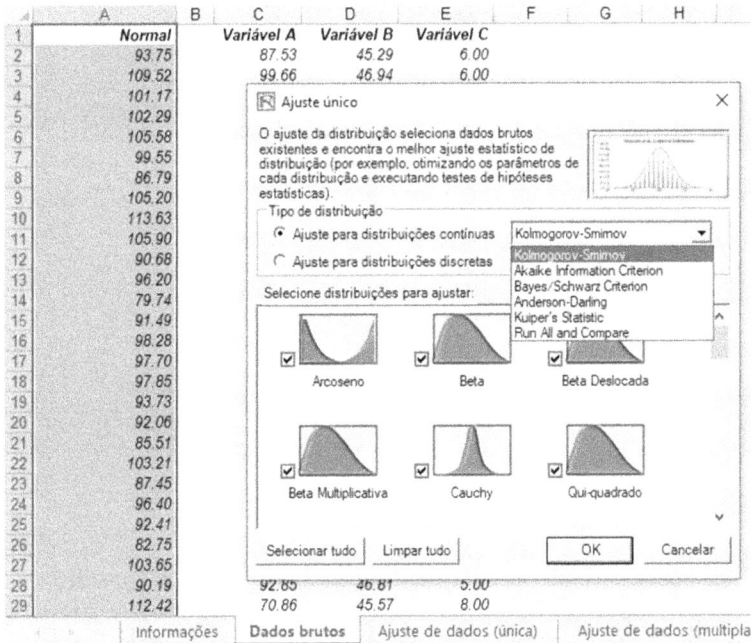

Figura 5.30: Configuração de ajuste de distribuição no simulador de risco

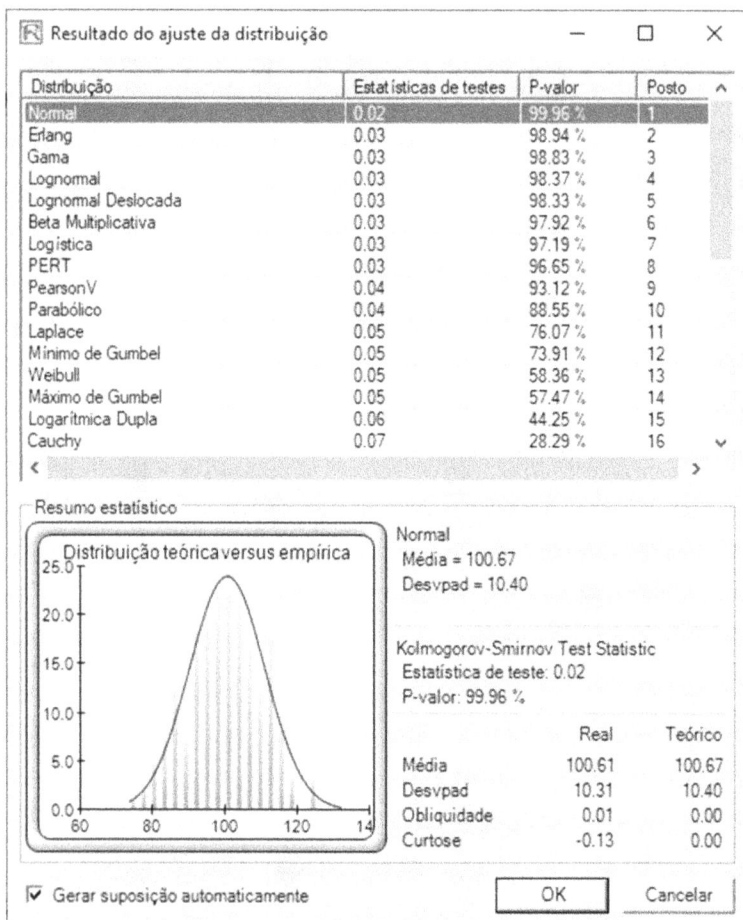

Resultado do ajuste da distribuição — □ ×

Distribuição	Estatísticas de testes	P-valor	Posto
Normal	0.02	99.96 %	1
Erlang	0.03	98.94 %	2
Gama	0.03	98.83 %	3
Lognormal	0.03	98.37 %	4
Lognormal Deslocada	0.03	98.33 %	5
Beta Multiplicativa	0.03	97.92 %	6
Logística	0.03	97.19 %	7
PERT	0.03	96.65 %	8
PearsonV	0.04	93.12 %	9
Parabólico	0.04	88.55 %	10
Laplace	0.05	76.07 %	11
Mínimo de Gumbel	0.05	73.91 %	12
Weibull	0.05	58.36 %	13
Máximo de Gumbel	0.05	57.47 %	14
Logarítmica Dupla	0.06	44.25 %	15
Cauchy	0.07	28.29 %	16

Resumo estatístico

Distribuição teórica versus empírica

Normal
Média = 100.67
Desvpad = 10.40

Kolmogorov-Smirnov Test Statistic
Estatística de teste: 0.02
P-valor: 99.96 %

	Real	Teórico
Média	100.61	100.67
Desvpad	10.31	10.40
Obliquidade	0.01	0.00
Curtose	-0.13	0.00

☑ Gerar suposição automaticamente   OK   Cancelar

Figura 5.31: Resultados do Ajuste de Distribuição no Risk Simulator

TESTES NÃO-PARAMÉTRICOS

Existem alguns métodos e testes que são, por natureza, considerados não-paramétricos. Comparado aos testes paramétricos (p.ex., teste-*t*, teste-z, teste-F, ANOVA), os testes não paramétricos têm as seguintes vantagens e uma única desvantagem:

* Menos suposições são necessárias para a população de dados subjacente. Especificamente, um teste não paramétrico não exige que a população seja distribuída Normalmente. Na verdade, não requer nenhuma

distribuição específica e, portanto, às vezes é chamado de livre de distribuição, ou testes sem parâmetros populacionais específicos (p.ex., não-paramétricos).

- Podem ser usados tamanhos amostrais menores.

- Os dados podem ser testados em escalas nominais e ordinais.

- Métodos não-paramétricos têm menor potência e usam dados de forma menos eficiente. Portanto, se as suposições já foram cumpridas, é melhor usar testes paramétricos sempre que possível.

Alguns dos testes não paramétricos mais comuns são: o teste Runs para randomização ou teste Runs, o teste de Wilcoxon, o teste de Lilliefors, o teste de Kruskal-Wallis e o teste de Friedman.

Teste Runs para a Aleatoriedade

O teste Runs avalia a aleatoriedade de uma série de observações analisando o número de corridas que contém. Uma corrida é uma ocorrência consecutiva de uma ou mais observações que são semelhantes. A hipótese nula (H_0) comprovada indica se o fluxo de dados é aleatório, versus a hipótese alternativa (H_A) que indica se o fluxo de dados não é aleatório:

H_0: A sequência é aleatória

H_A: A sequência não é aleatória

Para dados nominais com dois resultados (p.ex., face e coroa ao jogar uma moeda, chegada de clientes masculinos e femininos a um banco), a série de eventos é capturada e o número de corridas é calculado. Por exemplo, na série F M F F M, haveria um total de 4 corridas, ou na série H H T T H H, haveria 3 corridas. Para dados ordinais, intervalos e razões, a mediana é calculada pela primeira vez, e as corridas são convertidas em + e − acima ou abaixo da mediana. Em seguida, é calculada uma estatística z com base no número de *corridas* (T) observadas e no número total de observações em cada um dos tipos (n_1 e n_2):

$$z = \frac{T - \left(\dfrac{2n_1 n_2}{n_1 + n_2} + 1\right)}{\sqrt{\dfrac{2n_1 n_2 (2n_1 n_2 - n_1 - n_2)}{(n_1 + n_2)^2 (n_1 + n_2 - 1)}}}$$

O p-valor Normal Padrão é então calculado, assumindo, é claro, *que os tamanhos amostrais* $n_1 \geq 10$ e $n_2 \geq 10$.

A Figura 5.32 ilustra uma série de 30 pontos de dados e executa aplicativos de teste. A estatística-**z** calculada é $= -2{,}23$ e o p-valor de duas caudas é de $0{,}0257$, o que significa que rejeitamos a hipótese nula. Concluímos que a série não é aleatória o suficiente em 5% de significância, uma vez que o número de corridas observadas foi de apenas 10, enquanto o número esperado de corridas que são consideradas estatisticamente aleatórias é de 16.

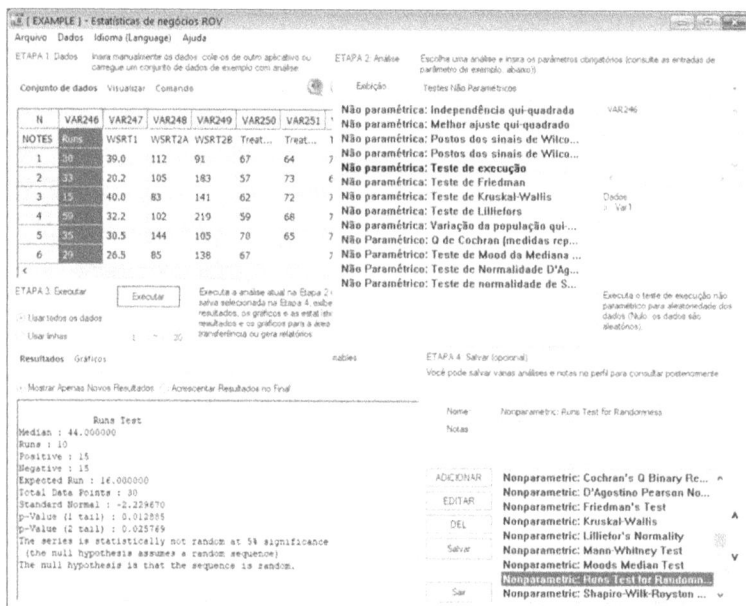

Figura 5.32: Teste Runs não-Paramétrico para a Aleatoriedade

Deve-se notar que o teste runs não é paramétrico, o que significa que seu poder estatístico é relativamente baixo. Por exemplo, abaixo estão alguns exemplos de sequências aleatórias versus não aleatórias.

Caso A: 1, 1, 1, 1, 1, 2, 2, 2, 2, 2. Claramente isso não é aleatório, pois os valores são iguais e depois pulam e permanecem os mesmos.

O *BizStats* retorna um p-valor de duas filas de 0,0072, permitindo-nos rejeitar a hipótese nula de randomização e concluir que esta série não é aleatória.

Caso B: 1, 3, 1, 3, 1, 3, 1, 3, 1, 3. Claramente isso não é aleatório porque há uma sequência previsível onde sobe e desce e a série se repete. O *BizStats* retorna um p-valor de duas caudas de 0,0072, permitindo-nos rejeitar a hipótese de randomização nula e concluir que esta série não é aleatória.

Caso C: 1, 1, 3, 3, 1, 1, 3, 3, 1, 1, 3, 3, 1, 1, 3, 3, 1, 1, 3, 3. Este deve ser não aleatório devido à menor potência de teste do teste de Corridas não paramétricas. O valor p calculado de duas caudas é de 0,6458, indicando que se trata de uma série aleatória. Portanto, tenha muito cuidado com o teste Runs. Outros métodos alternativos também devem ser utilizados para rever a aleatoriedade, incluindo a Tabela de Controle C do processo estatístico.

Caso D: 1.25, 1.01, 3.99, 3.12, 1.01, 1.95, 3.02, 3.45, 1.11, 1.25, 3.33, 3.96, 1.55, 1.41, 3.15, 3.61, 1.18, 1.36, 3.05, 3.56. Na verdade, esta é uma sequência semelhante ao Caso C, mas com decimais adicionais. À primeira vista, pode-se decidir brevemente que o Caso C não é aleatório, pois segue um padrão perceptível, mas o Caso C é aleatório, pois não há padrão. No entanto, quando você olhar de perto, você verá que tudo o que fizemos foi adicionar decimais aos inteiros, mas as mesmas flutuações ocorrem em torno da mediana. Na verdade, o *BizStats* calcula que o p-valor do teste Runs seja exatamente o mesmo, em 0,6458, levando-nos a concluir que esta série é aleatória.

Caso E: 8,44, 15,01, 71,65, 32,68, 26,43, 7,00, 73,79, 49,05, 16,43, 39,05, 84,86, 92,15, 89,75, 49,10, 79,34, 37,82. Esta série parece um pouco aleatória e o p-valor calculado é 0,3006, então não podemos rejeitar a hipótese nula e concluir que a série é aleatória.

Teste de Intervalo de Sinais de Wilcoxon

Como mencionado, as técnicas não paramétricas não fazem suposições sobre a forma específica ou distribuição da qual a amostra é extraída. Essa falta de suposições é diferente de outros testes de hipóteses, como ANOVA ou teste-t (testes paramétricos), onde se presume que a amostra seja extraída de uma população normalmente distribuída ou aproximadamente Normal. Se a Normal for assumida, o poder do teste é maior devido a essa restrição de normalidade. No entanto, se a flexibilidade é necessária nos requisitos de distribuição, então as técnicas não paramétricas são superiores.

O teste *Wilcoxon Sign Ranges* (WSRT) para uma única variável analisa se um conjunto de dados amostral poderia ter sido extraído aleatoriamente de uma determinada população cuja *mediana* está sendo hipotética. O teste paramétrico correspondente é o teste t de uma amostra, que deve ser usado se a população subjacente for considerada normal, proporcionando maior poder ao teste. Neste único teste variável, são testadas as seguintes hipóteses:

H_0: Mediana da População $= m$

H_a: Mediana da População $\neq m$

É claro que a hipótese nula pode receber os sinais padrão de igualdade de $\geq$, ou $\leq$, e m pode ser qualquer valor hipotético para testar. A hipótese alternativa terá o sinal complementar adequado de $\neq$, $<$, ou $>$.

O WSRT usa a estatística-W, e seus valores críticos correspondentes geralmente são fornecidos em uma tabela estatística (isso será calculado automaticamente em um pacote de software estatístico como ROV *BizStats*). O primeiro passo para calcular o W é pegar a diferença $d_i = x_i - m$. Todos os valores d=0 são ignorados. Depois, esses valores $|d_i|$ são hierarquizados do mais baixo (faixa 1) ao mais alto. Todas as faixas empatadas são atribuídas seus valores médios. Para todas as faixas que têm valor positivo ou onde $x_i > m$, adicionamos todas essas faixas positivas para obter o W, ou seja, $W = \sum(R+)$.

A Figura 5.33 mostra um exemplo do WSRT para uma única variável. A estatística W calculada é 13, e os limites críticos de duas caudas são 9 e 46 em uma significância de 0,05. O W se enquadra nesses limites críticos, o que significa que não rejeitamos a hipótese nula e concluímos que a população mediana não é estatisticamente diferente da mediana hipotética (neste exemplo está fixada em 40 no ROV *BizStats*, como mostra a Figura 5.33).

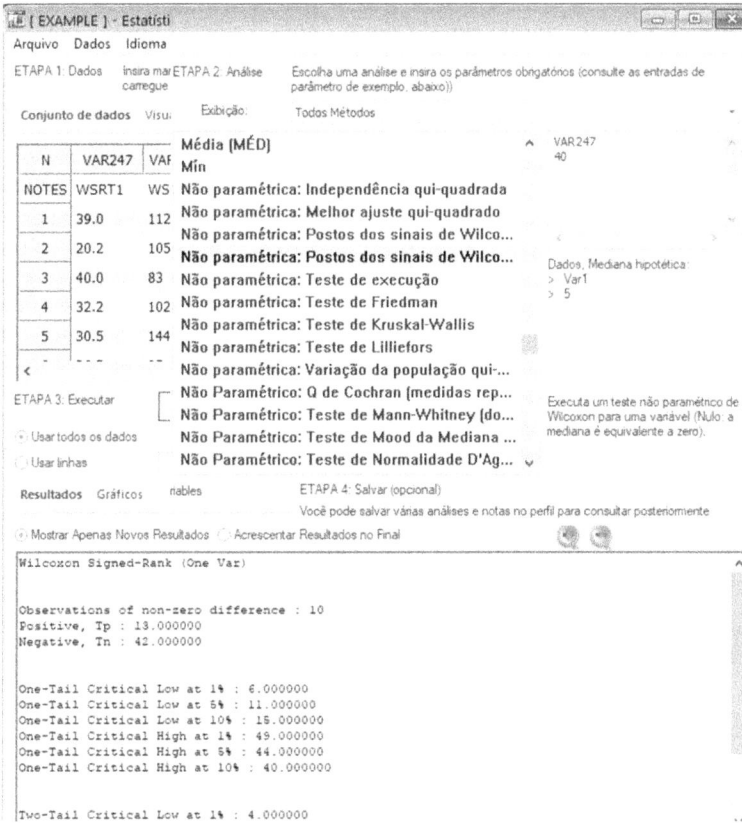

```
[ EXAMPLE ] - Estatísti
Arquivo   Dados   Idioma

ETAPA 1: Dados    insira mar ETAPA 2: Análise    Escolha uma análise e insira os parâmetros obrigatórios (consulte as entradas de
                  carregue                        parâmetro de exemplo, abaixo))

Conjunto de dados   Visu:   Exibição:     Todos Métodos

┌──────┬────────┬─────┐  Média [MÉD]                                          ^   VAR247
│  N   │ VAR247 │ VAF │  Mín                                                       40
├──────┼────────┼─────┤  Não paramétrica: Independência qui-quadrada
│NOTES │ WSRT1  │ WS  │  Não paramétrica: Melhor ajuste qui-quadrado
│  1   │  39.0  │ 112 │  Não paramétrica: Postos dos sinais de Wilco...
│  2   │  20.2  │ 105 │  Não paramétrica: Postos dos sinais de Wilco...      Dados, Mediana hipotética:
│  3   │  40.0  │  83 │  Não paramétrica: Teste de execução                  > Var1
│  4   │  32.2  │ 102 │  Não paramétrica: Teste de Friedman                  > 5
│  5   │  30.5  │ 144 │  Não paramétrica: Teste de Kruskal-Wallis
│      │        │     │  Não paramétrica: Teste de Lilliefors
│ <    │        │     │  Não paramétrica: Variação da população qui-...
ETAPA 3: Executar       Não Paramétrico: Q de Cochran (medidas rep...         Executa um teste não paramétrico de
                        Não Paramétrico: Teste de Mann-Whitney (do...        Wilcoxon para uma variável (Nulo: a
 Usar todos os dados    Não Paramétrico: Teste de Mood da Mediana ...        mediana é equivalente a zero).
 Usar linhas            Não Paramétrico: Teste de Normalidade D'Ag... ∨

Resultados   Gráficos   nables         ETAPA 4: Salvar (opcional)
                                        Você pode salvar várias análises e notas no perfil para consultar posteriormente
 Mostrar Apenas Novos Resultados   Acrescentar Resultados no Final

Wilcoxon Signed-Rank (One Var)

Observations of non-zero difference : 10
Positive, Tp : 13.000000
Negative, Tn : 42.000000

One-Tail Critical Low at 1%  : 6.000000
One-Tail Critical Low at 5%  : 11.000000
One-Tail Critical Low at 10% : 15.000000
One-Tail Critical High at 1%  : 49.000000
One-Tail Critical High at 5%  : 44.000000
One-Tail Critical High at 10% : 40.000000

Two-Tail Critical Low at 1%  : 4.000000
```

Figura 5.33: Teste de intervalo de sinais de Wilcoxon para uma variável

Em contraste, o WSRT não paramétrico para variáveis emparelhadas examina se as diferenças das *medianas* entre as duas variáveis emparelhadas são iguais. Este teste é especificamente formulado para testar as mesmas amostras ou similares antes e depois de um evento (p.ex., as medidas tomadas antes do tratamento médico são comparadas com as medidas tomadas após o tratamento para ver se há diferença). O teste paramétrico correspondente é o teste-t de duas amostras com meios dependentes, que devem ser utilizados se a população subjacente for considerada Normal, o que proporciona maior poder ao teste.

Neste teste com variáveis emparelhadas, são testadas as seguintes hipóteses:

H_0: Diferenças entre as medianas populacionais $m_d = 0$

H_A: Diferenças entre medianas populacionais $m_d \neq 0$

A abordagem é semelhante à variável WSRT exceto que a diferença d é calculada como $d_i = x_i - y_i$ onde x e y são as duas variáveis que são testadas. A Figura 5.34 ilustra o WSRT para duas variáveis. O W calculado é de 44,5 (denominado W1) com uma diferença hipotética de 0. Utilizando um nível de significância de 0,10 versus o p-valor de 0,07 de duas caudas, rejeitamos a hipótese nula e concluímos que as diferenças nas medianas x e y são estatisticamente significativas.

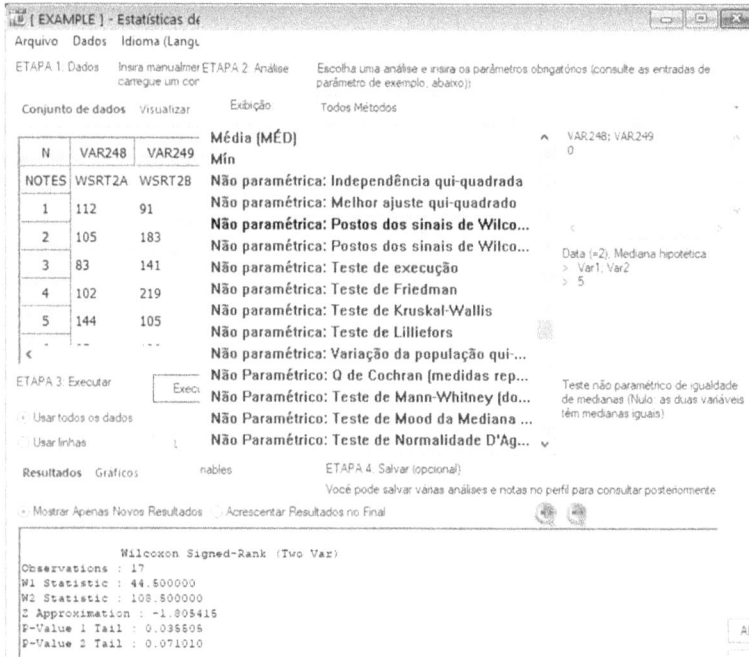

Figura 5.34: Teste de intervalo de sinais de Wilcoxon para duas variáveis

Teste de Lilliefors

O teste de Lilliefors avalia a hipótese nula que indica se os dados amostrais foram extraídos de uma população normalmente distribuída, contra uma hipótese alternativa indicando que os dados da amostra não são normalmente distribuídos. Este teste baseia-se em duas frequências cumulativas: uma derivada do conjunto de dados da amostra e outra de uma distribuição teórica baseada na média e desvio padrão dos dados amostrais. Uma alternativa para este teste é o teste Qui-Quadrado para normalidade. Este último requer mais pontos de dados para ser executado em comparação com o teste Lilliefors.

H_0: A amostra vem de uma Distribuição Normal

H_A: A amostra não vem de uma Distribuição Normal

Neste teste, o conjunto de dados da amostra é organizado pela primeira vez em ordem, do menor ao maior valor. Calcula-se a frequência cumulativa observada (O) e a função de distribuição cumulativa (CDF) da distribuição Normal é calculada com base na média observada e no desvio padrão do conjunto de dados. As diferenças D entre O e CDF são calculadas, e a estatística-D é calculada como $D = máx\ |O_i - CDF_i|$. A Figura 5.35 ilustra um pequeno conjunto amostral de cinco observações com o teste de Lilliefors aplicado. O D calculado é de 0,2782, que é inferior ao limiar de nível de significânciaα de 5% de 0,3370, o que significa que não podemos rejeitar a hipótese nula e concluir que o pequeno tamanho amostral é normalmente distribuído. Deve-se notar que os métodos não paramétricos têm menor potência, mas são aplicáveis em pequenos tamanhos de amostra, conforme ilustrado neste exemplo. No entanto, se um conjunto de dados maior estiver disponível, é sempre melhor fazer ajustes de distribuição paramétrica, como os descritos acima (Kolmogorov–Smirnov, Akaike, Bayes *Criterion*, Kuiper etc.).

Teste de Kruskal–Wallis

O teste de Kruskal-Wallis é a extensão do teste *Wilcoxon Sign Ranges*, comparando mais de duas amostras independentes. O teste paramétrico correspondente é o ANOVA unidirecional, mas ao contrário da ANOVA, o teste Kruskal–Wallis não exige que o conjunto de dados seja amostrado aleatoriamente de populações normalmente distribuídas com variâncias iguais. O teste de Kruskal–Wallis é um teste de hipótese bicaudal em que a hipótese nula indica que as medianas populacionais de cada tratamento são estatisticamente idênticas para o resto do grupo, ou seja, não há efeito entre os diferentes grupos de tratamento. Semelhante ao método ANOVA, Kruskal–Wallis testa as seguintes hipóteses:

H_0: $m_1 = m_2 = ... = m_K$ para $i = 1$ a k
    (as medianas populacionais são idênticas).

H_A: Pelo menos uma das medianas m difere das outras.

O método começa com as variáveis k a serem testadas. Para cada variável, os dados são hierárquicos de mais baixo para mais alto. O menor valor recebe a posição 1, e todas as faixas empatadas são atribuídas seus valores médios. Posteriormente, são somadas todas as faixas para cada variável, o que rende uma lista de faixas agregadas $\Sigma(R_1), \Sigma(R_2), ..., \Sigma(R_K)$. A estatística H é então calculada usando:

$$H = \frac{12}{N(N+1)}\left[\frac{(\Sigma R_1)^2}{n_1} + \frac{(\Sigma R_2)^2}{n_2} + ... + \frac{(\Sigma R_K)^2}{n_K}\right] - 3(N+1)$$

O H calculado é comparado com os valores críticos de H calculados pela distribuição Qui-Quadrado com os graus de liberdade $gl = k-1$. A Figura 5.36 ilustra o teste Kruskal–Wallis em três variáveis. A estatística H calculada é superior a 10% de nível de significância, então podemos rejeitar a hipótese nula nesse significado (mas não 5% ou 1% de significância). E concluímos que pelo menos uma das medianas é significativamente diferente no nível estatístico.

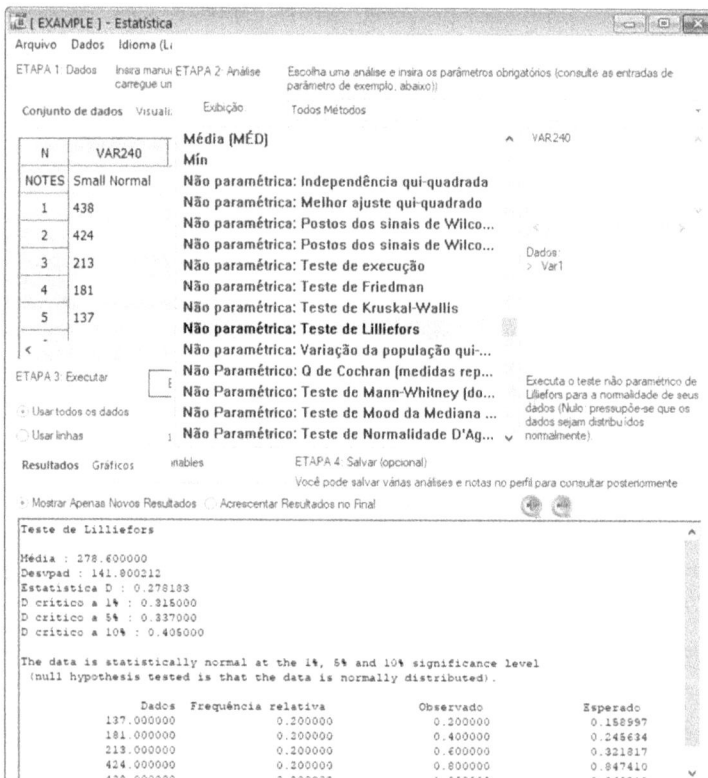

Figura 5.35: Teste de Normalidade de Lilliefors

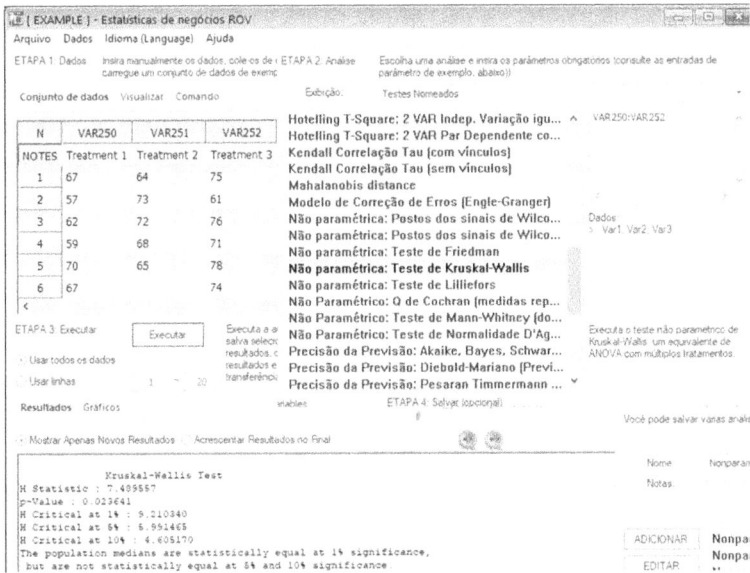

Figura 5.36: Teste de Kruskal–Wallis

Teste de Friedman

O teste de Friedman é a extensão do teste de *Wilcoxon Sign Ranges* para amostras emparelhadas. O teste paramétrico correspondente é o de Múltiplos Tratamentos para Blocos Randomizados de ANOVA, mas ao contrário da ANOVA, o teste de Friedman não exige que o conjunto de dados seja amostrado aleatoriamente de uma população normalmente distribuída com variâncias iguais. O teste de Friedmann utiliza um teste de hipótese de cauda onde a hipótese nula indica que a população mediana de cada tratamento é estatisticamente idêntica ao resto do grupo; ou seja, não há efeito entre os diferentes grupos de tratamento. Semelhante ao método ANOVA, Friedman testa as seguintes hipóteses:

H_0: $m_1 = m_2 = ... = m_K$, para $i = 1$ a k (medianas populacionais idênticas)

H_a: Pelo menos uma medianas m diferem das outras.

$$F_r = \frac{12}{bt(t+1)} \sum_{j=1}^{t} R_j^2 - 3b(t+1)$$

Semelhante ao ANOVA com Variável *Blocking*, os dados devem ser configurados ao estilo $B \times T$, onde as variáveis de bloqueio *(B)* estão listadas em linhas e tratamentos *(T)* estão em colunas como diferentes variáveis. A Figura 5.37 dá um exemplo com a configuração de dados correta. Como exemplo, suponha que uma empresa esteja testando um novo líquido para remover manchas, e desenvolveu quatro fórmulas diferentes. Essas fórmulas aparecem como os tratamentos, *T,* como diferentes variáveis (colunas). Para cada fórmula ou tratamento, o removedor de manchas foi aplicado a vários tipos de manchas (variável de bloqueio, *B*).

No exemplo, seis tipos de manchas (p.ex., chocolate, vinho tinto, café, tinta, esferográfica, lápis) foram testadas e aparecem nas linhas. Cada linha representa um tipo específico de mancha (p.ex., a linha 1 pode representar vinho tinto). Os dados numéricos na rede representam um valor entre 1 e 10, com um número alto indicando que a mancha foi completamente removida. A estatística-F calculada é de 8,45, que é estatisticamente significante em 5% do nível *alfa*, então podemos rejeitar a hipótese nula e concluir que pelo menos uma das fórmulas é diferente das demais.

Figura 5.37: Teste de Friedman

CONFIABILIDADE, CONFIABILIDADE ENTRE E INTRA AVALIADORES, CONSISTÊNCIA, CREDIBILIDADE, DIVERSIDADE, VALIDADE INTERNA, VALIDADE EXTERNA E PREVISIBILIDADE

O conceito de confiabilidade de dados pode ser complicado e assumir várias formas. Em geral, a confiabilidade pode ser definida como a <u>precisão</u> dos dados e o nível de <u>consistência</u> dos dados coletados. Em outras palavras, a medida em que um procedimento de experimento, teste ou medição, produz os mesmos resultados em testes repetidos tal é tido como a medida de sua confiabilidade. Por exemplo, se pegarmos uma fita métrica para descobrir o comprimento de uma mesa específica, medir a mesa repetidas vezes deve produzir o mesmo resultado. Se este for o caso, então os dados obtidos são confiáveis.

A confiabilidade também pode ser caracterizada como entre avaliadores (diferentes pessoas usando a mesma fita métrica e medindo a mesma mesa, várias vezes) versus intra-avaliadores (a mesma pessoa medindo a mesma mesa várias vezes, usando a mesma fita métrica). Existem testes estatísticos que podem ser executados para identificar a confiabilidade e a consistência dos dados

Confiabilidade Inter Avaliadores com Coeficiente Emparelhado Kappa de Cohen

O teste Kappa de Cohen[†] pode ser aplicado para testar a confiabilidade de dois testadores. A hipótese nula em teste é que ambos os conjuntos de julgamentos são consistentes e consistentes. Na tabela a seguir, vemos quatro casos de exemplo. Em cada situação, há dois juízes ou avaliadores.

No Caso A, há 50 pacientes, e o primeiro avaliador (médico ou profissional de saúde) avalia 15 deles como sendo psicóticos, 24 deles por Transtorno de Personalidade Limítrofe (*Borderline*) e 11 nenhum dos dois. Em comparação, o segundo avaliador encontra 16, 23 e 11 pacientes nessas respectivas categorias. Pacientes dentro das mesmas

---

[†] O teste de concordância Kappa (K), também conhecido por coeficiente de Kappa, foi proposto por Jacob Cohen em 1960.

categorias de ensaio aparecem na tabela a seguir. Ambos os juízes concordam que 10 são Psicóticos, 16 têm *Borderline*, e 8 Nenhum, com um total de 34 achados consistentes com todos os 50 casos (isso pode ser visto na diagonal da grade de dados). Os resultados obtidos no *BizStats* indicam que o Coeficiente Kappa (K) é 0,4959 ou 49% de correspondência.

No caso B, vemos que a grade de dados é igualmente distribuída com 200 pacientes em cada bloco, e o Coeficiente Kappa apontou K=0,0000, indicando absolutamente nenhuma "Consistência" ou confiabilidade igual dispersa entre esses dois avaliadores. No caso C, como você pode imaginar, o Coeficiente Kappa K=1,0000. Finalmente, o Caso D, onde a confiabilidade não apenas é zero, mas não há realmente nenhum valor entre os pares correspondentes, recebemos um Coeficiente Kappa K=−0,50902. Claramente, uma alta medida positiva da Kappa de Cohen é desejável para a confiabilidade entre avaliadoras.

CASO A	Avaliador 2 - Psicótico (16)	Avaliador 2 - Borderline (23)	Avaliador 2 - Nenhum (11)
Avaliador 1-Psicótico (15)	10	4	1
Avaliador 2-Borderline (24)	6	16	2
Avaliador 1- Nenhum (11)	0	3	8

CASO B	Avaliador 2 - Psicótico (600)	Avaliador 2 - Borderline (600)	Avaliador 2 - Nenhum (600)
Avaliador 1-Psicótico (600)	200	200	200
Avaliador 2-Borderline (600)	200	200	200
Avaliador 1- Nenhum (600)	200	200	200

CASO C	Avaliador 2 - Psicótico (100)	Avaliador 2 - Borderline (100)	Avaliador 2 - Nenhum (100)
Avaliador 1-Psicótico (100)	100	0	0
Avaliador 2-Borderline (100)	0	100	0
Avaliador 1- Nenhum (100)	0	0	100

CASO D	Avaliador 2 - Psicótico (135)	Avaliador 2 - Borderline (99)	Avaliador 2 - Nenhum (114)
Avaliador 1-Psicótico (124)	0	55	69
Avaliador 2-Borderline (95)	50	0	45
Avaliador 1- Nenhum (129)	85	44	0

Consistência Interna e Confiabilidade com Alfa de Cronbach para Dados Binários

Quando há mais de dois avaliadores ou juízes, podemos usar a análise Alfa de Cronbach para avaliar a Consistência Interna e a Confiabilidade. A hipótese nula para Alfa de Cronbach é que há uma confiabilidade alfa de zero, e, portanto, não há Consistência Interna entre os diferentes avaliadores. Vemos no Caso E da tabela abaixo, que há 12 pessoas que respondem a uma pesquisa que contém 11 perguntas diferentes. Note que para executar o teste alfa de Cronbach, os dados obtidos devem ser binários. Se você olhar para os dados cuidadosamente por *linha,* vemos que há entrevistados como *Albert* e *Bob* que tendem a responder com o valor 1, independentemente da pergunta, enquanto *Kim* e *Larry* poderiam fazer o oposto, dando uma resposta de 0. Pode-se pensar que alguns entrevistados são preguiçosos demais para realmente responder perguntas e simplesmente preencher todos os espaços em branco com respostas semelhantes. De fato, o p-valor calculado do Alfa de Cronbach é de 0,6659 no *BizStats*, o que significa que não podemos rejeitar a hipótese nula e concluir que, no Caso E, não há consistência interna entre os diferentes respondentes. Os dados da pesquisa, portanto, não são consistentes, nem confiáveis.

Por outro lado, no Caso F, se olharmos para cada *coluna* parece que há uma consistência entre todos os entrevistados. Por exemplo, nas perguntas 6 e 7 (Q6 e Q7), quase todos concordaram que seria um 0, além do Q5, com toda a coluna cheia de 1's. O 2º e o 3º trimestre mostram que os entrevistados estão igualmente dispersos entre 0's e 1's. Neste Caso F, o p-valor calculado do alfa de Cronbach=0,002723 em *BizStats*, indicando que nulo pode ser rejeitado, e concluímos que há, de fato, confiabilidade estatisticamente significativa do nível alfa entre os respondentes.

CASO E	Q1	Q2	Q3	Q4	Q5	Q6	Q7	Q8	Q9	Q10	Q11
Albert	1	1	1	1	1	1	1	1	1	1	1
Bob	1	1	1	1	1	1	1	1	0	1	0
Cathy	1	0	1	1	1	1	1	1	1	0	0
Derek	1	1	1	0	1	1	0	1	1	0	0
Eric	1	1	1	1	1	0	0	0	1	0	0
Florença	0	1	1	0	1	1	1	1	0	0	0
Gale	1	1	1	1	0	0	1	0	0	0	0
Henry	1	1	1	1	1	0	0	0	0	0	0
Indi	0	1	0	1	1	0	0	0	0	1	0
Jack	1	0	0	1	0	1	0	0	0	0	0
Kim	1	1	1	0	0	0	0	0	0	0	0
Larry	1	0	0	1	0	0	0	0	0	0	0

CASO F	Q1	Q2	Q3	Q4	Q5	Q6	Q7
Andy	1	1	0	1	1	0	1
Becky	0	1	0	1	1	0	0
Colin	1	1	0	0	1	0	0
Dave	0	1	0	0	1	0	0
Mesmo	1	1	0	1	1	0	0
Flynn	0	1	0	1	1	0	0
George	1	0	1	0	1	0	0
Esperança	0	0	1	0	1	0	0
Isaac	1	0	1	1	1	0	0
John	0	0	1	1	1	0	0
Kern	1	0	1	0	1	0	0
Lisa	0	0	1	0	1	0	0

Consistência Interna e Confiabilidade Lambda de Guttman

Quando as respostas não são binárias, mas categóricas, podemos usar o teste Lambda de Guttman para testar consistência e confiabilidade de inter-avaliador. Uma rápida olhada no Caso G na tabela a seguir indica um problema familiar, onde as entradas verticais são quase idênticas em cada coluna, mas as colunas em si não são consistentes em todos os avaliadores. Por exemplo, *Alex*, sempre pode selecionar uma pontuação baixa, independentemente da pergunta ou questão levantada, enquanto *Cory* é otimista e consistentemente dá uma pontuação alta. Os avaliadores em si podem ser consistentes consigo mesmos, mas certamente não são consistentes com outros avaliadores. Um Lambda de Guttman calculado =0,07563, com um Fator de Correção de Correlação Spearman-Brown igual a 0,07782, usando *BizStats* (deve-se notar que se são apresentados múltiplos fatores de correção de correlação, geralmente olhamos para a medida mais conservadora). Correções para baixas correlações e baixos escores de lamba significam baixa confiabilidade e baixa consistência entre os avaliadores. Deve-se notar que a matriz de dados é invertida neste teste, em relação ao teste de *Cronbach*, onde mostramos as perguntas como linhas e os respondentes avaliadores como colunas.

Em comparação, para o Caso H, Lambda de Guttman =0,99004 de e o conservativo Fator de Correção de Correlação Spearman-Brown =0,9909. Isso indica uma consistência e confiabilidade muito alta nas respostas.

Por exemplo, a Questão A recebeu uma pontuação muito baixa, independentemente do avaliador, enquanto a Questão C recebeu uma pontuação consistentemente alta. Olhar para as linhas mostra que há consistência e confiabilidade nos dados.

Caso G	Alex	Ben	Cory	Dick	Emma	Flo	Ginny	Hale	Izzy	John
Questão A	1	4	8	2	7	5	6	2	5	3
Questão B	1	4	8	2	7	1	6	3	5	3
Questão C	1	4	8	2	7	2	6	2	5	3
Questão D	1	5	8	2	7	2	6	3	5	3
Questão E	1	4	8	3	7	2	5	2	5	3
Questão F	1	4	9	2	8	2	6	3	6	3
Questão G	1	4	8	2	8	2	6	2	5	3
Questão H	1	5	8	2	7	2	6	3	5	3
Questão I	2	4	8	2	7	2	5	2	5	3
Questão J	1	4	9	3	7	2	6	3	5	3
Questão K	1	4	8	2	7	2	6	2	6	3
Questão L	1	4	8	2	7	1	6	3	5	4
Questão M	1	4	8	2	7	1	6	2	5	3
Questão N	2	4	8	2	7	2	6	3	5	3
Questão O	1	4	8	2	7	1	6	2	5	3

Caso H	Arlo	Bex	Cal	Dale	Elsa	Fox	Guy	Ham	Illy	Jay
Questão A	1	1	1	1	1	1	1	1	2	1
Questão B	4	4	4	5	4	4	4	5	4	4
Questão C	8	8	8	8	8	9	8	8	8	9
Questão D	2	2	2	2	3	2	2	2	2	3
Questão E	7	7	7	7	7	8	8	7	7	7
Questão F	5	1	2	2	2	2	2	2	2	2
Questão G	6	6	6	6	5	6	6	6	5	6
Questão H	2	3	2	3	2	3	2	3	2	3
Questão I	5	5	5	5	5	6	5	5	5	5
Questão J	3	3	3	3	3	3	3	3	3	3

Confiabilidade Entre Avaliadores Usando Medidas de Correlação Entre Classes (ICC)

Se você quiser testar tanto a confiabilidade entre avaliador quanto intra-avaliador, podemos usar o teste de Correlação Interclasse (ICC). Os casos I e J nas tabelas anexadas mostram alguns dados de amostra onde realizamos um teste duplo-cego em oito vinhos (as garrafas de vinho parecem idênticas, o rótulo é removido e substituído por um rótulo genérico que diz Vinho 1, Vinho 2 etc.). E suponha que quatro *sommeliers* ou juízes de vinho foram convidados a classificar vinhos do valor de 1 (baixa qualidade) para 10 (alta qualidade).

No Caso I, vemos que para cada um dos vinhos diferentes, todos os quatro juízes consistentemente qualificaram os vinhos. Por exemplo, o *Vinho 1* é de longe o pior, enquanto os Vinhos *7* e *8* receberam uma classificação muito alta de todos os juízes. Isso indicaria um alto nível de consistência e confiabilidade em cada linha. O teste ICC produz uma Correlação Interclasse = 0,9841, o p-valor da linha = 0,0000, e o p-valor da coluna =0,8538. Isso significa que há um alto nível de consistência, de acordo com a medida do ICC, e podemos rejeitar a hipótese nula (H_0) de ter os mesmos valores nas fileiras e não os rejeitar, de acordo com as colunas. Em outras palavras, todos os juízes tendem a ser relativamente consistentes em seus gostos (alto ICC), possivelmente porque todos eles têm um critério de julgamento ou treinamento semelhantes como *sommeliers*.

Além disso, os vinhos são diferentes quando comparados entre si (p-valor = 0,0000 para as linhas), onde podemos dizer com base nas pontuações, com as quais concluímos que eles são consistentes e confiáveis, que os vinhos são certamente de qualidade diversificada.

Em contraste, ao comparar colunas (p.ex., comparando entre juízes), temos uma consistência e nenhuma diferença estatística em suas notas (alto p-valor das colunas = 0,8538), ou, em outras palavras, juízes têm julgamentos semelhantes.

O Caso J mostra uma situação muito diferente. Vemos que o Juiz 1 é provavelmente um esnobe, que não acha vinho bom. Portanto, o Juiz 1 é internamente consistente consigo mesmo, ou tem confiabilidade intra-avaliador. Em vez disso, o Juiz 4 simplesmente ama vinho e dá notas altas para qualquer um e todos os vinhos. O Juiz 4 também é internamente confiável para si mesmo, mas não para os outros juízes. Correlação Interclasse calculada é 0,00149 (baixa consistência entre avaliadores e baixa confiabilidade entre juízes) com uma linha p-valor = 0,3958 (não podemos rejeitar a hipótese nula (H_0) e dizer que as linhas, quando tomadas em conjunto, são estatisticamente semelhantes umas às outras, indicando que, neste caso, há alta confiabilidade intra-avaliadores) e uma coluna p-valor = 0,0000 (rejeitamos a hipótese nula e dizemos que há uma diferença estatisticamente significativa entre colunas ou juízes, o que significa que não há consistência entre os avaliadores e nenhuma confiabilidade nas pontuações do vinho).

Caso I	Juiz 1	Juiz 2	Juiz 3	Juiz 4
Vinho 1	1	1	1	1
Vinho 2	2	3	3	2
Vinho 3	3	3	3	3
Vinho 4	6	6	6	6
Vinho 5	6	5	5	6
Vinho 6	2	2	2	2
Vinho 7	8	9	9	9
Vinho 8	9	9	9	8

Caso J	Juiz 1	Juiz 2	Juiz 3	Juiz 4
Vinho 1	1	3	5	8
Vinho 2	2	3	5	9
Vinho 3	3	3	6	9
Vinho 4	1	2	6	7
Vinho 5	1	2	5	9
Vinho 6	1	2	5	9
Vinho 7	2	3	4	9
Vinho 8	3	1	5	8

Teste de Confiabilidade de Kendall' W (Coeficiente de Concordância) Inter Avaliadores (Com e Sem Laços)

Outro teste para confiabilidade inter-avaliadores é oferecido pela a medição Kendall' W, que pode ser executada com ou sem laços. Um empate significa que existem vários pontos de dados com o mesmo valor e, portanto, devemos dividir a diferença entre esses sorteios. Independentemente disso, a hipótese nula para esses testes é que não há acordo zero ($W=0$) entre os juízes.

O Caso K na tabela a seguir retorna um Kendall' W calculado = 1,1068, um de Kendall' R = 1,124646, e um p-valor = 0,0000. Rejeitamos a hipótese nula e concluímos que há um acordo entre os juízes. Por exemplo, vemos que o *Caso 1* é fundamental para todos os juízes, enquanto os *Casos 3*, *7* e *8* tiveram uma pontuação menor. Todas as notas são consistentes entre os juízes.

No Caso L, o de Kendall' W é =0,2261, o de Kendall' R é =0,0971, e o p-valor é =0,1352. Isso indica que não podemos rejeitar a hipótese nula e concluir que não há correspondência estatística entre os diferentes respondentes que responderam às perguntas da pesquisa.

Finalmente, no Caso M, o Kendall' W é =0,0028, o Kendall' R é =-0,1633, e o p-valor é =0,9999. Certamente isso indica uma consistência e uma confiabilidade extremamente baixa entre os entrevistados.

Caso K	Caso1	Caso2	Caso3	Caso4	Caso5	Caso6	Caso7	Caso8
Juiz 1	8	8	2	5	3	5	2	1
Juiz 2	8	7	2	6	3	5	1	1
Juiz 3	8	7	2	5	3	6	2	1
Juiz 4	8	7	3	5	2	5	1	2
Juiz 5	8	7	2	6	3	5	1	2
Juiz 6	8	8	2	5	3	6	1	2
Juiz 7	7	7	3	5	2	5	2	1

Caso L	Q1	Q2	Q3	Q4	Q1	Q2	Q3	Q4
Pessoa 1	7	8	5	4	1	7	2	1
Pessoa 2	1	7	10	6	2	6	3	1
Pessoa 3	3	1	7	10	3	5	10	1
Pessoa 4	10	3	1	5	4	4	10	2
Pessoa 5	3	2	1	1	5	3	1	4.5
Pessoa 6	2	6	7.5	2.5	6	2	5	2.5
Pessoa 7	6	10	4	8	7	1	6	1

Caso M	Caso1	Caso2	Caso3	Caso4	Caso5	Caso6	Caso7	Caso8
Juiz 1	5	5	5	5	5	5	5	5
Juiz 2	8	8	8	8	7	8	7	8
Juiz 3	1	1	1	2	2	1	1	1
Juiz 4	5	5	5	5	5	5	5	5
Juiz 5	6	7	6	7	6	7	6	7
Juiz 6	9	9	9	9	9	9	9	9
Juiz 7	2	1	2	2	3	2	2	1

Diversidade de Dados com Teste Shannon, Brillouin e Teste Simpson de Diversidade e Homogeneidade

Outra questão relativa à confiabilidade e à consistência dos dados pertence à amostragem aleatória e estratificada que é feita. Por exemplo, podemos obter um alto nível de consistência e confiabilidade dos dados, mas se as pessoas amostradas vêm do mesmo grupo ou categoria, então os dados podem não ser totalmente confiáveis.

Como exemplo, suponhamos que queremos medir o sentimento do eleitor sobre um determinado assunto em um estado do país. Se todos os eleitores selecionados fossem democratas ou predominantemente republicanos, então os dados poderiam ser enviesados para um lado. Por esta razão, para testar a diversidade de um grupo amostral randomizado e estratificado, podemos aplicar o modelo Shannon, Brillouin e Simpson.

No Caso N, da tabela anexada, suponhamos que tenhamos cinco categorias de eleitores auto descritos (muito conservadores, conservadores, moderados, liberais e muito liberal), e a grade de dados dá o número de pessoas amostradas dentro de cada categoria.

Caso N	Cenário 1	Cenário 2	Cenário 3	Cenário 4
Categoria A	5	5	1	11
Categoria B	5	8	1	11
Categoria C	5	6	21	1
Categoria D	5	2	1	1
Categoria E	5	4	1	1

Anteriormente estão os resultados das quatro amostras. Quanto maior a taxa de diversidade em relação à taxa máxima, maior o nível de diversidade. Claramente, vemos que o Cenário 1 tem a maior pontuação de homogeneidade e o índice de diversidade está mais próximo do valor máximo do índice. O cenário 2 tem pontuação de homogeneidade de 94,71%, enquanto os cenários 3 e 4 têm a menor taxa de diversidade em relação ao valor máximo.

Resultados - Amostra 1	Shannon	Brillouin	Simpson
Índice de Diversidade	1,6094	0,5918	0,2000
Índice Max	1,6094	0,5918	
Homogeneidade	1,0000	1,0000	

Resultados - Amostra 2	Shannon	Brillouin	Simpson
Índice de Diversidade	1,5243	0,5587	0,2320
Índice Max	1,6094	0,5918	
Homogeneidade	0,9471	0,9441	

Resultados - Amostra 3	Shannon	Brillouin	Simpson
Índice de Diversidade	0,6615	0,2193	0,7120
Índice Max	1,6094	0,5918	
Homogeneidade	0,4110	0,3706	

Resultados - Amostra 4	Shannon	Brillouin	Simpson
Índice de Diversidade	1,1087	0,3995	0,3920
Índice Max	1,6094	0,5918	
Homogeneidade	0,6889	0,6751	

Validade Interna

Uma questão relacionada é a validade do modelo. Quando nos referimos à validade de um modelo, geralmente significa que se o modelo especificado faz o que se pretende que faça. Em outras palavras, o modelo realmente modela o que pretendemos modelar? Para responder à pergunta, analisamos a validade interna de um modelo, bem como sua validade externa.

Na validade interna de um modelo, como a regressão multivariada, buscamos identificar se as variáveis independentes utilizadas são estatisticamente significativas, ou seja, se as construções internas do modelo são válidas. Geralmente usamos o p-valor de uma regressão para medir essa validade interna. A hipótese nula testada, no caso, de cada uma das variáveis independentes, tem efeito zero na variável dependente. Assim, baixos p-valores, ou abaixo do nível de significância *alfa*, implicam que são estatisticamente significativos e impactam a variável dependente. Portanto, um modelo com apenas variáveis independentes significativas é considerado válido internamente.

	Coef.	Erro Std	Est. T	**P-Valor**	Infer. 5%	Super.95%
Intercepto	57.95550	108.79014	0.53273	0.59690	-161.29661	277.20762
VAR X1	-0.00354	0.00352	-1.00656	0.31965	-0.01064	0.00355
VAR X2	0.46437	0.25353	1.83159	**0.01379**	-0,04659	0,97533
VAR X3	25.23770	14.11723	1.78772	**0.02071**	-3.21371	53.68911
VAR X4	-0.00856	0.10156	-0.08433	0.93317	-0.21325	0.19612
VAR X5	16.55792	14.79957	1.11881	**0.03929**	-13.26866	46.38449

Validade Externa

Um modelo estatisticamente significativo e internamente válido pode ou não ter significância prática e é aí que a validade externa aparece. Enquanto a validade interna olha para as construções individuais do modelo, a validade externa olha para todo o modelo e mede o quanto esse modelo pode explicar a partir da variável preditor.

Normalmente, a validade externa é medida usando uma variedade de fórmulas de erro. A medida típica é o R-quadrado e o R-quadrado ajustado (coeficiente de determinação e o coeficiente de determinação ajustado). Simplesmente, R-quadrado é a correlação linear (R) entre os valores reais e preditor, ao quadrado. Enquanto R tem um domínio entre $-1,00$ e $+1,00$, seu valor quadrado sempre será entre $0,00$ e $1,00$. Portanto, R-quadrado é uma medida percentual, que demonstra quanto da variação da variável dependente pode ser explicada simultaneamente por todas as variáveis independentes no modelo. Quanto maior o R-quadrado, maior a validade externa do modelo.

No entanto, em modelos multivariados, adicionar variáveis exógenos às variáveis existentes podem ou não ser válidas internamente e normalmente aumentaria o valor R-quadrado. É aqui que entra o R-quadrado. O R-quadrado ajustado será ajustado para as variáveis dependentes agregadas e penalizará o R-quadrado por ter muitas variáveis independentes que estatisticamente não aumentam o suficiente o R-quadrado. Isso significa que, com as variáveis exógenas agregadas, o R-quadrado ajustado poderia diminuir, resultando em uma estimativa melhor e mais conservadora da validade externa do modelo.

Além disso, na mesma linha de penalizar as variáveis agregadas, onde tudo permanece constante, se os poderes preditivos de dois modelos são idênticos, mas se usa menos variáveis preditoras, então ganha o modelo mais parcimonioso. Com base na teoria da parcimônia e na penalização de muitas variáveis exógenas, outras medidas de validade externa foram criadas, como o *Critério de Informação de Akaike* ou o de *Bayes-Schwarz*. Estas são medidas relativas de erros de modelo externo e são comumente usadas para comparar diferentes especificações do modelo, a fim de identificar erros com escores mais baixos.

Aqueles marcados com um asterisco * são valores que preferimos ver aumento, versus as demais medidas de erros onde quanto menor o erro, maior a validade externa do modelo.

*Probabilidade Máxima
*R-Quadrado Ajustado
*Máxima Probabilidade
Critério de Informação *Akaike* (AIC)
Critério de informação de *Bayes-Schwarz* (BSC)
Critério de Informação *Hannan-Quinn* (HQC)
Desvio Médio Absoluto (MAD)
Erro Percentual Absoluto Médio (MAPE)
Erro Quadrático Médio (MSE)
Erro Absoluto Médio (MdAE)
Erro Percentual Absoluto Médio (MdAPE)
Erro Logarítmico Médio Quadrático (RMSLE)
Erro Percentual Quadrático Médio (RMSPE)
Raiz de erro quadrático médio (RMSE)
Erro Percentual da Raiz Quadrada Mediana (RMdSPE)
Soma dos Erros ao quadrado (SSE)
Erro Percentual Absoluto Simétrico Médio (sMAPE)
Qualidade U2 de Theil e Acurácia U1 de Theil

Previsibilidade e Precisão: Akaike, Bayes, Hannan–Quinn, Diebold–Mariano, Pesaran–Timmermann

Outros conceitos em dados e modelagem são previsibilidade e precisão. Vários métodos podem ser usados para medir a precisão de um modelo preditivo. Como mencionado acima, em uma configuração de regressão multivariada, podemos usar R-quadrado, Critério de Informação Akaike, Critério de Informação Bayes-Schwarz, entre outros.

Como exemplo, suponha que estamos comparando a precisão entre dois modelos. É uma maneira fácil de olhar para os valores previstos do modelo e compará-los com os reais históricos. A diferença constituiria os erros de previsão do modelo. Em seguida, vemos dois conjuntos de erros de amostra. Podemos ver que os erros do modelo 2 são muito maiores do que erros do modelo1. Os resultados calculados usando o modelo de Acurácia de Previsão no *BizStats* mostram que o segundo modelo tem muito menos erros e, portanto, é o modelo preferido com maior nível de precisão.

Erros 1	Erros 2
221,4876	0,112161248
-120,1243	0,535868655
89,7211	0,663950485
88,6704	0,635762518
-162,1336	0,121139129
86,0007	0,432267702
-68,8718	0,200703196
84,3845	0,663499338
234,245	0,004590278
79,2966	0,830036453
117,1991	0,568247701
...	...
...	...
-202,5301	0,69767782
-174,1671	0,234313273
-36,3149	0,530179776

Erros de Medidas para o Modelo 1

Probabilidade Logarítmica Máxima:	-318,173405
Critério de Informação Akaike (AIC):	12,926936
Correção (AICC):	15,593603
Bayes e Schwarz Criterion (BSC):	13,118139
Hannan–Quinn *Criterion* (HQC):	12,999747
Desvio Médio Absoluto (MAD):	114,467810
Erros Quadráticos Médios (MSE):	19713,503554
Raiz do Erro Quadrático Médio (RMSE):	140,404785

Erros de Medidas para o Modelo 2

Probabilidade Logarítmica Máxima:	-41,017947
Critério de Informação Akaike (AIC):	1,840718
Correção AIC (AICC):	4,507385
Bayes e Schwarz Criterion (BSC):	2,031920
Hannan–Quinn *Criterion* (HQC):	1,913529
Desvio Médio Absoluto (MAD):	0,475521
Erros Quadráticos Médios (MSE):	0,302051
Raiz do Erro Quadrático Médio (RMSE):	0,549592

Embora os dois modelos mostrem um nível diferente de precisão na previsão, a próxima questão é se as duas previsões são significativamente diferentes uma da outra no nível estatístico. O Teste de Evidência Diebold–Marian para prever diferenças e o Teste de Harvey, Leybourne e Newbold nos permite determinar se os erros são estatisticamente significativos. A hipótese nula comprovada diz que não há diferença significativa entre as duas previsões.

Atual	Previsão 1	Previsão 2
1,2288	0,9028	0,8945
2,6684	2,4493	2,3214
3,4177	3,2076	2,5208
2,2392	2,4383	1,9081
2,1226	2,7751	0,9508
0,4638	0,5932	-0,6107
-0,5508	0,1085	-1,1155
1,1829	0,8785	1,1116
...	...	...
...	...	...
-0,5781	-0,0840	-0,4644
-0,7687	-0,0731	-0,9785

Teste *Diebold–Mariano* para prever diferenças

Estatística DM: 1,00510
P-valor: 0,31485

Testes *Harvey*, *Leybourne* e *Newbold*.

Estatística HLN: 1,12373
P-Valor: 0,27512

Finalmente, às vezes a precisão correta da previsão não está em dúvida. O que é crítico é a capacidade de prever mudanças direcionais. O teste de *Pesaran–Timmermann* testa se um modelo pode prever corretamente e rastreia mudanças direcionais ao longo do tempo. A hipótese nula (H_0) comprovada é que a previsão não acompanha alterações direcionais nos dados.

Atual	Previsão
23	14
-2	3
56	45
51	23
...	...
-6	3
-7	-11
-39	-12
31	24
35	3

Teste *Pesaran–Timmermann*

Estatística PT: 1,96834
P-valor: 0,02451

Uma ferramenta muito poderosa na simulação Monte Carlos é a do controle de precisão. Por exemplo, quantos testes são considerados suficientes para serem executados em um modelo complexo? O controle de precisão elimina o trabalho de adivinhação estimando o número de testes relevantes, permitindo que a simulação pare se o nível de precisão pré-especificado for atingido.

O recurso de controle de precisão permite definir o quão precisa você quer que sua previsão seja. De um modo geral, na medida em que mais testes são calculados, o intervalo de confiança se estreita e as estatísticas se tornam mais precisas. A função de controle de precisão no *Risk Simulator* usa o recurso Intervalos de Confiança para determinar quando uma precisão especificada de uma estatística foi atingida. Para cada previsão, você pode especificar o Intervalo de Confiança para o Nível de Precisão (Figura 14.17). Se a precisão do erro for alcançada dentro do número de testes definidos, a simulação será executada normalmente, caso contrário, você será informado de que testes adicionais de simulação são necessários para atender a uma precisão de erro necessária mais rigorosa.

Certifique-se de não confundir os três termos muito diferentes: erro, precisão e confiança. Embora soem muito semelhantes, os conceitos são significativamente diferentes um do outro. Para ilustrar isso, vamos olhar para o exemplo abaixo: digamos que você faça tortillas para tacos e você está interessado em saber quantas tortillas em média estão quebradas em uma caixa de 100 tortillas. Uma maneira de descobrir é coletar uma amostra das caixas pré-embaladas de 100 tortillas de taco, abri-las e contar quantas delas estão realmente quebradas. Você produz 1 milhão de caixas por ano (esta é a sua *população*), mas aleatoriamente você só abre 10 caixas (este é o tamanho da sua *amostra,* também conhecida como seu *número de testes* em uma simulação). O número de tortillas quebradas em cada caixa é: 24, 22, 4, 15, 33, 32, 4, 1, 45 e 2. O número médio calculado de tortillas quebradas é de $\bar{x} = 18,2$. Com base nessas 10 amostras ou testes, a média é de 18,2 unidades, enquanto com base na amostra, o intervalo de confiança de 80% está entre 2 e 33 unidades (ou seja, 80% das vezes, o número de tortillas quebradas é entre 2 e 33 *com base neste tamanho amostral ou número de testes executados*). No entanto, qual a certeza de que 18,2 é a média certa? Os 10 testes são suficientes para estabelecer isso?

O Intervalo de Confiança entre 2 e 33 é muito amplo e muito variável. Suponha que você exija um valor médio mais preciso onde o erro é ±2 tortillas e 90% do tempo - isso significa que se você abrir o *total* de 1 milhão de caixas fabricadas em um ano, 900.000 dessas caixas terão tortillas quebradas em média em algumas unidades de taco ±2. Quantas caixas mais de tortillas de taco você precisaria (ou executar testes) para obter esse nível de precisão? Neste caso, as 2 tortillas é o nível de erro, enquanto 90% é o nível de precisão. Se números de teste suficientes forem executados, então o nível de confiança de 90% será idêntico ao nível de precisão de 90%, onde você obterá uma medida mais precisa da média, de modo que 90% do tempo o erro e, portanto, a confiança será ±2 tortillas.

Como exemplo, digamos que a média seja de 20 unidades, então 90% do intervalo de confiança será entre 18 e 22 unidades, onde esse intervalo é preciso 90% do tempo, onde ao abrir o total de 1 milhão de caixas, 900.000 delas terão entre 18 e 22 tortillas quebradas. O número de testes necessários para alcançar essa precisão baseia-se na equação do erro amostral de

$$\bar{x} \pm Z \frac{s}{\sqrt{n}}$$

onde

$$Z \frac{s}{\sqrt{n}}$$

é o erro de 2 tortillas, $\bar{x}$ é a média da amostra, Z é o escore-Z Normal Padrão obtido a partir do nível de precisão de 90%, s é o desvio amostral padrão, e n é o número de testes necessários para alcançar esse nível de erro com a precisão especificada.

REGRESSÃO MULTIVARIADA LINEAR E NÃO LINEAR

Presume-se que o usuário tenha conhecimento suficiente sobre o básico da análise de regressão. A equação geral da regressão linear bivariada toma a forma $Y = \beta_0 + \beta_1 X + \varepsilon$, onde β_0 é o intercepto, β_1 é a inclinação, e ε é o termo de erro. É bivariado, pois há apenas duas variáveis, uma Y ou <u>variável dependente</u> e uma variável X ou <u>independente</u>, onde o X também é conhecido como <u>regressor</u> (às vezes uma regressão bivariada é conhecida como regressão de uma variedade uma vez que há apenas uma variável independente X).

A variável dependente é referida como tal porque *depende* da variável independente; por exemplo, a receita de vendas depende do valor gasto em marketing, publicidade e promoção de produtos, o que faz com que a variável dependente vendas e a variável independente seja os custos de marketing. Um exemplo de regressão bivariada é visto simplesmente inserindo a linha de melhor ajuste ao longo de um conjunto de pontos de dados em um plano bidimensional, como mostrado à esquerda na Figura 5.38.

Em outros casos, uma regressão multivariada pode ser realizada, onde há múltiplos ou um número k de *variáveis independentes* X ou *regressores*, onde a equação de regressão geral agora assume a forma de $Y = \beta_0 + \beta_1 X_1 + \beta_2 X_2 + \beta_3 X_3 \ldots + \beta_k X_k + \varepsilon$. Neste caso, a linha de melhor ajuste será dentro de um plano n-dimensional k + 1.

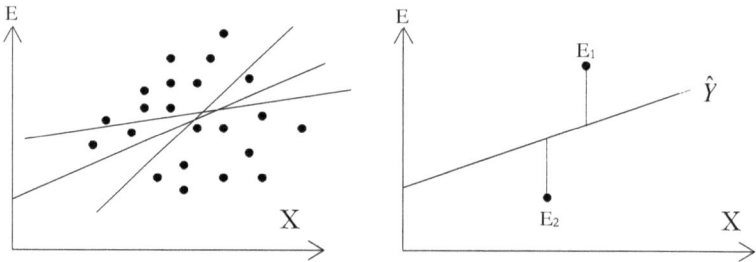

Figura 5.38: Regressão Bivariada

No entanto, ajustar uma linha através de um conjunto de pontos de dados em um gráfico esparso, como no Figura 5.38, poderia resultar em inúmeras linhas possíveis. Uma linha com o melhor ajuste é definida como uma linha única que minimiza erros verticais totais, ou seja, a soma das distâncias absolutas entre os pontos de dados reais (Y_i) e a linha estimada ($\hat{Y}$), como mostrado no lado direito do Figura 5.38.

Para encontrar o melhor ajuste de linha única que minimize erros, uma abordagem mais sofisticada é aplicada, utilizando a análise de regressão. Tal análise encontra a linha única de melhor ajuste, exigindo que todos os erros sejam minimizados, ou ao calcular

$$Min \sum_{i=1}^{n} (Y_i - \hat{Y}_i)^2$$

onde apenas uma única linha minimiza essa soma de erros quadráticos. Erros (distâncias verticais entre os dados atuais e a linha preditor) são elevados ao quadrado para evitar que erros negativos cancelem erros positivos. Resolver esse problema de minimização em relação à inclinação e interceptação requer calcular as primeiras derivadas e defini-las iguais a zero:

$$\hat{\beta}_2 = \frac{\sum Y_i X_{2,i} \sum X_{3,i}^2 - \sum Y_i X_{3,i} \sum X_{2,i} X_{3,i}}{\sum X_{2,i}^2 \sum X_{3,i}^2 - \left(\sum X_{2,i} X_{3,i}\right)^2}$$

$$\hat{\beta}_3 = \frac{\sum Y_i X_{3,i} \sum X_{2,i}^2 - \sum Y_i X_{2,i} \sum X_{2,i} X_{3,i}}{\sum X_{2,i}^2 \sum X_{3,i}^2 - \left(\sum X_{2,i} X_{3,i}\right)^2}$$

que produz as equações dos mínimos quadrados de regressão bivariada:

$$\beta_1 = \frac{\sum_{i=1}^{n}(X_i - \bar{X})(Y_i - \bar{Y})}{\sum_{i=1}^{n}(X_i - \bar{X})^2} = \frac{\sum_{i=1}^{n} X_i Y_i - \frac{\sum_{i=1}^{n} X_i \sum_{i=1}^{n} Y_i}{n}}{\sum_{i=1}^{n} X_i^2 - \frac{\left(\sum_{i=1}^{n} X_i\right)^2}{n}}$$

$$\beta_0 = \bar{Y} - \beta_1 \bar{X}$$

Para a regressão multivariada, a analogia se expande para justificar múltiplas variáveis independentes, onde $Y_i = \beta_1 + \beta_2 X_{2,i} + \beta_3 X_{3,i} + \varepsilon_i$ e inclinações estimadas podem ser calculadas por:

$$\hat{\beta}_2 = \frac{\sum Y_i X_{2,i} \sum X_{3,i}^2 - \sum Y_i X_{3,i} \sum X_{2,i} X_{3,i}}{\sum X_{2,i}^2 \sum X_{3,i}^2 - \left(\sum X_{2,i} X_{3,i}\right)^2}$$

$$\hat{\beta}_3 = \frac{\sum Y_i X_{3,i} \sum X_{2,i}^2 - \sum Y_i X_{2,i} \sum X_{2,i} X_{3,i}}{\sum X_{2,i}^2 \sum X_{3,i}^2 - \left(\sum X_{2,i} X_{3,i}\right)^2}$$

Ao executar regressões multivariadas, deve-se tomar cuidado ao configurar e interpretar os resultados. Por exemplo, é necessário um bom entendimento da modelagem econométrica (p.ex., identificar dificuldades de regressão, como quebras estruturais, multicolinearidade, heterocedasticidade, autocorrelação, testes de especificação, não linearidades, e assim por diante) antes de construir um modelo apropriado.

A Figura 5.39, mostra como uma regressão linear múltipla pode ser executada no *Risk Simulator*. No Excel, digite ou abra seu conjunto de dados existente (o gráfico abaixo usa *Risk Simulator| Modelos de Exemplos|09 Regressão múltipla* na guia Exemplos). Revise para ter certeza de que os dados estão organizados em colunas e selecione os dados, incluindo os cabeçalhos variáveis e clique em

Risk Simulator | *Previsão* | *11 Análise de Regressão*. Selecione a variável dependente e revise as opções relevantes (defasagem, regressão de etapas, regressão não linear e assim por diante) e pressione *OK*. A Figura 5.40 ilustra um relatório gerado com o resultado de uma amostra de regressão multivariada. O relatório é completo com todos os resultados de regressão, análise dos resultados de variância, tabela ajustada e resultados de testes de hipóteses.

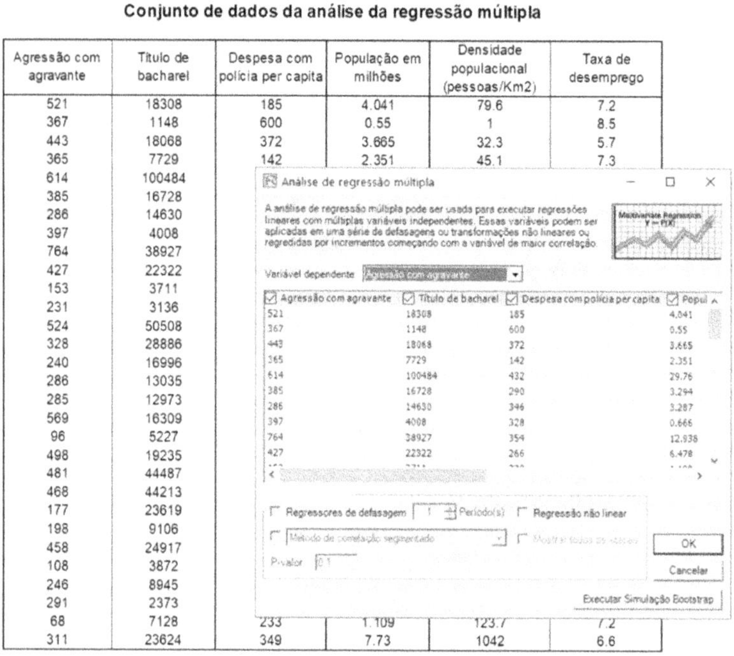
Conjunto de dados da análise da regressão múltipla
Agressão com agravante
Título de bacharel
Despesa com polícia per capita
População em milhões
Densidade populacional (pessoas/Km2)
Taxa de desemprego
521 18308 185 4.041 79.6 7.2
367 1148 600 0.55 1 8.5
443 18068 372 3.665 32.3 5.7
365 7729 142 2.351 45.1 7.3
614 100484
385 16728
286 14630
397 4008
764 38927
427 22322
153 3711
231 3136
524 50508
328 28886
240 16996
286 13035
285 12973
569 16309
96 5227
498 19235
481 44487
468 44213
177 23619
198 9106
458 24917
108 3872
246 8945
291 2373
68 7128 233 1.109 123.7 7.2
311 23624 349 7.73 1042 6.6
Análise de regressão múltipla
A análise de regressão múltipla pode ser usada para executar regressões lineares com múltiplas variáveis independentes. Essas variáveis podem ser aplicadas em uma série de defasagens ou transformações não lineares ou regredidas por incrementos começando com a variável de maior correlação.
Variável dependente
Agressão com agravante
Título de bacharel
Despesa com polícia per capita
Popul
521 18308 185 4.041
367 1148 600 0.55
443 18068 372 3.665
365 7729 142 2.351
614 100484 432 29.76
385 16728 290 3.294
286 14630 346 3.287
397 4008 328 0.666
764 38927 354 12.938
427 22322 266 6.478
Regressores de defasagem
Período(s)
Regressão não linear
OK
Cancelar
Executar Simulação Bootstrap

Figura 5.39: Regressão no Risk Simulator

Relatório da Análise de Regressão

Estatísticas de Regressão

R2 (coeficiente de determinação)	0.3272	Sum of Squared Errors (SSE)	985675.1902
R2 ajustado	0.2508	Akaike Information Criterion (AIC)	12.9669
R múltiplo (coeficiente de correlação múltipla)	0.5720	Bayes and Schwarz Criterion (BSC)	13.1964
Erro padrão das estimativas (SEy)	149.8720	Log Likelihood	-318.1734
Número de observações	50	Hannan-Quinn Criterion (HQC)	13.0543

R2, ou coeficiente de determinação, indica que 0.33 da variação da variável dependente que pode ser explicado e contabilizado pelas variáveis independentes nessa análise de regressão. No entanto, em uma regressão múltipla, o R2 ajustado considera a existência de outras variáveis independentes ou regressores e ajusta esse valor de R2 para obter uma visão mais precisa da força de explicação da regressão. Assim, apenas 0.25 da variação da variável dependente pode ser explicado pelos regressores.

O coeficiente de correlação múltipla (R múltiplo) mede a correlação entre a variável dependente real (Y) e a estimada ou ajustada (Y) com base na equação de regressão. Também é a raiz quadrada do coeficiente de determinação (R2).

O erro padrão das estimativas (SEy) descreve a dispersão dos pontos de dados acima e abaixo da linha ou do plano de regressão. Esse valor é usado como parte do cálculo para obter o intervalo de confiança das estimativas depois.

Resultados da Regressão

	Interceptação	Título de bacharel	Despesa com polícia per capita	População em milhões	Densidade populacional (pessoas/Km 2)	Taxa de desemprego
Coeficientes	57.9555	-0.0035	0.4644	25.2377	-0.0086	16.5579
Erro padrão	108.7901	0.0035	0.2635	14.1172	0.1016	14.7996
Estatística t	0.5327	-1.0066	1.8316	1.7877	-0.0843	1.1188
P-valor	0.5969	0.3197	0.0738	0.0807	0.9332	0.2693
5% mais baixos	-161.2966	-0.0106	-0.0466	-3.2137	-0.2132	-13.2687
95% mais altos	277.2076	0.0036	0.9753	53.6891	0.1961	46.3845

Graus de liberdade		Teste de hipóteses	
Graus de liberdade para regressão	5	Estatística t crítica (99% de confiança com df igual a 44)	2.6923
Graus de liberdade para residual	44	Estatística t crítica (95% de confiança com df igual a 44)	2.0154
Total de graus de liberdade	49	Estatística t crítica (90% de confiança com df igual a 44)	1.6802

Os coeficientes fornecem a interceptação e a inclinação estimadas da regressão. Por exemplo, os coeficientes são estimativas dos verdadeiros valores da população b nesta equação de regressão Y = b0 + b1X1 + b2X2 + ... + bnXn. O erro padrão mede a precisão dos coeficientes previstos, e as estatísticas t são os índices de cada coeficiente previsto para seu erro padrão.

A estatística t é usada em testes de hipóteses, nos quais é possível definir a hipótese nula (Ho) de tal maneira que a média real do coeficiente = 0, e a hipótese alternativa (Ha) de tal maneira que a média real do coeficiente seja diferente de 0. Um teste t é executado e a estatística t calculada é comparada aos valores críticos nos graus de liberdade relevantes para o residual. O teste t é muito importante, pois calcula se cada um dos coeficientes é estatisticamente significativo na presença de outros regressores. Isso significa que o teste t verifica estatisticamente se um regressor ou uma variável independente deve permanecer na regressão ou ser descartada.

O coeficiente é estatisticamente significativo se a sua estatística t calculada excede a estatística t crítica nos graus de liberdade relevantes (df). Os três principais níveis de confiança usados para testar a significância são 90%, 95% e 99%. Se a estatística t de um coeficiente exceder o nível crítico, ela será considerada estatisticamente relevante. Como alternativa, o p-valor calcula a probabilidade de ocorrência de cada estatística t, o que significa que quanto menor o p-valor, mais significativo é o coeficiente. Os níveis de significância do p-valor costumam ser 0.01, 0.05 e 0.10, o que corresponde aos níveis de confiança 99%, 95% e 90%.

Os coeficientes cujos p-valores são realçados em azul indicam que são estatisticamente significativos no nível de confiança de 90% ou no nível alfa de 0.10, enquanto aqueles cujos p-valores são realçados em vermelho indicam que não são estatisticamente relevantes em qualquer outro nível alfa.

Figura 5.40-a: Resultados de Regressão no Risk Simulator - Resumo

Relatório da Análise de Regressão - cont.

Análise de Variância

	Somas dos quadrados	Média dos quadrados	Estatística F	P-valor	Teste de hipóteses	
Regressão	479388.49	95877.70	4.28	0.0029	Estatística F crítica (99% de confiança com df igual a 5 e 44)	3.4651
Residual	985675.19	22401.71			Estatística F crítica (95% de confiança com df igual a 5 e 44)	2.4270
Total	1465063.68				Estatística F crítica (90% de confiança com df igual a 5 e 44)	1.9828

A tabela de análise de variância (ANOVA) fornece um teste F da significância estatística geral do modelo de regressão. Em vez de analisar regressores individuais como no teste t, o teste F analisa as propriedades estatísticas de todos os coeficientes estimados. A estatística F é calculada como a proporção da média dos quadrados da regressão em relação à média dos quadrados de residuais. O numerador mede quanto da regressão é explicado, enquanto o denominador mede quanto não é explicado. Assim, quanto maior a estatística F, mais significante é o modelo. O p-valor correspondente é calculado para testar a hipótese nula (Ho), segundo a qual todos os coeficientes são simultaneamente iguais a zero, em contraste com a hipótese alternativa (Ha) de que eles são simultaneamente diferentes de zero, indicando um modelo de regressão geral significante. Se o p-valor for menor do que as significâncias alfa 0.01, 0.05 ou 0.10, a regressão será significante. A mesma abordagem pode ser aplicada à estatística F comparando a estatística F calculada aos valores F críticos em vários níveis de significância.

Figura 5.40-b: Resultados de Regressão no Risk Simulator - Variância

Previsão

Período	Real (Y)	Previsão (F)	Erro (F)
1	521.0000	299.5124	221.4876
2	367.0000	487.1243	(120.1243)
3	443.0000	353.2789	89.7211
4	365.0000	276.3296	88.6704
5	614.0000	776.1336	(162.1336)
6	385.0000	298.9993	86.0007
7	286.0000	354.8718	(68.8718)
8	397.0000	312.6155	84.3845
9	764.0000	529.7550	234.2450
10	427.0000	347.7034	79.2966
11	153.0000	266.2526	(113.2526)
12	231.0000	264.6375	(33.6375)
13	524.0000	406.8009	117.1991
14	328.0000	272.2226	55.7774
15	240.0000	231.7882	8.2118
16	286.0000	257.8862	28.1138
17	285.0000	314.9521	(29.9521)
18	569.0000	335.3140	233.6860
19	96.0000	282.0356	(186.0356)
20	498.0000	370.2062	127.7938
21	481.0000	340.8742	140.1258
22	468.0000	427.5118	40.4882
23	177.0000	274.5298	(97.5298)
24	198.0000	294.7795	(96.7795)
25	158.0000	295.2180	162.7820
26	108.0000	269.6195	(161.6195)
27	246.0000	195.5955	50.4045
28	291.0000	364.5004	(73.5004)
29	68.0000	287.0426	(219.0426)
30	311.0000	431.7568	(120.7568)
31	606.0000	323.6399	282.3601
32	512.0000	531.4356	(19.4356)
33	426.0000	325.3641	100.6359
34	47.0000	192.3960	(145.3960)
35	265.0000	378.1250	(113.1250)
36	370.0000	288.0064	81.9936

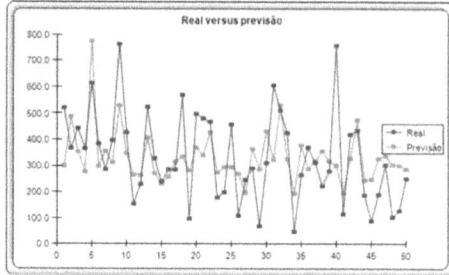

Real versus previsão

Root Mean Squared Error (RMSE)	140.4048
Mean Squared Error (MSE)	19713.5038
Mean Absolute Deviation (MAD)	114.4878
Mean Absolute Percentage Error (MAPE)	54.8859%
Theil's (U)	0.5741
Symmetrical Mean Absolute Percentage Error (sMAPE)	38.7905%
Median Absolute Error (MdAE)	97.1547
Median Absolute Percentage Error (MdAPE)	26.0338%
Root Mean Square Log Error (RMSLE)	0.6299
Root Mean Square Percentage Error Loss (RMSPE)	0.8977
Root Median Square Percentage Error Loss (RMdSPE)	0.2804
Theil's U1 Accuracy (U1)	0.3760
Theil's U2 Quality (U2)	0.1951

Figura 5.40-c: Resultados de Regressão no Risk Simulator - Previsão

REGRESSÃO BIVARIADA

Os modelos de regressão também podem assumir muitas formas ou especificações funcionais. Por exemplo, uma regressão linear tomará a forma de enquanto uma regressão não linear pode tomar a forma padrão de $Y = \beta_0 + \beta_1 X_1 + \beta_2 X_2 \ldots + \beta_n X_n + \varepsilon$ $Y = \beta_0 + \beta_1 ln(X_1) + \beta_2 ln(X_2) \ldots + \beta_n ln(X_n) + \varepsilon$. No entanto, existem outras formas funcionais dependendo da relação das variáveis. Normalmente, para testar as especificações da forma funcional, voltamos a usar uma única variável independente ao mesmo tempo. Abaixo estão as formas funcionais bivariadas mais utilizadas:

Linear	$Y = \beta_0 + \beta_1 X_1 + \varepsilon$
Logarítmico Linear	$Y = \beta_0 + \beta_1 ln(X_1) + \varepsilon$
Recíproca	$Y = \beta_0 + \beta_1 \left(\dfrac{1}{X_1}\right) + \varepsilon$
Quadrática	$Y = \beta_0 + \beta_1 X_1 + \beta_2 X_1^2 + \varepsilon$
Logarítmico Linear	$ln(Y) = \beta_0 + \beta_1 X_1 + \varepsilon$

Logarítmico Recíproco	$\ln(Y) = \beta_0 + \beta_1 \left(\dfrac{1}{X_1}\right) + \varepsilon$
Logarítmico Quadrático	$\ln(Y) = \beta_0 + \beta_1 X_1 + \beta_2 X_1^2 + \varepsilon$
Logarítmico Duplo	$\ln(Y) = \beta_0 + \beta_1 ln(X_1) + \varepsilon$
Logística	$\dfrac{Y}{1-Y} = \beta_0 + \beta_1 X_1 + \varepsilon$

Essas formas funcionais são testadas com uma variável dependente e uma variável separada. No caso de regressões multivariadas, basta executar os modelos emparelhados, pegar as formas funcionais resultantes e combiná-las dentro de uma estrutura multivariada mais complexa, no entendimento de que, ao combinar diferentes formas funcionais, algumas funções anteriores estatisticamente significativas podem sair do modelo integral e se integrar com outras funções no modelo maior. A Figura 5.41 ilustra como essas formas funcionais podem ser testadas no *BizStats*, enquanto a Figura 5.42 exibe suas representações gráficas (preste atenção tanto na forma quanto nos valores dos eixos).

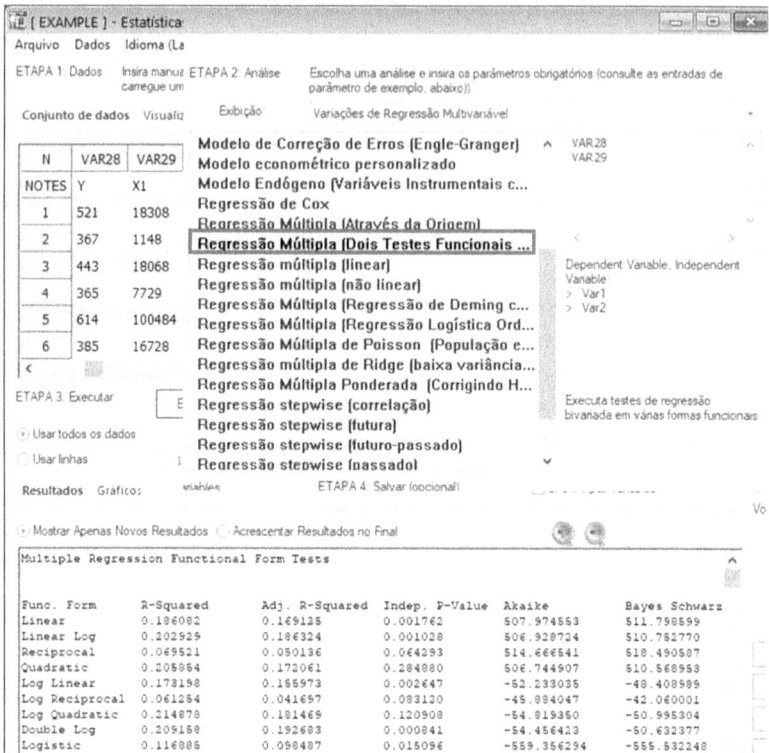

Figura 5.41: Regressão Múltipla - Formas Funcionais duas Variáveis

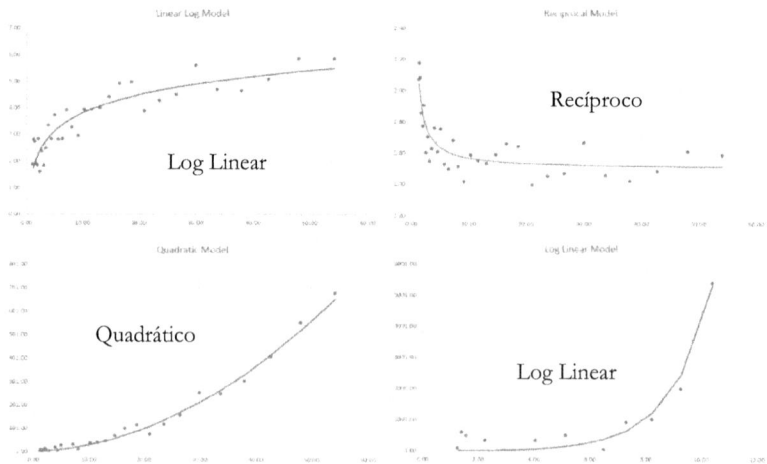

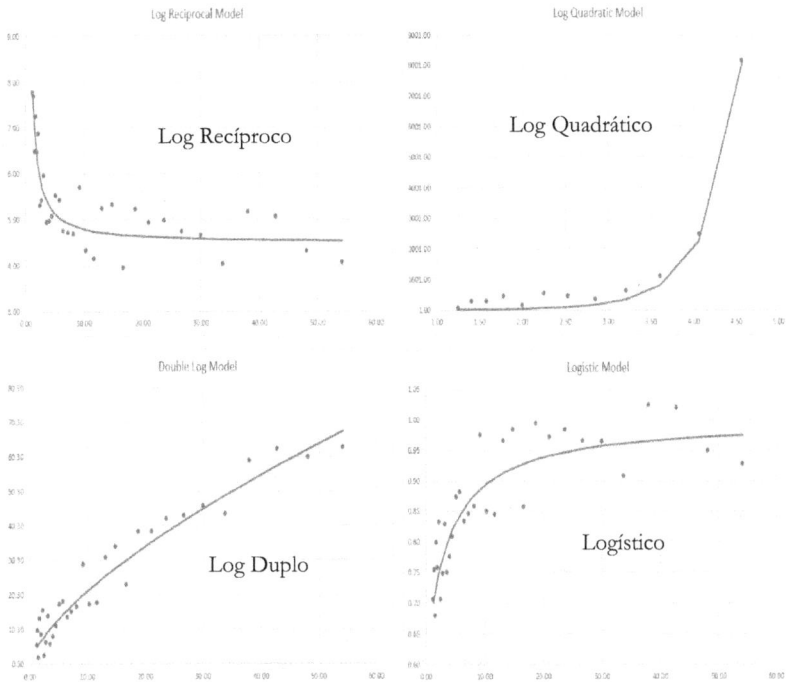

Figura 5.42: Representação Gráfica das Diferentes Formas Funcionais

TESTES PARA MULTICOLINEARIDADE E HETEROCEDASTICIDADE

A multicolinearidade existe quando há uma relação linear entre variáveis independentes. Quando isso ocorre, a equação de regressão não pode ser estimada. Em situações de quase linearidade, a equação de regressão estimada será viesada e fornecerá resultados imprecisos. Esta situação é especialmente verdadeira quando se utiliza uma abordagem de regressão passo-a-passo, onde variáveis independentes, estatisticamente significativas, serão removidas da mistura de regressão mais cedo do que o esperado, resultando em uma equação de regressão que não é eficaz nem precisa. Como exemplo, suponha que exista a seguinte análise de multirregressão, onde $Y_i = \beta_1 + \beta_2 X_{2,i} + \beta_3 X_{3,i} + \varepsilon_i$. As inclinações estimadas podem, então, ser calculadas por:

$$\hat{\beta}_2 = \frac{\sum Y_i X_{2,i} \sum X_{3,i}^2 - \sum Y_i X_{3,i} \sum X_{2,i} X_{3,i}}{\sum X_{2,i}^2 \sum X_{3,i}^2 - \left(\sum X_{2,i} X_{3,i}\right)^2}$$

$$\hat{\beta}_3 = \frac{\sum Y_i X_{3,i} \sum X_{2,i}^2 - \sum Y_i X_{2,i} \sum X_{2,i} X_{3,i}}{\sum X_{2,i}^2 \sum X_{3,i}^2 - \left(\sum X_{2,i} X_{3,i}\right)^2}$$

Agora suponha que haja uma multicolinearidade perfeita, ou seja, há uma relação linear perfeita $X_{3,i} = \lambda X_{2,i}$ entre X_2 e X_3, para todos os valores positivos de λ. Ao substituir essa relação linear dentro dos cálculos de inclinação β_2, o resultado é indeterminado. Em outras palavras, nós temos

$$\hat{\beta}_2 = \frac{\sum Y_i X_{2,i} \sum \lambda^2 X_{2,i}^2 - \sum Y_i \lambda X_{2,i} \sum \lambda X_{2,i}^2}{\sum X_{2,i}^2 \sum \lambda^2 X_{2,i}^2 - \left(\sum \lambda X_{2,i}^2\right)^2} = \frac{0}{0}$$

O mesmo cálculo e resultados se aplicam a β_3, o que significa que a análise de regressão múltipla é dividida e não pode ser estimada, dado uma condição de linearidade perfeita.

Um teste rápido da presença de multicolinearidade em uma equação de regressão múltipla é que o valor R-quadrado é relativamente alto, enquanto as *t*-estatísticas são relativamente baixas. Outro teste rápido é criar uma matriz de correlação entre variáveis independentes. Uma alta correlação cruzada indica que há um potencial para multicolinearidade. A regra geral é que a correlação com um valor absoluto superior a 0,75 é uma indicação de multicolinearidade grave.

Outro teste para multicolinearidade é o uso do fator de inflação de variância (VIF), que é obtido regredindo cada variável independente em todas as outras variáveis independentes, obtendo o valor R-quadrado e calculando o VIF dessa variável ao estimar

$$VIF_i = \frac{1}{\left(1 - R_i^2\right)}$$

Um alto valor de VIF indica um alto R-quadrado perto da unidade. Como regra geral, um valor VIF maior que 10 é geralmente indicativo de multicolinearidade destrutiva.

Outra violação comum é a heterocedasticidade, ou seja, a variância de erros aumenta com o tempo. A Figura 5.43 ilustra este caso, onde a amplitude das flutuações verticais nos dados aumenta ou se dispersa ao longo do tempo. Neste exemplo, os pontos de dados foram alterados para exagerar o efeito. No entanto, na maioria das análises de séries temporais, rever a heterocedasticidade é uma tarefa muito mais difícil. A Figura 5.44 exibe uma visão comparativa da homocedasticidade (variância de erro igual) versus heterocedasticidade.

Se a variância da variável dependente não for constante, então a variância de erro não será constante. A forma mais comum de tal heterocedasticidade na variável dependente é que a variância da variável dependente pode aumentar conforme a média da variável dependente aumenta, para dados com variáveis positivas independentes e dependentes.

A menos que a heterocedasticidade da variável dependente seja pronunciada, seu efeito não será severo: as estimativas de mínimos quadrados ainda serão invisíveis, e as estimativas de inclinação e interceptação serão distribuídas normalmente, se os erros estão normalmente distribuídos ou, pelo menos, normalmente distribuídos assintoticamente (na medida em que o número de pontos de dados aumenta) se os erros não forem normalmente distribuídos. A estimativa de variância e variância da inclinação em geral será imprecisa, mas a imprecisão não será substancial se os valores da variável independente forem simétricos sobre sua média.

A heterocedasticidade da variável dependente é geralmente detectada informalmente ao examinar o gráfico de dispersão X-Y dos dados antes da regressão. Se ambas as variâncias não lineares estão presentes, empregando uma transformação da variável dependente pode ter o efeito de melhorar simultaneamente a linearidade e promover a igualdade de variâncias. Caso contrário, uma regressão linear ponderadas do método mínimos quadrados poderia ser o método preferido para lidar com variância não constantes nas variáveis dependentes.

Figura 5.43: Gráfico de dispersão exibindo heterocedasticidade com variância não constante

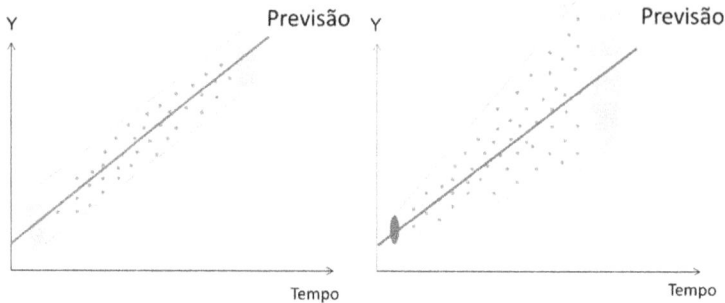

Figura 5.44: Homocedasticidade e Heterocedasticidade

Qualidade do Ajuste

As estatísticas de qualidade de ajuste fornecem um vislumbre da precisão e confiabilidade do modelo de regressão estimado. Eles geralmente tomam a forma de uma estatística -t, estatística-F, estatística R-quadrado, estatística R-quadrado ajustada, estatística de Durbin–Watson e suas respectivas probabilidades. (Veja as tabelas estatística -t, estatística -F e críticas Durbin–Watson no final deste livro para os valores críticos correspondentes usados mais tarde neste capítulo). As seções a seguir discutem algumas das estatísticas de regressão mais comuns e sua interpretação.

O R-quadrado (R^2), ou coeficiente de determinação, é uma medida de erro que analisa a variação percentual da variável dependente que pode ser explicada pela variação na variável independente, para uma análise de regressão. O coeficiente de determinação pode ser calculado por:

$$R\ Quadrado = \frac{SQ_{reg}}{SQ_{total}} = 1 - \frac{SQ_{erro}}{SQ_{total}} = 1 - \frac{\sum_{i=1}^{n}(y_i - \hat{y}_i)^2}{\sum_{i=1}^{n}(y_i - \bar{y})^2}$$

onde o coeficiente de determinação $(1 - (SQE/TSQ))$ é igual a um menos a razão das somas dos quadrados dos erros (SQE) e total das somas dos quadrados (TSQ). Em outras palavras, a razão entre SQE e TSQ é a parcela inexplicável da análise, portanto, um menos a razão de SQE e TSQ é a parte explicada da análise de regressão.

A Figura 5.45 fornece uma explicação gráfica do coeficiente de determinação. A linha de regressão estimada é caracterizada por uma série de valores previstos ($\hat{Y}$); o valor médio dos pontos de dados da variável dependente é denotado $\bar{Y}$; e os pontos de dados individuais são caracterizados por Y_i. Portanto, a soma total dos quadrados, ou seja, a variação total dos dados ou a variação total sobre o valor médio dependente é o total da diferença entre os valores dependentes individuais e sua média (vista como a distância total quadrada da $Y_i - \bar{Y}$ na Figura 5.45). A soma explicada dos quadrados, a parcela capturada pela análise de regressão é o total da diferença entre o valor previsto da regressão e o conjunto de dados da variável dependente média (visto na Figura 5.45 como a distância total quadrada $\hat{Y} - \bar{Y}$). A diferença entre a variação total *(TSQ)* e a variação explicada *(ESQ)* é a soma de quadrado das parcelas inexplicáveis, também conhecidas como soma dos quadrados dos erros (*SQE*).

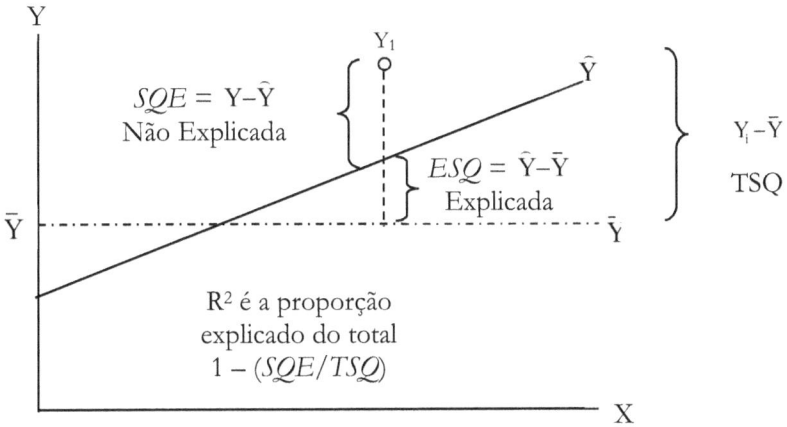

Figura 5.45: Explicando o Coeficiente de Determinação

Outra estatística relacionada, o coeficiente de determinação ajustado, ou o R-quadrado ajustado ($\bar{R}^2$), corrige para o número de variáveis independentes (*k*) em uma regressão multivariada através de correção de grau de liberdade para fornecer uma estimativa mais conservadora:

$$\bar{R}^2 = 1 - \frac{\sum_{i=1}^{n}\left(Y_i - \frac{\hat{Y}_i)^2}{k-2}\right)}{\sum_{i=1}^{n}\left(Y_i - \frac{\bar{Y})^2}{k-1}\right)} = 1 - \frac{\frac{SQE}{k-2}}{\frac{TSQ}{k-1}} = 1 - \left[\frac{(1-R^2)(n-1)}{n-k}\right]$$

O R-quadrado ajustado deve ser usado em vez do R-quadrado regular em regressões multivariadas, pois cada vez que uma variável independente é adicionada à análise de regressão, o R-quadrado aumentará; indicando que a variação percentual explicada aumentou. Esse aumento ocorre mesmo quando os regressores sem sentido são adicionados. O R-quadrado ajustado leva em conta os regressores adicionados e penaliza a regressão nesses termos, fornecendo uma estimativa muito melhor da qualidade de ajuste de um modelo de regressão. Em seguida, o erro padrão da regressão $(SE_{y,x})$ e os erros padrão do intercepto (SE_{b0}) e inclinação (SE_{b1}) são necessários para calcular as estatísticas-t significativas para os coeficientes de regressão:

$$SE_{y,x} = \sqrt{\frac{\Sigma(y_i - \hat{y})^2}{n - k}}$$

$$SE_{b1} = \frac{SE_{y,x}}{\sqrt{\Sigma x_i^2 - n(\bar{x})^2}} = \frac{SE_{y,x}}{\sqrt{\Sigma(x_i - \bar{x})^2}} = \sqrt{\frac{\frac{\Sigma(y_i - \hat{y}_i)^2}{n - k}}{\Sigma(x_i - \bar{x})^2}}$$

$$SE_{b0} = SE_{y,x}\sqrt{\frac{1}{n} + \frac{\bar{x}^2}{SS_x}}$$

$$t = \frac{\hat{\beta}_i}{se_b}$$

Outras estatísticas de qualidade de ajuste incluem a estatística-t e a estatística-F (Figura 5.46). O primeiro é usado para testar se *cada* uma das inclinações estimadas e intercepto(s) é estatisticamente significante, ou seja, se é estatisticamente significativamente diferente de zero (portanto, certificando-se de que as estimativas de intercepto e inclinação são estatisticamente válidas). Este último aplica os mesmos conceitos, mas simultaneamente para toda a equação de regressão, incluindo o intercepto e inclinação(s). Usando o exemplo anterior, o seguinte ilustra como a estatística-t e a estatística -F podem ser usadas em uma análise de regressão. (Veja as tabelas estatística-t e estatística-F no final do livro para seus valores críticos correspondentes). Supõe-se que o leitor esteja um pouco familiarizado com testes de hipóteses e testes de significância nas estatísticas básicas.

$$SQ_{Reg} = \sum_{i=1}^{n} (\hat{y}_i - \bar{y})^2$$

$$SQ_{Erro} = \sum_{i=1}^{n} (y_i - \hat{y}_i)^2$$

$$SQ_{Total} = \sum_{i=1}^{n} (y_i - \bar{y})^2$$

$$gl_{Reg} = k - 1$$

$$gl_{Erro} = n - k - 1$$

$$gl_{Tot} = n - 1$$

$$F_{k-1,n-k-1} = \frac{MS_{Tratamento}}{MS_{Erro}}$$

ANOVA

	gl	SQ	MQ	F	F Crítico
Regressão	1	7.2014	7.2014	21.9747	0.0054
Residual	5	1.6386	0.3277		
Total	6	8.8400			

	Coeficientes	Erro Padrão	Estat.-t	P-valor	Inferior 95%	Superior 95%
Intercepto	4.3643	0.5826	7.4911	0.0007	2.8667	5.8619
X Variável 1	0.0845	0.0180	4.6877	0.0054	0.0382	0.1309

Figura 5.46: ANOVA e Tabela de Qualidade-de-Ajuste

Exemplo: Dadas as informações da saída de análise de regressão na Figura 5.46, interprete o seguinte:

(a) Realize um teste de hipótese na inclinação e intercepto para ver se *cada* um deles é significativo em um alfa de duas caudas (α) de 0,05).

A hipótese nula H_0 é tal que a inclinação $\beta_1 = 0$ e a hipótese alternativa H_A é tal que $\beta_1 \neq 0$. A estatística-t calculada é 4,6877, que excede o t-crítico (2,9687 obtido da tabela estatística-t no final deste livro) para um alfa de duas caudas de 0,05 e $n-k = 7\text{-}1 = 6$ graus de liberdade. Portanto, a hipótese nula é rejeitada, podendo-se afirmar que a inclinação é estatisticamente significativamente diferente de 0, indicando que a estimativa de regressão da inclinação é estatisticamente significante. Este teste de hipótese também pode ser realizado olhando para o p-valor correspondente da estatística-t (0,0054), que é inferior ao alfa de 0,05, o que significa que a hipótese nula é rejeitada. O teste de hipótese é então aplicado ao intercepto, onde a hipótese nula H_0 é tal que a intercepto $\beta_0 = 0$ e a hipótese alternativa H_A é tal que $\beta_0 \neq 0$. A estatística-t calculada é 7,4911, o que excede o valor t-crítico de 2,9687 para $n-k$ (7-1 = 6) graus de liberdade, portanto, a hipótese nula é rejeitada, indicando que o intercepto é estatisticamente significativamente diferente de 0, o que significa que a estimativa de regressão do intercepto, se estatisticamente significante. O p-valor calculado (0,0007) também é inferior ao nível alfa, o que significa que a hipótese nula também é rejeitada.

(b) Realize um teste de hipótese para ver se tanto a inclinação quanto o intercepto são significativas como um todo. Em outras palavras, se o modelo estimado for estatisticamente significativo em um alfa (α) de 0,05.

A hipótese nula simultânea H_0 é tal que $\beta_0 = \beta_1 = 0$ e a hipótese alternativa H_A é $\beta_0 \neq \beta_1 \neq 0$. O valor -F calculado é de 21,9747, que excede o valor F crítico (5,99 obtido da tabela no final deste livro) para k (1) graus de liberdade no numerador e $n-k(7\text{-}1 = 6)$ graus de liberdade para o denominador, de modo que a hipótese nula é rejeitada, indicando que tanto a inclinação quanto o intercepto são, simultaneamente, significativamente diferentes de 0 (zero) e que o modelo como um todo é estatisticamente significativo. Este resultado é confirmado pelo p-valor de 0,0054 (significância de F), que é inferior ao valor alfa, rejeitando assim a hipótese nula e confirmando que a regressão como um todo é estatisticamente significante.

(c) O resultado da regressão pela utilização do Risk Simulator é apresentado na Figura 5.47, interprete o valor R^2. Como está relacionado com o coeficiente de correlação?

O R^2 calculado é de 0,8146, o que significa que 81,46% da variação na variável dependente pode ser explicada pela variação na variável independente. O R^2 é simplesmente o quadrado do coeficiente de correlação, ou seja, o coeficiente de correlação entre a variável independente e dependente é 0,9026.

Estatísticas de Regressão		
R-Quadrado (Coeficiente de Determinação)		0.8146
R-Quadrado ajustado		0.7776
Múltiplo R (Coeficiente de Correlação Múltipla)		0.9026
Erro padrão das estimativas (SEy)		0.5725
Número de Observações		7
Resultados de regressão		
	Intercepto	Tamanho Ad
Coeficientes	4.3643	0.0845
Erro padrão	0.5826	0.0180
Estatística-t	7.4911	4.6877
p-Valor	0.0007	0.0054
5% Inferior	2.8667	0.0382
95% Superior	5.8619	0.1309

Figura 5.47: Saída de Regressão Adicional do Risk Simulator

Cálculos Manuais de Regressão

Um exemplo de computação manual. Para realmente entender e desvendar a mística da análise de regressão, é importante ver como a matemática funciona. A Figura 5.48 ilustra um conjunto de dados de exemplo e seus resultados de regressão bivariada correspondentes no BizStats. Usando os resultados do BizStats, podemos ver como os cálculos manuais procedem na Figura 5.49. Finalmente, a Figura 5.50 mostra como os coeficientes de interceptação e inclinação podem ser calculados usando a matemática da matriz. O uso da matemática de matrizes está fora do alcance deste livro, mas, resumidamente, os coeficientes podem ser calculados usando: $B = (X'X)^{-1}X'Y$. Para regressões com um coeficiente de interceptação, a matriz X requer uma coluna de identidades (o valor de 1 é repetido para cada linha) antes dos valores x (consulte as colunas AD e AE na Figura 5.50). Essa abordagem pode ser implementada no Excel usando a seguinte fórmula:

=MATRIZ.MULT(MATRIZ.INVERSO(MATRIZ.MULT

(TRANSPOR(xmatriz);xmatriz));MATRIZ.MULT(xmatriz;ymatriz))

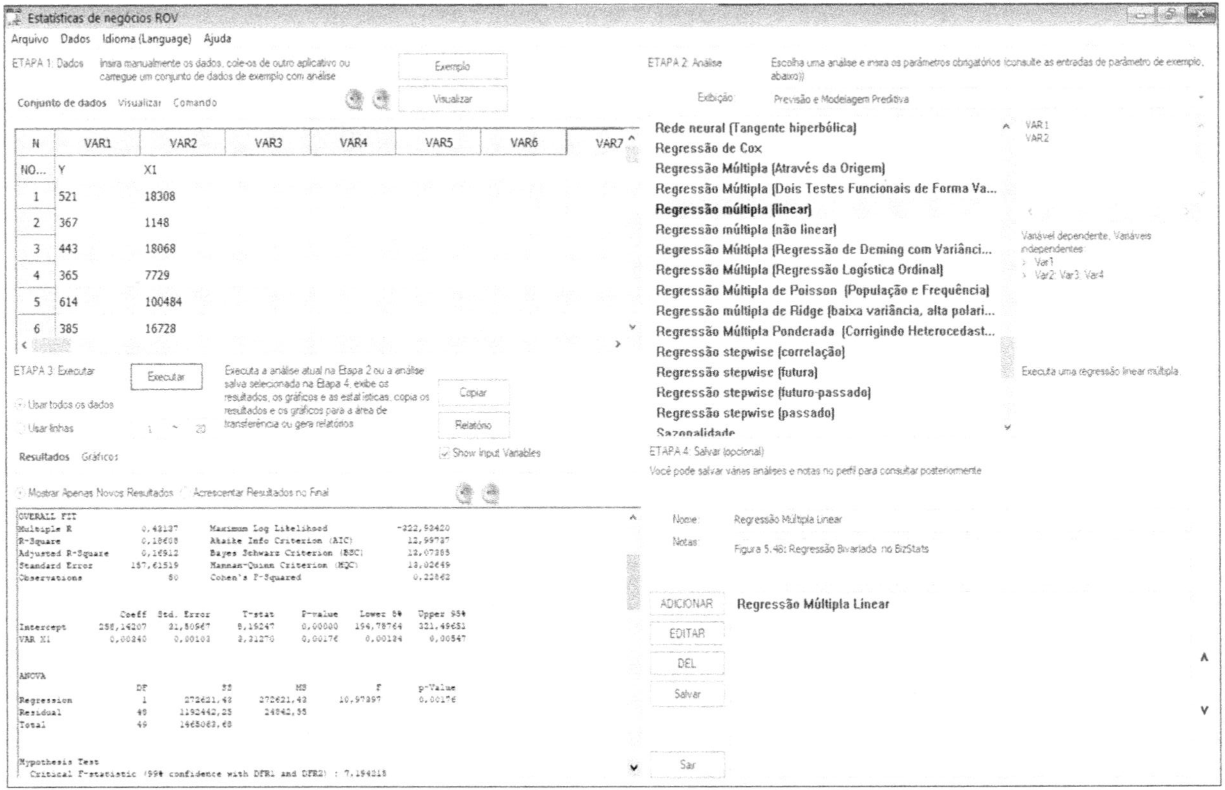

Estatísticas de negócios ROV

Arquivo   Dados   Idioma (Language)   Ajuda

ETAPA 1: Dados — Insira manualmente os dados, coleos de outro aplicativo ou carregue um conjunto de dados de exemplo com análise.

ETAPA 2: Análise — Escolha uma análise e insira os parâmetros obrigatórios (consulte as entradas de parâmetro de exemplo abaixo))

Conjunto de dados   Visualizar   Comando

Exemplo
Visualizar

Execução   Previsão e Modelagem Preditiva

NO...	VAR1	VAR2	VAR3	VAR4	VAR5	VAR6	VAR7
	Y	X1					
1	521	18308					
2	367	1148					
3	443	18068					
4	365	7729					
5	614	100484					
6	385	16728					

Rede neural [Tangente hiperbólica]
Regressão de Cox
Regressão Múltipla [Através da Origem]
Regressão Múltipla [Dois Testes Funcionais de Forma Va...
Regressão múltipla [linear]
Regressão múltipla [não linear]
Regressão Múltipla [Regressão de Deming com Variânci...
Regressão Múltipla [Regressão Logística Ordinal]
Regressão Múltipla de Poisson [População e Frequência]
Regressão múltipla de Ridge [baixa variância, alta polari...
Regressão Múltipla Ponderada [Corrigindo Heterocedast...
Regressão stepwise [correlação]
Regressão stepwise [futura]
Regressão stepwise [futuro-passado]
Regressão stepwise [passado]
Sazonalidade

Variável dependente: Variáveis independentes
> Var1
> Var2 Var3 Var4

Executa uma regressão linear múltipla

ETAPA 3: Executar

Executar

Usar todos os dados
Usar listas   1   ~   30

Executa a análise atual na Etapa 2 ou a análise salva selecionada na Etapa 4 exibe os resultados, os gráficos e as estatísticas, copia os resultados e os gráficos para a área de transferência ou gera relatórios

Copiar
Relatório

☑ Show Input Variables

ETAPA 4: Salvar (opcional)
Você pode salvar várias análises e notas no perfil para consultar posteriormente

Nome   Regressão Múltipla Linear
Notas   Figura 5.46: Regressão Bivariada no BizStats

ADICIONAR   Regressão Múltipla Linear
EDITAR
DEL
Salvar
Sair

Resultados   Gráficos

Mostrar Apenas Novos Resultados / Acrescentar Resultados no Final

OVERALL FIT
Multiple R   0.43127   Maximum Log Likelihood   -225.92400
R-Square   0.18605   Akaike Info Criterion (AIC)   11.59537
Adjusted R-Square   0.16910   Bayer Schwarz Criterion (BSC)   13.07285
Standard Error   157.61519   Hannan-Quinn Criterion (HQC)   13.02649
Observations   30   Cohen's F-Squared   0.22842

	Coeff	Std. Error	T-stat	P-value	Lower 5%	Upper 95%
Intercept	288.16607	22.50847	11.15247	0.00000	194.78764	321.46551
VAR X1	0.00040	0.00013	2.71170	0.00134	0.00014	0.00047

ANOVA
	DF	SS	MS	F	p-Value
Regression	1	272621.42	272621.42	10.97067	0.00276
Residual	49	1192442.25	24842.55		
Total	49	1465063.68			

Hypothesis Test
Critical: F-statistic (99% confidence with DFN1 and DFN2) : 7.194218

Figura 5.48: Regressão Bivariada no BizStats

Cálculos manuais de regressão simples, coeficientes, erros padrão, Alcaike, Bayes, Schwarz, Hannan Quinn, R quadrado, R quadrado ajustado, ANOVA para regressão, Estat t, etc.

Estatística	Valor	Fórmula
N (Linhas)	50	=CONT.NÚM(E6:E55)
K (Variáveis)	2	=CONT.VALORES(E5:F5)
Multiple R	0,43137	=CORREL(E6:E55;M6:M55)
R Quadrado	0,18608	=I9^I8
R Quadrado Ajust.	0,16912	=1-(((I-I9)*(I5-1))/(I5-I8))
S.E. Estimados	157,61519	=RAIZ(O3/(I5-I8))
Max Probabilidade	-322,93420	=-I5/2*LN(2*PI())-I5/2*LN(O3/I5)-I5/2
Critério Akaike	12,99737	=2*I13/I5+2*I8/I5
Bayes e Schwarz	13,07385	=2*I13/I5+I8*LN(I5)/I5
Hannan-Quinn	11,02649	=2*I13/I5+2*I8*LN(LN(I5))/I5
Inclinação B1	0,00340	=Q3/P3
SE Inclinação	0,00103	=I11/RAIZ(P3)
Estat t B1	3,31270	=I18/I19
P-valor	0,00176	=DIST.T.BC(I20;O5;O5-5I)*SI9
CI Inferior B1	0,00134	=I18-INV.T.BC(I0,05;O5);O5-SI6I)*SI9
CI Superior B1	0,00547	=I18+INV.T.BC(I0,05;O5);O5-SI6I)*SI9
Intercepto	258,14207	=MÉDIA(E6:E55)-I18*MÉDIA(F6:F55)
SE Intercepto Bo	31,50967	=I11*RAIZ(1/I5+(MÉDIA(F6:F55)^MÉDIA(F6:F55))
Estat t Bo	8,19247	=I25/I26
P-valor	0,00000	=DIST.T.BC(I27;O5;O5-5I6)
CI Superior Bo	194,78764	=SI25-INV.T.BC(I0,05;O5);O5-SI6I)*SI26
CI Superior Bo	321,49651	=SI25+INV.T.BC(I0,05;O5);O5-SI6I)*SI26
GL Regressão	1	=I6-1
GL Residual	48	=I5-I6
GL Total	49	=I5-1
SS Regressão	272621,43	=S3
SS Residual	1192442,25	=O3
SS Total	1465063,68	=I35+I36
MS Regressão	272621,43	=I35/I32
MS Residual	24842,55	=I36/I33
Estatística-F	10,97397	=I38/I39
P-valor	0,00176	=DIST.F.CD(I40;I32;I33)
Eta-Quadrado	0,18608	=I35/I37
MATRIZ:	258,14207	
	0,003404998	

Dados e colunas calculadas:

Y	X1	Y Pred	Error	Error^2	(X - X Avg)^2	(X - X Avg)(Y - Y Avg)	(Y - Y Avg)^2	(Y Pred - Y Avg)^2
521	18308	320,48	200,52	40207,96	11286509,01	-635321,82	35751,25	130,86
367	1148	262,05	104,95	11014,29	4218051521,81	-719825,46	1230,61	4881,68
443	18068	319,66	123,34	15211,87	129566685,21	-399896,90	12338,77	150,22
365	7729	284,46	80,54	6486,80	1942820897,33	-461086,90	1094,29	2253,52
614	100484	600,29	13,71	187,97	6212034366,93	2222547,04	79569,13	72022,39
385	16728	315,10	69,90	4885,89	24399055,41	-282190,78	2817,49	282,88
286	14630	307,96	-21,96	482,12	495269369,25	123161,84	2108,65	574,22
397	4008	271,79	125,21	15677,72	311859353,01	-1149282,86	4235,41	3615,70
764	38927	390,69	373,31	139361,53	297688959,49	745746,48	136693,13	3453,73
427	22322	334,15	92,85	8621,41	428317,89	62226,06	9040,21	4,97
153	3711	270,78	-117,78	13871,86	324437326,77	1222784,14	10184,85	3738,34
231	3136	268,82	-37,82	1430,36	34341797,77	1870203,02	16894,73	3981,59
524	50508	436,12	93,88	8813,13	831772133,01	553967,56	15,37	9643,57
328	28886	356,50	28,50	812,18	52106164,77	-28296,36	8449,29	604,12
240	18996	316,01	-76,01	5778,04	21823285,97	429407,96	2108,65	253,02
286	13035	302,53	-16,53	273,12	745207460,85	396406,24	2201,49	863,99
285	12973	302,32	-17,32	299,81	75595025,81	407947,62	56106,93	876,45
669	16309	313,67	355,33	6519,27	267130049,39	-1270402,66	55658,25	3133,26
96	6227	279,94	-179,94	32378,40	270291355,49	3878652,20	66,60	68,60
498	19235	323,64	174,36	30402,38	5917250,85	-403996,24	27582,57	863,99
481	44487	409,62	71,38	5095,07	520727754,69	3401925,10	22224,85	6037,32
466	44213	408,69	59,11	3518,00	508297966,61	3067986,20	18517,77	5893,21
177	7128	338,56	-161,56	26103,16	38051196,13	-3023201,16	24000,21	44,15
198	9106	289,15	-91,15	8307,95	157792087,17	1682241,44	17934,57	1829,45
458	24917	342,98	115,02	13228,59	10558990,29	409691,92	15896,17	122,42
108	3872	271,33	-163,33	26675,46	316681243,89	3984777,12	50140,17	3671,61
246	8945	288,60	-42,60	1814,74	161869024,05	1093120,64	7382,25	1876,64
291	2373	266,22	24,78	613,94	372279273,81	7895332,58	1674,45	4316,21
68	7128	282,41	-214,41	45972,89	211396223,41	3837775,40	69653,17	2450,35
311	23824	338,58	-27,58	760,75	36277235,73	-392919,14	417,65	44,18
512	5242	275,96	236,04	55705,69	289758905,33	-450191200	79119,85	1128,04
426	92629	573,54	-61,54	3787,62	5035528905,33	12778739,72	32428,81	58381,97
47	26795	356,19	69,81	4873,58	508006686,05	670551,44	8851,05	585,98
265	4487	273,42	-226,42	51266,13	295170954,69	4890079,46	83179,41	3422,22
370	48799	424,30	-159,30	253773,1	796169121,73	-1815637,10	4478,29	8534,54
312	14067	306,04	63,96	4090,89	57768208,29	-285428,16	1450,09	665,77
222	12693	301,36	10,64	113,17	805423168,21	177772,84	396,81	933,81
280	62184	469,88	-247,88	61443,73	1641583530,93	-445359,28	12082,41	19032,54
759	14250	289,31	-9,31	86,64	156613711,41	649754,92	2695,69	1615,78
114	3680	306,66	452,34	204608,50	550198999,65	-3167662,98	182297,33	637,90
419	18063	270,67	-156,67	245462,6	333551595,25	3919844,72	47489,13	3751,26
435	65112	319,65	99,35	9871,11	12992708,61	-313883,34	7582,93	150,64
186	11340	479,85	-44,85	2011,37	1887421104,69	4478254,94	10625,49	21882,78
87	4563	296,75	-110,75	12266,61	106658082,45	1506994,04	21292,65	1236,59
188	28960	273,65	-186,65	34836,37	29290747,41	4191693,14	59985,81	3395,97
303	19201	356,75	-168,75	28476,84	531799772,85	-1049530,64	20712,57	616,57
102	7533	323,52	-20,52	421,13	6083819,57	71332,34	8,36,37	70,54
127	26343	283,79	-181,79	33048,30	199785221,01	3249811,44	52869,21	2316,31
251	1641	347,84	-220,84	48770,28	2185992621	-958095,26	41992,21	253,44
		263,73	-12,73	162,04	4010623043,17	1620947,62	6548,05	4649,92

Totais: SS Erro: 1192442,249 =SOMA(O6:O55); (X-XAvg)^2: 2351989216,42; (X-XAvg)(Y-YAvg): 800650082,16; SS Total: 1465065,68; SS Regressão: 272621,43

W	X	Y	Z	AA	AB	AC	AD	AE

ABORDAGEM MATRICIAL:

258,14207   =MATRIZ.MULT(MATRIZ.INVERSO(MATRIZ.MULT(TRANSPOR(AD12:AE61);AD12:AE6

0,00340   1));MATRIZ.MULT(TRANSPOR(AD12:AE61);W12:W61))

Usando Excel:	0,43137	=CORREL(W12:W61;X12:X61)
Correlação R	0,43137	=SOMA((AA12:AA61)/RAIZ(SOMA(AB12:AB61)*SOMA(AC12:AC61)))
R-Quadrado	0,18608	=Y8*Y8

	Y	Y Pred	Y-Mu	Y Pred - Mu	Produto	Y-Mu^2	Y Pred - Mu^2	UNIT	X
11									
12	521	320,481	189,0800	-11,4392	-2162,93	35751,25	130,8559005	1	18308
13	367	262,051	35,0800	-69,8690	-2451	1230,606	4881,675636	1	1148
14	443	319,664	111,0800	-12,2564	-1361,44	12338,77	150,2199752	1	18068
15	365	284,459	33,0800	-47,4607	-1570	1094,286	2252,517892	1	7729
16	614	600,290	282,0800	268,3699	75701,77	79569,13	72022,38978	1	100484
17	385	315,101	53,0800	-16,8191	-892,759	2817,486	282,8828972	1	16728
18	286	307,957	-45,9200	-23,9628	1100,372	2108,646	574,2161864	1	14630
19	397	271,789	65,0800	-60,1307	-3913,31	4235,406	3615,700518	1	4008
20	764	390,688	432,0800	58,7684	25392,66	186693,1	3453,727633	1	38927
21	427	334,148	95,0800	2,2284	211,8796	9040,206	4,965922002	1	22322
22	153	270,778	-178,9200	-61,1420	10939,52	32012,37	3738,341677	1	3711
23	231	268,820	-100,9200	-63,0999	6368,037	10184,85	3981,5915	1	3136
24	524	430,122	192,0800	98,2017	18862,58	36894,73	9643,57459	1	50508
25	328	356,499	-3,9200	24,5788	-96,3491	15,3664	604,1194055	1	28886
26	240	316,013	-91,9200	-15,9066	1462,133	8449,286	253,0194	1	16996
27	286	302,526	-45,9200	-29,3938	1349,762	2108,646	863,9942987	1	13035
28	285	302,315	-46,9200	-29,6049	1389,061	2201,486	876,4494999	1	12973
29	569	313,674	237,0800	-18,2458	-4325,72	56206,93	332,9098398	1	16309
30	96	275,940	-235,9200	-55,9800	13206,8	55658,25	3133,760731	1	5227
31	498	323,637	166,0800	-8,2828	-1375,61	27582,57	68,6046667	1	19235
32	481	409,620	149,0800	77,7002	11583,55	22224,85	6037,322896	1	44487
33	468	408,687	136,0800	76,7672	10446,49	18517,77	5893,209488	1	44213
34	177	338,565	-154,9200	6,6447	-1029,4	24000,21	44,15226477	1	23619
35	198	289,148	-133,9200	-42,7720	5728,028	17934,57	1829,445386	1	9106
36	458	342,984	126,0800	11,0644	1395	15896,17	122,4210411	1	24917
37	108	271,326	-223,9200	-60,5938	13568,16	50140,17	3671,60557	1	3872
38	246	288,600	-85,9200	-43,3202	3722,073	7382,246	1876,641551	1	8945
39	291	266,222	-40,9200	-65,6979	2688,357	1674,446	4316,209696	1	2373
40	68	282,413	-263,9200	-49,5071	13065,91	69653,77	2450,953157	1	7128
41	311	338,582	-20,9200	6,6617	-139,364	437,6464	44,37880709	1	23624
42	606	275,991	274,0800	-55,9289	-15329	75119,85	3128,044986	1	5242
43	512	573,544	180,0800	241,6236	43511,58	32428,81	58381,9723	1	92629
44	426	356,189	94,0800	24,2690	2283,226	8851,046	588,983672	1	28795
45	47	273,420	-284,9200	-58,4997	16667,73	81179,41	3422,215058	1	4487
46	265	424,303	-66,9200	92,3826	-6182,24	4478,286	8534,53782	1	48799
47	370	306,040	38,0800	-25,8798	-985,504	1450,086	669,7651958	1	14067
48	312	301,362	-19,9200	-30,5583	608,7211	396,8064	933,8090381	1	12693
49	222	469,878	-109,9200	137,9585	-15164,4	12082,41	19032,53619	1	62184
50	280	289,308	-51,9200	-42,6120	2212,414	2695,686	1815,780967	1	9153
51	759	306,663	427,0800	-25,2567	-10786,6	182397,3	637,9012775	1	14250
52	114	270,672	-217,9200	-61,2475	13347,06	47489,13	3751,260494	1	3680
53	419	319,647	87,0800	-12,2735	-1068,77	7582,926	150,6375961	1	18063
54	435	479,848	103,0800	147,9283	15248,45	10625,49	21882,77953	1	65112
55	186	296,755	-145,9200	-35,1653	5131,313	21292,65	1236,594895	1	11340
56	87	273,645	-244,9200	-58,2750	14272,71	59985,81	3395,972302	1	4553
57	188	356,751	-143,9200	24,8308	-3573,65	20712,97	616,5691474	1	28960
58	303	323,521	-28,9200	-8,3986	242,8865	836,3664	70,53586613	1	19201
59	102	283,792	-229,9200	-48,1281	11065,61	52863,21	2316,311889	1	7533
60	127	347,840	-204,9200	15,9199	-3262,31	41992,21	253,4442073	1	26343
61	251	263,730	-80,9200	-68,1903	5517,961	6548,046	4649,920445	1	1641

Figure 5.50: Regressão Usando Matemática Matricial

Além da regressão multivariada padrão e das regressões bivariadas (e suas formas funcionais correspondentes), há outras variações de regressão e métodos relacionados de regressão. Abaixo está um resumo dos modelos relacionados que podem ser executados no *BizStats*.

- **Teste de cointegração de *Engle–Granger* ou Teste de Cointegração.** O teste *Engle–Granger* é usado para identificar se há alguma cointegração de duas variáveis de séries temporais não estacionárias. Em primeiro lugar, as duas variáveis devem ser não-estacionárias, caso contrário, uma simples correlação linear, ou não linear, seria suficiente para identificar se há uma relação de cointegração entre elas. Se duas variáveis forem não-estacionárias de primeira ordem, I(1), e se uma combinação linear dessas duas séries parar em I(0), então, por definição, essas duas variáveis são cointegradas. Muitos dados macroeconômicos são I(1), e os métodos convencionais de previsão e modelagem não se aplicam, devido às propriedades não padronizadas dos processos radiculares unitários I(1). Este teste de cointegração pode ser aplicado para identificar a presença de cointegração e, se sua existência for confirmada, um modelo subsequente de correção de erro pode ser usado para prever variáveis de séries temporais..

- A **Regressão de *Cox*.** O modelo de risco proporcional de *Cox* para o tempo de sobrevivência é usado para testar o efeito de diferentes variáveis em um momento em que um evento especificado irá ou será levantado. Por exemplo, em pesquisas médicas, podemos usar o modelo *Cox* para investigar a associação entre o tempo de sobrevivência do paciente usando uma ou mais variáveis preditoras.

- **Análise Discriminante (Linear e não-Linear).** Uma análise discriminante relaciona-se à análise de regressão ANOVA e multivariada, pois tenta modelar uma variável dependente como uma combinação linear e não-linear de outras variáveis independentes. A Análise Discriminante possui variáveis independentes contínuas e uma variável categórica dependente. Pense na análise discriminatória como uma análise estatística que usa uma função discriminante linear e não linear para mapear dados para uma ou mais categorias ou grupos.

- **Teste de Endogeneidade com mínimos quadrados de duas etapas (*Durbin–Wu–Hausman*).** Isso testa se um regressor é endógeno usando o método de mínimos quadrados de dois estágios (2SLS) e aplicando o teste *Durbin–Wu–Hausman*. Tanto um modelo estrutural quanto um modelo reduzido (2SLS) são calculados em um paradigma 2SLS, e um **teste *Hausman*** é administrado para testar se uma das variáveis é endógena.

- **Modelo Endógeno (Variáveis Instrumentais com Mínimos Quadrados em Dois Estágios).** Se o regressor for endógeno, podemos aplicar os mínimos quadrados em duas etapas (2SLS) com variáveis instrumentais (IV), em um modelo bivariado, para estimar o modelo.

- **Modelo de Correção de Erro (*Engle–Granger*).** Também conhecido como o Modelo de Correção de Erros, onde assumimos que as variáveis exibem cointegração. Ou seja, se duas variáveis de séries temporais não estiverem estacionárias na primeira ordem, $I(1)$, e quando ambas as variáveis aparecerem cointegradas ($I(0)$ é estacionária), podemos executar um modelo de correção de erros para estimar os efeitos de curto e longo prazo de uma série temporal sobre outra. A correção do erro vem do desvio de períodos anteriores de um equilíbrio de longo prazo, onde o erro influencia sua dinâmica de curto prazo.

- **Causalidade de *Granger*.** Este teste é aplicado para ver se uma variável Granger é causal a outra variável e vice-versa, usando atrasos autorregressivos restritos e modelos de atrasos distributivos irrestritos. A causalidade preditiva em finanças e economia é testada medindo a capacidade de prever os valores futuros de uma série temporal, usando valores anteriores de outra série temporal. Uma definição mais simples pode ser que a variável série temporal *Granger* X é causal a outra variável da série temporal Y se as previsões de valor Y forem baseadas apenas em seus próprios valores anteriores e valores X anteriores, e estas são comparativamente melhores do que as previsões de Y, que são baseadas apenas em seus próprios valores passados. O *loop causalidade* é modelado usando esses avanços e defasagens de dados.

- **Regressão Múltipla de Poisson (População e Frequência).** A Regressão de Poisson é como a Regressão Logit, na qual variáveis dependentes só podem tomar valores não-negativos, mas também que a distribuição subjacente dos dados é uma distribuição de Poisson, extraída de um tamanho populacional conhecido.

- **Regressão Múltipla (Regressão de Deming com Variância Conhecida).** Em regressões multivariadas regulares, a variável dependente Y é modelada e prevista por variáveis independentes X_i, com algum erro ε. No entanto, em uma regressão de Deming, também assumimos que os dados coletados para Y e X têm incertezas adicionais, erros ou variâncias que são usados para fornecer um ajuste mais relaxado em um modelo Deming.

- **Regressão Múltipla (Regressão Logística Ordinal).** Este modelo executa uma regressão logística ordinal multivariada com duas variáveis dependentes e múltiplas variáveis independentes. A regressão logística ordinal, modela a relação entre um ou mais preditores e uma variável de resposta ordinal. A variável ordinal ou categórica requer ter três ou mais níveis em uma ordem natural, como os de uma pesquisa, com respostas codificadas por "discordar muito", "discordância", "neutro", "concordar" e "concordar muito".

- **Regressão Múltipla (Através da Origem).** Este modelo executa regressão linear múltipla, mas sem uma interceptação. Este método é usado quando uma interceptação não pode ser aplicada, conceitualmente ou teoricamente, aos dados que estão sendo modelados. Como exemplos, uma fábrica não pode produzir produtos se o equipamento não estiver funcionando ou se a força gravitacional de um objeto grande não existe quando há massa zero.

- **A Regressão Múltipla Ridge (Baixa Variância, Alto Viés, VIF Alto).** Os resultados do modelo regressão Ridge vêm com um viés mais elevado do que a regressão múltipla ordinário padrão com mínimos quadrados, mas têm menor variância. É mais adequado em situações com VIF e multicolinearidade ou quando há um alto número de variáveis em comparação com pontos de dados. Claramente, no caso de VIF's elevados com multicolinearidade, algumas das variáveis altamente colinear devem ser abandonadas, mas se, por qualquer razão, essas variáveis lineares devem ser incluídas, então a regressão Ridge é uma alternativa melhor.

- **Regressão Múltipla Ponderada para Heterocedasticidade.** A regressão multivariada sobre variáveis ponderadas é usada para corrigir a heterocedasticidade em todas as variáveis. Os pesos utilizados para ajustar essas variáveis são os desvios padrão nas entradas do usuário. Claramente, este método é aplicável apenas para variáveis de séries temporais, devido à suposição heterocedasticidade.

- **Regressão Stepwise (Por Etapas).** Pode ser difícil identificar e especificar as combinações corretas de variáveis no modelo, quando há múltiplas variáveis independentes competindo para estar em um modelo de regressão multivariada. Uma regressão *stepwise* pode ser executada para identificar quais variáveis são estatisticamente significantes e devem ser inseridas dentro do modelo final. Existem vários algoritmos simples para executar regressões passo a passo:

- **Regressão Stepwise (Para Trás).** No método retrógrado, executamos a regressão com o Y em todas as variáveis X e, revendo cada p-valor da variável, removemos sistematicamente a variável com o maior p-valor. Executamos a regressão novamente, repetindo cada vez até que todos os p-valores sejam estatisticamente significativos.

- Regressão Stepwise (Correlação). No método de correlação, a variável dependente Y se correlaciona com todas as variáveis X independentes, e executa uma regressão começando com a variável X com correlação ao maior valor absoluto. As seguintes variáveis X são então processadas até que os p-valores indiquem que a nova variável X não é mais estatisticamente significante. Esta abordagem é rápida e simples, mas não leva em conta as interações entre as variáveis, e quando você adiciona uma variável X, ela irá eclipsar estatisticamente as outras variáveis.

- Regressão Stepwise (Para a Frente). No método de encaminhamento, primeiro correlacionamos Y com todas as variáveis X, executamos a regressão para Y em correlação com o maior valor absoluto de X, e obteríamos os erros de ajuste. Posteriormente, correlacionamos esses erros com as variáveis X restantes e escolhemos a correlação com o maior valor absoluto entre este conjunto restante e outra regressão é executada. O processo é repetido até que o p-valor para o último coeficiente da variável X não seja mais estatisticamente significativo e, em seguida, o processo para.

- Regressão Stepwise (Para Frente e Para Trás). No método para frente e para trás, aplique o método de avanço para obter três variáveis X e, em seguida, aplique o foco para trás para ver se uma delas precisa ser removida porque é estatisticamente insignificante. Repita o método para a frente e, em seguida, o método para trás até que todas as variáveis X restantes sejam levadas em conta.

ALÉM DA REGRESSÃO MÚLTIPLA: MODELAGEM DE EQUAÇÕES ESTRUTURAIS (MEE) COM MÍNIMOS QUADRADOS PARCIAIS (PLS) NA ESTIMATIVA DO CAMINHO

Outra extensão à análise de regressão múltipla é o Modelo de Equação Estrutural (MEE ou SEM em inglês), que utiliza o método Mínimos Quadrados Parciais (PLS). O MEE é normalmente usado para resolver estruturas dependentes de caminhos, como a ilustrada na Figura 5.51. Suponha que haja cinco variáveis em sua pesquisa, onde a variável dependente final é a aceitação da tecnologia (VAR5). Estamos tentando determinar o que impulsiona e prevê o nível de aceitação da tecnologia em diferentes organizações. Se coletarmos dados sobre a cultura corporativa das várias organizações (VAR1) usando uma escala *Likert* em termos de abertura para novas tecnologias, podemos executar uma simples regressão bivariada. No entanto, também entendemos, pela teoria do comportamento organizacional e pela teoria da decisão, que outras variáveis intervenientes também podem contribuir para a aceitação de uma organização de novas tecnologias, como quais tipos de decisões são relegadas à tecnologia, ou seja, a criticalidade da decisão (VAR2) e se a nova tecnologia de inteligência artificial (IA) é usada ou se a tecnologia mais tradicional é usada (VAR3). Por exemplo, permitir que um sistema de computador inteligente de IA faça pedidos frequentes de clips de papel é muito menos crítico do que permitir a IA acesso total e completo ao arsenal nuclear do país. Os erros cometidos no primeiro têm pouca consequência em comparação com o segundo. No entanto, também sabemos, pela teoria da aceitação da tecnologia, que existem outros efeitos latentes e ocultos que impulsionam a confiança da tecnologia (VAR4). Se uma tecnologia não é confiável, então a tecnologia provavelmente não será aceita para uso na organização. A confiança da tecnologia pode incluir se a tecnologia de IA tem algoritmos transparentes ou vem como uma caixa preta.

Em tal paradigma de pesquisa, pode-se estar inclinado a simplesmente executar as quatro primeiras variáveis independentes na quinta variável dependente. Isso seria um grande erro e os resultados serão errados, na melhor das hipóteses, porque VAR2, VAR3 e VAR4 são endógenos.

Ou seja, com base em várias teorias, sabemos que o tipo de organização impulsiona os tipos de criticidade de decisão (uma loja local de suprimentos de escritório versus o Departamento de Defesa dos EUA, VAR1 impulsiona VAR2), o tipo de tecnologia avançada de IA empregada (o sistema de reordenamento de clips de papel tem código rudimentar versus defesa nacional de segurança cibernética contra atores patrocinados pelo Estado que requer tecnologia de IA muito mais sofisticada, VAR1 dirige VAR3), e assim por diante.

Além disso, o nível de criticidade da decisão impulsiona se a IA é necessária (VAR2 impulsiona VAR3). Se a IA for aplicada irá impulsionar a confiança na nova tecnologia (VAR3 impulsiona VAR4) e, em seguida, a aceitação. Figura 5.51 mostra a teia emaranhada conhecida como modelo de caminho. Não é possível usar uma simples análise de regressão múltipla. Em vez disso, serão necessários aplicar os mínimos quadrados parciais ou modelos de regressão sequencial. A abordagem MEE é usada para lidar com modelos de caminhos tão complexos.

Em modelos típicos de caminho, as vias se movem em uma direção única, onde um ou vários caminhos podem se originar de uma caixa e um ou muitos caminhos podem se recombinar em uma caixa, e os caminhos todos terminam no modelo principal dependente (neste exemplo, que seria VAR5). Os efeitos diretos no VAR5 são os caminhos **C**, **F**, **I** e **J**, das quatro variáveis independentes. No entanto, essas variáveis também têm efeitos indiretos (por exemplo, VAR3 tem impactos indiretos no VAR5 através do caminho H-J; VAR2 tem efeitos indiretos no VAR5 através de caminhos E-J, G-I e G-H-J; e o VAR1 tem impactos indiretos no VAR5 através dos caminhos A-E-J, A-F, A-G-I, A-G-H-J, B-J, D-H-J e D-I). Observe que o VAR4 não tem nenhum efeito indireto no VAR5, apenas um único caminho de impacto direto. A soma dos efeitos diretos e indiretos é igual aos efeitos totais.

Devido à existência de variáveis endógenas (a teia emaranhada onde uma variável independente também pode ser uma variável dependente), os coeficientes de regressão regulares não significariam muito, pois estes mudariam dependendo das combinações de variáveis modeladas. Portanto, nos modelos de caminhos, usamos os coeficientes *Beta Padronizados* em vez disso. Em vez de um impacto unitário da variável independente na variável dependente, essas estimativas de *beta padronizadas* olham para o movimento de um Desvio Padrão da variável independente sobre o número de Desvios Padrão de *Beta* da variável dependente. A figura 5.51 apresenta os valores numéricos. Você também pode adicionar em valores-*p* (tipicamente digitar em uma fonte menor entre parênteses) para mostrar se um determinado caminho é estatisticamente significativo ou não.

As variáveis assinaladas como **D** são os distúrbios ou erros no modelo e são tipicamente computadas como. $D = \sqrt{1 - R^2}$.

A Figura 5.52 mostra os procedimentos do ***BizStats*** para a execução de um modelo MEE-PLS e os resultados do modelo. Preste muita atenção em como as entradas MEE são inseridas no ***BizStats*** na Figura 5.52. Procure as letras usadas, ao lado dos resultados, para identificar onde elas estão ao longo do modelo de caminho EMM (SEM). Como mencionado, o efeito total é a soma dos efeitos diretos e indiretos. Por exemplo, os efeitos indiretos (veja a seção inferior da Figura 5.52) são:

```
VAR1 em VAR5: 0,94828 = (0,48406 × −0,56521 × 0,43355) +
                        (0,4840 × 0,2447) + (0,48406 × 0,00253
                        × 0,45264) + (0,48406 × 0,45264) +
                        (0,48406 ×0,00253 × 0,98713 × 0,43355)
                        + (0,15673 × 0,43355) + (0,99864 ×
                        0,98713 × 0,43355) + (0,99864 ×
                        0,45264)
VAR2 em VAR5: −0,24282 = (−0,56521 × 0,43355) + (0,00253 × 0,45264)
                        + (0,00253 × 0,98713 × 0,43355)
VAR3 em VAR5: 0,42798 = (0,98713 × 0,43355)
VAR4 no VAR5: sem efeitos indiretos; apenas efeitos diretos
```

Os resultados indicam que o uso da IA a tecnologia e a confiança na referida tecnologia têm o maior impacto direto sobre se a tecnologia é aceita e amplamente utilizada na organização. No entanto, a estrutura organizacional e a cultura também têm o maior impacto total, onde a maior parte do impacto vem de fontes indiretas.

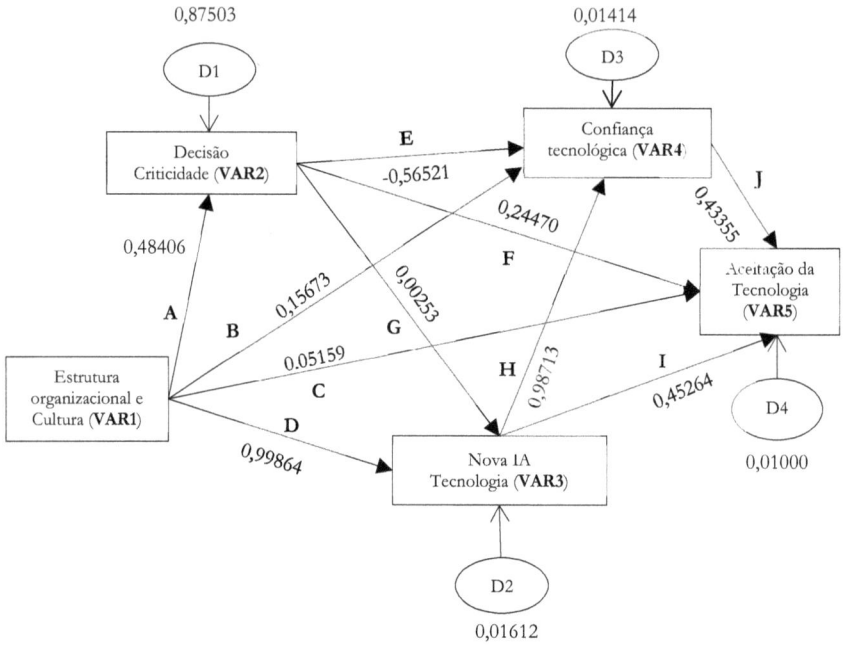

Figura 5.51: Modelo de Equação Estrutural e Quadrados Parciais

```
Entradas do modelo:
VAR1; VAR2; VAR3; VAR4; VAR5
VAR1; VAR2; VAR3; VAR4
VAR1; VAR2; VAR3
VAR1; VAR2
```

Modelo de Equações Estruturais com Quadrados Parciais

Caminho dos efeitos diretos

	Var Dep.:	VAR5	Aceitação Tecnológica	
	R-Quad.:	0,99990	Perturbação 0,01000	

Nome Var		Ind. Var Coef	Valor-p	Beta Padrão	
Intercepto		0,34030	0,34366		
Cultura Org.	VAR1	0,51562	0,21713	0,05159	C
Criticidade	VAR2	7,74992	0,00000	0,24470	F
Nova Tec AI	VAR3	1,68941	0,00000	0,45264	I
Crença Tec.	VAR4	15,4978	0,00000	0,43355	J

Caminho de efeitos diretos parciais

	Var Dep.:	VAR4	Confiança na Tecnologia	
	R-Quad.:	0,99980	Perturbação 0,01414	

Nome Var		Ind. Var Coef	Valor-p	Beta Padrão	
Intercepto		0,11916	0,00000		
Cultura Org.	VAR1	0,04382	0,17074	0,15673	B
Criticidade	VAR2	-0,50070	0,00000	-0,56520	E
Nova Tec AI	VAR3	0,10307	0,00000	0,98713	H

Caminho de efeitos diretos parciais

	Var Dep.:	VAR2	Criticidade	
	R-Quad.:	0,23432	Perturbação 0,87503	

Nome Var		Ind. Var Coef	Valor-p	Beta Padrão	
Intercepto		-0,03350	0,98190		
Cultura Org.	VAR1	0,15276	0,00037	0,48406	A

Efeitos Totais

	Var Dep.:	VAR5	Aceitação da Tecnologia

Nome Var		Ind. Var Coef	Valor-p	Beta Padrão
Cultura Org.	VAR1	9,99326	0,00000	0,99864
Criticidade	VAR2	0,05966	0,35062	0,00253
Nova Tec AI	VAR3	3,28678	0,00000	0,88061
Crença Tec.	VAR4	15,49786	0,00000	0,43355

Resumo dos Efeitos dos Caminhos Padrão

Var Dep.: VAR5   Aceitação da Tecnologia

Nome Var		Direto		Indireto	Total
Cultura Org.	VAR1	0,05159	C	0,94828	0,99987
Criticidade	VAR2	0,24470	F	-0,24280	0,00188
Nova Tec AI	VAR3	0,45264	I	0,42798	0,88061
Crença Tec.	VAR4	0,43355	J	0,00000	0,43355

Figura 5.52: Resultados do SEM PLS

ALÉM DA REGRESSÃO MÚLTIPLA: MÉTODOS DE ENDOGENEIDADE E EQUAÇÕES SIMULTÂNEAS E MÍNIMOS QUADRADOS DE DOIS ESTÁGIOS

A endogeneidade ocorre quando uma variável dependente em um modelo também é a variável independente em outro modelo. O exemplo mais simples seria o modelo de equação estrutural com mínimos quadrados parciais como mostrado anteriormente. O modelo SEM é melhor utilizado quando há combinações complexas de caminhos. Às vezes, há apenas duas equações no sistema e, portanto, estas podem ser resolvidas usando uma abordagem de modelo de equações simultâneas. Lembre-se da álgebra básica, quando você tem duas equações e duas incógnitas, você pode resolvê-las usando equações simultâneas. O mesmo se aplica aqui, quando temos um sistema de duas equações.

Suponha que tenhamos duas equações:

$$M_t = a_0 + a_1 Y_t + u_{1t}$$

$$Y_t = b_0 + b_1 M_t + b_2 I_t + u_{2t}$$

M_t é a oferta de dinheiro no momento t, Y_t é renda no momento t e I_t é o investimento no momento t. Vemos que M depende na primeira Y equação, mas Y depende M e I na segunda equação.

Neste exemplo, M e Y são endógenos ou determinados conjuntamente, o que significa que eles não podem ser modelados por si mesmos e devem ser modelados juntos ou simultaneamente. No entanto, I é uma variável exógena, que pode ser determinada fora deste sistema de equações. Neste exemplo, o número de variáveis endógenas k é 2 e o número de variáveis exógenas (r) é 1. Se, $r = k - 1$ então é considerado exatamente identificado. O sistema de equações é super-identificado ou sub-identificado se r excede ou é menor do que $k - 1$. O sistema só pode ser modelado quando o sistema é exatamente identificado ou super identificado. A Figura 5.53 ilustra o modelo de dois estágios de mínimos quadrados. O modelo calculado retorna o seguinte: $M_t = 85.853 + 0.132 Y_t$.

Como outro exemplo, quando temos um sistema de super-identificação, onde a segunda equação anterior tem uma variável exógena G adicional, de tal forma que:

$$Y_t = b_0 + b_1 M_t + b_2 I_t + b_3 G_t + u_{2t}$$

O resultado é mostrado na Figura 5.54, onde está o modelo computado: $M_t = 84.398 + 0.133Y_t$.

A abordagem Mínimos Quadrados de Dois Estágios envolve a regressão de cada uma das variáveis endógenas em todas as variáveis exógenas para obter os valores previstos dessas variáveis endógenas para estimar o modelo de equações estruturais.

Às vezes, com dados aleatórios, é difícil determinar se uma determinada variável é endógena. O teste Durbin–Wu–Hausman pode ser usado para determinar a endogeneidade.

Por exemplo, Figura 5.55 ilustra o teste, onde a hipótese nula é que não há endogeneidade. Com baixo valor-p de 0,003, rejeitamos essa hipótese nula e concluímos que há, de fato, endogeneidade entre as variáveis.

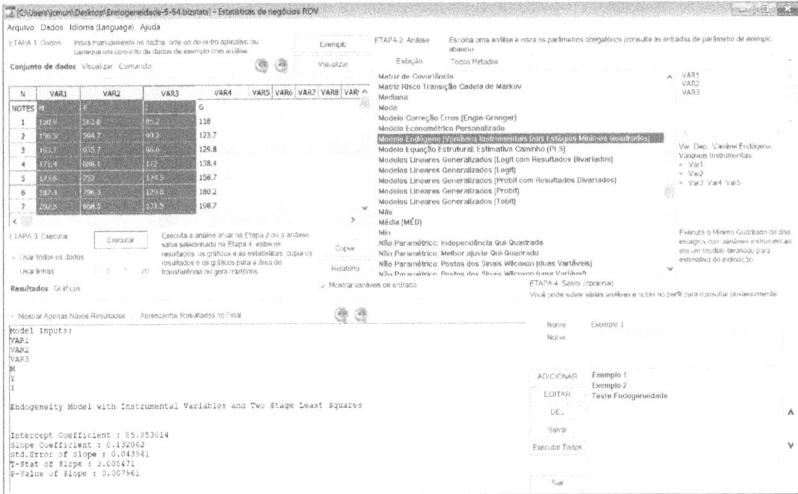

Entradas do modelo:
VAR1
VAR2
VAR3

Resultados do Modelo de Endogeneidade com variáveis instrumentais e Mínimos Quadrados em Dois Estágios

Coeficiente intercepto:	85,853014
Coeficiente de inclinação:	0,132062
Erro Padrão de Inclinação:	0,043941
Estat-T da Inclinação:	3,005471
Valor-P da Inclinação:	0,007961

Figura 5.53: Quadrados Mínimos de Dois Estágios I

Entradas do modelo:
VAR1
VAR2
VAR3; VAR4

Resultados do Modelo de Endogeneidade com Variáveis Instrumentais e Mínimos Quadrados de Dois Estágios

Coeficiente interceptado:	84,398855
Coeficiente de inclinação:	0,133285
Erro-Padrão da Inclinação:	0,074370
Estat-T da Inclinação:	1,792196
Valor-p da Inclinação:	0,090917

Figura 5.54: Mínimos Quadrados de Dois Estágios II

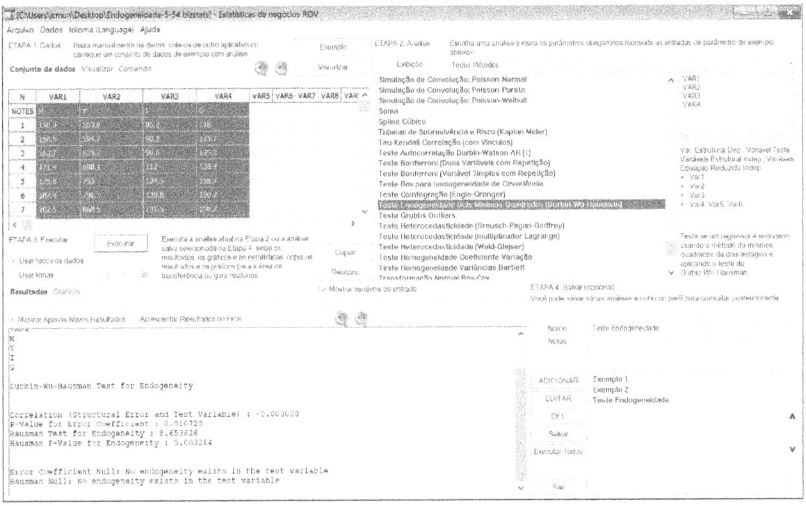

Entradas do modelo:
VAR1
VAR2
VAR3
VAR4

Teste de Durbin—Wu—Hausman para Endogeneidade

Correlação (Erro Estrutural e Variável de Teste):	-0,000000
Valor-p para Coeficiente de Erro:	0,010720
Teste de Hausman para Endogeneidade:	8,653626
Hausman Valor-P para Endogeneidade:	0,003264

Coeficiente de Erro Nulo:
Não existe endogeneidade na variável teste
Hausman Nulo: **Não existe endogeneidade na variável teste**

Figura 5.55: Teste para Endogeneidade

A causalidade de Granger testa se uma variável " Causa Granger " outra variável e vice-versa, utilizando *lags* (atrasos) autorregressivos restritos e modelos de *lag* distributivos irrestritos. Normalmente, a causalidade preditiva em finanças e economia é testada medindo a capacidade de prever os valores futuros de uma série temporal, usando valores anteriores de outra série temporal.

Uma definição mais simples pode ser que uma variável série temporal **A** pode causar Granger outra variável série temporal **B**, se previsões do valor de **B** forem baseadas apenas em seus próprios valores anteriores e que os valores anteriores de **A** são comparativamente melhores do que as previsões de **B** baseadas apenas em seus próprios valores passados.

Por exemplo, Figura 5.56 ilustra duas variáveis da série temporal, **A** e **B**. As duas hipóteses nulas testadas são de que não há causalidade Granger de **A** em **B** e, também, de **B** em **A**. Vemos que os valores-p para ambas as direções são maiores que um *alfa* de 0,05, por isso não podemos rejeitar a hipótese nula e concluir que nem **A** causa Granger **B** nem **B** causa Granger **A**, quando ambos estão defasados por 3 períodos (este é o valor 3 na caixa de entrada).

O modelo de causalidade Granger só pode ser executado em pares e assume que a variável série temporal é estacionária ou não estocástica. Se há suspeita que uma série temporal tenha efeitos não-estacionários, podemos executar o teste Dickey–Fuller Aumentado (ver Figura 5.57), onde a hipótese nula é que a série não é estacionária, tem uma raiz unitária, ou processo I(1) e é potencialmente estocástica. O exemplo do ***BizStats*** indica que a variável está estacionária (a hipótese nula é rejeitada com um valor-p de 0,0442).

No entanto, se uma variável de série temporal não é estacionária e estocástica, você ainda pode tentar prever esta série de várias maneiras:

- Calcule a diferença para potencialmente tornar a série estacionária. Por exemplo, os preços das ações são não estacionários e estocásticos, enquanto sua diferença, ou seja, os retornos calculados das ações, tendem a ser estacionários e mais previsíveis do que os preços das ações brutas.

- Execute um modelo de processo estocástico, por exemplo, um processo de caminhada aleatória de movimento Browniano geométrico, processo de reversão média, processo de difusão com salto ou outros processos mistos. Estes são normalmente usados para prever preços das ações para fins de modelagem e valorização de opções de ações, opções reais e opções de ações de funcionários. Tanto o **Risk Simulator** quanto o **BizStats** (Figura 5.58)suportam esses métodos.

- Se houver outra variável não-estacionária, você pode testar se essas duas séries são cointegradas. Por exemplo, você pode usar o Modelo de Correção de Erro Engle–Granger assumindo que as variáveis exibem cointegração. Se duas variáveis das séries temporais não forem estacionárias na primeira ordem, I(1), como testado usando o teste Dickey–Fuller Aumentado, e quando ambas as variáveis são cointegradas, o modelo de correção de erro pode ser usado para estimar efeitos de curto e longo prazo de uma vez-série na outra. A correção de erro vem do desvio de períodos anteriores, de um equilíbrio de longo prazo, onde o erro influencia sua dinâmica de curto prazo (Figura 5.59).

- Aplique um filtro de dados para suavizar os distúrbios como o filtro Hodrick–Prescott (Figura 5.60). Este filtro permite remover os efeitos cíclicos da série temporal de dados brutos. O filtro ajuda a gerar uma curva suavizada de uma variável de série que é sensível aflutuações de longoprazo em vez de impactos de curto prazo. A chave é escolher o parâmetro correto de suavização, que às vezes pode exigir tentativa e erro.

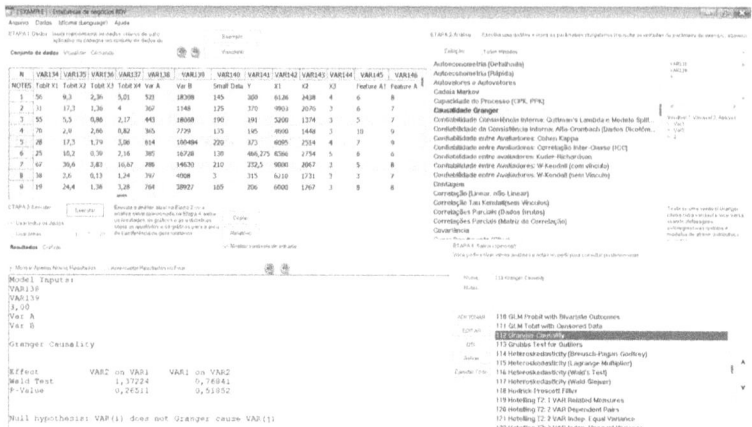

Entradas do modelo:
VAR138
VAR139
3

Causalidade Granger

Efeito	VAR2 na VAR1	VAR1 na VAR2
Teste Wald	1,37224	0,76841
Valor-p	0,26511	0,51852

Hipótese nula: **VAR(i) não causa Granger VAR(j)**

Figura 5.56: Causalidade de Granger

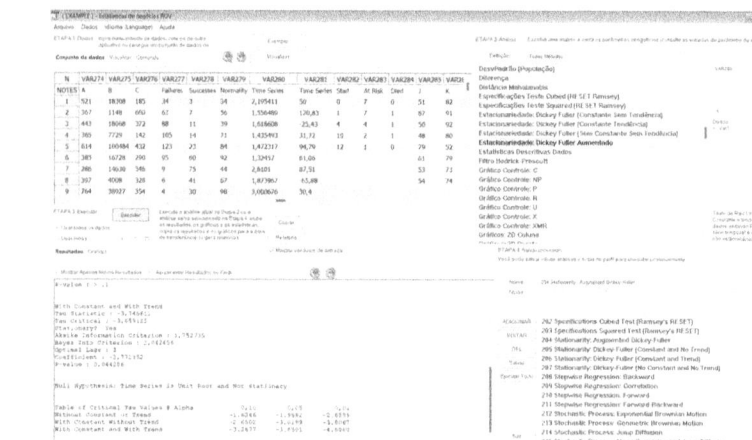

Entradas do modelo:
VAR280

Teste de Estacionaridade de Dickey—Fuller Aumentado para AR(p)

Com constante e Com Tendência
Estatística de Tau: -3,745611
Tau Crítico: -3,659125

Estacionário?	**Sim**
Critério de Informação de Akaike:	1,752735
Critério de informações de Bayes:	2,042456
Atrasos ideais:	3
Coeficiente:	-2,772352
Valor P:	0,044286

Hipótese nula: **Série Temporal é Raiz Unitária (Unit Root) e Não Estacionário**

Figura 5.57: Teste de Dickey–Fuller Aumentado para Estationaridade

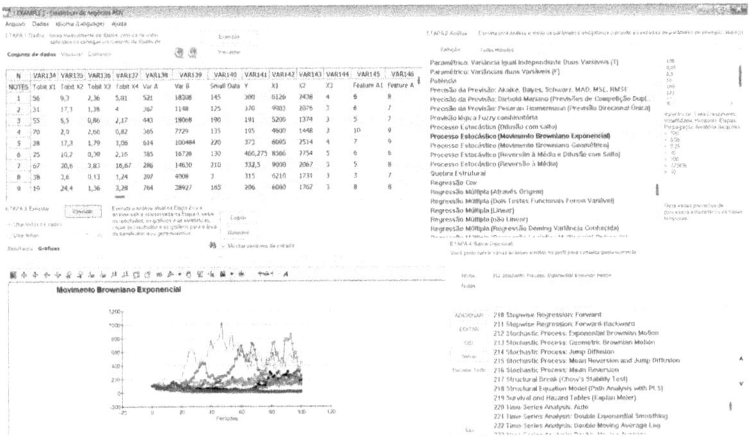

Entradas do modelo:
100, 0,05, 0,5, 10, 100, 123, 10 (inseridas como linhas de entrada)

Figura 5.58: Processos Estocásticos

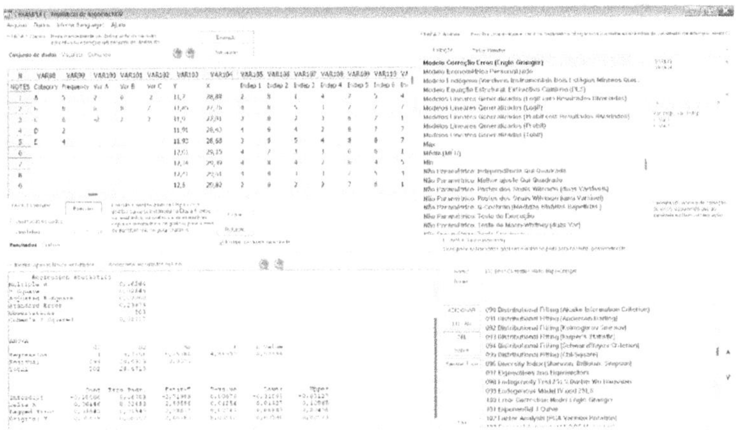

Entradas do modelo:
VAR103
VAR104

Modelo de correção de erros

Múltiplo R	0,16264
R- Quadrado	0,02645
R-Quadrado Ajustado	0,02060
Erro padrão	0,23979
Observações	503
F-Quadrado de Cohen	0,02717

	Coef	Error Padr.	Estat-T	Valor-p
Intercepto	-0,18466	0,06789	-2,71989	0,00676
Delta X	0,06146	0,02453	2,50556	0,01254
Erro desfasado	-0,03542	0,01549	-2,28612	0,02267
Original Y	0,01479	0,00557	2,65783	0,00812

Figura 5.59: Modelo de Correção de Erros

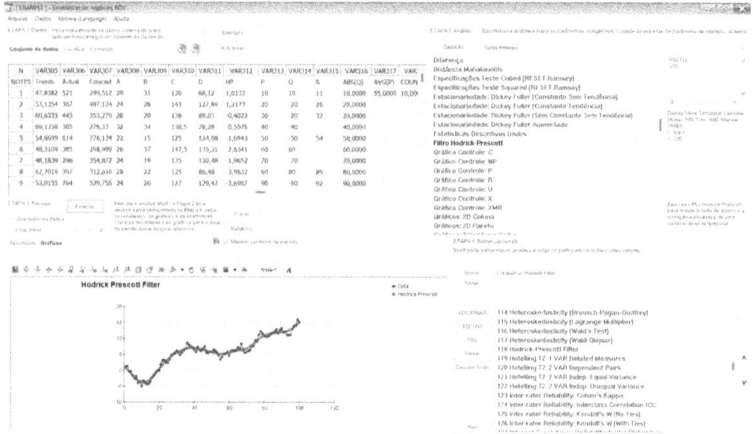

Entradas de modelo: VAR312, 100 no Filtro Hodrick-Prescott

Figura 5.60: Filtro Hodrick-Prescott

Finalmente, há também outros tipos de métodos únicos de regressão múltipla que estão disponíveis no **BizStats**. Cada uma dessas variações de regressão múltipla tem um propósito específico e requer configurações de dados diferentes, e os resultados são ligeiramente diferentes de uma regressão múltipla padrão. No entanto, as interpretações dos resultados são semelhantes a um modelo de regressão padrão. A seguir lista cinco tipos de métodos avançados de regressão, um exemplo dos requisitos de dados (o conjunto de dados completo está disponível dentro do BizStats), como configurar as entradas de dados do modelo e os resultados.

Regressão Múltipla de Poisson (População e Frequência)

A regressão de Poisson é como a regressão Logit na qual a variável dependente só pode assumir valores não negativos, mas também que a distribuição subjacente dos dados é uma distribuição de Poisson, extraída de um tamanho populacional conhecido. Lembre-se que a distribuição Poisson é uma distribuição discreta, usada para modelar a probabilidade de que um evento ocorra dentro do contexto de tempo e área. Normalmente, essa abordagem de modelo linear generalizada executa um modelo de regressão log-linear, onde a variável dependente é a contagem de eventos (ver VAR1 no conjunto de dados da amostra abaixo) e uma variável adicional para o tamanho populacional (VAR2) e são necessárias variáveis independentes categóricas (VAR3 a VAR5).

Na regressão dePoisson, o logaritmo do valor esperado é uma combinação linear das variáveis independentes, ou seja, $\log[E(Y \mid \mathbf{x})] = \alpha + \beta'\mathbf{x}$. Nos resultados amostrais abaixo, podemos dizer que o coeficiente para X_1 é de 0,76457, que é a contagem de troncos esperada de cada unidade de aumento em X_1. Alternativamente, $e^{0,76457} = 2,148$, o que significa que há um aumento de 114,8% (2,148 vezes) em Y para cada aumento unitário em X_1. Da mesma forma, X_2 tem uma contagem de *log* esperada de

0,38873, ou $e^{0,38873} = 1,475$, o que significa que há um aumento de 47,5% (um aumento de 1,475 vezes) em Y para cada aumento de unidade em X_2.

Além disso, a interpretação dos Valores-p, R-Quadrado e Critério Akaike Information (AIC) são os mesmos que uma regressão múltipla regular. As novas medidas de bondade-de-ajuste e erro, como o Phi de Pearson e o F-Quadrado de Cohen, testam a hipótese nula de que o modelo atual é um bom ajuste (Hipótese nula afirma que o erro é zero), o que significa que queremos que essas medidas de erro sejam pequenas.

Essas medidas são tipicamente usadas para se comparar com a execução de outros modelos de regressão Poisson, onde um modelo com Phi, F-Quadrado e AIC inferiores indica um ajuste melhor.

O R-quadrado é uma medida X_2 *absoluta* no sentido de que possui um domínio fixo entre 0 e 1 e pode ser facilmente interpretado (a variação percentual na variável dependente que pode ser explicada pela variação na variável independente). No entanto, essas outras medidas de erro de bondade-de-ajuste como Phi, F-Quadrado e AIC são medidas *relativas,* onde há pouca interpretação por si só, e só são usadas quando comparadas em vários modelos.

```
Conjunto de Dados do Exemplo de regressão de Poisson
     VAR1            VAR2         VAR3   VAR4    VAR5
  Câncer (Y)       População      X1     X2      X3

     45             24786          1      0       0
     77             32125          1      0      0,5
     95             34706          1      0       1
     ...             ...          ...    ...     ...
     ...             ...          ...    ...     ...
     62             41707          0      0       1
     57             26319          0      0      1,5
     71             22978          0      0       2


  Entradas do modelo:
  VAR1
  VAR2
  VAR3; VAR4; VAR5

  Regressão múltipla de Poisson
  R-Quadrado          0,96413
  AIC                19,62304
  Phi Pearson         1,07152
  Phi Quadrado        1,03514
  F-Quadrado Cohen's 26,87470
```

	Coeff	Erro Pdr.	Wald Teste	Valor-p
Intercepto	-7,30714	0,08931	6693,69972	0,00000
X1	**0,76457**	0,07958	92,29805	0,00000
X2	**0,38873**	0,09882	15,47465	0,16178
X3	0,76612	0,05376	203,06012	0,00000

Com Correção Phi   1,035141

Regressão Múltipla (Regressão de Deming com Variância Conhecida)

Em regressões multivariadas regulares, a variável dependente é modelada e prevista por variáveis independentes X_i com algum erro ε. No entanto, em uma regressão de Deming, assumimos ainda que os dados coletados para as variáveis X têm incertezas e erros adicionais, ou variâncias, que são usados para fornecer um ajuste mais relaxado em um modelo de Deming. Isso implica que os valores previstos Y terão um nível mais elevado de variância e incerteza.

As variâncias estimadas são utilizadas para determinar o *lambda*, onde $\lambda = s_x^2/s_y^2$, e este parâmetro é minimizado para determinar o valor dos coeficientes de inclinação e intercepto. Os coeficientes otimizados serão estimadores imparcial dos verdadeiros parâmetros populacionais, e os resíduos de erro são normalmente distribuídos.

O seguinte ilustra um conjunto de dados de amostra necessário ao usar o **BizStats** para calcular uma regressão de Deming, bem como os parâmetros de entrada necessários. Esse modelo bivariado requer as variáveis dependentes e independentes, seguidas da variância conhecida para ambas as variáveis.

```
                 Regressão de Deming
             Conjunto de dados de exemplo

                   VAR1      VAR2
                   Dep.      Indep.
                   5,4       5,1
                   5,6       5,6
                   6,3       6,8
                   ...       ...
                   ...       ...
                   4,6       5,2
                   4,1       4,5

Entradas do modelo:
VAR1
VAR2
0.02
0.09
```

Regressão de Deming

	Coeficiente	S.E.	DF	T-Stat	P-valor
Intercepto	-0,30704	1,29693	9	-0,23674	0,81816
Inclinação	1,04233	0,21194	9	4,91812	0,00083
Lambda	4,50000				

Regressão Múltipla (Regressão Logística Ordinal)

Uma regressão Logística Ordinal executa uma regressão logística ordinal multivariada, com duas variáveis preditoras e múltiplas variáveis de frequências ordenadas, por exemplo, as duas variáveis categóricas de Gênero (0/1) e Idade (1-5), com cinco variáveis preenchidas com os números ou frequências de pessoas que responderam Concordo Fortemente, Concordo, Neutro, Discordo ou Discordo Fortemente, que são presumivelmente ordenadas. Observe que este é um conjunto de dados ordinais onde as variáveis Idade são ordenadas, e é multinomial porque estamos prevendo valores para as quatro variáveis VAR3-VAR6.

Note-se que esta é uma extensão do modelo logístico binário, mas neste exemplo, existem múltiplas probabilidades ou previsões de frequência (VAR3-VAR6). Alternativamente, você pode colapsar essas quatro variáveis em uma única variável e executar a regressão Logit várias vezes.

Por exemplo, combine essas quatro variáveis em uma única variável que seja binária (por exemplo, Concordo fortemente = 1 e todas as outras = 0) para executar um modelo Logit. Em seguida, repita o processo com Concordo = 1 e Todos os Outros = 0, e repita o processo. Lembre-se de executar apenas $k - 1$ modelos, onde k é o número de frequência ou variáveis de contagem, e a probabilidade prevista da última variável deve ser o complemento das variáveis restantes de modo que a probabilidade total equivale a 100%. Assim, nos resultados abaixo, embora existam quatro variáveis VAR3-VAR6, os resultados só retornam VAR4-VAR6.

O a seguir apresentamos alguns conjuntos de dados de amostra usados no **BizStats**, o formato de parâmetro de entrada necessário e os resultados. Normalmente, os coeficientes calculados são interpretados em uma função log-logística e podem parecer complicados às vezes. No entanto, é muito mais simples olhar para as probabilidades previstas (frequências relativas) e valores previstos (frequências) dadas todas as combinações possíveis das duas variáveis preditoras de gênero e idade. Infelizmente, essa abordagem só pode acomodar duas variáveis preditoras. Se for necessário mais preditores, use o modelo Logit conforme descrito acima.

```
Conjunto de dados do exemplo de regressão logística ordinal
VAR1        VAR2     VAR3     VAR4     VAR5     VAR6
Gênero      Idade    Concorda Concorda Discorda Discorda
                     Fort.                      fortemente
0           0        3        9        18       24
0           1        6        13       16       28
0           5        9        13       17       20
...         ...      ...      ...      ...      ...
...         ...      ...      ...      ...      ...
1           4        8        14       20       18
1           2        10       15       16       12
1           3        5        14       12       8
```

Entradas do modelo:
VAR1; VAR2
VAR3; VAR4; VAR5; VAR6

Regressão Logística Ordinal Múltipla

```
                VAR4         VAR5         VAR6
Intercepto      0,70462      1,30649      1,91678
VAR1            0,03091      -0,29433     -0,51153
VAR2            -0,06285     -0,15006     -0,39874
```

```
Máximo Log-Probabilidade           -88,16470
inicial Log-Probabilidade          -58,71436
Estatística de Qui-Quadrada        -58,90066
Graus de Liberdade                         6
```

Probabilidades Previstas

```
VAR1     VAR2     VAR3     VAR4     VAR5     VAR6     Total
0,00     0,00     7,40%    14,97%   27,33%   50,31%   100,00%
0,00     1,00     9,40%    17,85%   29,87%   42,88%   100,00%
0,00     2,00     11,65%   20,79%   31,87%   35,69%   100,00%
0,00     3,00     14,11%   23,65%   33,23%   29,01%   100,00%
1,00     0,00     10,09%   21,05%   27,75%   41,12%   100,00%
1,00     1,00     12,40%   24,30%   29,37%   33,93%   100,00%
1,00     2,00     14,89%   27,41%   30,35%   27,35%   100,00%
1,00     3,00     17,50%   30,24%   30,70%   21,57%   100,00%
```

Valores previstos

```
VAR1     VAR2     VAR3     VAR4     VAR5     VAR6     Total
0,00     0,00     4,00     8,08     14,76    27,17    54,00
0,00     1,00     5,92     11,25    18,82    27,02    63,00
0,00     2,00     6,87     12,27    18,81    21,05    59,00
0,00     3,00     6,21     10,40    14,62    12,76    44,00
1,00     0,00     4,84     10,10    13,32    19,74    48,00
1,00     1,00     7,44     14,58    17,62    20,36    60,00
1,00     2,00     7,89     14,52    16,09    14,49    53,00
1,00     3,00     6,82     11,79    11,97    8,41     39,00
```

Uma regressão de Ridge vem com um viés maior do que uma regressão múltipla de Mínimos Quadrados Ordinários (OLS), mas tem menos variância. É mais adequado em situações com Fatores de Inflação de Variância elevados (VIF) e multicolinearidade ou quando há um alto número de variáveis em comparação com os pontos de dados. Em um modelo de regressão múltipla padrão, minimizamos a soma ajustada de erros quadrados $SSE = \sum_{i=1}^{n}(y_i - \hat{y}_i)^2$, mas em um conjunto de dados com alto VIF e colinearidade quase perfeita, a matriz não é invertível e não pode ser resolvida.

Nesta situação, a soma dos quadrados é penalizada com um termo adicional onde $SSE = \sum_{i=1}^{n}(y_i - \hat{y}_i)^2 + \lambda \sum_{j=0}^{k} b_i^2$ e λ é considerado o parâmetro de ajuste. Quando $\lambda = 0$ os resultados revertem para uma abordagem OLS. Um λ pequeno gera estimativas com menos viés, mas com maior variância, em comparação com um grande λ que gera maior viés com menor variância. A ideia é selecionar um valor que equilibre viés e variância, o que pode exigir tentativa e erro.

Finalmente, as regressões baseadas em Ridge (cumes) são adequadas apenas quando há VIF alto ou multicolinearidade significativa. Como discutido, a multicolinearidade pode ser resolvida simplesmente removendo as variáveis independentes ofensivas e executando uma regressão padrão. Um conjunto de dados de amostra e resultados do **BizStats** são mostrados abaixo.

```
Conjunto de dados do exemplo de regressão da Ridge
    VAR1        VAR2        VAR3        VAR4        VAR5
     Y           X1          X2          X3          X4
     3           3           6           2           8
    15           7           7          11          14
    19          11          11          23          33
   ...         ...         ...         ...         ...
   ...         ...         ...         ...         ...
    23          23          17          16          10
    31          28          22          22          15
    39          31          16          28          24

    Entradas do modelo:
    VAR1
    VAR2; VAR3; VAR4; VAR5

    Regressão múltipla de Ridge

AJUSTE GERAL
R Múltiplo       0,96818   Máximo Log-Probabilidade      -0,09243
R-Square         0,93737   Critério Akaike Info (AIC)     0,56583
R-Quadrado Ajtd  0,91947   Critério Bayes Schwarz (BSC)   0,81315
Erro Padrão      0,27578   Critério Hannan-Quinn (HQC)    0,59993
Observações      18        F-Quadrado Cohen's            14,96580
```

```
ANOVA
              DF        SS               MS       F       Valor-p
Regressão     4         15,93522         3,98381  52,3802 0,00000
Residual      14        1,06478          0,07606
Total         18        17,00000

           Coef     Erro Padrão    Estat-T     Valor-p
VAR X1     0,42021  0,26106        1,60965     0,12978
VAR X2    -0,12370  0,25386       -0,48727     0,63361
VAR X3     0,79884  0,26794        2,98141     0,00991
VAR X4    -0,26279  0,11732       -2,23987     0,04184
```

*A regressão de Ridge tem viés maior do que a regressão OLS, mas com menor variância. É mais adequado em situações com VIF e multicolinearidade alta ou um alto número de variáveis em comparação com os pontos de dados.

```
Lambda   0,00000   0,00170   0,01700   0,17000  1,70000 17,00000 170,0000
VAR X1   0,41543   0,41602   0,42020   0,42021  0,36398  0,25379  0,07428
VAR X2  -0,37140  -0,36783  -0,33685  -0,12370  0,23040  0,23845  0,07251
VAR X3   1,11241   1,10725   1,06388   0,79884  0,39040  0,22834  0,07024
VAR X4  -0,38094  -0,37902  -0,36284  -0,26279 -0,09478  0,01508  0,02177
```

Regressão Ponderada Múltipla (Fixação Heterocedástica)

Uma regressão ponderada múltipla executa uma regressão multivariada em variáveis ponderadas (também conhecida como mínimos quadrados ponderados, ou WLS) para corrigir a heterocedasticidade em todas as variáveis. Os pesos utilizados para ajustar essas variáveis são os Desvios Padrão das entradas do usuário.

Como mencionado, a abordagem padrão OLS minimiza a soma dos quadrados dos erros $SSE = \sum_{i=1}^{n}(y_i - \hat{y}_i)^2$, mas em uma abordagem mínimos quadrado ponderado, adicionamos uma variável de peso w_i, de tal forma que temos $SSE = \sum_{i=1}^{n} w_i(y_i - \hat{y}_i)^2$. Da mesma forma, na notação matricial, a regressão padrão $B = (X'X)^{-1}(X'Y)$ torna-se $B = (X'WX)^{-1}(X'WY)$. Esses pesos são usados como uma variável de entrada adicional ao modelo em situações em que os erros são heterocedásticos.

O seguinte fornece um conjunto de dados de exemplo e resultados do *BizStats* usando um modelo de regressão ponderada. Observe que uma nova variável de entrada chamada desvio padrão é necessária.

Por fim, os resultados de regressão mostrarão $1/StDev$ como representação da interceptação ponderada e $X/StDev$ como representação da variável X ponderada. Essas variáveis podem ser utilizadas exatamente como em um modelo de regressão padrão para determinar os valores da variável dependente prevista. Na verdade, os resultados de um WLS devem ser relativamente próximos daqueles em um modelo OLS.

```
Regressão Ponderada
   Conjunto de dados de exemplo
VAR1           VAR2              VAR3
 Y              X               Stdev
266,7          2,60269           60,5
342,5          3,62434           68,3
418,1          4,31749           81,4
 ...            ...              98,8
608,3          5,92693          110,6
798,3          6,62007          145,6
950,6          8,00637          173,1
```

Entradas do Modelo:
VAR221
VAR222
VAR223

Regressão Ponderada Múltipla

```
AJUSTE GERAL
R Múltiplo      0,99552   Máximo Log-Probabilidade        -5,59816
R-Quadrado      0,99107   Critério Akaike Info (AIC)        2,14954
R-Quad Ajst     0,98809   Critério Bayes Schwarz (BSC)     2,17933
Erro Padrão     0,56252   Critério Hannan-Quinn (HQC)      1,94861
Observações     8              F-Quadrado Cohen's         110,93199

ANOVA
                 DF       SS        MS        F         Valor-p
Regressão        2      210,61    105,31   332,79596   0,00000
Residual         6        1,90      0,32
Total            8      212,51

                  Coef     Erro Padrão   Estat-T     Valor-p
X1/Stdev       126,84523    11,82915    10,72311     0,00004
1/Stdev       -100,84543    53,29659    -1,89216     0,10733
```

6

INTELIGÊNCIA ARTIFICIAL & APRENDIZADO DE MÁQUINA

Inteligência Artificial (IA) é um termo amplo para um grupo de tecnologias inorgânicas da ciência da computação que são usadas para simular inteligência. A ciência da IA foi estabelecida na década de 1950 para determinar se robôs inorgânicos poderiam executar habilidades associadas a inteligência humana. O interesse significativo em IA ressurgiu na mesma época em que a capacidade da computação Big Data se tornou mais amplamente disponível para pesquisadores e empresas, permitindo que eles aplicassem a ciência a uma variedade de aplicações práticas. Robôs de fabricação, assistentes inteligentes, gerenciamento de saúde proativo, mapeamento de doenças, investimento financeiro automatizado, agentes virtuais de reserva de viagens, monitoramento de mídias sociais, *bots* (*web robot*) de marketing conversacional, ferramentas de processamento de linguagem natural e gerenciamento de contratos são todos exemplos de aplicações de IA comercialmente viáveis.

A linha do tempo do desenvolvimento de IA e Ciência de Dados revela uma longa jornada, onde as estatísticas matemáticas evoluíram para estatística aplicada, ciência de dados, inteligência artificial e aprendizagem de máquina(AM) (*machine learning ML*). Por exemplo, em 1962, o trabalho de John Tukey como estatístico matemático pode ser considerado um dos primeiros trabalhos seminais em análise de dados. Em 1977, a "Associação Internacional de Computação Estatística" (IASC) foi fundada para vincular a metodologia estatística tradicional, a tecnologia moderna da computação e o conhecimento de especialistas em domínios para converter dados em informações e conhecimentos. O marketing de banco de dados iniciou uma tendência em 1994 e em 1996, o termo "Ciência de Dados" apareceu pela primeira vez na Federação "Internacional de Sociedades de Classificação" no Japão. O tópico inaugural foi intitulado "Ciência de Dados, Classificação e Métodos Relacionados". Em 1997, Jeff Wu deu uma palestra inaugural intitulada simplesmente "Estatística = Ciência de Dados?" Em 2001, William Cleveland publicou *Data Science: An Action Plan for Expanding the Technical Areas of the field of Statistics* (Ciência de Dados: Um Plano de Ação para Expandir as Áreas Técnicas da Área de Estatística). Ele apresentou a noção de que a ciência de dados era uma disciplina independente e nomeou várias áreas nas quais ele acreditava que os cientistas de dados deveriam ser educados: investigações multidisciplinares, modelos e métodos para análise de dados; computação com dados; pedagogia; avaliação de ferramentas; e teoria. Em 2008, o termo "cientista de dados" era frequentemente atribuído a Jeff Hammerbacher e D. J. Patil, então do Facebook e LinkedIn, respectivamente e em 2010, o termo "ciência de dados" havia se infiltrado totalmente no vernáculo. Entre 2011 e 2012, as listas de empregos de "cientista de dados" aumentaram 15.000%. Por volta de 2016, a ciência de dados começou a ser enraizada em *Machine Learning* (Aprendizagem de Máquina) e *Deep Learning* (Aprendizagem Profunda). Isso implica que as técnicas de IA/AM são baseadas solidamente nos fundamentos das estatísticas matemáticas tradicionais, mas com passos algorítmicos inteligentes envolvidos nesses métodos.

O termo IA tipicamente evoca o conceito nebuloso de aprendizado de máquina, que, na realidade, é um subconjunto de IA, onde um sistema de computador é programado para identificar e categorizar estímulos externos do mundo real. A IA pode ser vagamente definida como a capacidade das máquinas de executar tarefas que normalmente requerem inteligência humana — por exemplo, reconhecer padrões, aprender com a experiência, tirar conclusões, fazer previsões ou agir — seja digitalmente ou como o software inteligente por trás de sistemas físicos autônomos. Os processos de IA mais apropriados para ciência de dados, análise quantitativa de pesquisa, previsão e modelagem de previsão incluem aplicações de Aprendizagem de Máquina (AM), Processamento de Linguagem Natural **PLN** (*Natural Language Processing*) (PNL) e Automação Robótica de Processos **ARP** (*Robotic Process Automation RPA*). Ciência de Dados: Um Plano de Ação para Expandir as Áreas Técnicas da Área de Estatísticas.

Considerando que a IA, em geral, envolve o uso de algoritmos que exibem comportamento "inteligente", o uso de algoritmos de IA em Machine Learning (ML) — que detectam padrões e os usam para previsão e tomada de decisão — pode ser amplamente dividido em métodos supervisionados e não supervisionados. A aprendizagem *supervisionada* significa que as respostas corretas são fornecidas pelos humanos para treinar o algoritmo, enquanto o aprendizado não *supervisionado* não inclui os resultados corretos. Algoritmos supervisionados são ensinados a padrões usando dados passados e, em seguida, detectá-los automaticamente em novos dados. Por exemplo, um modelo de regressão múltipla requer dados históricos da variável dependente Y e uma ou mais variáveis independentes X_i e, como os resultados (variável dependente) são fornecidos, este é considerado um algoritmo de ML supervisionado. Em contraste, algoritmos não supervisionados são programados para detectar padrões novos e interessantes em dados completamente novos. Sem supervisão, não se espera que o algoritmo apareça respostas corretas específicas; em vez disso, procura padrões lógicos dentro de dados brutos. Por exemplo, uma análise de fatores onde há múltiplas variáveis independentes X_i, mas os agrupamentos a priori dessas variáveis não são conhecidos seria considerado um método não supervisionado. Reforço O aprendizado é onde o algoritmo ajuda a tomar decisões sobre como agir em determinadas situações, e o comportamento é recompensado ou penalizado dependendo das consequências. *Deep Learning* é outra classe de AM inspirada no cérebro humano onde redes neurais artificiais melhoram progressivamente sua capacidade de executar uma tarefa.

O PLN é um conjunto de algoritmos usados para interpretar, transformar e gerar linguagem humana, de uma maneira que as pessoas possam entender. É usado em dispositivos que parecem ser capazes de entender e agirem em palavras escritas ou faladas, como aplicativos de tradução ou assistentes pessoais como Apple Siri, Alexa da Amazon ou Google Home. Ondas sonoras de fala são convertidas em código de computador que os algoritmos entendem. O código então traduz esse significado em uma resposta precisa e legível pelo homem que pode ser aplicada à cognição humana normal. Isso é realizado usando parsing semântico, que mapeia a linguagem de uma passagem para categorizar cada palavra e, usando AM, cria associações para representar não apenas a definição de um termo, mas o significado dentro de um contexto específico.

Finalmente, enquanto o ARP (usando algoritmos que imitam ações humanas para reduzir tarefas simples, mas repetitivas de *back-office*) se beneficia da aplicação de IA, o ARP não é uma simulação de inteligência humana, mas, sim, apenas imita recursos. Estritamente falando, não é IA; é um processo existente que foi aumentado pela IA. O ARP pode ser livremente definido como o uso da tecnologia para configurar software de computador ou um robô para capturar e interpretar aplicativos atuais para processamento de transações, alteração de dados, desencadear reações e se comunicar com outros sistemas digitais. Quando usada corretamente, a automação robótica oferece inúmeros benefícios, porque não é restrita por limitações humanas, como cansaço, moral, disciplina ou requisitos de sobrevivência. Robôs, ao contrário de seus criadores humanos, não têm ambições. Devido às aplicações de PLN e ARP que estão além do domínio de análise de decisões, análise de dados e métodos de pesquisa quantitativa, só nos concentraremos em aplicações de AM no *BizStats* daqui para frente.

Figura 6.1 fornece uma visualização dos métodos de IA/AM. Na figura, a IA/AM é dividida em aprendizagem **supervisionada** e aprendizagem **não supervisionada**. O K-Vizinho Mais Próximo (*K-Nearest Neighbor* **KNN**) pode ser considerado o método intermediário de semi-supervisionado, no sentido de que tanto os conjuntos de treinamento quanto os conjuntos de teste são necessários, enquanto, estritamente falando, tanto métodos supervisionados quanto não supervisionados não requerem um conjunto de testes. No entanto, na prática, os conjuntos de testes são normalmente usados para aplicar os parâmetros montados do conjunto de treinamento aos pontos de dados de teste para previsão ou classificação.

As seções a seguir descrevem os algoritmos de IA/ML disponíveis no BizStats. Cada método é primeiro discutido, em seguida, um exemplo é mostrado sobre como o BizStats é aplicado, seguido pela interpretação dos resultados. Observe que os métodos de IA/AM dependem fortemente de estatísticas padrão e métodos analíticos e, quando apropriado, serão discutidos cruzamentos para outros métodos padrão.

INTELIGÊNCIA ARTIFICIAL

Processamento de Linguagem Natural

Aprendizagem Profunda

APRENDIZADO DE MÁQUINA

SUPERVISIONADA

PREVISÃO

AGREGAÇÃO DE BOOTSTRAP
Um modelo é reexecutado milhares de vezes com dados originais re-amostrados com substituição

- AJUSTE LINEAR — Regressão linear multivariada
- AJUSTE NÃO LINEAR — Formulários funcionais personalizados

AJUSTE (TREINAR E TESTAR)
Um modelo é ajustado usando um conjunto de dados de treinamento para predição usando um conjunto de dados de teste

- AJUSTE LINEAR — Regressão linear multivariada
- AJUSTE NÃO LINEAR — Formulários funcionais personalizados

APRENDIZAGEM POR CONJUNTO
Testa milhares de especificações de modelo para encontrar o melhor ajuste usando o mesmo conjunto de dados

- AJUSTE COMUM — Transversal com interações
- AJUSTE COMPLEXO — Séries temporais com interações
- AJUSTE SÉRIE TEMPORAL — Compara diferentes métodos de série temporal

REDE NEURAL
Previsão de dados de série temporal usando perceptrons multicamadas

- COS HIPERBÓLICO
- HIPERBÓLICO
- LINEAR
- LOGÍSTICO

CLASSIFICAÇÃO

K-VIZINHO MAIS PRÓXIMO (KNN)

CLASSIFICAÇÃO E PREVISÃO

ÁRVORES DE CLASSIFICAÇÃO E REGRESSÃO (CART)
Árvore com divisões binárias

FLORESTA ALEATÓRIA
Bootstraps CART para previsão

MÁQUINAS DE VETOR DE SUPORTE (SVM)
Aprende e classifica os dados em segmentos linearmente separáveis

- SVM GAUSSIANA
- SVM LINEAR
- SVM POLINOMIAL

CLASSIFICAÇÃO E PREVISÃO

ANÁLISE DISCRIMINANTE

CLASSIFICAÇÃO E PROBABILIDADES

LOGÍSTICO (LOGIT)

NORMIT (PROBIT)
Variável dependente binária

SEM SUPERVISÃO

Agrupamentos Originais Desconhecidos

REDUÇÃO DE DIMENSÃO

ANÁLISE FATORIAL
Autovalores, autovetores, rotação Varimax, pontuações de fator

ANÁLISE DO COMPONENTE PRINCIPAL (PCA)
Autovalores, autovetores, matriz de dados reduzida

CLASSIFICAÇÃO

MISTURA GAUSSIANA
Probabilidades de classificação com normal multivariado

K-MEANS
Iterações aleatórias de classes e grupos

ÁRVORES FILOGENÉTICAS

CLUSTERING DE SEGMENTAÇÃO
Agrupamento com centroides e distâncias médias Euclidianas

- LDA LINEAR
- QDA QUADRÁTICO

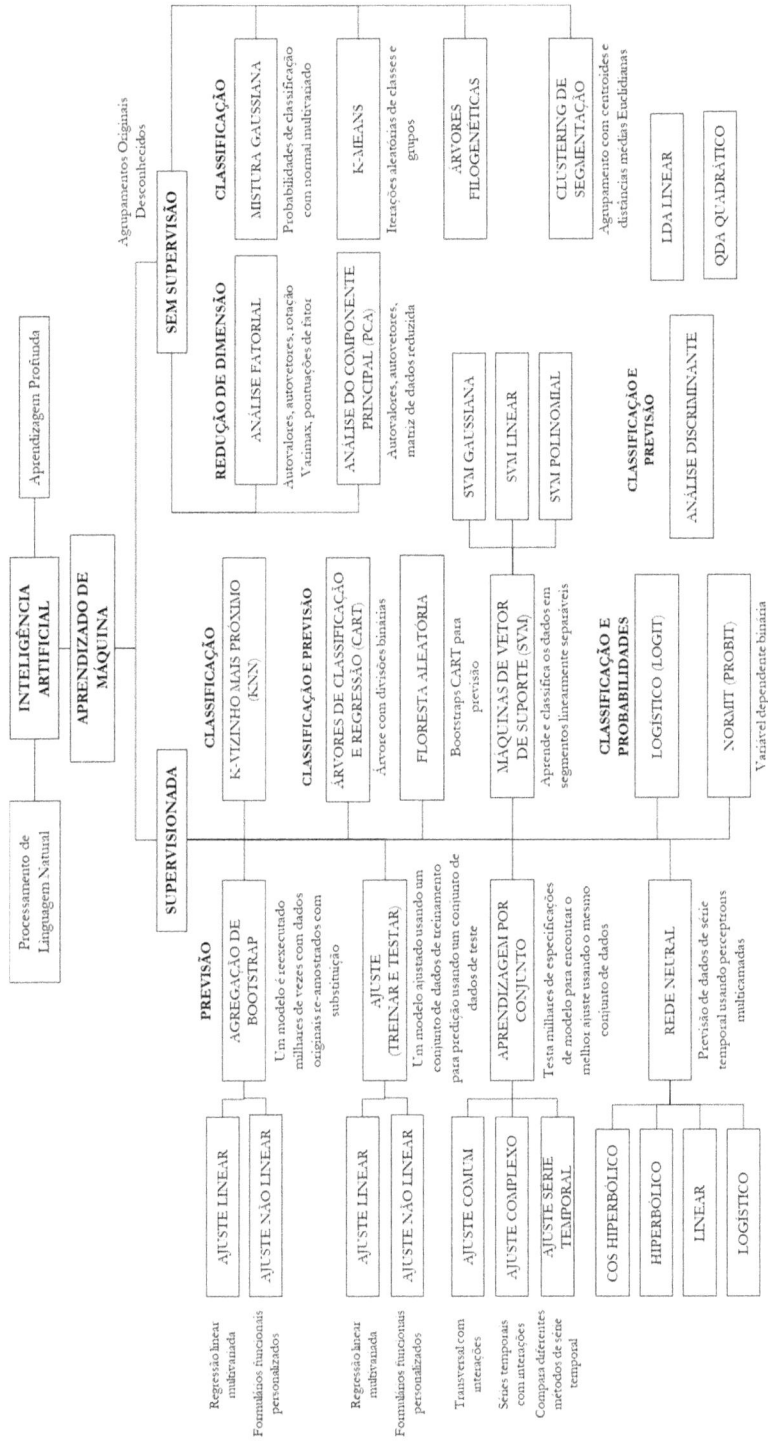

Figura 6.1: Métodos de Aprendizagem de Máquina de Inteligência Artificial

APRENDIZADO DE MÁQUINA DE IA: AJUSTE LINEAR POR AGREGAÇÃO DE BOOTSTRAP (SUPERVISIONADO)

Métodos Relacionados de IA/AM: Ajuste não Linear Agregar *Bootstrap*,
   Ajuste Conjunto Comum & Complexo

Métodos Tradicionais Relacionados: Simulação de bootstrap não-paramétrico, regressão bootstrap

Este método aplica um modelo de ajuste linear de agregação de *bootstrap* (empacotado) de centenas de modelos através de dados reamostrados para gerar as melhores previsões de consenso. A ideia é que em uma seleção aleatória de dados, tomar a previsão média de um conjunto de modelos, fornece uma previsão mais precisa do que uma única amostra. Em uma regressão linear multivariada típica, a estrutura de relacionamento e características de uma variável dependente e como depende de outras variáveis exógenas independentes podem ser modeladas. O modelo pode ser utilizado para compreender a relação entre essas variáveis, bem como para fins de previsão e modelagem preditiva. A precisão e a bondade do ajuste para este modelo também podem ser determinadas. Semelhante a um modelo linear de regressão multivariada, primeiro treinamos o algoritmo usando o treinamento dependente e treinando variáveis independentes, que identificarão os parâmetros otimizados para usar no conjunto de dados de teste. Em seguida, o conjunto de dados é reamostrado e o algoritmo é novamente executado. Esse processo é repetido ou inserido centenas de vezes e as previsões de saída serão um consenso de todos esses modelos *bootstrapped*.

Em uma previsão de conjunto, aplicaríamos modelos diferentes ao mesmo conjunto de dados, enquanto em uma abordagem de empacotamento ou agregação de bootstrap, usamos o mesmo modelo, mas aplicamos várias vezes a uma seleção aleatória do conjunto de dados existente. O algoritmo deste último é trivial. Suponha que tenhamos uma variável de resposta dependente Y e k o número de variáveis independentes preditoras uma $X = X_1, X_2, \ldots, X_k$, cada uma com N linhas de dados. Em seguida, iniciamos B, o número de modelos bootstrap a serem montados, bem como n, o número de linhas de dados para usar na inicialização, onde $n < N$.

A partir de $B = 1$, realizamos uma reamostragem Bootstrap de n linhas de dados e encaixamos no modelo; especificamente, amostramos com substituição, para $\mathbf{X}_B$ se adequar a $\mathbf{Y}_B$ e obter um ajuste de previsão $\hat{f}_B(\mathbf{X})$. Repetimos o processo aplicando uma reamostragem com substituição e gerando a previsão de consenso agregado. Lembre-se que esta abordagem bootstrap assume que o modelo está corretamente especificado e estamos simplesmente reexecutando a mesma especificação do modelo em dados reamostrados. Em contraste, os métodos de Aprendizagem em Conjunto, como o AI/AM Ajuste Comum em Conjunto e o Ajuste Complexo em Conjunto, tomarão o mesmo conjunto de dados e aplicarão centenas ou até milhares de modelos para testar a especificação do modelo mais adequada.

Bootstrapping funciona bem em situações em que o conjunto de dados consiste em N são pontos de dados *i.i.d.*. Isso significa que a ordem sequencial dos pontos de dados não é importante para se encaixar no processo subjacente. Por exemplo, se reamostramos suficientes linhas de dados (uma linha pode consistir em múltiplas colunas de variáveis independentes) com substituição, os parâmetros montados serão distribuídos em torno dos parâmetros populacionais verdadeiros. Pode haver situações em que a regressão de *bootstrap* é problemática, especialmente quando os pontos de dados não são *i.i.d.* como quando os pontos de dados são desajeitados ou sensíveis a valores extremos.

Figura 6.2 ilustra o modelo supervisionado de Ajuste Linear de Dados por *Bootstrap* Empacotado de com IA/Aprendizagem de Máquina no **BizStats**. Para começar, a prática padrão é dividir seus dados em conjuntos de treinamento e testes. O conjunto de treinamento (um dependente com uma ou mais variáveis independentes) é usado para treinar o algoritmo e obter os parâmetros mais adequados. Observe que o **Risk Simulator** também fornece uma variação dessa regressão *bootstrap*, resamostrando os erros residuais, bem como randomizando os dados e gerando suposições de simulação probabilísticas Monte Carlo como resultado.

O algoritmo também permite que você digite opcionalmente valores dependentes do conjunto de testes conhecidos. Às vezes são conhecidos e às vezes são desconhecidos e devem ser previstos. Se os valores forem desconhecidos, basta deixar a entrada vazia ou inserir um 0 na entrada se desejar inserir a próxima entrada, que é a previsão de que os resultados salvam a localização na grade de dados.

Basta digitar as variáveis que você precisa classificar e digitar o número de clusters desejados. Por exemplo, as entradas de modelo necessárias se parecem com as seguintes:

```
Entradas do modelo:
VAR373            Treino Y (1 variáveis)
VAR374:VAR375     Treino X (≥ 1 variáveis)
VAR380:VAR381     Treino X (Jogos de Treinamento X's # variáveis)
1000              # Bootstraps (1-1000)
45                # Dados (< número de linhas de dados)
0                 Teste Y (opcional, 1 variable)
VAR442            Previsão para salvar localização (opcional, 1 var)
```

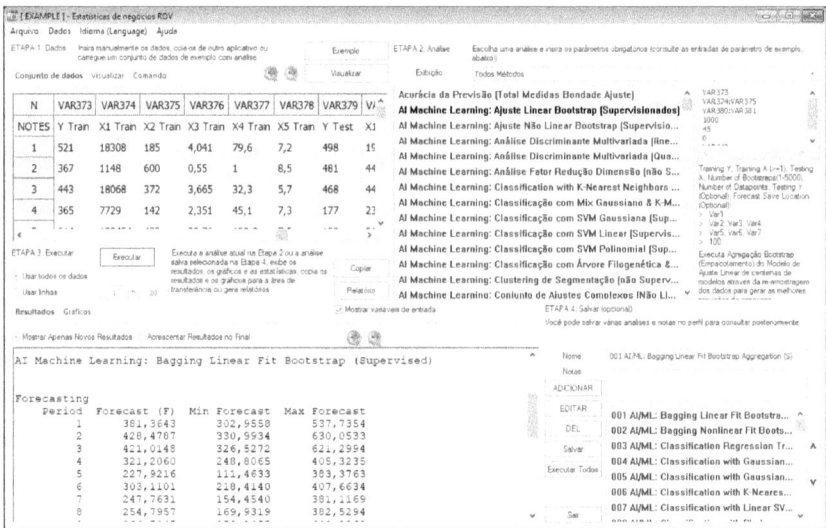

Figura 6.2: IA/AM: Ajuste Linear Agregação de Bootstrap

Alguns resultados amostrais são mostrados a seguir. Como poderia haver centenas a milhares de modelos *bootstrap*, não há razão para exibir todos os coeficientes. Os únicos resultados críticos que nos preocupam são as médias das previsões. As interpretações desses valores de previsão são as mesmas da regressão linear múltipla, exceto que essas previsões são baseadas na média de centenas a milhares de regressões de *bootstrap* para gerar uma previsão de consenso. Se você precisar dos coeficientes equipados e a bondade-de-ajuste para o modelo de ajuste linear, use o Modelo de Ajuste Linear IA/AM (Supervisionado) para gerar os resultados de um único modelo.

```
IA - Aprendizado de Máquina: Ajuste Lineares por Agregação
      Bootstrap de (Supervisionados)

Período  Previsão (F)   Min Previsão   Max Previsão
   1       381,3643       302,9558       537,7354
   2       428,4787       330,9934       630,0533
   3       421,0148       326,5272       621,2994
   .         . .            . .            . .
  30       351,1833       281,0165       435,7724
```

APRENDIZADO DE MÁQUINA DE IA: AJUSTE NÃO LINEAR EMPACOTAMENTO BOOTSTRAP (SUPERVISIONADO

Métodos de IA/AM Relacionados: Ajuste Linear Empacotamento *Bootstrap*, Conjuntos de Aprendizagem de Ajuste Comum e Complexo

Métodos Tradicionais Relacionados: Simulação *Bootstrap* não Paramétrica, Regressão *Bootstrap*

Este método calcula uma agregação de *bootstrap* em seu modelo de ajuste não linear personalizado, centenas de vezes, através de dados reamostrados, para gerar as melhores previsões de consenso. Esta abordagem é semelhante ao modelo Ajuste Linear com Agregação de *Bootstrap* (*Bagging Linear Fit Bootstrap*) descrito anteriormente. A principal diferença é que o modelo de regressão é um modelo não linear personalizado, que o usuário pode inserir. Novamente, observe as diferenças entre a agregação de *bootstrap* versus métodos de aprendizagem de conjunto, conforme descrito no método anterior.

Como de costume, a prática padrão é dividir seus dados em conjuntos de treinamento e testes. O conjunto de treinamento (um dependente com uma ou mais variáveis independentes) é usado para treinar o algoritmo e obter os parâmetros mais adequados. Neste modelo, você pode criar suas equações personalizadas (Figura 6.3). Observe que apenas uma variável é permitida como Variável Dependente de Treinamento Y, enquanto múltiplas variáveis são permitidas na seção Variáveis Independentes de Treinamento, separadas por um ponto e vírgula (;) e que funções matemáticas básicas podem ser utilizadas (por exemplo, *LN, LOG, LAG, TIME*, +, -, /, *, *RESIDUAL, DIFF*).

Por exemplo, a variável dependente do conjunto de treinamento é $VAR(373)$ e as variáveis independentes são $VAR374$; $(VAR375)^2; LN(VAR376)$ e assim por diante. Você precisa usar a mesma forma funcional para as variáveis independentes do conjunto de testes também (mas com as mesmas ou diferentes variáveis), caso contrário, o modelo não será executado corretamente. Por exemplo, o conjunto de variáveis independentes de teste complementar pode ser $VAR380; (VAR381)^2; LN(VAR382)$. Observe que a mesma forma funcional é usada, mas aplicada a diferentes variáveis. Aplicá-lo às mesmas variáveis seria o mesmo que executar um modelo econométrico personalizado em vez disso.

O algoritmo também permite que você digite opcionalmente valores dependentes do conjunto de testes conhecidos. Às vezes são conhecidos e às vezes são desconhecidos e devem ser previstos. Se os valores forem desconhecidos, basta deixar a entrada vazia ou inserir um **0** na entrada se desejar inserir a próxima entrada, que é a previsão de que os resultados salvam a localização na grade de dados. Basta digitar as variáveis que você precisa classificar e digitar o número de clusters desejados. Por exemplo, as entradas de modelo necessárias se parecem com as seguintes:

```
Entradas do modelo:
VAR373                         Treino Y (1 variável)
VAR374;(VAR375)^2;LN(VAR376)   Treino X (personalizado)
VAR380;(VAR381)^2;LN(VAR382)   Teste X (match Training X)
1000                           Bootstrap (1-1000)
45                             Dados pontuais(< linhas)
VARX                           Teste Y (opcional, 1 var)
VARX                           Salvar localização (opcional)
```

Semelhante ao modelo Linear de Ensacado, o método de agregação de modelos de ajuste não linear só está interessado na previsão média com base nas variáveis de teste.

Período	Previsão (F)	Min Previsão	Max Previsão
1	461,0773	344,4549	675,2174
2	376,6107	244,1768	492,1968
3	433,2520	328,7345	525,5529
4	350,0867	258,8144	441,4277
.	. .	. .	. .
30	378,3837	304,0993	462,3721

Figura 6.3: IA/AM: Ajuste não Linear por Agregação de Bootstrap (Empacotamento)

APRENDIZADO DE MÁQUINA DE IA: CART – ÁRVORES DE CLASSIFICAÇÃO DE E REGRESSÃO (SUPERVISIONADO)

Métodos Relacionados de IA/AM: Análise Discriminante Multivariada (Linear e Quadrática), Floresta Aleatória

Métodos Tradicionais Relacionados: Análise Discriminante Linear

O modelo Árvores de Classificação e Regressão (CART) gera ramificações e subgrupos da variável dependente categórica **Y** utilizando variáveis características **X**. O CART é normalmente usado para mineração de dados e constitui uma abordagem supervisionada de aprendizado de máquina. Esta é uma abordagem de classificação quando a variável dependente é categórica e a árvore é usada para determinar a classe ou grupo dentro do qual uma variável de teste de destino é mais provável de cair. Os dados são divididos em galhos ao longo de uma árvore e cada divisão de galhos será determinada usando coeficientes de *Gini* e coeficientes de perda de informações com base nas perguntas feitas ao longo do caminho. Especificamente $Gini = 1 - \sum_{i=1}^{c} p_i^2$. Se este índice de Gini é **0**, significa que os dados são perfeitamente classificados. Portanto, usando um algoritmo recursivo, podemos aplicar as divisões que têm o menor índice de Gini. A estrutura final parece uma árvore com seus muitos ramos. Regras adicionais de divisão e parada são aplicadas ao longo do caminho, e as filiais terminais fornecerão previsões da variável de teste de destino. Figura 6.4 fornece uma ilustração visual e os resultados de um modelo CART. Basta digitar as variáveis que você precisa classificar e digitar o número de clusters desejados. O modelo CART então gera regras *if-then-else* que são simples de entender e implementar como uma ferramenta de previsão. A árvore pode identificar padrões que muitas vezes são obscurecidos nas interações complexas dos dados.

O algoritmo CART executa as divisões ideais de acordo com o coeficiente de Gini e, em seguida, retesta a árvore de regressão contra a variável treino real Y para identificar sua precisão. Se um conjunto diferente de variáveis de teste for inserido X, ele também projetará e classificará os agrupamentos relevantes (Figura 6.5). Os dados da amostra mostram as informações de 10 indivíduos, onde o modo de transporte preferido de cada indivíduo é a variável dependente (uma variável categórica 1, 2, 3 para ônibus, trem ou carro). Os preditores independentes são o sexo dos indivíduos (1, 2 para homens ou mulheres), se a pessoa possui um carro (1, 0 para sim ou não), o custo do transporte (1, 2, 3 para barato, médio ou caro) e a categoria de nível de renda do indivíduo (1, 2, 3 para baixo, médio ou alto). De volta à Figura 6.4, vemos a árvore visualmente, com todas as divisões relevantes e coeficientes de Gini. A árvore é então usada para se encaixar novamente nos dados originais. Para os dados de exemplo (Figura 6.5), o primeiro indivíduo que acabou tomando o Ônibus (Modo de Transporte = 1) tem os seguintes valores variáveis dependentes: Sexo = 1, Propriedade do Carro = 0, Custo de Transporte = 1 e Nível de Renda = 1. Começamos do topo da árvore na Figura 6.4 e ver que para o custo = 1, pegamos o primeiro ramo direito, depois descemos o próximo nível, pegamos o ramo certo onde o custo da viagem = 1. Então, pegamos o ramo esquerdo onde o sexo = 1. O caminho é ousado para uma identificação mais fácil. Este é o ramo terminal, o que significa que o modelo prevê que o modo de transporte é 1, correspondente aos dados originais. Todas as linhas de dados são alimentadas através desta árvore de acordo com seus próprios caminhos.

As entradas do modelo necessárias se parecem com as seguintes:

```
Entradas do Modelo:
VAR433              Treinamento Y (1 variável)
VAR434:VAR437       Treinamento X (≥ 1 variáveis)
VAR438:VAR441       Teste X (opcional, jogo # do var)
VAR442              Salvar localização Previsão (opcional, 1 var)
```

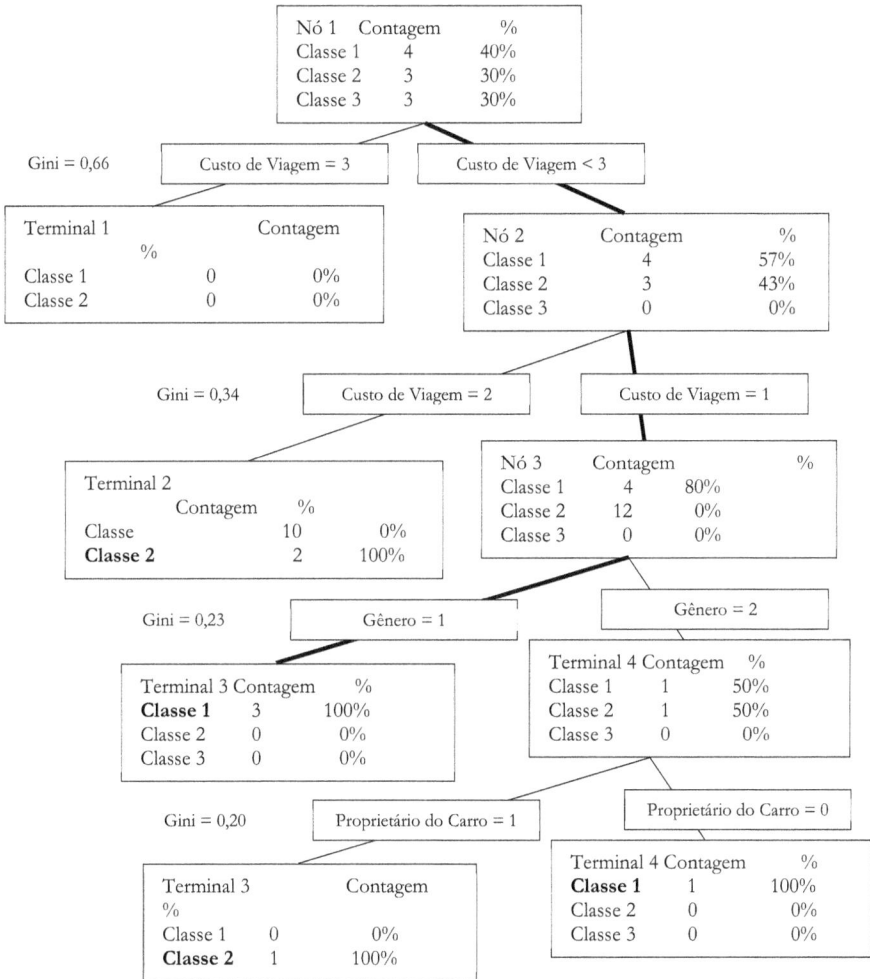

Nó 1	Contagem	%
Classe 1	4	40%
Classe 2	3	30%
Classe 3	3	30%

Gini = 0,66   Custo de Viagem = 3   Custo de Viagem < 3

Terminal 1		Contagem
	%	
Classe 1	0	0%
Classe 2	0	0%

Nó 2	Contagem	%
Classe 1	4	57%
Classe 2	3	43%
Classe 3	0	0%

Gini = 0,34   Custo de Viagem = 2   Custo de Viagem = 1

Terminal 2		
	Contagem	%
Classe	10	0%
Classe 2	2	100%

Nó 3	Contagem	%
Classe 1	4	80%
Classe 2	12	0%
Classe 3	0	0%

Gini = 0,23   Gênero = 1   Gênero = 2

Terminal 3	Contagem	%
Classe 1	3	100%
Classe 2	0	0%
Classe 3	0	0%

Terminal 4	Contagem	%
Classe 1	1	50%
Classe 2	1	50%
Classe 3	0	0%

Gini = 0,20   Proprietário do Carro = 1   Proprietário do Carro = 0

Terminal 3		Contagem
	%	
Classe 1	0	0%
Classe 2	1	100%

Terminal 4	Contagem	%
Classe 1	1	100%
Classe 2	0	0%
Classe 3	0	0%

Figura 6.4: Árvore de Classificação e Regressão (CART)

Os resultados completos do algoritmo são mostrados a seguir. O método CART retornará as várias categorias numéricas únicas no conjunto de Treinamentos Y e, neste exemplo, temos três categorias: 1, 2 e 3. Mostrará o ajuste do conjunto de dados de treinamento, onde aqui vemos os resultados reais versus CART previstos, com uma precisão perfeita de 100% em cada categoria. As categorias reais baseadas no conjunto de treinamento são mostradas, juntamente com a categorização prevista do modelo. Este modelo montado e sua comparação com os reais permitem ver a precisão do modelo. Em seguida, usando este modelo montado, se as variáveis de teste opcionais forem fornecidas, o algoritmo pega este conjunto de dados de teste X e calcula as categorias previstas.

```
IA - Aprendizado de Máquina: Árvore de Regressão de Classificação
(Supervisionada)


    Categoria     Atual     Previsto      Acurácia
        1           4           4         100,00%
        2           3           3         100,00%
        3           3           3         100,00%

              Conjunto de dados de Treinamento

    Previsão        Real
     1,00           1,00
     1,00           1,00
     2,00           2,00
     1,00           1,00
     1,00           1,00
     2,00           2,00
     2,00           2,00
     3,00           3,00
     3,00           3,00
     3,00           3,00

        Previsão de Conjunto de Dados de Teste
                      1,00
                      1,00
                      2,00
                      1,00
                      1,00
                       . .
                      3,00
```

Figura 6.5: AI/AM Classificação e CART de Árvore de Regressão

APRENIZADO DE MÁQUINA DE IA: CLASSIFICAÇÃO COM SEGMENTAÇÃO MIX GAUSSIANO & *K-MEANS* (NÃO SUPERVISIONADA)

Métodos relacionados de IA/ML: Análise Discriminante Multivariada (Quadrática), Agrupamento de Segmentação

Métodos Tradicionais Relacionados: Análise de Discriminantes Quadráticos

O IA-AM - Modelo Mix Gaussiano (GMM) Agrupamento K-Means assume múltiplas sobreposições normais. Este é um método de aprendizado de máquina não supervisionado que é aplicável quando não sabemos de onde os clusters vêm inicialmente. Normalmente, o conjunto de dados tem linhas n de dados com m colunas de características de espaço multidimensional e onde normalmente temos $1 \leq m \leq 4$. Os resultados mostram as probabilidades de um determinado valor pertencente a um determinado cluster. Quando há um único cluster, normalmente executávamos uma rotina de montagem distributiva, como um modelo Kolmogorov–Smirnov, mas quando há k múltiplos clusters de distribuição Normais (com μ_k, COV_k média e covariância), a densidade total de probabilidade é uma função linear das densidades em todos esses clusters, onde

$p(x) = \sum_{k=1}^{k} \pi_k G(x|\mu_k, COV_k)$ e π_k é o coeficiente de mistura para a k-th distribuição. Um algoritmo de maximização de expectativas é usado para estimar a função de probabilidade máxima do ajuste, enquanto o Critério de Informações Bayes (BIC) é usado para selecionar automaticamente os melhores parâmetros de covariância.

Um Mix Gaussiano está relacionado com a abordagem *K-Means* e é bastante simples e usa algumas *Naïve Bayes* e estimativas de probabilidade. Às vezes, os resultados não são tão confiáveis quanto, por exemplo, um método SVM (Máquina de Vetor Suporte) supervisionada. Isso é por causa do algoritmo não supervisionado do Mix Gaussiano, que pode não convergir. Execute o mesmo modelo várias vezes para ver se o modelo converge (ou seja, os resultados serão os mesmos a cada vez que você clicar em Executar). Se os resultados não forem idênticos, tente aumentar o número de iterações e teste novamente. Se os resultados obtidos não forem como esperados, reduza o número de variáveis e aumente o número de linhas e tente novamente com uma iteração maior. O melhor modelo é aquele com valor máximo de probabilidade de log (tenha cuidado aqui, pois a probabilidade de log é tipicamente um valor negativo, o que significa que um modelo com −100 é melhor do que um modelo com uma medida de probabilidade de log de −300). Alternativamente, experimente a metodologia IA/AM de *Clustering* de Segmentação não supervisionada, que normalmente é mais confiável. Sempre que possível e se os dados permitirem, a recomendação é usar os métodos SVM supervisionados ou o método IA/AM de *Clustering* de Segmentação não supervisionado.

Figura 6.6 ilustra um conjunto de dados de 50 estados e suas médias relatadas de 10 anos de atividades criminosas, incluindo o número de assassinatos, agressões agravadas e eventos de arrombamento, bem como a população (em milhões). Suponha que queiramos, sem qualquer supervisão, categorizar os estados em 5 aglomerados. Basta digitar as variáveis que você precisa classificar e digitar o número de clusters desejados. Por exemplo, as entradas de modelo necessárias se parecem com as seguintes:

```
Entradas do modelo:
VAR416:VAR419          As variáveis para classificar
50                     # de clusters para agrupar os dados
1000                   Max Iterações (Opcional=100, 1-5000)
VARX                   Localização para salvar as categorias
                       previstas
```

Os resultados mostrarão tanto o Clustering K-Means quanto os modelos Mix Gaussiano. Como mencionado, se o mesmo modelo for re-executado várias vezes e os resultados permanecerem os mesmos, o modelo convergiu; caso contrário, adicione mais iterações e tente novamente. Se o modelo convergir, use os resultados dessa corrida. Se a convergência não for alcançada, aplique um método completamente diferente ou reexecute o mesmo modelo várias vezes e selecione aquele com o maior valor de probabilidade de log. Além disso, quando os meios de cluster de K-Means e Mix Gaussiano estão próximos um do outro, os resultados são relativamente confiáveis. Esses meios geralmente não se igualam uns aos outros, pois executam algoritmos diferentes

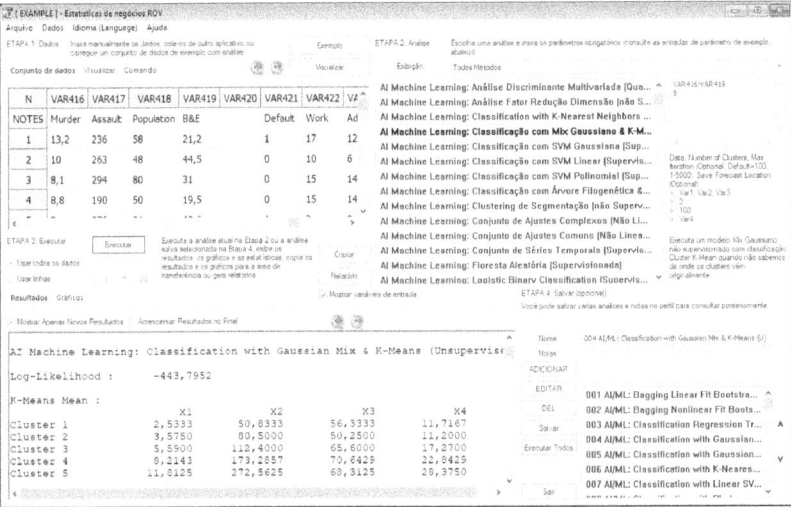

Figura 6.6: AI/AM: Classificação com Mix Gaussiano

Como mostrado na Figura 6.6, os meios de Cluster K-Means e Mix Gaussiano são fornecidos para os 5 clusters solicitados (mostrados como linhas nos resultados) para cada uma das 4 variáveis independentes (mostradas como colunas). Em seguida, as contagens K-Means do número de estados em cada categoria são fornecidas, assim como as atribuições K-Means desses estados nas várias categorias. Os resultados do Mix Gaussiano também fornecem as probabilidades de que um determinado estado se enquadra em uma categoria específica. Por exemplo, vemos pelos resultados que há 6 linhas agrupadas no Cluster 1, 4 no Cluster 2 e assim por diante. As probabilidades do Gaussian Mix mostram que há 99,52% de chance de os dados da primeira linha caírem no Cluster 5, os dados da segunda linha têm 100% de chance de estar no Cluster 5, os dados da terceira linha têm 100% de chance de estar no Cluster 5, e assim por diante Você também pode executar a análise usando segmentação de cluster AI/AM, mas esteja ciente de que linhas semelhantes serão agrupadas, embora a numeração de os clusters podem diferir devido aos diferentes algoritmos utilizados. Por exemplo, o Cluster 1 pode ser chamado de Cluster 5, e assim por diante.

IA/Aprendizado de Máquina: Classificação com Mix Gaussiana & K-Means
(Não Supervisionado)

Log-Probabilidade: -443,7952

K-Means Média	X1	X2	X3	X4
Cluster 1	2,5333	50,8333	56,3333	11,7167
Cluster 2	3,5750	80,5000	50,2500	11,2000
Cluster 3	5,5900	112,4000	65,6000	17,2700
Cluster 4	8,2143	173,2857	70,6429	22,8429
Cluster 5	11,8125	272,5625	68,3125	28,3750

Média da Mistura Gaussiana
	X1	X2	X3	X4
Cluster 1	2,5333	50,8333	56,3333	11,7167
Cluster 2	3,5750	80,5000	50,2500	11,2000
Cluster 3	5,6040	112,3639	65,5769	17,2632
Cluster 4	8,1510	170,4197	70,1595	21,6213
Cluster 5	11,6003	267,8302	68,8306	28,9050

Contagem de K-Means
Cluster 1	Cluster 2	Cluster 3	Cluster 4	Cluster 5
6	4	10	14	16

Probabilidades de mistura gaussiana para cada linha
Cluster 1	Cluster 2	Cluster 3	Cluster 4	Cluster 5
0,0000	0,0000	0,0000	0,0048	0,9952
0,0000	0,0000	0,0000	0,0000	1,0000
0,0000	0,0000	0,0000	0,0000	1,0000
0,0000	0,0000	0,0000	0,9479	0,0521
0,0000	0,0000	0,0000	0,0000	1,0000
0,0000	0,0000	0,0000	0,0402	0,9598
. . .	. . .	. . .	. . .	. . .
0,0000	1,0000	0,0000	0,0000	0,0000
1,0000	0,0000	0,0000	0,0000	0,0000
0,0000	0,0000	0,0000	0,9996	0,0004

Atribuições k-means para cada linha
```
5
5
5
4
5
4
.
2
1
4
```

APRENDIZADO DE MÁQUINA DE IA: CLASSIFICAÇÃO COM K-NEAREST NEIGHBORS (SUPERVISIONADO)

Métodos relacionados de IA/ML: Agrupamento de Segmentação

Métodos tradicionais relacionados: Agrupamento de Segmentação

O algoritmo K-Near Neighbor (KNN) é usado para classificar e segregar os dados em grupos. Outro nome para este método é a estrutura de árvores k-dimensional, útil para particionar pontos de dados em algumas pequenas dimensões. Basta digitar as variáveis que você precisa classificar e digitar o número de clusters desejados. Por exemplo, as entradas de modelo necessárias se parecem com as seguintes:

```
Entradas do modelo:
VAR105:VAR107    Treinamento X (≥ 1 variável)
VAR108:VAR110    Testando X (jogo Treinamento X's bate com # de var)
```

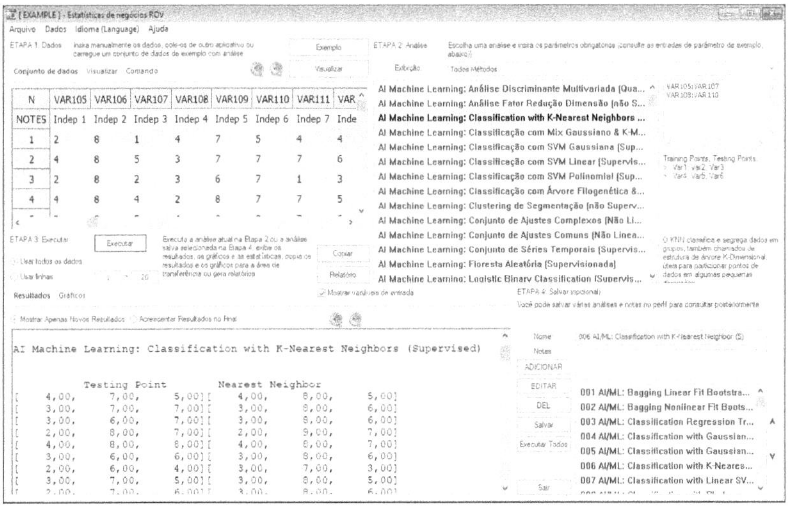

Figura 6.7: IA/AM: KNN Vizinho mais próximo

Como ilustrado na Figura 6.7, os resultados da KNN mostrarão os pontos de teste e identificarão os vizinhos mais próximos. Por exemplo, na primeira linha dos dados de teste, temos os valores 4, 7, 5 e essa sequência numérica, em comparação com todos os outros dados, está mais intimamente relacionada a 4, 8, 5 (isso pode estar tanto no conjunto de testes quanto no conjunto de treinamento).

Pontos de teste	Vizinho mais próximo
[4,00; 7,00; 5,00]	[4,00; 8,00; 5,00]
[3,00; 7,00; 7,00]	[3,00; 8,00; 6,00]
[3,00; 6,00; 7,00]	[3,00; 8,00; 6,00]
[2,00; 8,00; 7,00]	[2,00; 9,00; 7,00]
[4,00; 8,00; 8,00]	[4,00; 8,00; 7,00]
. . . .	. . . .
[4,00; 7,00; 4,00]	[4,00; 8,00; 4,00]
[5,00; 5,00; 6,00]	[5,00; 8,00; 5,00]

APRENDIZADO DE MÁQUINA DE IA: CLASSIFICAÇÃO COM ÁRVORES FILOGENÉTICAS E AGRUPAMENTO HIERÁRQUICO (NÃO SUPERVISIONADO)

Métodos de IA/ML Relacionados: Clustering de segmentação, K-vizinho mais próximo (KNN)

Métodos Tradicionais Relacionados: Agrupamento de Segmentação

Neste método, o algoritmo executa árvores filogenéticas para classificação de dados, aplicando um algoritmo hierárquico de clustering. As árvores filogenéticas são tipicamente usadas em pesquisas biomédicas e genéticas, como olhar para sequências de DNA. Este método não é supervisionado, e o algoritmo é aplicado para descobrir como agrupar um conjunto de dados que não são ordem sem ser fornecido com quaisquer dados de treinamento que tenham as respostas corretas. O resultado é um cluster hierárquico com vários conjuntos totalmente aninhados onde os menores conjuntos são os elementos individuais do conjunto, e o maior conjunto é todo o conjunto de dados.

Para aplicar uma árvore filogenética usando clustering hierárquico, o conjunto de dados é tipicamente um conjunto de sequências ou matrizes de distância. Basta digitar as variáveis que você precisa classificar e digitar o número de clusters desejados. A variável de entrada é uma sequência de DNA genético amostral, e os resultados mostram uma árvore filogenética hierárquica de 5 níveis (Figura 6.8). A árvore de 5 níveis (linhas verticais indicam eventos de ramificação, e há 5 linhas verticais desde o primeiro ramo até o caminho mais longo). As entradas do modelo necessárias se parecem com as seguintes:

```
Entradas do modelo:
VAR462      Cadeia Genética
0           Nome da cadeia (opcional)
1           Tipo de distância (Opcional, 1-5)
```

Sequência DNA	Nome	Sequência DNA	Nome
CGGTTGGGAGCT	A	AGGCGGTGCGGG	I
AGGTCGTGAGGT	B	GGGGGGGGCGGG	J
TGGGTGCGAGTT	C	GGGCGCTGCGGG	K
ACGTTTGGGTGA	D	GGACGGAGGCTG	L
AAGGTTGGGGAA	E	GGGTGGGAGCTG	M
GTCTTTCGGGTG	F	AGGAGGCTGATG	N
CACTTGCGGGGG	G	TGGCGGATGATG	O
GCGCGGTGCAGC	H	TGGGTGCGAGTT	P

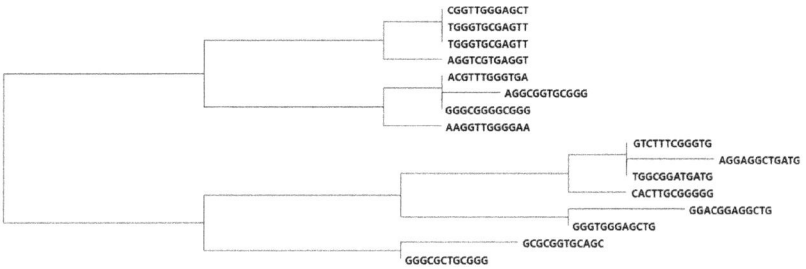

Figura 6.8: AI/AM: Árvores Filogenéticas

Métodos relacionados de IA/ML: Análise Discriminante Multivariada, Agrupamento de Segmentação

Métodos Tradicionais Relacionados: Análise Discriminante Linear, Agrupamento de Segmentação

Máquinas de Vetor Suporte (SVM) é uma classe de algoritmos de aprendizagem de máquina supervisionados usados para classificação. O termo "máquina" na SVM pode ser um equívoco, pois é apenas um vestígio do termo "aprendizado de máquina". Os métodos SVM são mais simples de implementar e executar do que algoritmos complexos de Rede Neural. No aprendizado supervisionado, normalmente começamos com um conjunto de dados de treinamento. O algoritmo é treinado usando este conjunto de dados (ou seja, os parâmetros são otimizados e identificados) e então os mesmos parâmetros do modelo são aplicados ao conjunto de testes, ou a um novo conjunto de dados nunca antes visto pelo algoritmo.

O conjunto de dados de treinamento compreende m pontos de dados, colocados como linhas na grade de dados (Figura 6.9), quando houver desfecho ou variável dependente y_i, seguido por um ou mais preditores independentes x_i para $i = 1, ..., m$. Cada uma das variáveis dependentes (também conhecidas como preditor ou característica) tem n dimensões (número de colunas). Em contraste, há apenas uma única variável y_i, com um desfecho binário (por exemplo, 1 e 0, ou 1 e 2, indicando se um item está dentro ou fora de um grupo). Observe que o conjunto de treinamento também pode ser usado como o conjunto de testes, e os resultados normalmente produzirão um alto nível de precisão de segregação. No entanto, na prática, normalmente usamos um subconjunto menor do conjunto de dados de testes como o conjunto de dados de treinamento e liberamos o algoritmo otimizado no conjunto de testes restante. Uma das poucas ressalvas limitantes dos métodos SVM é a exigência de que exista algum hiperplano n-dimensional que separe os dados.

O hiperplano é definido por uma equação $f(\mathbf{x}) = \mathbf{w} \cdot \mathbf{x} + b = 0$, que separa completamente o conjunto de dados de treinamento em dois grupos. Os parâmetros $\mathbf{w}$ (o vetor normal para o hiperplano) e b (um parâmetro de deslocamento, como uma interceptação virtual) podem ser dimensionados conforme necessário, para ajustar a previsão de volta aos dois grupos originais. Aplicando alguma geometria analítica, vemos que os parâmetros são melhor ajustados aplicando uma rotina de otimização interna para minimizar $\frac{1}{2}\mathbf{w} \cdot \mathbf{w}$ o que reduz a um problema *Lagrangiano* onde maximizamos a probabilidade de $\mathcal{L}(\alpha, \beta) = \frac{1}{2}f(\mathbf{w}) + \sum_j \alpha_j g_j(\mathbf{w}) + \sum_k \beta_k h_k(\mathbf{w})$, onde todos os parâmetros são positivos.

Finalmente, os algoritmos SVM são mais bem usados em conjunto com um estimador de densidade de **kernel** e os três mais comumente usados são os *kernel* Gaussiano, Linear e Polinomial. Experimente cada uma dessas abordagens e veja qual se encaixa melhor nos dados, revisando a exatidão dos resultados.

- o **SVM Gaussiano.** Aplica um estimador **kernel** normal de $exp\left[-\frac{1}{2}\left|\mathbf{x_i} - \mathbf{x_j}\right|^2/\sigma^2\right]$

- o **SVM Linear.** Aplica um estimador linear **kernel** padrão $\mathbf{x_i} \cdot \mathbf{x_j}$

- o **SVM Polinomial.** Aplica um estimador **kernel** de densidade de polinomial (por exemplo, programação não linear quadrática), como $\left|a\mathbf{x_i} \cdot \mathbf{x_j} + b\right|^c$

Figura 6.9 ilustra o modelo supervisionado SVM. O mesmo procedimento se aplica às três subclasses SVM. Para começar, usamos um conjunto de dados de exemplo onde os pesos e tamanhos de 40 frutas foram medidos. Essas frutas eram maçãs ou laranjas. Lembre-se que os SVMs são mais usados para separações em dois grupos. A grade de dados mostra VAR408 com a categoria alfanumérica da variável dependente ou classificada (maçãs ou laranjas). No entanto, os algoritmos SVM requerem insumos numéricos, portanto, os agrupamentos dependentes foram codificados a um valor numérico de 1 e 2 em VAR407 (categorias numéricas bivariadas). VAR405 e VAR406 são os preditores ou características definidas (os pesos e tamanhos dos frutos) que usaremos como conjunto de treinamento para calibrar e encaixar o modelo. Estes são os dois primeiros conjuntos de entradas no modelo. Note que temos VAR407 inscrito na primeira linha como variável dependente do treinamento e na segunda linha, VAR405; VAR406 como as variáveis independentes de treinamento (conjunto de recursos preditor). Para começar, usamos os valores padrão *Sigma*, *Lambda* e *Omega* de 2; 1000; e 0,5. Dependendo da subclasse SVM, apenas alguns ou todos os três serão usados. Comece com os padrões e mude conforme necessário. A principal variável que impacta os resultados é o *Ômega*, que é um valor entre 0 e 1. Se você definir a Opção Calibrar para 1, ele testará vários valores *Ômega* e mostrará os níveis de precisão de cada um. Selecione o valor *Ômega* com a maior precisão e reprise o modelo. Você pode acessar os parâmetros de dataset e entrada no BizStats carregando o exemplo padrão. O seguinte ilustra os parâmetros de entrada necessários e alguns exemplos:

```
Entradas do modelo:
VAR407              Variável dependente de treinamento (1)
VAR405; VAR406      Treinamento de variáveis independentes (≥1)
2,00                Sigma
1000                Lambda
0,50                Ômega (este é testado para precisão)
1,00                Calibrar (1=calibrar Ômega, 0=não)
VAR405; VAR406      Testando variáveis independentes
VAR409              Cole os resultados da previsão (opcional)
VARxxx              Cole os resultados agrupados (opcional)
```

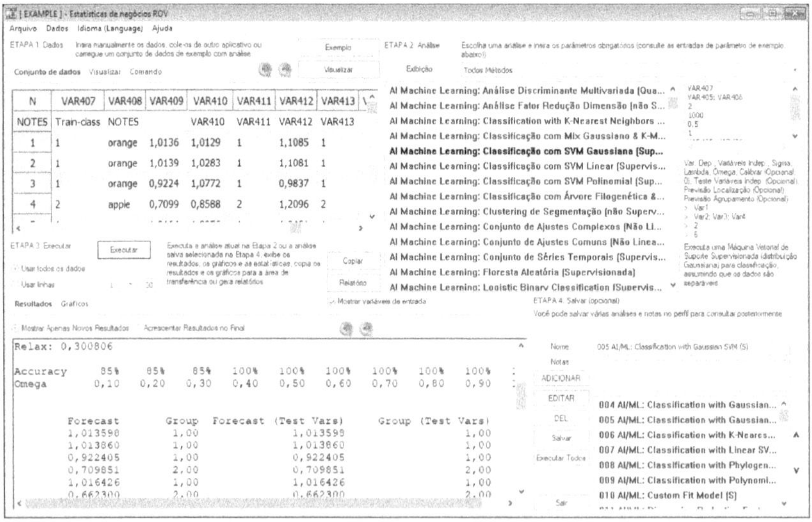

Figura 6.9: AI/AM: Classificação Máquinas de Vetores Suporte (SVM)

Os resultados fornecem uma série de valores de previsão e grupos de previsão para o conjunto de treinamento, bem como para o conjunto de dados de testes, mostrando os resultados de segmentação numérica e os grupos resultantes finais. Observe que os resultados do exemplo indicam uma alta bondade-de-ajuste relativamente ao conjunto de dados de teste a 95% de ajuste. Este ajuste se aplica ao conjunto de dados de treinamento e assumindo que a mesma estrutura de dados se mantém, o conjunto de dados de teste também deve ter um ajuste que esteja próximo a este resultado. Normalmente, apenas os valores de previsão do conjunto de dados de teste e a adesão ao agrupamento são importantes para o usuário; portanto, você pode, opcionalmente, inserir o local na grade de dados para salvar os resultados, por exemplo, VAR411 e VAR412. Se essas entradas forem deixadas vazias, os resultados não serão salvos na grade de dados, e só estarão disponíveis na área de resultados.

```
Aprendizado de Máquina de IA: Classificação com SVM Gaussian
(Supervisionado)

Acurácia   85%    85%    85%    100%   100%   100%   100%   100%
Ômega      0,10   0,20   0,30   0,40   0,50   0,60   0,70   0,80

Previsão        Grupo          Previsão (Teste)      Grupo (Teste)
1,013598        1,00              1,013598               1,00
1,013860        1,00              1,013860               1,00
0,922405        1,00              0,922405               1,00
0,709851        2,00              0,709851               2,00
1,016426        1,00              1,016426               1,00
. . .           . .               . . .                  . .
0,670190        2,00              0,670190               2,00
```

APRENDIZADO DE MÁQUINA DE IA: MODELO DE AJUSTE PERSONALIZADO(SUPERVISIONADO)

Métodos de IA/AM Relacionados: Modelo de Ajuste Linear

Métodos Tradicionais Relacionados: Modelo Econométrico Básico, Regressão Múltipla

O modelo AI/AM de **Ajuste Personalizado** é aplicável na previsão de séries temporais e dados transversais para modelar relacionamentos entre variáveis. Ele permite criar modelos de regressão múltiplos personalizados. Econometria refere-se a um ramo de técnicas de análise de negócios, modelagem e previsão de negócios para modelar o comportamento ou prever certos negócios, financeiros, econômicos, ciências físicas e outras variáveis. Executar o modelo **Ajuste Personalizado** é como uma análise regular de regressão econométrica, exceto que as variáveis dependentes e independentes podem ser modificadas antes de uma regressão ser executada. Para obter explicações mais detalhadas dos modelos de regressão, consulte as seções sobre regressão e regressão multivariada linear e não linear, bem como as seções associadas sobre armadilhas de modelagem de regressão.

Como de costume, a prática padrão é dividir seus dados em conjuntos de treinamento e testes. O conjunto de treinamento (um dependente com uma ou mais variáveis independentes) é usado para treinar o algoritmo e obter os parâmetros mais adequados. Neste modelo, você pode criar suas equações personalizadas (Figura 6.10). Observe que apenas uma variável é permitida como Variável Dependente de Treinamento, enquanto múltiplas variáveis são permitidas na seção Variáveis Independentes de Treinamento, separadas por um ponto e vírgula (;), e que funções matemáticas básicas podem ser utilizadas (por exemplo, LN, LOG, LAG, +, -, /, TEMPO, RESIDUAL, DIFF). Por exemplo, você pode usar a variável dependente do seu conjunto de treinamento como VAR(373) e variáveis independentes VAR374; (VAR375)^2; LN(VAR376) e assim por diante. Você precisa usar a mesma forma funcional para as variáveis independentes do conjunto de testes também (mas com as mesmas ou diferentes variáveis), caso contrário, o modelo não será executado corretamente. Por exemplo, um conjunto complementar de testes de variáveis independentes seria o VAR380; (VAR381)^2; LN(VAR382). Observe que a mesma forma funcional é usada, mas aplicada a diferentes variáveis. Aplicá-lo às mesmas variáveis seria o mesmo que executar um modelo econométrico personalizado em vez disso. YX

O algoritmo também permite que você digite opcionalmente valores dependentes do conjunto de testes conhecidos. Às vezes são conhecidos e às vezes são desconhecidos e devem ser previstos. Se os valores forem desconhecidos, basta deixar a entrada vazia ou inserir um 0 na entrada se desejar inserir a próxima entrada, que é a previsão de que os resultados salvam a localização na grade de dados.

Figura 6.10 mostra essas duas últimas entradas tratadas como opcionais e deixadas vazias.

```
Entradas do modelo:
VAR373                                 Training define variável dependente
VAR374; (VAR375)^2; LN(VAR376)         Treinamento definido sob medida. var.
VAR380; (VAR381)^2; LN(VAR382)         Teste definido ind. var.
{VARx ou 0 ou vazio}                   Teste definido dep. var. (opcional)
{VARxx ou vazio}                       Localização da previsão (opcional)
```

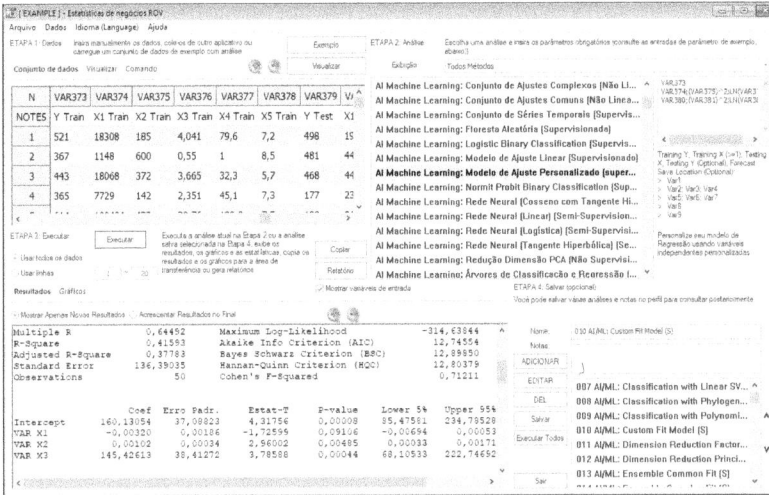

Figura 6.10: IA/AM: Modelo de Ajuste Personalizado (Supervisionado)

A interpretação dos resultados seria semelhante à da análise econométrica básica. Os resultados de bondade-de-ajuste e as estimativas de parâmetros ajustados pertencem ao conjunto de dados de treinamento, enquanto os valores de previsão são baseados no conjunto de dados de teste quando aplicados a esses parâmetros instalados. Às vezes, você pode querer reter alguns dados do conjunto de dados de treinamento e aplicá-los ao conjunto de dados de teste para testar a precisão do modelo e sua capacidade de prever, bem como visualizar os erros de previsão. Em outras palavras, a variável dependente do conjunto de testes opcional pode ser usada e, como esses valores conhecidos são aplicados, erros de previsão também podem ser gerados como resultado. Por exemplo, o valor VARx acima pode ser definido como VAR379.

IA - Aprendizado de Máquina: Modelo de Ajuste Personalizado
(Supervisionado)

Múltiplo R	0,64492	Máximo Log-Probabilidade	-314,63844
R-Quadrado	0,41593	Akaike Info. Critério (AIC)	12,74554
R-Quad Ajustado	0,37783	Bayes-Schwarz Critério (BSC)	12,89850
Erro Padrão	136,39035	Hannan-Quinn Critério (HQC)	12,80379
Observações	50	Cohen F-Quadrado	0,71211

	Coeff	Erro Padrão	Estat-T	Valor-p
Intercepto	160,13054	37,08823	4,31756	0,00008
VAR X1	-0,00320	0,00186	-1,72599	0,09106
VAR X2	0,00102	0,00034	2,96002	0,00485
VAR X3	145,42613	38,41272	3,78588	0,00044

ANOVA

	DF	SS	MS	F	Valor-p
Regressão	3	609356,63	203118,88	10,91900	0,00002
Residual	46	855707,05	18602,33		
Total	49	1465063,68			

Período	Previsão (F)
1	456,4715
2	379,5395
3	436,1389
,	, ,
25	252,1756
26	96,8285
27	401,1761
28	398,0723
29	235,0797
30	379,7052

APRENDIZADO DE MÁQUINA DE IA: ANÁLISE COMPONENTES PRINCIPAIS - REDUÇÃO DE DIMENSÕES (NÃO SUPERVISIONADOS)

Métodos relacionados à IA/ML: Análise Fatorial Redução de Dimensões

Métodos tradicionais relacionados: Análise de componentes principais, análise de fatores

A análise de componentes principais, ou PCA, facilita o modelo e o resumo de dados multivariados. Para entender o PCA, suponha que comecemos com variáveis N que dificilmente sejam independentes umas das outras, de tal forma que mudar o valor de uma variável mudará outra variável. A modelagem PCA substituirá as variáveis N originais por um novo conjunto de variáveis $M,$ que são inferiores a N mas não são corrigidas umas às outras, enquanto, ao mesmo tempo, cada uma dessas M variáveis é uma combinação linear das variáveis N

originais para que a maior parte da variação possa ser contabilizada usando menos variáveis explicativas.

O PCA é uma forma de identificar padrões de dados e reformular os dados de forma a destacar suas semelhanças e diferenças. Padrões de dados são muito difíceis de encontrar em altas dimensões quando existem múltiplas variáveis, e gráficos dimensionais mais elevados são muito difíceis de representar e interpretar. Uma vez que os padrões nos dados são encontrados, eles podem ser comprimidos, e o número de dimensões é agora reduzido. Essa redução das dimensões dos dados não significa muita redução na perda de informações. Em vez disso, níveis semelhantes de informação podem agora ser obtidos por um número menor de variáveis.

O PCA é um método estatístico que é usado para reduzir a dimensionalidade dos dados usando a análise de covariância entre variáveis independentes, aplicando uma transformação ortogonal para converter um conjunto de dados de variáveis correlacionadas em um novo conjunto de valores de variáveis linearmente não corrigidas denominadas componentes principais. O número de componentes principais computados será menor ou igual ao número de variáveis originais. Esta transformação estatística é configurada de tal forma que o primeiro componente principal tenha a maior variância possível contabilizando o máximo de variabilidade possível nos dados, e cada componente subsequente tem a maior variância possível sob a restrição de que é ortogonal ou não corrigido com os componentes anteriores. Assim, o PCA revela a estrutura interna dos dados de forma a explicar melhor a variância nos dados. Tal abordagem de redução dimensional é útil para processar conjuntos de dados de alta dimensão, mantendo o máximo de variância no conjunto de dados possível. O PCA gira essencialmente o conjunto de pontos em torno de sua média para se alinhar com os componentes principais. Portanto, o PCA cria variáveis que são combinações lineares das variáveis originais. As novas variáveis têm a propriedade de que as variáveis são todas ortogonais. A análise de fatores é semelhante à PCA, nessa análise fatorada também envolve combinações lineares de variáveis utilizando correlações, enquanto a PCA usa covariância para determinar autovetores e autovalores relevantes para os dados usando uma matriz de covariância. Os autovetores podem ser pensados como direções preferenciais de um conjunto de dados ou padrões principais nos dados. Os valores eigen podem ser considerados como avaliações quantitativas de quanto um componente representa os dados. Quanto maiores os valores de um componente, mais representativos são dos dados.

Como exemplo, o PCA é útil ao executar a regressão múltipla ou econometria básica quando o número de variáveis independentes é grande ou quando há multicollinearidade significativa nas variáveis independentes. Pode ser executado nas variáveis independentes para reduzir o número de variáveis e eliminar quaisquer correlações lineares entre as variáveis independentes. Os dados revisados extraídos obtidos após a execução do PCA podem ser usados para reexeriar a regressão linear múltipla ou a análise econométrica básica linear. O modelo resultante geralmente terá valores ligeiramente mais baixos do R-quadrado, mas potencialmente maior significado estatístico (menor valor p). Os usuários podem decidir usar quantos componentes principais forem necessários com base na variância cumulativa.

Suponha que haja k variáveis, X_k, há exatamente k componentes principais $Z_i \in i = 1 \ldots k$, e $Z_i = w_{i,1}X_1 + w_{i,2}X_2 + \ldots + w_{i,k}X_k$, onde $w_{i,k}$ são os pesos ou cargas de componentes. O primeiro componente principal Z_1 é uma combinação linear que explica melhor a variação total, enquanto o segundo componente principal Z_2 é ortogonal ou não corrigido para o primeiro e explica o máximo que pode da variação restante nos dados, e assim por diante, até o componente final Z_k.

Relacionado a outro método chamado Análise Fatorial, o PCA facilita o modelo e o resumo de dados multivariados. A Figura 6.11 ilustra um exemplo em que começamos com 5 variáveis independentes que dificilmente serão independentes umas das outras, de tal forma que alterar o valor de uma variável mudará outra variável. Lembre-se que esse efeito multicollinearidade pode causar vieses em um modelo de regressão múltipla. Tanto a análise de componentes principais quanto os fatores podem ajudar a identificar e eventualmente substituir as variáveis independentes originais por um novo conjunto de variáveis menores que as originais, mas não são corrigidas umas às outras, enquanto, ao mesmo tempo, cada uma dessas novas variáveis é uma combinação linear das variáveis originais. Isso significa que a maior parte da variação pode ser contabilizada por meio de menos variáveis explicativas. Da mesma forma, a análise fatorial é utilizada para analisar inter-relacionações dentro de um grande número de variáveis e simplifica esses fatores em um número menor de fatores comuns. O método condensa as informações contidas no conjunto original de variáveis em um conjunto menor de variáveis de fator implícito com perda mínima de informações. A análise está relacionada à análise dos componentes principais utilizando a matriz de correlação e aplicando a análise dos componentes principais aliada a uma rotação matricial varimax para simplificar os fatores. O requisito de entrada de dados é simplesmente a lista de variáveis que você deseja analisar (separadas por ponto e vírgula para variáveis individuais ou separadas por um cólon para um conjunto contíguo de variáveis, como VAR29:VAR33 para todas as 5 variáveis).

```
Entradas do modelo:
VAR29; VAR30; VAR31; VAR32; VAR33      Listde variáveis
```

Como mostrado na Figura 6.11, começamos com 5 variáveis independentes, o que significa que a análise de fatores ou os resultados principais da análise de componentes retornarão uma matriz de 5×5 de autovetores e 5 autovalores. Normalmente, só estamos interessados em componentes com valores eigens >1. Assim, nos resultados, só estamos interessados nos primeiros três ou quatro fatores ou componentes (alguns pesquisadores traçariam esses valores eigen e o chamariam de enredo scree, o que pode ser útil para identificar onde as dobras estão nos valores de autovalores).

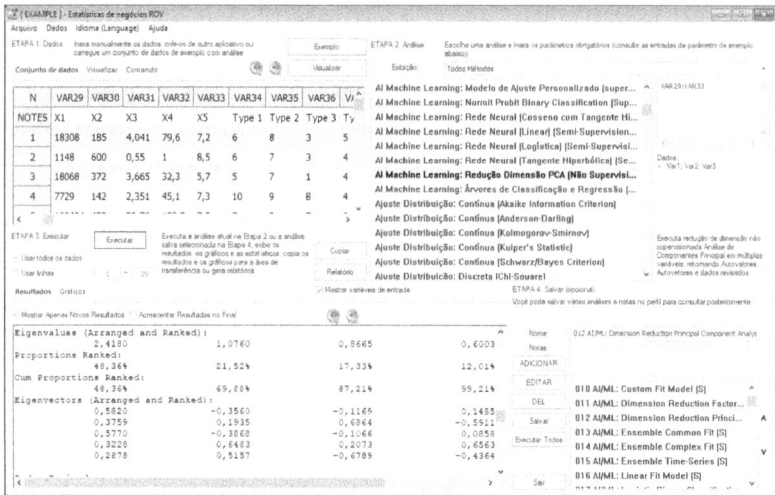

Figura 6.11: AI/AM: Redução de Dimensão PCA
(Não supervisionado)

Observe que o primeiro e o segundo fatores (as duas primeiras colunas de resultados) retornam uma proporção acumulada de 69,88%. Isso significa que o uso desses dois fatores explicará aproximadamente 70% da variação em todos os fatores independentes em si. Em seguida, olhamos para os valores absolutos da matriz de autovalores. Parece que as variáveis 1 e 3 podem ser combinadas em uma nova variável no fator 1, com a variáveis 4 e 5 como segundo fator. Isso pode ser feito separadamente e fora da análise dos componentes principais. Observe que os resultados não são tão elegantes com apenas 5 variáveis. A ideia do PCA e análise fatorial é que quanto mais variáveis você tiver, melhor será o algoritmo, em termos de redução do número de variáveis de dados ou do tamanho da dimensionalidade dos dados.

```
Análise de Componentes Principais

Autovalores (Organizado e Classificado):
2,4180          1,0760          0,8665          0,6003          0,0393

Proporções Classificadas:
48,36%          21,52%          17,33%          12,01%          0,79%

Proporções Acum, Classificadas:
48,36%          69,88%          87,21%          99,21%          100,00%

Autovetores (Organizados e Classificados):
0,5820          -0,3560         -0,1169         0,1485          0,7063
0,3759          0,1935          0,6864          -0,5911         0,0257
0,5770          -0,3868         -0,1066         0,0858          -0,7062
0,3228          0,6483          0,2073          0,6563          -0,0429
0,2878          0,5157          -0,6789         -0,4364         0,0021
```

```
Dados Revisados:
-0,0652          0,0004        -0,1386       -0,0046        0,0010
 0,0740          0,2294         0,2263       -0,4869        0,0050
   . .              . .            . .           . .           . .
-0,0141         -0,0306         0,1469       -0,1321        0,0151
```

Figura 6.12 mostra os resultados de múltiplas regressões lineares para ilustrar como funciona a ortogonalidade no PCA. Por exemplo, a primeira regressão múltipla é executada usando o conjunto de dados original (VAR28 contra VAR29:VAR33). A segunda regressão é executada com base nos dados revisados do PCA (VAR28 contra os dados convertidos). Observe que as medidas de bondade de ajuste, como R-square, Ajustado R-quadrado, Multiple R e Standard Error of the Estimates são idênticas. Os coeficientes estimados diferem porque foram utilizados dados diferentes em cada situação. Algumas das variáveis não são significativas nos modelos porque isso se destina apenas como uma ilustração do método PCA e não sobre calibrar um bom modelo de regressão. De fato, utilizando o modelo reduzido, o R-quadrado ajustado de apenas duas variáveis é de 23% em vez de 25% utilizando todas as 5 variáveis independentes no conjunto de dados original. Isso mostra o poder do PCA, onde menos variáveis são usadas enquanto retém um alto nível de variabilidade explicado.

Econometrics Results

R-Squared (Coefficient of Determination):	0.3272
Adjusted R-Squared:	0.2508
Multiple R (Multiple Correlation Coefficient):	0.5720
Standard Error of the Estimates (SEy):	149.6720
ANOVA F Statistic:	4.2799
ANOVA p-Value:	0.0029

	Intercept	VAR2	VAR3	VAR4	VAR5	VAR6
Coefficie.	57.9555	-0.0035	0.4644	25.2377	-0.0086	16.5579
Standard	108.7901	0.0035	0.2535	14.1172	0.1016	14.7996
t-Statistic	0.5327	-1.0066	1.8316	1.7877	-0.0843	1.1188
p-Value	0.5969	0.3197	0.0738	0.0807	0.9332	0.2693

Dependent Variable:
VAR1

Copy   Close

Econometrics Results — □ ✕

R-Squared (Coefficient of Determination):					0.3272
Adjusted R-Squared:					0.2508
Multiple R (Multiple Correlation Coefficient):					0.5720
Standard Error of the Estimates (SEy):					149.6709
ANOVA F Statistic:					4.2801
ANOVA p-Value:					0.0029

	Intercept	VAR2	VAR3	VAR4	VAR5	VAR6
Coefficie..	331.9210	401.6470	-37.9990	46.2119	-265.1332	-1055.34..
Standard..	21.1667	96.2533	144.2817	160.7886	193.1843	755.0418
t-Statistic	15.6813	4.1728	-0.2634	0.2874	-1.3724	-1.3977
p-Value	0.0000	0.0001	0.7935	0.7751	0.1769	0.1692

Dependent Variable:
VAR1

[Copy] [Close]

Econometrics Results — □ ✕

R-Squared (Coefficient of Determination):	0.2673
Adjusted R-Squared:	0.2361
Multiple R (Multiple Correlation Coefficient):	0.5170
Standard Error of the Estimates (SEy):	151.1273
ANOVA F Statistic:	8.5731
ANOVA p-Value:	0.0007

	Intercept	VAR2	VAR3
Coefficie..	331.9184	401.6427	-38.0297
Standard..	21.3726	97.1899	145.6857
t-Statistic	15.5301	4.1326	-0.2610
p-Value	0.0000	0.0001	0.7952

Dependent Variable:
VAR1

[Copy] [Close]

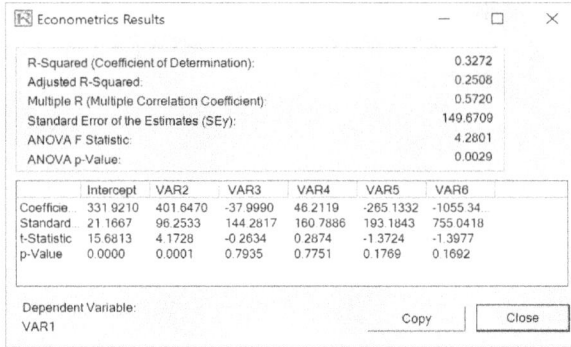

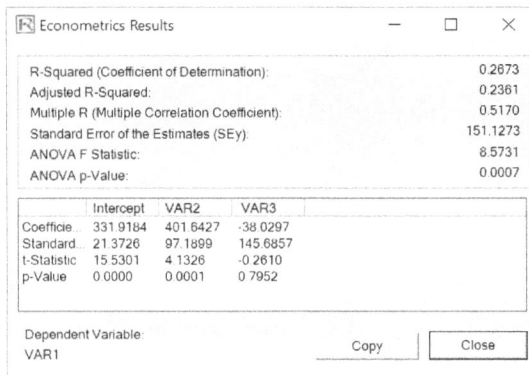

Figura 6.12: Comparabilidade de regressão do PCA

APRENDIZADO DE MÁQUINA DE IA: ANÁLISE DO FATOR DEREDUÇÃO DE DIMENSÕES (NÃO SUPERVISIONADO)

Métodos Relacionados de IA/ML PCA Redução de Dimensões

Métodos Tradicionais Relacionados: Análise Fatorial, Análise de Componentes Principais

Este método executa a Análise Fatorial para analisar inter-relações dentro de um grande número de variáveis e simplifica esses fatores em um número menor de fatores comuns. O método condensa as informações contidas no conjunto original de variáveis em um conjunto menor de variáveis de fator implícito com perda mínima de informações. A análise está relacionada à Análise de Componentes

Principais (PCA) utilizando a matriz de correlação e aplicando PCA juntamente com uma rotação matricial Varimax para simplificar os fatores. A mesma interpretação de resultados é utilizada para análise de fatores quanto para PCA. Por exemplo, Figura 6.13 ilustra um exemplo em que começamos com 9 variáveis independentes, que dificilmente serão independentes umas das outras, de tal forma que alterar o valor de uma variável mudará outra variável. A análise de fatores ajuda a identificar e, eventualmente, substituir as variáveis independentes originais por um novo conjunto de variáveis menores que são inferiores às originais, mas não são corrigidas umas às outras, enquanto, ao mesmo tempo, cada uma dessas novas variáveis é uma combinação linear das variáveis originais. Isso significa que a maior parte da variação pode ser contabilizada por meio de menos variáveis explicativas. A análise de fatores é, portanto, utilizada para analisar inter-relações dentro de um grande número de variáveis e simplifica os fatores em um número menor de fatores comuns. O método condensa as informações contidas no conjunto original de variáveis em um conjunto menor de variáveis de fator implícito com perda mínima de informações.

O requisito de entrada de dados é simplesmente a lista de variáveis que você deseja analisar (separadas por ponto e vírgula para variáveis individuais ou separadas por dois-pontos para um conjunto contíguo de variáveis, como VAR105:VAR113 para todas as 9 variáveis).

```
Entradas do modelo:
VAR105:VAR113 A lista de variáveis para analisar
```

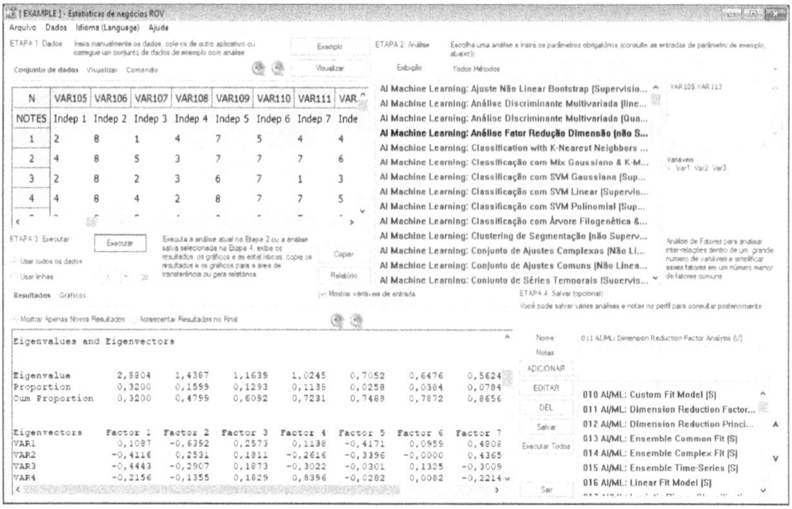

Figura 6.13: IA/AM: Análise Fatorial Redução da Dimensão

Como mostrado na Figura 6.13, começamos com 9 variáveis independentes, o que significa que os resultados da análise de fatores retornarão uma matriz de 9×9 os autovetores e 9 autovalores. Normalmente, só estamos interessados em componentes com valores eigens >1. Assim, nos resultados, só estamos interessados nos quatro primeiros fatores ou componentes. Observe que os quatro primeiros fatores (as quatro primeiras colunas de resultados) retornam uma proporção acumulada de 72,31%. Isso significa que o uso desses quatro fatores explicará 72,31% da variação em todos os fatores independentes. Em seguida, olhamos para os valores absolutos da matriz de eigenvalue. Parece que as variáveis 2, 3, 7, 8 podem ser combinadas em uma nova variável no fator 1, com as variáveis 1 e 9 como segundo fator, e assim por diante.

Análise de Fatores (Autovalores e Autovetores)

Autovalores	2,8804	1,4387	1,1639	1,0245	0,7052	0,6476	0,5624	...
Proporção	0,3200	0,1599	0,1293	0,1138	0,0258	0,0384	0,0784	...
Cumulativo	0,3200	0,4799	0,6092	**0,7231**	0,7488	0,7872	0,8656	...

Autovetores	Fact1	Fact2	Fact3	Fact4	Fact5	Fact6	Fact7	...
VAR1	0,1087	**-0,6392**	0,2573	0,1138	-0,4171	0,0959	0,4808	...
VAR2	**-0,4116**	0,2531	0,1811	-0,2616	-0,3396	-0,0000	0,4365	...
VAR3	**-0,4443**	-0,2907	0,1873	-0,3022	-0,0301	0,1325	-0,3009	...
VAR4	-0,2156	-0,1355	0,1829	0,8396	-0,0282	0,0082	-0,2214	...
VAR5	-0,3407	-0,0368	-0,4196	0,1560	0,4236	0,5599	0,4245	...
VAR6	-0,1766	-0,0253	-0,7145	0,0630	-0,6325	-0,0296	-0,2161	...
VAR7	**-0,4815**	-0,1996	0,1803	-0,1644	0,0891	0,0992	-0,3614	...
VAR8	**-0,4053**	-0,0294	-0,1076	0,1162	0,2150	-0,7828	0,2818	...
VAR9	-0,1776	**0,6179**	0,3190	0,2312	-0,2744	0,1903	0,0417	...

APRENDIZADO DE MÁQUINA DE IA: CONJUNTO COMMON FIT (NONLINEAR) (SUPERVISIONADO)

Métodos relacionados de IA/AM: Ajuste Conjunto Complexo Fit, Ajuste não Linear Bootstrap

Métodos tradicionais relacionados: Auto econometria Detalhado, Econometria personalizada

Este algoritmo calcula milhares de possíveis modelos não lineares e de interação (adequados para dados transversais para reconhecimento de padrões); calibra o melhor modelo com o conjunto de dados de treinamento e prevê resultados usando o conjunto de dados de teste. Em outras palavras, realiza uma abordagem de aprendizagem de conjunto (Figura 6.14).

Basta digitar as variáveis que você precisa classificar e digitar o número de clusters desejados. Por exemplo, as entradas de modelo necessárias se parecem com as seguintes:

```
Entradas do modelo:
VAR373          Treinamento Y (1 variável)
VAR374:VAR378   Treinamento X (≥ 1 variáveis)
VAR380:VAR384   Testing X (opcional)
VAR379          Local de salvamento da previsão (opcional, 1 var)
0,10            Limiar de valor P de (opcional, padrão em 0,1)
0               Lags da Série de Tempo (opcional, padrão em 0)
```

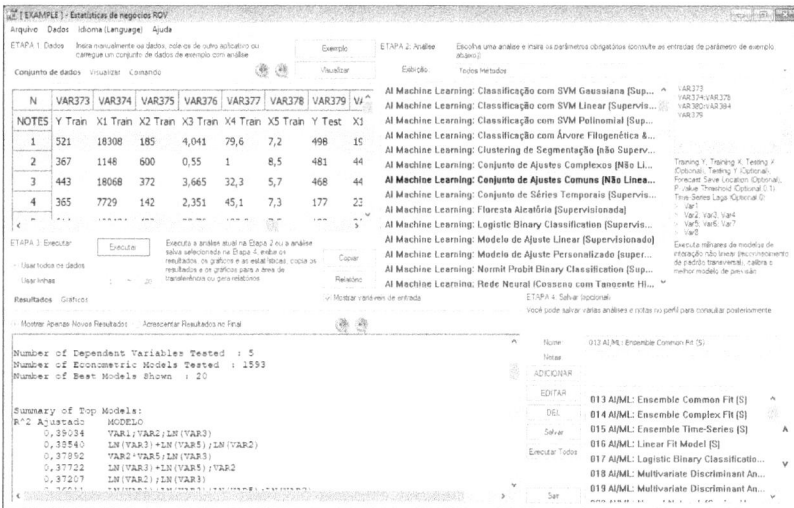

Figura 6.14: AI/AM: Ajuste Comum Aprendizagem em Conjunto

Os resultados da amostra ilustram o algoritmo do conjunto onde mais de 1.593 combinações de modelos lineares, não lineares, interagindo e mistos foram testadas, e os 10 melhores modelos são mostrados. Os modelos são selecionados com base nos valores-p das variáveis independentes ≤ 0,10 e classificados por R-quadrados Ajustados. Um valor-p mais rigoroso pode ser inserido, se necessário.

```
IA / Aprendizado de Máquina: Ajuste Conjunto Comum (Não Linear)
(Supervisionado)

Número de variáveis dependentes testadas: 5
Número de Modelos Econométricos Testados: 1593
Número de melhores modelos mostrados:    20

Resumo dos Top Models:
  ADJ R-SQ          Modelo
  0,39034     VAR1; VAR2; LN(VAR3)
  0,38540     LN(VAR3)+LN(VAR5); LN(VAR2)
  0,37892     VAR2*VAR5; LN(VAR3)
  0,37722     LN(VAR3)+LN(VAR5); VAR2
  0,37207     LN(VAR2); LN(VAR3)
  0,36811     LN(VAR1)+LN(VAR3)+LN(VAR5); LN(VAR2)
  0,36811     LN(VAR1)+LN(VAR5)+LN(VAR3); LN(VAR2)
  0,36572     VAR2; LN(VAR3)
  0,36135     LN(VAR1)+LN(VAR3); VAR2*VAR5
  0,36135     VAR2*VAR5; LN(VAR1)+LN(VAR3)
  0,36059     LN(VAR2)+LN(VAR5)+LN(VAR3); LN(VAR1)
  0,36059     LN(VAR2)+LN(VAR3)+LN(VAR5); LN(VAR1)
  0,35811     LN(VAR1)+LN(VAR3)+LN(VAR5); VAR2
  0,35811     LN(VAR1)+LN(VAR5)+LN(VAR3); VAR2
  0,35724     LN(VAR1)+LN(VAR3); LN(VAR2)
  0,35229     LN(VAR3)+LN(VAR5); LN(VAR1)
  0,35220     LN(VAR2)+LN(VAR3); LN(VAR1)
  0,34890     LN(VAR1)+LN(VAR3); VAR2
  0,34489     LN(VAR2)+LN(VAR5); LN(VAR3)
  0,33791     LN(VAR3)+LN(VAR5)+LN(VAR4); LN(VAR2)

Resultado do modelo superior: VAR1; VAR2; LN(VAR3)

Múltiplo R         0,65396  Máximo Log-Probabilidade    -314,13076
R-Quadrado         0,42767  Akaike Info. Critério (AIC)   12,80523
R-Quad Ajustado    0,39034  Bayes-Schwarz Critério (BSC)  13,03467
Erro Padrão      135,01252  Hannan-Quinn Critério (HQC)   12,89260
Observações             50  Cohen F-Quadrado               0,74723

               Coeff    Erro Padrão    Estat-T    Value-P
Intercepto   59,91680     60,90323     0,98380    0,33036
VAR1         -0,00308      0,00181    -1,70238    0,09543
VAR2          0,70340      0,22372     3,14406    0,00292
LN(VAR3)    138,21002     37,29707     3,70565    0,00056

ANOVA           DF      SS          MS          F      Valor-p
Regressão        3   626558,21   208852,74  11,45756  0,00001
Residual        46   838505,47    18228,38
Total           49  1465063,68
```

Métodos de IA/ML Relacionados: Ajuste em Conjunto Comum, Ensacar botas de ajuste não linear

Métodos Tradicionais Relacionados: Auto Econometria Rápida, Econometria Personalizada

Utilizando uma abordagem de "Aprendizagem em Conjunto")., este modelo computa milhares de possíveis modelos não-lineares e de interação (adequados para dados de séries temporais para "Reconhecimento de Padrões"); calibra o melhor modelo com o conjunto de dados de treinamento e prevê resultados usando o conjunto de dados de teste (Figura 6.15).

Basta digitar as variáveis que você precisa classificar e digitar o número de clusters desejados. Por exemplo, as entradas de modelo necessárias se parecem com as seguintes:

```
Entradas do modelo:
VAR373          Treinamento Y (1 variável)
VAR374:VAR378   Treinamento X (≥ 1 variáveis)
VAR380:VAR384   Teste X (opcional)
VAR379               Local de salvamento da previsão (opcional, 1
                var)
0,10            Limiar de valor-P (opcional, default =0,1)
0               Lags da Série Temporal (opcional, default =0)
0               Autorregressivo Ar(p) (opcional, default=0)
```

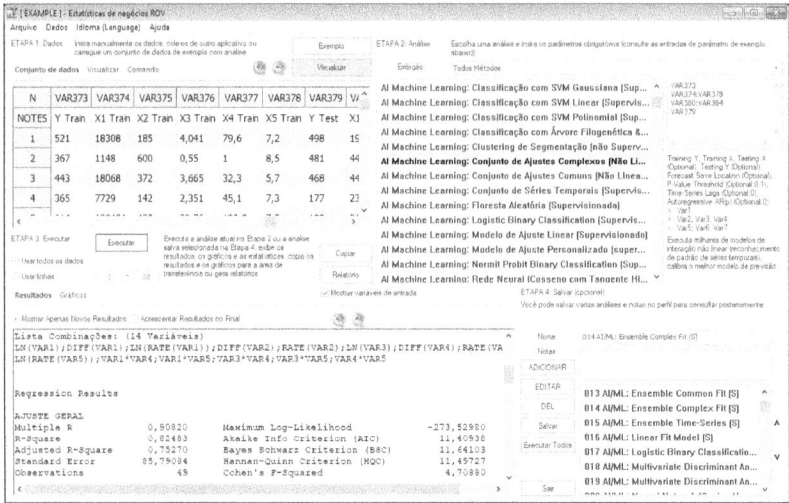

Figura 6.15: IA/AM: Ajuste Complexo Aprendizagem em Conjunto

Os resultados ilustram o modelo de aprendizagem conjuntos complexo onde mais de milhares de combinações de lineares, não lineares, interagindo, séries temporais (lags, taxas e diferenças), e modelos mistos foram testados e o melhor modelo é mostrado. Os modelos são selecionados com base nos valores-p das variáveis independentes $\leq 0,10$ e classificados por R-Quadrados Ajustados. Se necessário pode ser especificado um valor-p mais rigoroso.

```
IA - Aprendizado de Máquina: Ajuste com Aprendizagem em Conjuntos
Complexo (não Linear) (Supervisionado)

Resultados detalhados da lista de combinação:

Lista de Combinação: (14 Variáveis)
LN(VAR1);DIFF(VAR1);LN(RATE(VAR1));DIFF(VAR2);RATE(VAR2);LN(VAR3);DI
FF(VAR4);RATE(VAR5);LN(RATE(VAR5));VAR1*VAR4;VAR1*VAR5;VAR3*VAR4;VAR
3*VAR5;VAR4*VAR5
```

Múltiplo R	0,90820	Máximo Log-Probabilidade	-273,52980
R-Quadrado	0,82483	Akaike Info. Critério (AIC)	11,40938
R-Quad Ajustado	0,75270	Bayes-Schwarz Critério (BSC)	11,64103
Erro Padrão	85,79084	Hannan-Quinn Critério (HQC)	11,49727
Observações	49	Cohen's F-Quadrado	4,70880

	Coeff	Erro Padrão	Estat-T	Valor-P
Intercepto	3664,81960	805,12137	4,55188	0,00006
LN(VAR1)	-321,07588	83,62231	-3,83960	0,00051
DIFF(VAR1)	-0,00469	0,00144	-3,26953	0,00247
LN(RATE(VAR1))	138,86285	31,87150	4,35696	0,00012
DIFF(VAR2)	0,83499	0,36471	2,28944	0,02839

```
TAXA(VAR2)         -137,48661     77,44510    -1,77528   0,08480
LN(VAR3)            286,43034     66,04043     4,33720   0,00012
DIFF(VAR4)           -0,35191      0,05970    -5,89427   0,00000
TAXA(VAR5)         -497,73236    156,06627    -3,18924   0,00306
LN(RATE(VAR5))      431,68094    163,34071     2,64283   0,01234
VAR1*VAR4             0,00004      0,00001     3,46983   0,00143
VAR1*VAR5            -0,00193      0,00077    -2,49557   0,01759
VAR3*VAR4            -0,15513      0,04131    -3,75557   0,00065
VAR3*VAR5             8,92027      2,57281     3,46713   0,00145
VAR4*VAR5             0,03743      0,01553     2,40975   0,02152


ANOVA           DF          SS          MS         F      Valor-p
Regressão       14    1178340,49    84167,18  11.43565   0,00000
Residual        34     250242,33     7360,07
Total           48    1428582,82
```

APRENDIZADO DE MÁQUINA DE IA: SÉRIE-TEMPO DO CONJUNTO (SUPERVISIONADO)

IA/AM Métodos Relacionados: Ajuste de Conjunto Complexo

Métodos Tradicionais Relacionados: Auto Econometria Detalhado, ARIMA, Previsão Série Temporal

Este algoritmo calcula e calibra um conjunto de diferentes modelos de previsão de séries temporais, seleciona a melhor combinação e gera previsões para a variável série temporal histórica. Um conjunto de métodos de Previsão de Séries Temporais, como Holt-Winters, Previsões Dessazonalizadas, ARIMA, entre outros são aplicados, as melhores combinações de modelos são usadas e as previsões de consenso são fornecidas (Figura 6.16). Uma representação visual do ajuste de retro ajuste e previsão também é fornecida nos resultados (Figura 6.17). Uma alternativa é executar cada um desses modelos manualmente no **BizStats**. Digite as variáveis que você precisa classificar e digite o número de clusters desejados. Por exemplo, as entradas de modelo necessárias se parecem com as seguintes:

```
Entradas do modelo:
VAR64      Historical time series (1 variável)
4          Sazonalidade (p.ex., 1, 4, 12, 250, 365)
8          Períodos de previsão (inteiro positivo)
VARX       Previsão para salvar localização (opcional, 1 var)
```

Outro processo relacionado é o método Combinatorial Fuzzy Logic disponível no **BizStats**. O termo "lógica difusa" é derivado da teoria dos conjuntos difusos (Fuzzy) para lidar com o raciocínio que é aproximado ao invés de preciso – em oposição à lógica determinística, onde conjuntos binários têm lógica binária, variáveis lógicas difusas podem ter um valor de pertinência que varia entre 0 e 1 e não está restrita aos dois valores da verdade da lógica proposicional clássica. Este esquema de ponderação difusa é usado em conjunto com um método combinatório para produzir resultados de previsão de séries temporal.

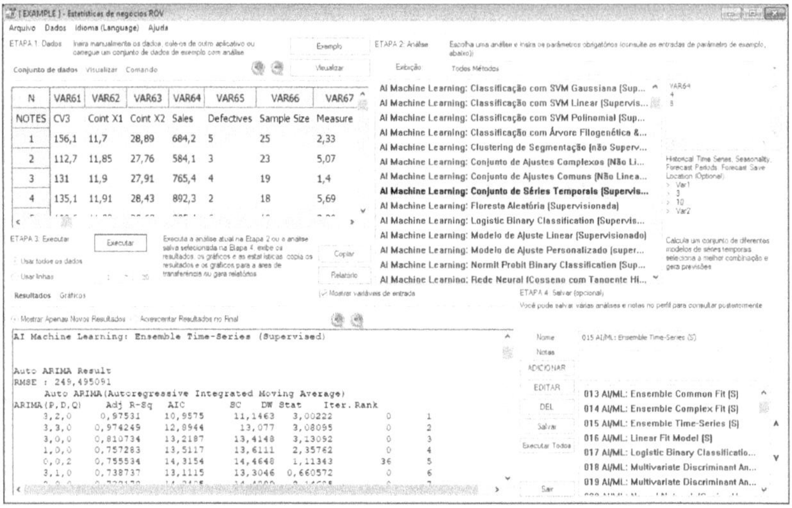

Figura 6.16: AI/AM: Aprendizagem em Conjunto Previsão Séries Temporais

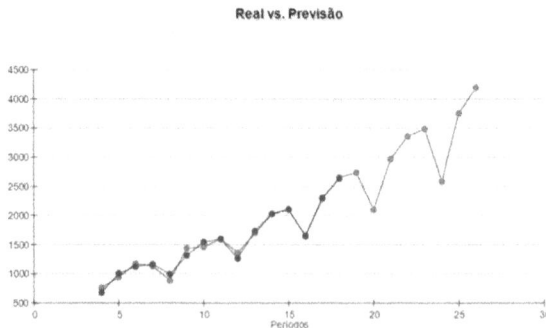

Figura 6.17: Aprendizagem em Conjunto Previsão Séries Temporais

```
MELHOR RMSE: 249,495091
            Auto ARIMA(Autoregressive Integrated Moving Average)
P,D,Q    Adj R-Sq      AIC        SC      DW Stat     Iter.    Rank
3,2,0    0,975310    10,9575    11,1463    3,00222      0        1
3,3,0    0,974249    12,8944    13,0770    3,08095      0        2
3,0,0    0,810734    13,2187    13,4148    3,13092      0        3
1,0,0    0,757283    13,5117    13,6111    2,35762      0        4
0,0,2    0,755534    14,3154    14,4648    1,11343     36        5
3,1,0    0,738737    13,1115    13,3046    0,66057      0        6
2,0,0    0,732178    14,3405    14,4889    2,14685      0        7
2,1,2    0,706057    12,4512    12,6962    2,00422     33        8
0,3,2    0,647397    14,3629    14,5100    1,88313     15        9
0,0,1    0,457153    15,0703    15,1699    1,07554     51       10
2,3,0    0,383042    14,9030    15,0446    2,48489      0       11
1,3,0    0,382042    15,8116    15,9082    2,28473      0       12
2,1,0    0,329073    13,1377    13,2847    2,93179      0       13
2,2,0    0,271308    14,9692    15,1141    2,85595      0       14
0,1,1    0,237051    13,2015    13,3010    1,68375     88       15
ARIMA (P, D, Q): 3, 2, 0


Estatísticas de Regressão
 R-Quadrado (Coeficiente de Determinação)              0,9806010
 R-Quadrado Ajustado                                   0,9753100
 Múltiplo R (Coeficiente de Correlação Múltipla)       0,9902530
 Erro padrão das Estimativas                         478,74859
 Número de Observações                                       15
 Akaike Information Criterion (AIC)                   10,957458
 Schwarz Criterion (SC)                               11,146272
 Log-Probabilidade                                   -78,180937
 Durbin-Watson (DW) Estatística                        3,0022200

Resultados de regressão
                Intercepto      AR(1)        AR(2)        AR(3)
 Coeficientes    27,051029   -1,097853    -1,155977    -1,254295
 Erro Padrão     19,571112    0,052945     0,069607     0,067098
 Estatística-t    1,382192  -20,735646   -16,607232   -18,693438
 Value-p          0,194334    0,000000     0,000000     0,000000
```

APRENDIZADO DE MÁQUINA DE IA: MODELO DE AJUSTE LINEAR (SUPERVISIONADO)

Métodos de IA/ML Relacionados: Modelo de Ajuste Personalizado

Métodos Tradicionais Relacionados: Modelo Econométrico Básico, Regressão Múltipla

A regressão linear multivariada é usada para modelar a estrutura de relacionamento e características de uma determinada variável dependente, pois depende de outras variáveis exógenas independentes. Usando a relação modelada, podemos prever os valores futuros da variável dependente. A precisão e a bondade-do-ajuste para este modelo também podem ser determinadas. Modelos lineares e não lineares podem ser instalados na análise de regressão múltipla. Semelhante ao modelo de ajuste personalizado, executar o modelo Ajuste Linear é como uma análise de regressão regular, exceto que primeiro treinamos o algoritmo usando as variáveis independentes de treinamento e treinamento, que identificarão os parâmetros otimizados para usar no conjunto de dados de teste. Figura 6.18 ilustra o modelo supervisionado AI Aprendizado de Máquina Ajuste Linear. Para obter explicações mais detalhadas dos modelos de regressão, consulte regressão multivariada linear e não linear no capítulo 9 e análise de regressão no capítulo 12, bem como as seções associadas sobre as armadilhas da modelagem de regressão.

Semelhante ao modelo de ajuste personalizado explicado anteriormente, dividimos o conjunto de dados em um conjunto de treinamento e um conjunto de testes. Na Figura 6.18, o exemplo utilizado VAR373 como variável dependente do treinamento e VAR374; VAR375 como as variáveis independentes de treinamento, tornando esta uma forma de aprendizagem supervisionada. Usando esses dados de treinamento, o modelo é calibrado, e os parâmetros estimados. Em seguida, são inseridas as variáveis independentes de teste, como VAR380; VAR381. Observe que só pode haver uma única variável dependente versus uma ou mais variáveis independentes. Além disso, o número de variáveis independentes no conjunto de testes e conjunto de treinamento deve coincidir.

O algoritmo também permite que você digite opcionalmente valores dependentes do conjunto de testes conhecidos. Às vezes são conhecidos e às vezes são desconhecidos e devem ser previstos. Se os valores forem desconhecidos, basta deixar a entrada vazia ou inserir um 0 na entrada se desejar inserir a próxima entrada, que é a previsão de que os resultados salvam a localização na grade de dados. Figura 6.18 mostra que essas duas últimas entradas são tratadas como opcionais e deixadas vazias.

```
Entradas do modelo:
VAR373                Traino define variável dependente
VAR374; VAR375        Traino define variável independente(s)
VAR380; VAR381        Teste dep de jogo de jogo. var.
{VARx ou 0 ou vazio}  Teste definido dep. Var. (opcional ou 0)
{VARxx ou vazio}      Previsão de localização de salvamento (opcional)
```

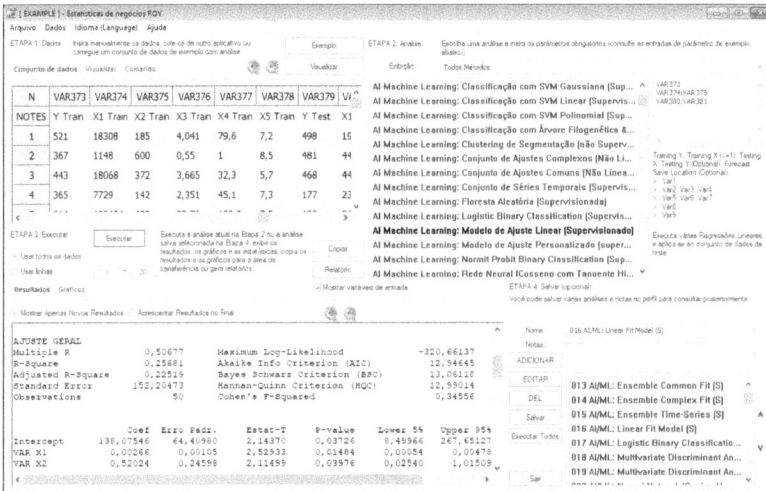

Figura 6.18: IA/AM: Modelo de Ajuste Linear (Supervisionado)

A interpretação dos resultados seria semelhante à regressão linear múltipla. Os resultados de bondade-de-ajuste e as estimativas de parâmetros ajustados pertencem ao conjunto de dados de treinamento, enquanto os valores de previsão são baseados no conjunto de dados de teste quando aplicados a esses parâmetros instalados. Às vezes, você pode querer reter alguns dados do conjunto de dados de treinamento e aplicá-los ao conjunto de dados de teste para testar a precisão do modelo e sua capacidade de prever, bem como visualizar os erros de previsão. Em outras palavras, a variável dependente do conjunto de testes opcional pode ser usada e, como esses valores conhecidos são aplicados, erros de previsão também podem ser gerados como resultado. Por exemplo, o valor VARx acima pode ser definido como VAR379.

```
IA/Aprendizado de máquina: Modelo de ajuste linear (supervisionado)

Resultados de ajuste de treinamento

Múltiplo R          0,50677    Máximo Log-Probabilidade    -320,66137
R-Quadrado          0,25681    Akaike Info. Critério (AIC)   12,94645
R-Quad Ajustado     0,22519    Bayes Schwarz Critério (BSC)  13,06118
Erro Padrão       152,20473    Hannan-Quinn Critério (HQC)   12,99014
Observações             50     Cohen F-Quadrado               0,34556


                 Coeff    Erro Padrão    Estat-T    Valor-P    Beta Padrão
Intercepto   138,07546      64,40980     2,14370    0,03726
VAR X1         0,00266       0,00105     2,52933    0,01484       0,33735
VAR X2         0,52024       0,24598     2,11499    0,03976       0,28209
```

```
ANOVA          DF      SS        MS       F       Valor-p
Regressão      2    376248,51 188124,26 8,12061  0,00093
Residual       47  1088815,17  23166,28
Total          49  1465063,68
```

```
        Período        Previsão
           1           375,5419
           2           420,4133
           3           413,4408
           4           319,5842
           .            . . .
          30           347,6475
```

APRENDIZADO DE MÁQUINA DE IA: ANÁLISE DISCRIMINANTE MULTIVARIADA (LINEAR) (SUPERVISIONADA)

Métodos Relacionados de IA/AM: CART - Árvores de Regressão, Mistura Gaussiana, Máquinas de Vetores de Suporte

Métodos Tradicionais Relacionados: Discriminante Linear, Regressão Logística (Logit)

Uma abordagem de Análise Discriminante Linear (LDA) classifica uma variável de Treinamento dependente categórico Y utilizando uma ou mais variáveis de treinamento características X (Figura 6.19). Este método supervisionado aplica relações máximas de discriminação linear (ou seja, a razão de variância entre classes para variância dentro da classe), o que permite uma separação clara ou agrupamentos da variável Teste X.

Em outras palavras, as separações são obtidas através da maximização $ss_{between}/ss_{within}$ ou da soma da razão quadrada de uma combinação linear $w_x x + w_y y + w_z z$. Os resultados otimizados do coeficiente ajudam a identificar como cada uma das variáveis independentes contribui para a categorização. A atribuição do grupo será baseada nos escores máximos estimados de impacto. Para executar o modelo, digite as variáveis que você precisa classificar e digite o número de clusters desejados. Por exemplo, as entradas de modelo necessárias se parecem com as seguintes:

```
Entradas do modelo:
VAR444                  Treinamento Y (1 variável)
VAR445:VAR447   Treinamento X (≥ 1 variáveis)
VAR448:VAR450   Teste X (opcional, match Training X)
VAR451                  Previsão salvar localização(opcional)
```

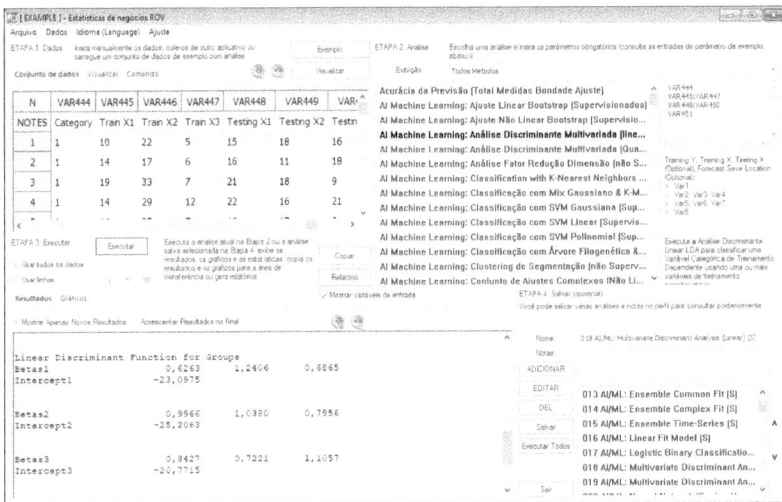

Figura 6.19: IA/AM: Análise Discriminante Linear

Os resultados são autoexplicativos na medida em que as contagens de grupo são fornecidas, bem como a classificação do modelo (*"Put Into Group"*) em comparação com o grupo real (*"True Group"*) ou a variável dependente do conjunto de dados de treinamento. Por exemplo, vemos nos dados originais de 244 linhas (N = 244 ou 85 + 93 + 66), que 34,84% estavam na categoria 1, 38,11% na categoria 2 e 27,05% na categoria 3. Dos 85 originalmente na categoria 1 do conjunto de dados de treinamento, o modelo selecionou 68 destes para o grupo 1, 13 para o grupo 2 e 4 para o grupo 3, o que significa que há uma precisão de 80% (68/85). No total, foram 185 valores corretamente agrupados de 244, proporcionando uma precisão de 75,82%. Os meios dos grupos também são mostrados, assim como os coeficientes estimados para os três grupos. Lembre-se que a LDA usa um modelo discriminante linear para maximizar as somas da razão quadrada, e podemos usar esses coeficientes da mesma maneira. Por exemplo, suponha a primeira linha para o conjunto de dados de teste (Figura 6.19) tem o seguinte: 15, 18, 16. Podemos então aplicar os coeficientes dos três grupos e selecionar aquele com o maior valor discriminante.

$$-23,0975 + 0,6263 \times 15 + 1,2406 \times 18 + 0,6865 \times 16 = 19,6118$$

$$-25,2063 + 0,9966 \times 15 + 1,0380 \times 18 + 0,7956 \times 16 = 21,1563$$

$$-20,7715 + 0,8427 \times 15 + 0,7221 \times 18 + 1,1057 \times 16 = 22,5580$$

Portanto, este item de primeira linha pertence ao grupo 3. Todas as outras linhas de dados de teste são computadas de forma semelhante e categorizadas adequadamente.

```
IA/Aprendizado de máquina: Análise Discriminante
Multivariada (linear) (Supervisionado)

Grupo                   1               2               3
Contagem               85              93              66
Anterior            0,3484          0,3811          0,2705

Resultados de Classificação   "True Group"
Coloque no Grupo        1               2               3
        1              68              16               3
        2              13              67              13
        3               4              10              50

Total N                85              93              66
N Correção             68              67              50
Proporção           0,8000          0,7204          0,7576

N:                    244
N Correto:            185
Razão Correta:     0,758197

VAR                     1               2               3
Vetor Médio Global  15,6393         20,6762         10,5902

Meios de Recursos em Grupos

        1           12,5176         24,2235          9,0235
        2           18,5376         21,1398         10,1398
        3           15,5758         15,4545         13,2424

Função discriminante linear para grupos

Beta 1               0,6263          1,2406          0,6865
Intercepto 1       -23,0975

Beta 2               0,9966          1,0380          0,7956
Intercepto 2       -25,2063

Beta 3               0,8427          0,7221          1,1057
Intercepto 3       -20,7715

        Grupo de Previsão
                3
                3
                2
                3
                2
                1
                1
```

APRENDIZADO DE MÁQUINA DE IA: ANÁLISE DISCRIMINANTE MULTIVARIADA (QUADRÁTICA) (SUPERVISIONADO)

Métodos relacionados de IA/ML: CART de árvores de regressão, mistura gaussiana, máquinas vetoriais de suporte

Métodos tradicionais relacionados: Análise de discriminantes quadráticos, segmentação de cluster

Esta abordagem classifica a variável dependente categórica *Y* utilizando variáveis características *X* via Análise Discriminante Quadrática (QDA) conforme mostrado na Figura 6.20. Este método é semelhante ao LDA, mas a matriz de covariância é usada na atribuição do grupo, bem como nos coeficientes estimados porque a LDA assume a homocedasticidade nos erros de predição, enquanto o QDA permite alguma heterocedasticidade. Isso permite que aproximações de segunda ordem e segundo momento para calibrar as atribuições de grupo relevantes. Para começar, insira as variáveis que você precisa classificar e digite o número de *clusters* desejados.

```
Entradas do modelo:
VAR444            Treinamento Y (1 variável)
VAR445:VAR447     Treinamento X (≥1 variáveis)
VAR448:VAR450     Teste X (opcional, match Training X)
VAR452            Localização da previsão (opcional)
```

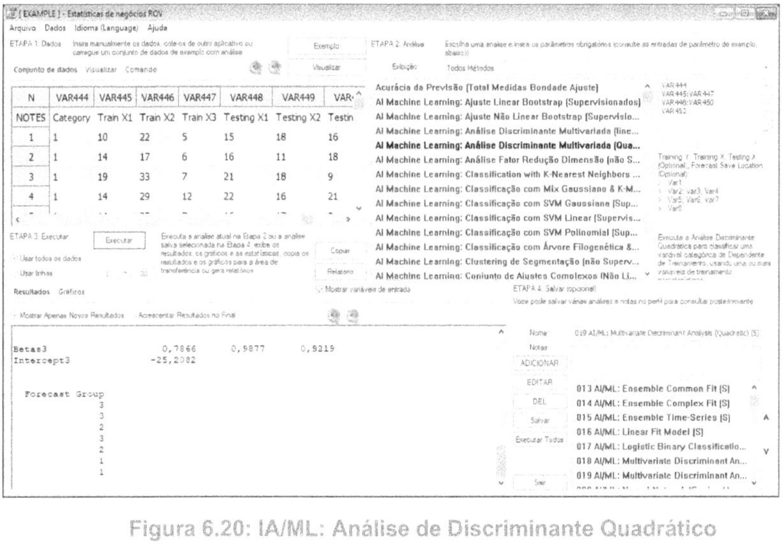

Figura 6.20: IA/ML: Análise de Discriminante Quadrático

Observe que os grupos de classificação previstos para o modelo QDA abaixo são idênticos ao modelo LDA mostrado anteriormente. Embora a categoria do modelo LDA seja facilmente prevista usando uma equação de regressão múltipla e selecionando a categoria com o maior resultado de probabilidade, o QDA requer a inclusão da matriz de covariância inversa. Isso significa que você terá que confiar nos resultados apresentados e não ser capaz de calcular os resultados de probabilidade diretamente.

```
Análise Discriminantes Quadráticos (QDA)

Grupo              1              2              3
Contagem           85             93             66
Anterior           0,3484         0,3811         0,2705

Resultados de Classificação
                        Verdadeiro Grupo
Coloque no Grupo   1              2              3
1                  68             16             3
2                  14             68             14
3                  3              9              49
Total N            85             93             66
N Correção         68             68             49
Proporção          0,8000         0,7312         0,7424

N: 244
N Correto: 185
Correção da Proporção: 0,758197

VAR                1              2              3
Vetor Médio Global 15,6393        20,6762        10,5902


Meios de Recursos em Grupos

1                  12,5176        24,2235        9,0235
2                  18,5376        21,1398        10,1398
3                  15,5758        15,4545        13,2424

Função discriminante quadrática para grupos

Beta 1             0,4466         1,0833         0,7536
Intercepto 1       -24,4522

Beta 2             1,4812         1,1286         0,5873
Intercepto 2       -33,5319

Beta 3             0,7866         0,9877         0,9219
Intercepto 3       -25,2082

          Grupo de Previsão
              3
              3
              2
              3
              2
              1
              1
```

Métodos Relacionados de IA/AM: Modelo de Ajuste Personalizado, Ajuste conjuntos complexos

Métodos Tradicionais Relacionados: ARIMA, Previsão da Série Temporal

Comumente usado para se referir a uma rede ou circuito de neurônios biológicos, o uso moderno do termo *rede neural* muitas vezes se refere a redes neurais artificiais que consistem em neurônios artificiais, ou nódulos, recriados em um ambiente de software. Tais redes tentam imitar os neurônios do cérebro humano em formas de pensar e identificar padrões e, em nossa situação, identificar padrões para fins de previsão de dados de séries temporais

Observe que o número de camadas ocultas na rede é um parâmetro de entrada e precisará ser calibrado com seus dados. Normalmente, quanto mais complicado o padrão de dados, maior o número de camadas ocultas que você precisaria e mais tempo levaria para calcular. Recomenda-se que você comece em 3 camadas. O período de teste é simplesmente o número de pontos de dados usados na calibração final do modelo da Rede Neural, e recomendamos usar pelo menos o mesmo número de períodos que você deseja prever como o período de teste.

o **Linear.** Aplica uma função linear, onde $f(x) = x$

o **Logística não-Linear.** Aplica-se uma função logística não linear, onde $f(x) = (1 + e^{-x})^{-1}$

o **Cosseno não-Linear com Tangente Hiperbólica.** Aplica Cosseno não-linear com função Tangente Hiperbólica, onde $.f(x) = \cos{[(e^x - e^{-x})(e^x + e^{-x})^{-1}]}$

o **Tangente Hiperbólica não-linear.** Aplica uma função tangente hiperbólica não linear, onde $f(x) = (e^x - e^{-x})(e^x + e^{-x})^{-1}$

O mapeamento neural (Figura 6.21) assume que é a variável dependente, enquanto os termos constantes são as variáveis independentes. A rede neural tem uma camada de entrada, camadas ocultas e uma camada de saída. Há 3 *inputs* na camada de entrada y_1, y_2, y_3, um neurônio para os vieses(bias), 3 neurônios na camada oculta e 1 neurônio na camada de saída y_4.

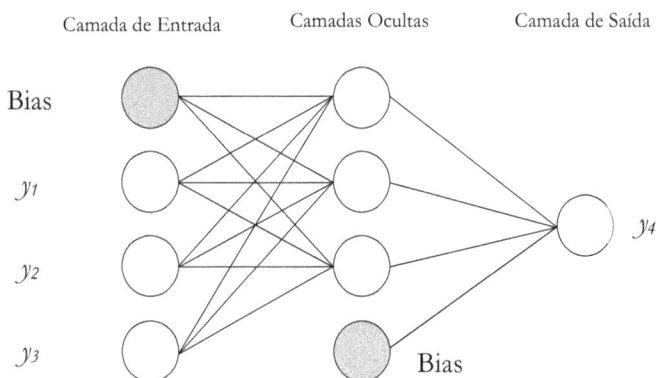

Figura 6.21: Rede Neural Perceptron de várias camadas

Figura 6.22 ilustra os algoritmos de rede neural no ***BizStats***. Os dados históricos da série temporal são inseridos como a primeira variável, VAR227. Em seguida, 3 camadas *perceptron* são solicitadas e 20 pontos de dados são usados como conjunto de testes. O conjunto de dados tem 420 pontos de dados e a entrada de 20 indica que usamos os primeiros 400 desses dados para realizar treinamento e calibração no modelo, deixando os últimos 20 pontos de dados para testar o modelo. Após a conclusão dos testes, o modelo é usado para prever os próximos 2 pontos de dados futuros. O número de períodos de previsão deve ser ≥ 1. Finalmente, o modelo é executado através de rotinas internas de otimização multifásica. Definir isso para 1 (para "sim") torna um pouco mais longo para ser executado, mas fornece uma calibração mais precisa dos resultados. Um gráfico também é fornecido (Figura 6.23) nos resultados para examinar visualmente o quão bom é o ajuste da previsão.

```
Entradas do modelo:

VAR227    Dados históricos da série temporal para se encaixar
3         Número de camadas perceptrons
20        Dados de teste para reter
2         Número de períodos para previsão
1         Aplique otimização multifasada (1=Sim,0=Não)
```

Figura 6.22: AI/ML: Rede Neural (Supervisionada)

Real vs. Previsão

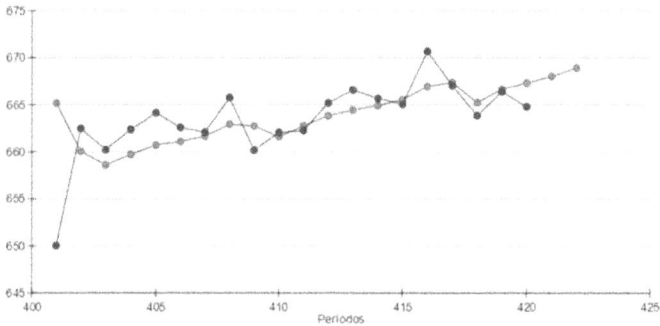

Figura 6.23: AI/AM - Rede Neural (Supervisionada)

```
Rede Neural (Cosseno com Tangente Hiperbólico)
Soma Quadrados dos Erros (Treinamento)   0,740693
RMSE (Treinamento)                        0,043194
Soma Quadrados dos Erros (Modificados)  167,402055
RMSE (Modificado)                          2,893113
```

Período	Atual (Y)	Previsão (F)	Erro (E)
401	650,0200	665,1658	-15,1458
402	662,4900	660,0630	2,4270
403	660,2300	658,6152	1,6148
.	. . .	. . .	. . .
420	664,8100	667,3111	-2,5011
421		668,0264	
422		668,9191	

APRENDIZADO DE MÁQUINA DE IA: CLASSIFICAÇÃO BINÁRIA LOGÍSTICA (SUPERVISIONADA)

Métodos Relacionados de IA/AM: Classificação Binária Probit Normit, Análise Discriminante Multivariada

Métodos Tradicionais Relacionados: Modelos Lineares Generalizados, Logit, Probit, Tobit

Técnicas de variáveis dependentes limitadas são usadas para prever a probabilidade de algo ocorrer, dadas algumas variáveis independentes (por exemplo, prever se uma linha de crédito será inadimplente, dadas as características do devedor, como idade, salário, níveis de dívida de cartão de crédito; ou então a probabilidade de um paciente ter câncer de pulmão, com base na idade e número de cigarros fumados anualmente, e assim por diante). A variável dependente é limitada (ou seja, binária 1 e 0 para padrão/câncer, ou limitada aos valores inteiros 1, 2, 3 etc.). A análise de regressão tradicional não funcionará, pois a probabilidade prevista é geralmente inferior a 0 ou superior a 1, e muitos dos pressupostos de regressão necessários são violados (por exemplo, independência e normalidade dos erros). Também temos um vetor de regressores X variáveis independentes, que são assumidos para influenciar o resultado Y. Uma abordagem típica de regressão de quadrados mínimos é inválida porque os erros de regressão são heteroesquedéticos e não normais, e as estimativas de probabilidade estimadas resultantes retornarão valores absurdos acima de 1 ou abaixo de 0. Esta análise lida com esses problemas usando uma rotina de otimização iterativa para maximizar uma função de probabilidade de registro quando as variáveis dependentes são limitadas.

A IA/AM - Classificação Binária Logística (Figura 6.24) a regressão é utilizada para prever a probabilidade de ocorrência de um evento mediante a adequação dos dados a uma curva logística. É um Modele Generalizado Linear usado para regressão binomial e, como muitas formas de análise de regressão, faz uso de várias variáveis preditoras que podem ser numéricas ou categóricas. A Estimativa Máxima Verossimilhança (MLE) é aplicada em uma análise logística multivariada binária para determinar a probabilidade esperada de sucesso de pertencer a um determinado grupo.

```
Entradas do modelo:
VAR421              Training set var dependente (binário 0/1)
VAR422:VAR425       Treinamento define variáveis independentes
VAR427:VAR430       Conjunto de testes (opcional)
VAR432                      Previsão de probabilidade de salvamento
                    (opcional)
```

Os coeficientes estimados para o modelo Logístico são as Razão de Possibilidades (*Odds Ratio* O.R.) Logarítmicas e não podem ser interpretados diretamente como probabilidades. Um cálculo rápido é primeiro necessário. Especificamente, o modelo Logit é definido como Estimado Y ou ($\hat{Y}$) usando $\hat{Y} = ln[P_i/(1-P_i)]$ ou, inversamente, $P_i = e^{\hat{Y}}/(1 + e^{\hat{Y}})$, e os coeficientes β_i são os *log odds ratio*. Então, tomando o "antilog" ou e^{β_i}, nós obtemos a OR de $P_i/(1-P_i)$.

Isso significa que, com um aumento em uma unidade de β_i, a relação de chances de registro aumenta por esse valor. Finalmente, a taxa de mudança na probabilidade é $dP/dX = \beta_i P_i(1-P_i)$. O Erro Padrão mede a precisão dos Coeficientes previstos, e as Estatísticas-*t* são as razões de cada Coeficiente previsto para seu Erro Padrão e são usadas no teste típico de hipótese de regressão da significância de cada parâmetro estimado.

Para estimar a probabilidade de sucesso de pertencer a um determinado grupo (por exemplo, prever se um fumante desenvolverá complicações torácicas dada a quantidade de cigarros fumados por ano), basta calcular o valor estimado $\hat{Y}$ usando os coeficientes MLE. Por exemplo, se o modelo é $\hat{Y} = 1,1 + 0,005$ (*maços de cigarros*), então para alguém que fume 100 maços por ano, $\hat{Y} = 1,1 + 0,005(100) = 1,6$. Em seguida, calcule o antilog inverso da razão de chances fazendo: $e^{\hat{Y}}/[1 + e^{\hat{Y}}] = e^{1,6}/(1 + e^{1,6}) = 0,8320$. Então, essa pessoa tem 83,20% de chance de desenvolver algumas complicações torácicas em sua vida.

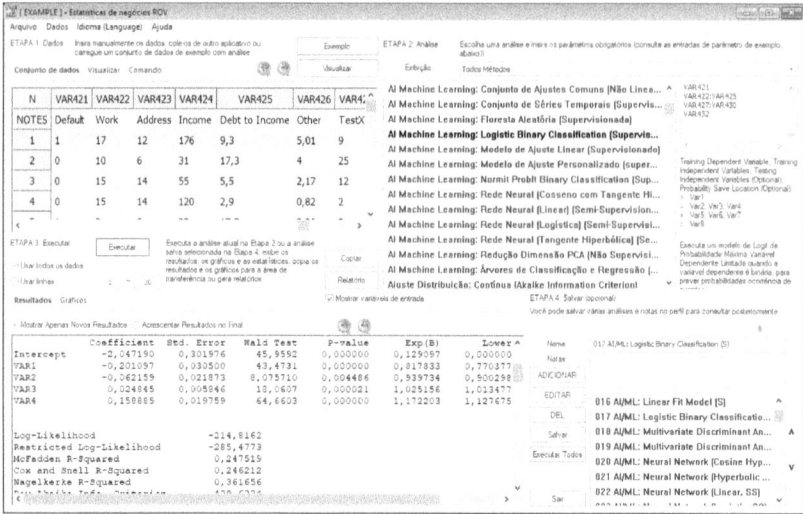

Figura 6.24: AI/AM: Classificação Binária Logística
(Supervisionado)

A interpretação dos resultados é semelhante à de uma regressão múltipla padrão, com exceção de calcular a probabilidade. Por exemplo, na Figura 6.24, a primeira linha dos pontos de dados da variável de teste são 9, 26, 69, 6,7, o que significa que o $\hat{Y} = -2,047190 - 0,201097(9) - 0,062159(26) + 0,024845(69) + 0,158885(6,7) = -2,6944$. Em seguida, podemos calcular o antilog inverso da razão de chances (OR) fazendo: $e^{\hat{Y}}/[1 + e^{\hat{Y}}] = e^{-2,6944}/(1 + e^{-2,6944}) = 6,33\%$. As demais linhas são calculadas da mesma forma.

Além disso, os resultados também retornam uma matriz de confusão, que lista as respostas verdadeiras com base na variável dependente do conjunto de treinamento e nas respostas previstas.

A matriz mostra as diversas taxas de positividade e recall, bem como a especificidade, prevalência de falsos positivos e falsos negativos. True Positive (TP) é onde o real é 1 e o previsto é 1, e vemos que 67,37% do conjunto de dados foi previsto corretamente como um verdadeiro positivo. A mesma interpretação se aplica a Falsos Negativos (FN), Falsos Positivos (FP) e True Negatives (TN). Além disso, o *Recall* de Sensibilidade Positiva é TP/(TP+FN) e mede a capacidade de prever resultados positivos. A Especificidade Negativa é TN/(TN+FP) e mede a capacidade de prever resultados negativos.

Prevalência de Eventos é a quantidade de Y=1 Real e mede os resultados positivos nos dados originais. Falso Positivos é erro FP/(FP+TP) ou **Tipo I**. Falsos Negativos é erro FN/(FN+TN) ou **Tipo II**. Precisão Positivo é TP/(TP+FP) e mede a precisão de um resultado positivo previsto. A Precisão Negativa é TN/(TN+FN) e mede a precisão de um resultado negativo previsto. A precisão da previsão geral é a % de TP e TN.

Por fim, os resultados mostram a curva Característica Operacional Receptora (ROC) (Figura 6.25). Ela traça a Taxa de Sensibilidade Positiva em relação à Especificidade Negativa, onde a área sob a curva (AUC) é outra medida da precisão do modelo de classificação. O ROC traça o desempenho do modelo em todos os limites de classificação. A AUC varia de 0% a 100%, onde 100% indica um ajuste perfeito. O ROC está disponível clicando no *subtab Gráficos* no **BizStats**, enquanto o resultado do AUC é mostrado como uma das medidas de precisão na seção Matriz de Confusão.

```
Modelo linear generalizado (Logit com Resultados Binários)

            Coeficiente  Erro Padrão  Teste Wald    Valor-P      Exp(B)
Intercepto    2,047190     0,301976     45,9592    0,000000    0,129097
VAR1         -0,201097     0,030500     43,4731    0,000000    0,817833
VAR2         -0,062159     0,021873      8,07571   0,004486    0,939734
VAR3          0,024845     0,005846     18,0607    0,000021    1,025156
VAR4          0,158885     0,019759     64,6603    0,000000    1,172203


Log-Probabilidade                       -214,8162
Log-Probabilidade Restrito              -285,4773
McFadden R-Quadrado                        0,247519
Cox e Snell R-Quadrado                     0,246212
Nagelkerke R-Quadrado                      0,361656
Info. Brutas de Akaike Critério          439,6324
Bruto Bayes Critério                     460,7054
Qui-Quadrado                             141,3222
Graus de Liberdade                              4
Valor-P                                    0,000000
```

Matriz de Confusão

	Resposta prevista	
	y = 1	y = 0
Resposta Verd.		
y = 1	**Verd. Positivo TP**	**Falso Negativo FN**
y = 0	**Falso Positivo FP**	**Verd.Negativo TN**

	Resposta prevista	
True Response	y = 1	y = 0
y = 1	64	65
y = 0	31	340

	Resposta prevista	
True Response	y = 1	y = 0
y = 1	67,37%	16,05%
y = 0	32,63%	83,95%

```
Recuperação de Sensibilidade Positiva    49,61%
Especificidade Negativa                  91,64%
```

```
Prevalência de Eventos          25,80%
Falsos Positivos                32,63%
Falsos Negativos                16,05%
Precisão Positiva               67,37%
Precisão Negativa               83,95%
Precisão                        80,80%
Medida AUC da Curva ROC         72,61%
```

```
Previsão Y       Probabilidade
 -2,6944             6,33%
 -4,1365             1,57%
 -0,5931            35,59%
  0,6639            66,01%
 -2,7523             6,00%
 -0,6550            34,19%
 -1,2852            21,67%
 -0,9458            27,97%
 -2,3878             8,41%
  1,5601            82,64%
```

ROC Curve

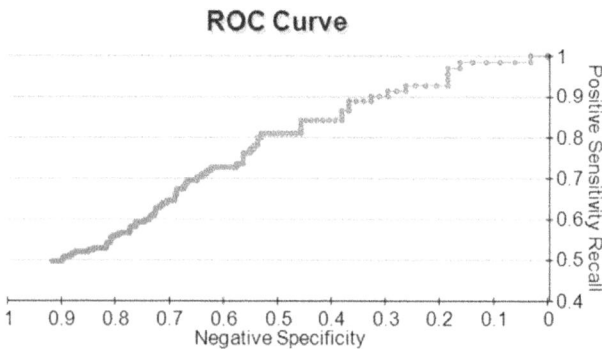

Figura 6.25: ROC & AUC

APRENDIZADO DE MÁQUINA DE IA: CLASSIFICAÇÃO BINÁRIA NORMIT PROBIT (SUPERVISIONADA)

Métodos AI/ML Relacionados: Binário Logístico, Análise Discriminante Multivariada

Métodos Tradicionais Relacionados: Modelos Lineares Generalizados, Logit, Probit, Tobit

O modelo de AI-Aprendizado de Máquina Normit Probit (Figura 6.26) é uma especificação alternativa popular para o modelo de resposta binária logística. Ele emprega uma função Normit-Probit estimada usando estimativa máxima verossimilhança e também é às vezes chamada de regressão Probit. Os modelos Probit e de regressão logística tendem a produzir previsões muito semelhantes. A escolha de usar um Probit ou Logit é inteiramente de conveniência, e a principal distinção é que a distribuição logística tem uma curtose mais alta (caudas mais gordas) para responder por valores extremos. Por exemplo, suponha que a propriedade da casa seja a decisão a ser modelada, e essa variável de resposta é binária (comprar a casa ou não comprar a casa) e depende de uma série de variáveis independentes X_i , como renda, idade e assim por diante, de tal forma que $I_i = \beta_0 + \beta_1 X_1 + \cdots + \beta_n X_n$, quando maior o valor de I_i, maior a probabilidade de casa própria. Para cada família, existe um limiar crítico I^*, onde, se excedido, a casa é comprada, caso contrário, nenhuma casa é comprada, e a probabilidade de desfecho (P) é assumida como sendo normalmente distribuída, de tal forma que $P_i = CDF(I)$ usando uma função de distribuição cumulativa padrão (CDF). Portanto, utilize os coeficientes estimados exatamente como o de um modelo de regressão e, utilizando o estimado $\hat{Y}$, aplique uma distribuição padrão-normal para calcular a probabilidade.

```
Entradas do modelo:
VAR421          Treinamento definir var dependente.(binário 0/1)
VAR422:VAR425   Treinamento definido var independente.
VAR427:VAR430   Conjunto de testes (opcional)
VAR432          Localização de probabilidade de previsão (opcional)
```

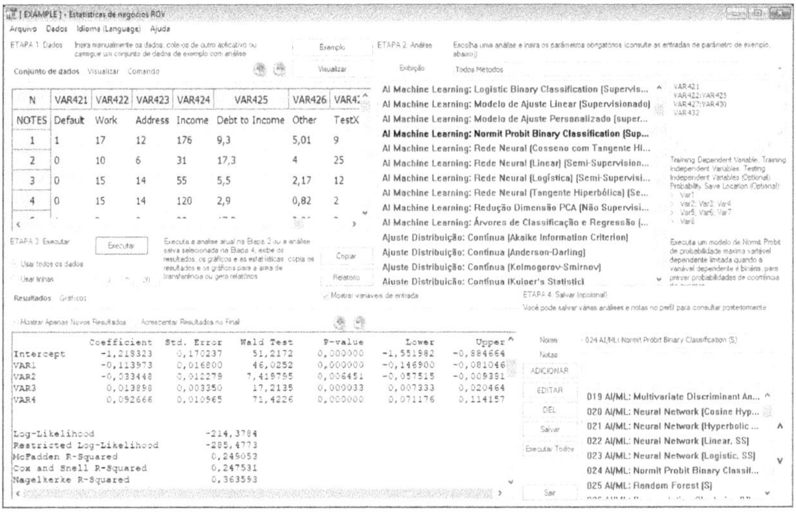

Figura 6.26: IA/AM: Classificação Binária Normit Probit

A interpretação dos resultados é semelhante à de uma regressão múltipla padrão e ao modelo de AI/ML Classificação Binária Logística, com exceção de calcular a probabilidade, que, no caso de um modelo Normit Probit, requer uma distribuição normal padrão. Por exemplo, na Figura 6.26, a primeira linha dos pontos de dados da variável de teste são 9, 26, 69, 6,7, o que significa que o $\hat{Y} =$ $-1,218323 - 0,113973(9) - 0,033448(26) + 0,013898(69) +$ $0,092666(6,7) = -1,5339\Phi(-1,5339) = 6,25\%$ (arredondado).

Em seguida, podemos calcular a função de Distribuição Cumulativa Normal. A probabilidade prevista resultante para Normit é tipicamente bastante próxima do resultado Logit visto anteriormente. As demais linhas são calculadas da mesma forma. Finalmente, os resultados do ROC, AUC e Matriz de Confusão, como positividade, especificidade, falsos positivos, falsos negativos, e assim por diante, também são computados e suas interpretações são idênticas ao modelo de AI/ML Classificação Binária Logística.

```
Modelo Linear Generalizado (Probit com Resultados Binários)

             Coeficiente  Erro Padrão  Wald Teste   Valor-p
Intercepto    -1,218323    0,170237     51,2172     0,000000
VAR1          -0,113973    0,016800     46,0252     0,000000
VAR2          -0,033448    0,012279      7,419795   0,006451
VAR3           0,013898    0,003350     17,2135     0,000033
VAR4           0,092666    0,010965     71,4226     0,000000

Log-Probabilidade                      -214,3784
Log-Probabilidade Restrito             -285,4773
McFadden R-Quadrado                       0,249053
Cox e Snell R-Quadrado                    0,247531
Nagelkerke R-Quadrado                     0,363593
Bruto Akaike Info Critério              438,7567
Bruto Bayes Critério                    459,8298
Qui-Quadrado                            142,1979
Graus de Liberdade (DF)                        4
Valor-p                                   0,000000
```

Matriz de Confusão

```
                      Resposta Prevista
   Resp Verdadeira        y = 1                  y = 0
        y = 1       True Positivo TP       False Negativo FN
        y = 0       False Positivo FP      True Negativo TN


                      Resposta Prevista
   Resp Verdadeira        y = 1                  y = 0
        y = 1            70                      59
        y = 0            39                     332


                      Resposta Prevista
   Resp Verdadeira        y = 1                  y = 0
        y = 1          64,22%                  15,09%
        y = 0          35,78%                  84,91%
```

```
Recuperação de Sensibilidade Positiva    54,26%
Especificidade Negativa                  89,49%
Prevalência de Eventos                   25,80%
Falsos Positivos                         35,78%
Falsos Negativos                         15,09%
Precisão Positiva                        64,22%
Precisão Negativa                        84,91%
Acurácia                                 80,40%
Medida AUC da Curva ROC                  72,40%
```

```
Previsão Y      Probabilidade
 -1,5339            6,25%
 -2,3330            0,98%
 -0,3424           36,60%
  0,3504           63,70%
 -1,5894            5,60%
 -0,3880           34,90%
 -0,7630           22,27%
 -0,5542           28,97%
 -1,4084            7,95%
  0,8985           81,55%
```

APRENDIZADO DE MÁQUINA DE IA: FLORESTA ALEATÓRIA (SUPERVISIONADA)

Métodos AI/ML Relacionados: CART de Árvores de Regressão

Métodos Tradicionais Relacionados: Simulação Bootstrap, Regressão Bootstrap

Nessa abordagem, os Bootstrap de árvores de regressão são executados várias vezes com diferentes combinações de pontos de dados e variáveis para desenvolver uma previsão de consenso das atribuições do grupo. Usando um único conjunto de variáveis Treino Y e Treino X, os dados e variáveis são bootstrapped e reamostrados. Cada reamostragem será executada no modelo CART ou classificação e árvore de regressão, e os resultados de categorização de consenso serão gerados (Figura 6.27). O benefício das florestas aleatórias é que ela fornece uma previsão de consenso (sabedoria da multidão) através de uma reamostragem com substituição tanto das variáveis quanto dos pontos de dados. No entanto, o modelo CART individual e o processo de árvore não estarão mais disponíveis. Para começar com essa abordagem, insira as variáveis que você precisa classificar e digite o número de *clusters* desejados. O modelo exigiu entradas de modelo semelhantes a esta:

```
Entradas do modelo:
VAR433              Treino Y (1 variável)
VAR434:VAR437       Treino X (≥ 1 variável)
3                   Min variáveis (< total X variáveis)
9                   Min pontos de dados (< total de linhas)
300                 Max Bootstrap trials (2-1000)
VAR438:VAR441       Teste X (opcional)
VARX                Previsão salva localização (opcional)
```

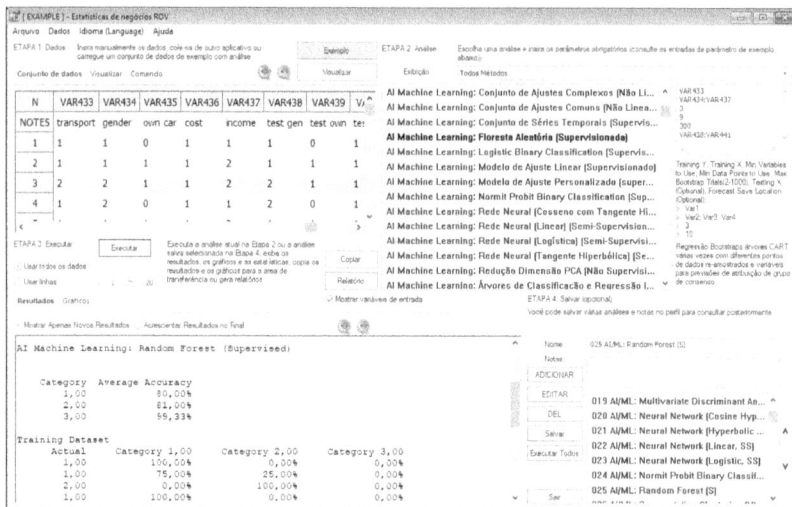

Figura 6.27: AI/ML: Floresta Aleatória

Suponha que apliquemos todo o conjunto de dados e execute o *Bootstrapp* (ou seja, as variáveis mínimas são 4 e os pontos de dados mínimos a serem utilizados são 10, o que significa que todo o conjunto de dados é utilizado), os resultados serão idênticos ao modelo CART de Classificação e Regressão de AI/ML. Lembre-se que os resultados da CART tiveram 100% para as três categorias. Neste modelo florestal aleatório, se aplicarmos apenas um mínimo de 3 variáveis com 9 linhas de dados, veremos os resultados mostrados a seguir. Centenas de modelos CART são bootstrapped, e as médias dos resultados são obtidas. A categorização do conjunto de dados de testes mostra que os eventos de maior probabilidade estão nas categorias 1, 1, 2, 1, 1, 2, 2, 3, 3, 3, 3, 3, 3, 3, que também corresponde aos resultados do modelo CART único.

```
IA Aprendizado de máquina: Floresta Aleatória (Supervisionada)
      Categoria        Acurácia Média
        1,00               80,00%
        2,00               81,00%
        3,00               99,33%
```

```
Dados de Treino
    Atual       Categoria 1     Categoria 2     Categoria 3
    1,00         100,00%           0,00%           0,00%
    1,00          75,00%          25,00%           0,00%
    2,00           0,00%         100,00%           0,00%
    1,00         100,00%           0,00%           0,00%
    1,00          75,00%          25,00%           0,00%
    2,00           0,00%         100,00%           0,00%
    2,00           0,00%         100,00%           0,00%
    3,00           0,00%           0,00%         100,00%
    3,00           1,00%           0,00%          99,00%
    3,00           0,00%           0,00%         100,00%
Dados de Teste
                 100,00%           0,00%           0,00%
                  75,00%          25,00%           0,00%
                  23,75%          76,25%           0,00%
                 100,00%           0,00%           0,00%
                  75,00%          25,00%           0,00%
                   1,00%          99,00%           0,00%
                   0,00%         100,00%           0,00%
                   0,00%           0,00%         100,00%
                   1,00%           0,00%          99,00%
                   0,00%           0,00%         100,00%
```

APRENDIZADO DE MÁQUINA DE IA: SEGMENTAÇÃO CLUSTERING (NÃO SUPERVISIONADA)

Métodos Relacionados de IA/ML: Análise Discriminante Multivariada (LDA & QDA)

Métodos Tradicionais Relacionados: Análise de Discriminantes Quadráticos (LDA & QDA)

Tomando o conjunto de dados original, executamos alguns algoritmos internos (uma combinação de agrupamento hierárquico *k-means* e outros métodos de momentos para encontrar os grupos mais adequados ou *clusters* estatísticos naturais) para dividir estatisticamente ou segmentar o conjunto de dados original em vários grupos. Segmente este conjunto de dados em quantos grupos desejarem. Essa técnica é valiosa em uma variedade de configurações, incluindo marketing (segmentação de mercado de clientes em vários grupos de gestão de relacionamento com clientes etc.), ciências físicas, engenharia e outros.

Figura 6.28 ilustra o algoritmo de IA/Aprendizagem de Máquina de Agrupamento de Segmentação trabalhando. O VAR415 mostra os diversos estados, enquanto VAR416:VAR419 fornece as características em termos do número de assassinatos de cada Estado, número de assaltos, população do Estado em milhões e número de eventos de invasão. Utilizando esses valores numéricos (VAR416:VAR419), os Estados podem ser segmentados em vários grupos.

```
Entradas do modelo:
VAR416:VAR419       Variáveis para agrupar
0                   Opcional (0=Mostrar até X, 1=Mostrar cluster X)
5                   Cluster X
```

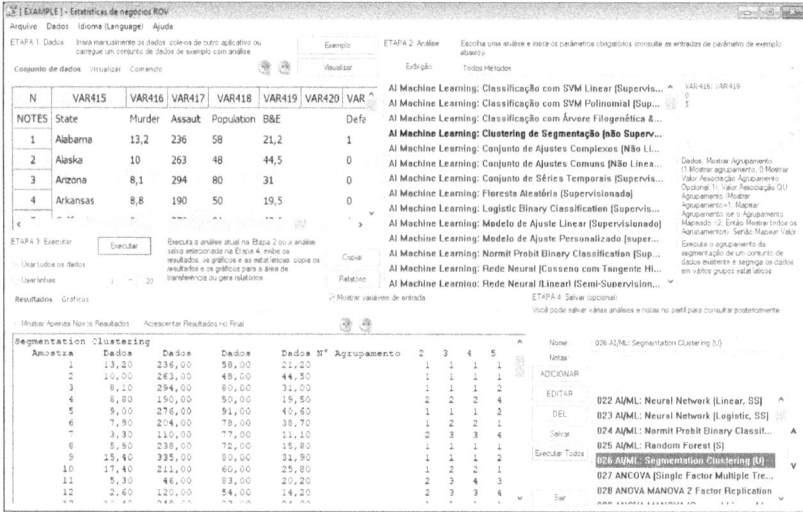

Figura 6.28: IA/ML: *Clustering* de Segmentação (Não Supervisionado)

Os resultados da análise de clusters mostrados em seguida geram clusters de múltiplos grupos particionados com base na similaridade de dados para análise exploratória de dados e mineração de dados (por exemplo, aprendizado de máquina, reconhecimento de padrões, análise de imagem, bioinformática etc.). Os objetos no mesmo aglomerado são mais semelhantes uns aos outros do que aqueles em outros aglomerados. Além disso, a análise de clusters pode ser usada para descobrir estruturas de dados sem fornecer uma explicação ou interpretação da relação entre variáveis. Os resultados mostrarão o número de membros do cluster, bem como os valores médios e as contagens dos membros dentro de cada subgrupo de cluster. Por exemplo, se precisamos segregar os dados em 3 segmentos, vemos que um segmento tem Alasca, Alabama, Arizona e assim por diante, enquanto o segundo segmento inclui estados como Arkansas e assim por diante (ou seja, o resultado do 3 *Cluster* mostra 1, 1, 1, 2, 1, e assim por diante, indicando que as três primeiras linhas de amostra são categorizadas no Cluster 1, seguido pelo Cluster 2 e, em seguida, Cluster 1 etc.). Esses segmentos agrupam características semelhantes como coortes, onde os estados dentro dessas coortes possuem as maiores quantidades de semelhanças estatísticas

```
Clustering de Segmentação                                Cluster
 N     Dado      Dado       Dado       Dado        C2  C3  C4  C5
 1    13,20    236,00      58,00      21,20         1   1   1   1
 2    10,00    263,00      48,00      44,50         1   1   1   1
 3     8,10    294,00      80,00      31,00         1   1   1   2
 4     8,80    190,00      50,00      19,50         2   2   2   4
 5     9,00    276,00      91,00      40,60         1   1   1   2
 .      . . .                  . . .       . . .        .   .   .   .
48     5,70     81,00      39,00       9,30         2   3   4   5
49     2,60     53,00      66,00      10,80         2   3   4   3
50     6,80    161,00      60,00      15,60         2   2   2   4

        Cluster Centroids [1]
        No. de Clusters          2        3        4          5
                      1      11,95    11,81    11,81      12,03
                      2       5,24     8,21     8,54      11,80
                      3                4,27     5,45       3,73
                      4                         2,95       6,43
                      5                                    2,70
        Cluster Centroids [2]
        No. de Clusters          2        3        4          5
                      1     261,95   272,56   272,56     239,25
                      2     114,87   173,29   175,46     300,86
                      3               87,55   115,36      68,25
                      4                        62,70     141,60
                      5                                   65,14
        Cluster Centroids [3]
        No. de Clusters          2        3        4          5
                      1      69,00    68,31    68,31      69,17
                      2      63,42    70,64    70,46      68,71
                      3               59,75    66,27      69,25
                      4                        53,90      68,25
                      5                                   46,29
        Contagem de Cluster
        No, of Clusters          2        3        4          5
                      1         19       16       16         12
                      2         31       14       13          7
                      3                  20       11          4
                      4                           10         20
                      5                                       7
```

ANÁLISES COM *BIZSTATS*

Abaixo você encontrará um guia de referências rápidas para todas as análises e métodos disponíveis no software ROV *BizStats*. A lista mais adiante, em ordem alfabética de cada modelo, que inclui uma breve descrição do que o método ou modelo faz, uma dica de como a mesma é montada no software *BizStats*, as entradas de dados necessárias e exemplos das entradas de dados. Como apoio didático, disponibilizamos um conjunto de exemplos pré-formados, indicando os tipos de dados e como as variáveis de dados devem ser organizadas. Tais exemplos de organização de dados tipos (A, B C e D) são encontrados no final deste capítulo. Nas seções deste Capítulo 06 os métodos e modelos também são organizados por categorias (p.ex., métodos multivariados versus métodos variáveis únicos, ou modelos Estocásticos versus Confiabilidade e Métodos de Consistência).

- Inteligência Artificial: Aprendizado de Máquina (AI/AM): Bootstrap Agregado para Ajuste Linear (supervisionados). Este método aplica um modelo de Ajuste Linear Bootstrap Agregado (Empacotado) de centenas de modelos através de dados re-amostrados para gerar as melhores previsões de consenso. A ideia é que em uma seleção aleatória de dados, tomar a previsão média de um conjunto de modelos fornece uma previsão mais precisa do que uma única amostra. Em uma regressão linear multivariada típica, a estrutura de relacionamento e características de uma variável dependente e como depende de outras variáveis exógenas independentes podem ser modeladas. O modelo pode ser utilizado para compreender a relação entre essas variáveis, bem como para fins de previsão e modelagem preditiva. A precisão e a bondade do ajuste para este modelo também podem ser determinadas. Semelhante a um modelo linear de regressão multivariada, primeiro treinamos o algoritmo usando o treinamento dependente e treinando variáveis independentes, que identificarão os parâmetros otimizados para usar no conjunto de dados de teste. Em seguida, o conjunto de dados é re-amostrado e o algoritmo é novamente executado. Esse processo é repetido ou inserido centenas de vezes, e as previsões de saída serão um consenso de todos esses modelos de bootstrapped.

- o Dica: Agregação Bootstrap (Empacotamento) do Modelo de Ajuste Linear de centenas de modelos, através de dados re-amostrados para gerar as melhores previsões de consenso.

- o Entrada do modelo: Tipo de dados C. Múltiplas variáveis.

    - Treinamento Y, Treinamento X, Teste X, Número de Bootstrap (1-1000), Número de Pontos de Dados (< Número de Linhas), Teste Y (Opcional), Localização de Salvamento de Previsão (Opcional):

        - >VAR1
        - >VAR2:VAR5
        - 1000
        - 45
        - >VAR6:VAR9
        - >VAR10

- Inteligência Artificial: Aprendizado de Máquina (AI/AM): Bootstrap Agregado para Ajuste não Linear (supervisionados). Este método calcula uma agregação de empacotamento ou bootstrap em um modelo de ajuste não linear personalizado, centenas de vezes, através de dados re-amostrados, para gerar as melhores previsões de consenso. Esta abordagem é semelhante ao modelo de Ajuste Linear Bootstrap Agregado descrito anteriormente. A principal diferença é que o modelo de regressão é um modelo não linear personalizado que o usuário pode inserir. Novamente, observe as diferenças entre a agregação de *Bootstrap* versus métodos de aprendizagem de conjunto, conforme descrito no método anterior

    - o Dica: Agregação *Bootstrap* (Empacotamento) do modelo de ajuste não linear personalizado de centenas de modelos através de dados resamplados para gerar as melhores previsões de consenso.

- o Entrada do modelo: Tipo de dados C. Múltiplas variáveis.

  - Treinamento Y, Treinamento X, Teste X, Número de *Bootstrap* (1-1000), Número de Pontos de Dados (< Número de Linhas), Teste Y (Opcional), Localização de Salvamento de Previsão (Opcional):

    - \>VAR1
    - \>VAR2:VAR5
    - 1000
    - 45
    - \>VAR6:VAR9
    - \>VAR10

- **Inteligência Artificial: Aprendizado de Máquina (AI/AM): Árvores de Classificação e Regressão (CART) (Supervisionadas).** O modelo de Árvores de Classificação e Regressão (CART) gera ramificações e subgrupos da variável Y dependente categórica utilizando variáveis X características. O CART é normalmente usado para mineração de dados e constitui uma abordagem supervisionada de aprendizado de máquina. Esta é uma abordagem de classificação quando a variável dependente é categórica e a árvore é usada para determinar a classe ou grupo dentro do qual uma variável de teste de destino é mais provável de cair. Os dados são divididos em galhos ao longo de uma árvore e cada divisão de galhos será determinado usando Coeficientes de Gini e Coeficientes de Perda de Informações com base nas perguntas feitas ao longo do caminho.

  - o Dica: Árvores de Classificação e Regressão (CART) mineração de dados gerando ramos/subgrupos de variável dependente categórica utilizando variáveis independentes características.

  - o Entrada do modelo: Tipo de dados C. Múltiplas variáveis.

    - Treinamento Y, Treinamento X, Teste X (Opcional), Previsão de Localização de Salvamento (Opcional):

      - \>VAR1
      - \>VAR2:VAR5
      - \>VAR6:VAR9
      - \>VAR10

- Inteligência Artificial: Aprendizado de Máquina (AI/AM): Classificação com Mix Segmentação Gaussiana & K-Means (Não Supervisionado). Executa um modelo de classificação de mistura gaussiana assumindo várias sobreposições normais. Trata-se de um método de aprendizagem de máquina não supervisionado que é aplicável quando as origens dos clusters são desconhecidas. Os resultados mostram as probabilidades de um determinado valor pertencente a um determinado agrupamento ou *cluster*.

  - o Dica: Executa um modelo gaussiano não supervisionado com classificação K-Mean quando as origens dos *clusters* são desconhecidas.

  - o Entrada do modelo: Tipo de dados C. Múltiplas variáveis.

    - ▪ Variáveis para classificar, número de clusters, iterações máximas, previsão de localização de salvamento (opcional):

      - • >VAR1:VAR4
      - • >5
      - • >1000
      - • >VAR5

- Inteligência Artificial: Aprendizado de Máquina (AI/AM): Classificação com K-Vizinho Mais Próximo (KNN) (Supervisionado). O algoritmo K-vizinho mais próximo, também conhecido como estrutura da Árvore K-Dimensional, é usado para classificar e segregar os dados em algumas pequenas dimensões. Basta digitar as variáveis que você precisa classificar e digitar o número de clusters desejados.

  - o Dica: KNN classifica e segrega dados em grupos, também chamados de estrutura de árvore K-Dimensional, útil para particionar pontos de dados em algumas pequenas dimensões.

  - o Entrada do modelo: Tipo de dados C. Múltiplas variáveis.

    - ▪ Treinamento X, Teste X:

      - • >VAR1:VAR4
      - • >VAR5:VAR9

- Inteligência Artificial: Aprendizado de Máquina (AI/AM): Classificação com Árvores Filogenéticas & Agrupamento Hierárquico (Não Supervisionado). Este método não é supervisionado e o algoritmo é aplicado para descobrir como agrupar um conjunto de dados que não são ordenados, sem ser fornecido com quaisquer dados de treinamento que tenham as respostas corretas. O resultado é um cluster hierárquico com vários conjuntos totalmente aninhados onde os menores conjuntos são os elementos individuais do conjunto, e o maior conjunto é todo o conjunto de dados. Para aplicar uma árvore filogenética usando *clustering* (agrupamento) hierárquico, o conjunto de dados é tipicamente um conjunto de sequências ou matrizes de distância.

  o Dica: Árvores Filogenéticas com Agrupamento Hierárquico para classificação não supervisionada de dados não ordenados.

  o Entrada do modelo: Tipo de dados C. Múltiplas variáveis.

    ▪ Treinamento Y, Treinamento X:

      • >VAR1
      • >VAR2

- Inteligência Artificial: Aprendizado de Máquina (AI/AM): Classificação com Máquina de Vetores de Suporte (Supervisionado). Máquina de Vetores de Suporte (SVM) é uma classe de algoritmos de aprendizagem de máquina supervisionados usados para classificação. Os métodos SVM são mais simples de implementar e executar do que algoritmos complexos de Rede Neural. No aprendizado supervisionado, normalmente começamos com um conjunto de dados de *treinamento*. O algoritmo é treinado usando este conjunto de dados (ou seja, os parâmetros são otimizados e identificados) e, então, os mesmos parâmetros do modelo são aplicados ao conjunto *de testes* ou a um novo conjunto de dados nunca visto pelo algoritmo.

  o SVM Gaussiana. Aplica um estimador normal de **kernel** $exp\left[-\left|\mathbf{x_i} - \mathbf{x}_j\right|^2/2\sigma^2\right]$

  o SVM Linear. Aplica um estimador linear padrão $\mathbf{x_i} \cdot \mathbf{x_j}$

  o SVM Polinomial. Aplica um estimador de densidade de **kernel** polinomial (por exemplo, quadrático ou não linear). $\left|a\mathbf{x_i} \cdot \mathbf{x_j} + b\right|^c$

- o **Dica:** Executa um algoritmo de aprendizado de máquina supervisionado usando máquinas vetoriais de suporte para a classificação de dados.
- o Entrada do modelo: Data Tipo C. Uma variável dependente e múltiplas variáveis independentes são necessárias.

    - Formação Variável Dependente, Treinamento Variáveis Independentes, Sigma, Lambda, Ômega, Calibração (Opcional: 0), Teste Variáveis Independentes (Opcionais, mas Altamente Recomendados), Localização da Previsão (Opcional), Agrupamentos (Opcional):

        - \>VAR1
        - \>VAR2; VAR3
        - \>2
        - \>1000
        - \>0.5
        - \>VAR4; VAR5
        - \>VAR6
        - \>VAR7

- **Inteligência Artificial: Aprendizado de Máquina (AI/AM): Modelo de Ajuste Personalizado (Supervisionado).** Aplicável para a previsão de séries temporais e dados transversais e para modelagem de relacionamentos entre variáveis. Ele permite criar modelos de regressão múltiplas personalizadas. Econometria refere-se a um ramo de técnicas de análise de negócios, modelagem e previsão de negócios para modelar o comportamento ou prever certos negócios, financeiros, econômicos, ciências físicas e outras variáveis. Executar os modelos Máquinas de Aprendizagem IA para Ajustes Personalizados é como uma análise regular de regressão econométrica, exceto que as variáveis dependentes e independentes podem ser modificadas antes de uma regressão ser executada.

    - o Dica: Personalize um modelo de regressão usando variáveis independentes personalizadas.
    - o Entrada do modelo: Data Tipo C. Uma variável dependente e múltiplas variáveis independentes são necessárias.

- Variáveis dependentes de treinamento, treinamento de variáveis independentes, teste variável independente, teste de variáveis dependentes (opcionais), Local de Previsão de Salvamento (Opcional):
    - \>VAR1
    - \>VAR2; LN(VAR3); (VAR4)^2; LAG(VAR5,1); (VAR6*VAR7)
    - \>VAR9; LN(VAR10); (VAR) 11)^2; LAG(VAR12,1); (VAR) 13*VAR14)

- Inteligência Artificial: Aprendizado de Máquina (AI/AM): Análise de Fator de Redução de Dimensões (Não Supervisionado). Executa a Análise de Fatores para analisar inter-relações dentro de um grande número de variáveis e simplifica esses fatores em um número menor de fatores comuns. O método condensa as informações contidas no conjunto original de variáveis em um conjunto menor de variáveis de fator implícito com perda mínima de informações. A análise está relacionada à Análise de Componentes Principais (**PCA**) utilizando a matriz de correlação e aplicando PCA juntamente com uma rotação matricial *Varimax* para simplificar os fatores.

    - Dica: Análise de fatores para analisar inter-relações dentro de um grande número de variáveis e simplificar esses fatores em um número menor de fatores comuns.

    - Entrada do modelo: Data Tipo C. Requer pelo menos três ou mais variáveis, cada uma com um número igual de linhas.

        - Variáveis: >VAR1; VAR2; VAR3; ...

- Inteligência Artificial: Aprendizado de Máquina (AI/AM): Análise de Componentes Principais de Redução de Dimensões (Não Supervisionado). A análise dos componentes principais, ou PCA, facilita o modelo e o resumo de dados multivariados. Para entender o PCA, suponha que comecemos com variáveis N que dificilmente sejam independentes umas das outras, de tal forma que mudar o valor de uma variável mudará outra variável. A modelagem PCA substituirá as variáveis N originais por um novo conjunto de variáveis M que são inferiores a N, mas não são correlacionadas umas às outras, enquanto, ao mesmo tempo, cada uma dessas variáveis M é uma combinação linear das variáveis N originais para que a maior parte da variação possa ser contabilizada usando menos variáveis explicativas.

- Dica: Executa redução de dimensão não supervisionada Análise principal de componentes em múltiplas variáveis, retornando autovetores, autovalores e dados revisados.
- Entrada do modelo: Data Tipo C. São necessárias três ou mais variáveis de entrada. Diferentes variáveis são dispostas em colunas, e todas as variáveis devem ter pelo menos 5 pontos de dados cada, com o mesmo número de pontos de dados totais ou linhas por variável.
  - Variáveis: >VAR1; VAR2; VAR3; ...

- **Inteligência Artificial: Aprendizado de Máquina (AI/AM): Ajustes de Conjuntos Comuns (Supervisionado).** Este algoritmo calcula milhares de possíveis modelos não lineares e de interação (adequados para dados transversais para reconhecimento de padrões); calibra o melhor modelo com o conjunto de dados de treinamento e prevê resultados usando o conjunto de dados de teste. Em outras palavras, ele executa uma abordagem de aprendizado conjunto.
  - **Dica**: Executa milhares de modelos de interação não linear (reconhecimento de padrão transversal); calibra o melhor modelo de previsão.
  - Entrada do modelo: Tipo de dados C. Múltiplas variáveis.
    - Treinamento Y, Treinamento X, Teste X (Opcional), Previsão de Localização de Salvamento (Opcional), Limite de Valor P (Opcional, Padrão = 0,10), Lags série de tempo (Opcional, Padrão = 0):
      - >VAR1
      - >VAR2:VAR5
      - >VAR6:VAR9
      - >VAR10
      - >0.10
      - >00

- **Inteligência Artificial: Aprendizado de Máquina (AI/AM): Ajuste de Conjuntos Complexos (Supervisionado).** Usando uma abordagem de aprendizagem de conjunto, este modelo calcula milhares de modelos possíveis não lineares e de interação (adequados para dados de séries temporâneas para reconhecimento de padrões); calibra o melhor modelo com o conjunto de dados de treinamento e prevê resultados usando o conjunto de dados de teste.

- o Dica: Executa milhares de modelos de interação não linear (reconhecimento de padrão de séries tempo; calibra o melhor modelo de previsão.
- o Entrada do modelo: Tipo de dados C.
  - Treinamento Y, Treinamento X, Teste X (Opcional), Localização de Salvamento de Previsão (Opcional), Limite de Valor P (Opcional, Padrão = 0,10), Atrasos em série temporal (Opcional, Padrão = 0), Atrasos Autorregressivo (Opcional, Padrão = 0):
    - >VAR1
    - >VAR2:VAR5
    - >VAR6:VAR9
    - >VAR10
    - >0.10
    - >00
    - >00

- **Inteligência Artificial: Aprendizado de Máquina (AI/AM): Ajuste de Conjuntos de Séries-Temporais (Supervisionado).** Este algoritmo calcula e calibra um conjunto de diferentes modelos de previsão de séries temporais, seleciona a melhor combinação e gera previsões para a variável série temporal histórica. Um conjunto de métodos de previsão de séries temporais, como Holt-Winters, previsões dessazonalizadas, ARIMA, entre outros são aplicados, as melhores combinações de modelos são usadas e as previsões de consenso são fornecidas.

  - o Dica: Calcula um conjunto de diferentes modelos de séries temporais, seleciona a melhor combinação e gera previsões.
  - o Entrada do modelo: Tipo de dados C. Múltiplas variáveis.
    - Dados históricos da série temporal, sazonalidade, períodos de previsão, previsão de localização de salvamento (opcional):
      - >VAR1
      - 4
      - 8
      - >VAR2

- Inteligência Artificial: Aprendizado de Máquina (AI/AM): Modelo de Ajuste Linear (Supervisionado). A regressão linear multivariada é utilizada para modelar a estrutura de relacionamento e características de uma determinada variável dependente, pois depende de outras variáveis exógenas independentes, no conjunto de dados de treinamento. Utilizando a relação modelada, podemos prever os valores futuros da variável dependente, utilizando as variáveis independentes do conjunto de testes. A precisão e a Bondade do Ajuste para este modelo também podem ser determinadas. Modelos lineares e não lineares podem ser instalados na análise de regressão múltipla.

  - o **Dica**: Executa várias regressões lineares e as aplica ao conjunto de dados de teste.

  - o Entrada do modelo: Data Tipo C. São necessários dois conjuntos de variáveis: Uma Variável Dependente e Uma ou Múltipla Variáveis Independentes, com pelo menos 5 linhas de dados em cada variável e o mesmo número de pontos ou linhas totais de dados por variável.

    - Formação Variável Dependente, Treinamento De Variáveis Independentes (uma ou mais), Teste Variáveis Independentes (o mesmo que treinamento), Dependente de Teste (Opcional), Previsões de Salvamento (Opcional):

      - >VAR1
      - >VAR2; VAR3; ...
      - >VAR4; VAR5;...

- Inteligência Artificial: Aprendizado de Máquina (AI/AM): Análise Discriminante Multivariada (Linear) (Supervisionado). Uma abordagem de Análise Discriminante Linear (LDA) classifica uma variável Y de treinamento dependente categórica, usando uma ou mais variáveis de treinamento X características. Este método supervisionado aplica relações máximas de discriminação linear (ou seja, a razão de variância entre classes para variância dentro da classe), o que permite uma separação clara ou agrupamentos da variável Teste X. Em outras palavras, as separações são obtidas através da maximização da soma da razão quadrada de uma combinação linear. Os resultados otimizados do coeficiente ajudam a identificar como cada uma das variáveis independentes contribui para a categorização. A atribuição do grupo será baseada nos escores máximos estimados de impacto.

- o Dica: Executa Análise Discriminante Linear LDA para classificar uma variável de treinamento dependente categórico usando uma ou mais variáveis de treinamento características.

- o Entrada do modelo: Tipo de dados C. Múltiplas variáveis.

  - Treinamento Y, Treinamento X, Teste X (Opcional), Previsão de Localização de Salvamento (Opcional):
    - >VAR1
    - >VAR2:VAR5
    - >VAR6:VAR9
    - >VAR10

- **Inteligência Artificial: Aprendizado de Máquina (AI/AM): Análise Discriminante Multivariada (Quadrática) (Supervisionado).** A abordagem classifica a variável Y dependente categórica utilizando variáveis X características via Análise Discriminante Quadrática (QDA). Este método é semelhante ao LDA, mas a matriz de covariância é usada na atribuição do grupo, bem como nos coeficientes estimados. Isso ocorre porque a LDA assume a homocedasticidade nos erros de previsão, enquanto o QDA permite alguma heterocedasticidade. Isso permite que aproximações de segunda ordem e segundo momento para calibrar as atribuições de grupo relevantes.

  - o Dica: Executa QDA de análise de discriminantes quadráticos para classificar uma variável de treinamento dependente categórica usando uma ou mais variáveis de treinamento características.

  - o Entrada do modelo: Tipo de dados C. Múltiplas variáveis.

    - Treinamento Y, Treinamento X, Teste X (Opcional), Previsão de Localização de Salvamento (Opcional):
      - >VAR1
      - >VAR2:VAR5
      - >VAR6:VAR9
      - >VAR10

- Inteligência Artificial: Aprendizado de Máquina (AI/AM): Rede Neural. Comumente usado para se referir a uma rede ou circuito de neurônios biológicos, o uso moderno do termo *rede neural* muitas vezes se refere a redes neurais artificiais que consistem em neurônios artificiais, ou nódulos, recriados em um ambiente de software. Tais redes tentam imitar os neurônios do cérebro humano em formas de pensar e identificar padrões e, em nossa situação, identificar padrões para fins de previsão de dados de séries temporais.

  o Linear. Aplica uma função linear.

  o Logística Não Linear. Aplica uma função logística não linear.

  o Cosseno não linear com Tangente Hiperbólica. Aplica cosseno não linear com função tangente hiperbólica.

  o Tangente hiperbólico não linear. Aplica uma função tangente hiperbólica não linear.

  o Dica: Executa uma previsão de rede neural de séries temporais através de algoritmos para reconhecimento de padrões (linear, logístico,cosseno, hiperbólico).

  o Entrada do modelo: Data Type A. Variável de Dados, Camadas, Conjunto Teste, Período Previsão e Aplica Otimização Multifase (Opcional, padrão definido para ZERO ou nenhuma otimização).

    ▪ Variável de dados, camadas, conjunto de testes, períodos de previsão:

      - >VAR1
      - >3
      - >20
      - >5
      - >1

- Inteligência Artificial: Aprendizado de Máquina (AI/AM): Classificação Binária Logística (Supervisionada). Técnicas de variáveis dependentes limitadas são usadas para prever a probabilidade de algo ocorrer, dado algumas variáveis independentes (por exemplo, prever se uma linha de crédito será inadimplente, dado as características do devedor, como idade, salário, níveis de dívida de cartão de crédito; ou a probabilidade de um paciente ter câncer de pulmão com base na idade e número de cigarros fumados mensalmente, e assim por diante). A variável dependente é limitada (ou seja, binária 1 e 0 para padrão/câncer, ou limitada aos valores inteiros 1, 2, 3, etc.). A análise de regressão tradicional não funcionará, pois, a probabilidade prevista é geralmente inferior a 0 ou superior a 1, e muitos dos pressupostos de regressão necessários são violados (por exemplo, independência e normalidade dos erros). Também temos um vetor de regressores variáveis independentes, X, que são assumidos para influenciar o resultado, Y. Uma abordagem típica de regressão de mínimos quadrados é inválida, porque os erros de regressão são heterocedásticos e não normais, e as estimativas de probabilidade estimadas resultantes retornarão valores absurdos acima de 1 ou abaixo de 0. Esta análise lida com esses problemas usando uma rotina de otimização iterativa, para maximizar uma função de probabilidade de registro, quando as variáveis dependentes são limitadas.

- o Dica: Executa um modelo Logit de Probabilidade Máxima Variável Dependente Limitada quando a variável dependente é binária para prever probabilidades de eventos ocorrendo.

- o Entrada do modelo: Data Tipo C. Uma variável dependente binária é necessária com valores 0 e 1 e múltiplas variáveis independentes contínuas ou categóricas.

  - Variável dependente, variáveis independentes:

    - \>VAR1
    - \>VAR2; VAR3; ...

- Inteligência Artificial: Aprendizado de Máquina (AI/AM): Classificação Binária Probit Normit (Supervisionado). Um modelo Probit (às vezes também conhecido como modelo Normit) é uma especificação alternativa popular para um modelo de resposta binária. Ele emprega uma função Probit estimada usando estimativa máxima de probabilidade e é chamada de regressão probit. Os modelos Probit e regressão logística tendem a produzir previsões muito semelhantes onde as estimativas do parâmetro em uma regressão logística tendem a ser 1,6 a 1,8 vezes maiores do que em um modelo Probit correspondente. A escolha de usar um Probit ou Logit é inteiramente de conveniência, e a principal distinção é que a distribuição logística tem uma Curtose mais alta (caudas mais gordas) para responder por valores extremos. Por exemplo, suponha que a decisão de comprar uma casa seja a ser modelada, e a variável de resposta é binária (comprar não) e depende de uma série de variáveis independentes X_i, como renda, idade, e assim por diante, de tal forma que $I = \beta_0 + \beta_1 X + ... + \beta_n X_n$, onde quanto maior o valor de I_i, maior a probabilidade de comprar a casa. Para cada família, existe um limiar crítico I^* onde, se excedido, a casa é comprada, caso contrário, nenhuma casa é comprada, e a probabilidade de desfecho (P) é assumida para ser normalmente distribuída, de modo que $P_i=$FDA$*(I)$ utilizando uma função de distribuição cumulativa padrão-normal (FDA). Portanto, use os coeficientes estimados exatamente como o de um modelo de regressão e, usando o Y estimado, aplique uma distribuição Normal padrão para calcular a probabilidade.

- o Dica: Executa um modelo de Normit Probit de probabilidade máxima variável dependente limitada quando a variável dependente é binária para prever probabilidades de eventos ocorrendo.

- o Entrada do modelo: Data Tipo C. Uma variável dependente binária é necessária com valores 0 e 1 e múltiplas variáveis independentes contínuas ou categóricas.

  - Variável dependente, variáveis independentes:
    - \>VAR1
    - \>VAR2; VAR3; ...

- Inteligência Artificial: Aprendizado de Máquina (AI/AM): Floresta Aleatória (Supervisionada). Nessa abordagem, as árvores de regressão bootstrap são executadas várias vezes com diferentes combinações de pontos de dados e variáveis para desenvolver uma previsão de consenso das atribuições do grupo. Usando um único conjunto de variáveis Treino Y e Treino X, os dados e variáveis são "bootstrappeado" e reamostrados. Cada reamostragem será executada no modelo CART ou árvore de regressão, e os resultados de categorização de consenso serão gerados. O benefício da floresta aleatória é que ela fornece uma previsão de consenso (sabedoria da multidão) através de uma reamostragem com reposição tanto das variáveis quanto dos pontos de dados. No entanto, o modelo CART individual e o processo de árvore não estarão mais disponíveis.

- o Dica: Árvores Regressão Bootstrap CART repetidas várias vezes com diferentes pontos de dados reamostrados e variáveis para previsões de atribuição de grupo de consenso.

- o Entrada do modelo: Tipo de dados C. Múltiplas variáveis.

  - Treinamento Y, Treinamento X, Teste X, Variáveis Min para Usar, Pontos de Dados

Mínimos para Usar, Previsão De Salvar Localização (Opcional):

- >VAR1
- >VAR2:VAR5
- >VAR6:VAR9
- 3
- 30
- >VAR10

- **Inteligência Artificial: Aprendizado de Máquina (AI/AM): Clustering de Segmentação (Não Supervisionado).** Tomando o conjunto de dados original, executamos alguns algoritmos internos (uma combinação de *k*-mean clustering hierárquico e outros métodos de momentos, a fim de encontrar os grupos mais adequados ou *clusters* estatísticos naturais) para dividir estatisticamente ou segmentar o conjunto de dados original em vários grupos.

  o Dica: Executa o agrupamento de segmentação de um conjunto de dados existente e segrega os dados em vários grupos estatísticos.

  o Entrada do modelo: Tipo de dados B. Uma ou várias variáveis de entrada são necessárias com pelo menos 3 pontos de dados ou linhas de dados. Você pode solicitar opcionalmente que um cluster específico seja mostrado em vez de toda a matriz (recomendado se você tiver um monte de dados).

  ▪ Variáveis:
    - >VAR1; VAR2; VAR3;...
    - 1
    - 3

- **ANCOVA (Múltiplos Tratamientos de Fator Único).** Realize análise ANCOVA ou covariância com múltiplos tratamentos repetidos (Grupo 1) que remove os efeitos covariados do Grupo 2. Os efeitos líquidos após a explicação dos covariáveis serão comprovados contra a hipótese nula, na qual vários dos tratamentos do Grupo 1 são idênticos entre si, após justificarem efeitos dos covariáveis no Grupo 2.

  o Dica: Análise de covariância com múltiplos tratamentos repetidos (Grupo 1) que removem os efeitos covariados do Grupo 2 (H_0: vários dos tratamentos são idênticos).

- o Entrada do modelo: Dados Tipo D. Dois grupos de variáveis são necessários. Ambos os grupos devem ter o mesmo número de variáveis. O grupo 1 tem as principais variáveis para testar onde cada variável é um tipo de tratamento como a ANOVA. O Grupo 2 tem os covariáveis cujos efeitos da análise serão integrados ao modelo.

  - ▪ Grupo 1 Principais Variáveis, Grupo 2 Covariantes:

    - >VAR1; VAR2; VAR3; VAR4; ...

    - >VAR5; VAR6; VAR7; VAR8; ...

- **ANOVA (MANOVA Modelo Linear Geral).** Executa a ANOVA Múltipla (MANOVA) com múltiplas variáveis numéricas dependentes contra uma variável categórica alfanumérica independente. Estende os tratamentos múltiplos de fator único ANOVA para incluir múltiplas variáveis simultâneas dependentes. A hipótese nula testada é que não há diferença média zero entre todas as variáveis. As estatísticas computadas incluem as estatísticas padrão F, bem como O traço de Pillai, Lambda de Wilk e traço de Hotelling, que modifica os graus de liberdade e somas de quadrados para ajustar para os testes simultâneos de múltiplas variáveis dependentes.

  - o Dica: MANOVA com múltiplas variáveis numéricas dependentes e uma variável categórica alfanumérica independente (H_0: nenhuma diferença entre todas as variáveis).

  - o Model Input: Dados Tipo C. São necessárias três ou mais variáveis de entrada. Variáveis diferentes são organizadas em colunas e todas as variáveis devem ter, pelo menos, 6 pontos de dados cada, com o mesmo número de pontos de dados totais ou linhas por variável. Também deve haver uma variável para categorias, que pode ser alfanumérica.

    - ▪ Categorias, Variáveis:
      - >VAR10
      - >VAR1; VAR2; VAR3; ...

- ANOVA (MANOVA Dois Fatores Modelo Linear Geral de Replicação). Executa a ANOVA múltipla (MANOVA) com várias variáveis numéricas dependentes em comparação com duas variáveis categóricas alfanuméricas independentes. Estende a ANOVA de dois fatores para incluir várias variáveis dependentes simultâneas. A hipótese nula testada é que há diferença nas médias igual a zero entre todas as variáveis. As estatísticas computadas incluem as estatísticas F padrão, bem como Traço de Pillai, Lambda de Wilk e Traço de Hotelling, que modifica os graus de liberdade e somas de quadrados para ajustar para os testes simultâneos de múltiplas variáveis dependentes.

  - o Dica: MANOVA com múltiplas variáveis numéricas dependentes e duas variáveis categóricas alfanuméricas independentes (H_0: nenhuma diferença entre todas as variáveis dependentes em comparação com as variáveis independentes e suas interações)
  - o Entrada do modelo: Dados Tipo C. São necessárias quatro ou mais variáveis de entrada. Variáveis diferentes são organizadas em colunas e todas as variáveis devem ter, pelo menos, 6 pontos de dados cada, com o mesmo número de pontos de dados totais ou linhas por variável. Também deve ter duas variáveis para categorias, que podem ser alfanuméricas.
    - ▪ Categorias, Variáveis:
      - • >VAR10; VAR11
      - • >VAR1; VAR2; VAR3; …

- ANOVA (Blocos Randomizados Múltiplos Tratamentos). A distribuição de amostragem é assumida como aproximadamente Normal e existe *uma* variável de bloco para a qual ANOVA irá controlar (ou seja, bloquear os efeitos *desta* variável controlando-a no experimento). Esta análise pode testar os efeitos de uma variável dependente dividida em *diferentes grupos de tratamento*, bem como a eficácia dos diferentes níveis de uma variável de controle ou bloqueio. Se o p-valor calculado para o tratamento ou bloqueio for menor ou igual ao nível de significância usado no teste, rejeite a hipótese nula e conclua que há uma diferença significativa entre os diferentes tratamentos ou.

  - o Dicas: ANOVA com variáveis de bloqueio (H_0: nenhuma diferença entre todas as variáveis de tratamento e nenhum efeito das variáveis de bloqueio).

o Entrada do modelo: Dados Tipo C. Três ou mais variáveis de entrada são necessárias. Diferentes variáveis de tratamento são organizadas em colunas e variáveis de bloqueio são organizadas em linhas, e todas as variáveis devem ter pelo menos 3 pontos de dados cada, com o mesmo número de pontos de dados totais ou linhas por variável.

  ▪ Variáveis:
    • >VAR1; VAR2; VAR3; …

- **ANOVA (Tratamentos Múltiplos de Fator Único).** Uma extensão do teste t de duas variáveis, olhando para uma variável numérica dependente em comparação com uma variável categórica independente, que é separada em vários grupos de tratamento e quando a distribuição de amostragem é considerada aproximadamente Normal. Uma hipótese bicaudal testa a hipótese nula de modo que as médias populacionais de cada tratamento sejam estatisticamente idênticas ao resto do grupo, indicando que não há efeito entre os diferentes grupos de tratamento.

  o Dica: Execute ANOVA com múltiplos tratamentos (H_0: nenhuma diferença entre todas as variáveis de tratamento).

  o Entrada do modelo: Dados Tipo C. Três ou mais variáveis de entrada são necessárias. Diferentes variáveis de tratamento são organizadas em colunas e todas as variáveis devem ter pelo menos 3 pontos de dados cada, com o mesmo número de pontos de dados totais ou linhas por variável.

    ▪ Variáveis: >VAR1; VAR2; VAR3; …

- **ANOVA (Medidas Repetidas de Fator Único).** Uma modificação do modelo ANOVA de fator único olhando para uma variável numérica dependente que é testada repetidamente. Essas medidas repetidas são separadas em várias colunas ou grupos de teste. Uma hipótese bicaudal testa a hipótese nula de forma que as médias populacionais de cada tratamento sejam estatisticamente idênticas ao resto do grupo, indicando que não há efeito entre os diferentes grupos de medidas repetidas.

- o Dicas: Executa ANOVA com medidas repetidas (H0: nenhuma diferença entre todos os testes repetidos).
- o Model Input: Dados Tipo C. São necessárias três ou mais variáveis de entrada. Diferentes valores de teste repetidos são organizados em colunas e todas as variáveis devem ter, pelo menos, 3 pontos de dados cada, com o mesmo número de pontos de dados totais ou linhas por variável.
  - ▪ Variáveis: >VAR1; VAR2; VAR3; …

- **ANOVA (Análise Dois Fatores).** Uma extensão do ANOVA de fator único e bloco aleatório, examinando simultaneamente os efeitos de uma variável dependente numérica contra duas variáveis independentes categóricas (dois fatores junto com os efeitos das interações entre os diferentes níveis desses dois fatores). Ao contrário do projeto de blocos aleatórios, este modelo examina as interações entre os diferentes níveis dos fatores ou variáveis independentes. Em uma pesquisa com dois fatores, a interação existe quando o efeito de um nível para um fator depende de qual nível do outro fator está presente. Existem três hipóteses nulas.

  - o Dica: Execute ANOVA dois fatores com múltiplos tratamentos com uma variável dependente numérica e duas variáveis independentes categóricas (H0: nenhuma diferença entre todas as variáveis de tratamento para cada fator de linha, fator de coluna e interações entre fatores).
  - o Entrada do modelo: Dados Tipo C. São necessárias três ou mais variáveis de entrada. Diferentes colunas de variáveis de fator são selecionadas e outros fatores de replicados são organizados como linhas, onde todas as variáveis devem ter pelo menos 4 pontos de dados cada, com o mesmo número de pontos de dados totais ou linhas por variável. O número total de linhas deve ser divisível pelo número de replicações de linha. Por exemplo, fatores de linha podem ser organizados como A1, A1, A2, A2, A3, A3, A4, A4 para 8 linhas com 4 fatores, implicando uma replicação de 2.
    - ▪ Variáveis, Replicação:
      - • >VAR1; VAR2; VAR3; …
      - • >2

- **ARIMA**. Um Modelo Autorregressivo Integrado de Médias Móveis é usado para prever dados de séries temporais usando seus próprios dados históricos ou com variáveis exógenas ou independentes. O primeiro segmento é o termo auto regressivo (AR) que corresponde ao número de valores residuais atrasados no modelo de previsão incondicional. O modelo captura a variação histórica dos dados reais para um modelo melhor preditivo. O segundo segmento é a ordem de integração (I) correspondente ao número de diferenciação das séries temporais que serão previstas para tornar os dados estacionários. Esse elemento é responsável por quaisquer taxas de crescimento não lineares nos dados. O terceiro segmento é a **média móvel** (MA), que é essencialmente a média móvel de erros de previsão de atraso. Ao incorporar este termo de erros de previsão de atraso, o modelo aprende com seus erros ou erros de previsão e os corrige através de um cálculo de média móvel. O modelo ARIMA segue a metodologia *Box-Jenkins* onde cada termo representa os passos tomados na construção do modelo até que apenas o ruído aleatório permaneça.

  - o Dica: Executa o modelo Autorregressivo integrado de médias móveis ARIMA(p, d, q) usando séries temporais históricas e, opcionalmente, com outras variáveis exógenas

  - o Entrada do modelo: Dados Tipo A e Tipo-C. Uma variável de entrada é necessária, embora variáveis exógenas adicionais que são necessárias possam ser adicionadas.

    - ▪ Variável Série Temporal Histórica, AR(p), I(d), MA(q), Iterações (Opcional, default = 100), Períodos de Previsão (Opcional, default = 5), Retrospectiva (Opcional, padrão = 0), Uso de Variáveis Exógenas (Opcional, padrão = 0):

      - \>VAR1

      - \>1

      - \>0

      - \>1

- Auto ARIMA. Este módulo executa algumas combinações comuns de modelos ARIMA (p, d, q) e retorna os melhores modelos.

  o Dica: Execute vários modelos ARIMA (p, d, q) com valores p, d, q de baixa ordem, hierárquico e devolva os melhores modelos.

  o Entrada do modelo: Dados Tipo A e Tipo-C. Uma variável de entrada é necessária, embora exógenos variáveis adicionais possam ser adicionadas conforme necessário. Os modelos ARIMA geralmente requerem grandes quantidades de dados (p.ex., 30-50 pontos de dados).

    ▪ Variável Série Temporal Histórica, Iterações (opcional, padrão = 100), Períodos de Previsão (Opcional, default = 5), Retrospectiva (Opcional, padrão = 0), Uso de Variáveis Exógenas (Opcional, default = 0):

      • >VAR1

- Auto Econometrias (Detalhado e Rápido). Executa algumas combinações comuns de Econometria Básica e retorna os melhores modelos usando algoritmos diferentes.

  o Dica: Execute a Auto Econometria testando várias combinações de modelos que fornecem o melhor ajuste para seus dados, incluindo modelos lineares, não lineares, logarítmicos e de interação.

  o Entrada do modelo: Dados Tipo C. São necessárias uma variável dependente e uma ou mais variáveis independentes.

    ▪ Variável Dependente, Variáveis Independentes:

      • >VAR1

      • >VAR2; VAR3; ...

- Autocorrelação e Correção Parcial. Uma abordagem muito simples para testar a autocorrelação é traçar a série temporal residual da equação de regressão. Se esses resíduos apresentarem comportamento cíclico, então a correção automática existe. Outra abordagem mais robusta para detectar a autocorrelação é o uso da estatística Durbin–Watson, que estima o potencial de uma autocorrelação de primeira ordem. O teste Durbin–Watson utilizado também identifica a especificação incorreta do modelo, ou seja, se uma variável de série temporal é mapeada para si mesma em um período anterior. Muitos dados de séries temporais tendem a se auto relacionar com suas ocorrências históricas. A correção automática se aplica apenas aos dados da série temporal. Essa relação pode existir por múltiplas razões, incluindo relações espaciais de variáveis (tempo e espaço semelhantes), eventos e impactos econômicos prolongados, inércia psicológica, suavização, ajustes sazonais de dados, e assim por diante.

- o Dica: Execute a correção automática e a correção parcial em seus dados da série temporal até 20 períodos de atraso, dependendo da disponibilidade de dados.

- o Entrada do modelo: Dados Tipo A. Uma variável de entrada com pelo menos 5 pontos de dados ou linhas de dados é necessária.

  - ▪ Variável:

    - >VAR1

- Teste Durbin-Watson de Autocorrelação AR(1). Execute o teste Durbin-Watson para correção automática de um processo de *lag* ou AR(1).

- o Dica: Execute o teste Durbin–Watson para correção automática de um processo de *lag* ou AR(1).

- o Entrada do modelo: Dados Tipo C. Uma variável dependente e uma ou mais variáveis independentes são necessárias.

  - ▪ Variável dependente, variáveis independentes:

    - >VAR1

    - >VAR2; VAR3; ...

- Teste de Bonferroni (Variável Única com Repetição). O teste de Bonferroni é um ajuste que é feito nos p-valores quando múltiplos testes estatísticos dependentes ou independentes estão sendo realizados simultaneamente em um único conjunto de dados. Intervalos de confiança simultâneos são calculados e comparados com vários testes individuais. Este único teste variável com correções repetidas aplica-se a um grupo de múltiplas variáveis de cada vez.
  - Dica: Corrige os p-valores em vários testes independentes e executa simultaneamente intervalos de confiança (H_0: Os meios individuais esperados são iguais aos alvos).
  - Entrada do modelo: Dados Tipo C. São necessárias duas ou mais variáveis de entrada. Diferentes variáveis são classificadas por colunas, e todas as variáveis devem ter o mesmo número de pontos de dados ou linhas. O número total de alvos deve corresponder ao número de variáveis. *Alpha* é 0,05 por padrão e o usuário pode alterá-lo opcionalmente.
    - Variáveis, Objetivos Testados, Nível *Alfa* (Opcional, padrão é 0,05):
      - >VAR1; VAR2; VAR3; ...
      - >7; 8; 5; ...
      - >0,05
- Teste de Bonferroni (Duas Variáveis com Repetição). O teste de Bonferroni é um ajuste que é feito aos p-valores quando múltiplos testes estatísticos dependentes ou independentes estão sendo realizados simultaneamente em um único conjunto de dados. Intervalos de confiança simultâneos são calculados e comparados com vários testes individuais. Este teste de duas variáveis com correções de repetição se aplica a dois grupos de múltiplas variáveis cada. A hipótese nula que é testada é que as diferenças individuais esperadas são todas iguais a zero.
  - Dica: Corrige os p-valores em vários testes independentes e executa intervalos de confiança

simultâneos (H$_0$: As diferenças individuais esperadas são iguais a zero).

- o Entrada do modelo: Dados Tipo D. Dois grupos de variáveis são necessários. Em cada grupo, são necessárias duas ou mais variáveis de entrada com o mesmo número de pontos de dados ou linhas.

  - Variáveis do Grupo 1, Variáveis do Grupo 2, Nível *Alfa* (Opcional, padrão a 0,05):

    - >VAR1; VAR2; VAR3; ...

    - >VAR4; VAR5; VAR6; ...

    - >0,05

- **Teste Cox–Box Transformação Normal.** Ele pega o conjunto de dados existente e os transforma em dados normalmente distribuídos. O conjunto de dados original é testado usando o teste de normalidade Shapiro–Wilk (H$_0$: Presumido que os dados são Normais), então transformado usando o método Box–Cox, usando seu parâmetro Lambda personalizado ou o Lambda otimizado internamente. Os dados transformados são testados para uso normal Shapiro-Wilk.

  - o Dica: Transforma seus dados existentes em dados normalmente distribuídos, que são testados usando o Shapiro–Wilk (H$_0$: os dados são considerados Normais) e exibidos em um Gráfico QQ.

  - o Entrada do modelo: Dados Tipo A. É necessária uma variável de entrada com pelo menos 5 linhas de dados. Opcionalmente, digite um valor *Lambda* não zero (apenas valores positivos ou negativos, mas zeros não são permitidos).

    - Variável, *Lambda* (Padrão opcional, calculado internamente, mas pode ser substituído por qualquer valor não zero):

      - >VAR1

      - >0.2

- Teste de Box para Homogeneidade de Covariância. Executa o Teste de Box para a Homogeneidade de Covariância de dois grupos de matrizes de covariância das variáveis. A hipótese nula comprovada é que há diferença zero entre as duas matrizes de covariância.

  o Dica: Teste se duas matrizes de covariância são homogêneas (H_0: sem diferença entre duas matrizes de covariância)

  o Entrada do modelo: Dados Tipo D. Dois grupos de variáveis são necessários. Em cada grupo, são necessárias duas ou mais variáveis de entrada com pelo menos 5 pontos de dados cada e o mesmo número total de pontos de dados ou linhas.

    ▪ Variáveis do Grupo 1, Variáveis do Grupo 2:

      • >VAR1; VAR2; VAR3; ...

      • >VAR4; VAR5; VAR6; ...

- Filtro Hodrick-Prescott. O filtro Hodrick–Prescott ajuda a reduzir o ruído dos dados e a variação estocástica de uma variável de série temporal, mantendo as flutuações e ciclos dos dados. Os dados filtrados são tipicamente mais previsíveis devido à redução aleatória do ruído. O parâmetro de alisamento lambda pode ser calibrado para aumentar ou reduzir o filtro de ruído. Normalmente, a lambda é fixada em 100, para dados mensais, 1.600 para dados trimestrais e 14.400 para dados mensais.

  o Dica: Executa o filtro Hodrick–Prescott para reduzir o ruído de dados e a variação estocástica de uma variável de série temporal.

  o Entrada do modelo: Tipo de dados A. Uma única variável e um parâmetro de entrada manual.

    ▪ Dados da Série Time, Lambda:

      • >VAR1

      • >100

- Gráficos. Ele gera vários gráficos 2D e 3D (áreas, barras, linhas, pontos e dispersões), bem como gráficos QQ, gráficos Box-Whisker e gráficos Pareto. A maioria desses gráficos usa dados os Tipo-A e Tipo-C (isso significa apenas que uma ou várias séries serão plotadas), com exceção do Pareto, que requer apenas os dados Tipo-C.

- ○ Área 2D e 3D, Barra, Linha, Ponto, Dispersão.

  - ▪ Dica: Gera o gráfico 2D ou 3D selecionado com uma, duas, três ou múltiplas variáveis.

  - ▪ Entrada do modelo: Dados Tipo A e -C. Uma ou mais variáveis de entrada com pelo menos 3 linhas de dados são necessárias. Opcionalmente, outras variáveis são adicionadas ao gráfico.

    - • Variáveis:

      - ○ >VAR1; VAR2; VAR3; ...

- ○ Gráfico Box–Whisker. Os diagramas de Box ou Box-Whisker representam graficamente dados numéricos usando suas estatísticas descritivas: observação menor (Mínimo), Primeiro Quartil ou Percentil 25 (Q1), Médium ou Segundo Quartil ou Percentil 50 (Q2), Terceiro Quartil (Q3) e maior observação (Máximo). Um diagrama de caixa também pode indicar quais observações, se houver, podem ser consideradas atípicas.

  - ▪ Dica: Gere um gráfico Box-Whisker com uma, duas, três ou múltiplas variáveis.

  - ▪ Entrada do modelo: Dados Tipo A e Tipo-C. É necessária pelo menos uma variável de entrada com 3 linhas de dados. Opcionalmente, adicione outras variáveis ao gráfico.

    - • Variáveis:

      - ○ >VAR1; VAR2; VAR3; ...

- ○ Gráfico 2D e 3D Pareto. Um gráfico Pareto contém um gráfico de barras e um gráfico de linha. Os valores individuais são representados em ordem descendente pelas barras e o total cumulativo é representado pela linha ascendente. Também conhecido como gráfico "80-20", no qual você vê que, focando nas poucas variáveis mais altas, já estamos percebendo mais de 80% dos efeitos acumulados do total.

- ▪ Dica: Gera um gráfico Pareto 2D e 3D com duas, três ou múltiplas variáveis. Cada variável tem apenas um ponto de dados.

- ▪ Entrada do modelo: Dados Tipo C. Pelo menos duas ou mais variáveis de entrada com 1 linha de dados são necessárias exatamente para cada variável. Opcionalmente, adicione outras variáveis ao gráfico.

  - • Variáveis:

    - ○ >VAR1; VAR2; VAR3; ...

- ○ **Gráfico Q-Q Normal.** Este gráfico Quantil-Quantil é um diagrama de probabilidade Normal que é um método gráfico para comparar uma distribuição de probabilidade com a distribuição normal, grafando seus quânticos uns aos outros.

  - ▪ Dica: Gera o gráfico Q-Q Normal onde a distribuição CDF é mapeada em relação aos dados brutos do usuário para ver o seu ajuste.

  - ▪ Entrada do modelo: Dados Tipo A. Apenas uma variável de entrada é necessária.

    - • Variável:

      - ○ >VAR1

- • **Teste de Homogeneidade - Coeficiente de Variação.** Retorna o cálculo Coeficiente de Variação (CV) para cada uma das variáveis de entrada (desvio padrão dividido por média), como medida de risco e incerteza sem unidade e relativa. Um teste de Qui-Quadrado agrupado é então aplicado para testar a hipótese nula de que esses valores CV são homogêneos e estatisticamente semelhantes, e um teste de Shapiro–Wilk também é aplicado para testar a normalidade do conjunto de dados variável.

  - ○ Dica: Teste se o coeficiente de variação de diferentes variáveis é semelhante (H_0: todos os CV's são iguais ou homogêneos).

- o Entrada do modelo: Dados Tipo C: São necessárias duas ou mais variáveis de entrada. Diferentes variáveis são organizadas por colunas, e todas as variáveis devem ter pelo menos 3 pontos de dados. Um número diferente de pontos de dados totais ou linhas por variável são permitidos.

  - ▪ Variáveis:

    - • >VAR1; VAR2; VAR3; ...

- **Teste de Cointegração (Engle–Granger).** Executa o teste Engle–Granger para qualquer cointegração de duas variáveis de séries temporais não estacionárias. Se houver duas variáveis séries temporais que não estão estacionárias na ordem um I(1) e se uma combinação linear dessas duas séries estiver parada em I(0) então essas duas variáveis são, por definição, cointegradas. Muitos dados macroeconômicos são I(1) e as previsões convencionais e métodos de modelagem não se aplicam devido a propriedades não padronizadas dos processos de raiz unitária. O teste de cointegração pode ser aplicado para identificar a presença de cointegração e, se for confirmado existir, então um modelo de correção de erro pode ser usado para prever variáveis de séries temporais.

  - o Dica: Execute o teste Engle–Granger para qualquer cointegração de duas variáveis de séries temporais não estacionárias.

  - o Entrada do modelo: Dados Tipo B. Exatamente duas variáveis de entrada são necessárias. As variáveis são organizadas por colunas, e ambas as variáveis devem ter pelo menos 3 pontos de dados cada, com o mesmo número de pontos de dados totais ou linhas por variável

    - ▪ Variáveis:

      - • >VAR1; VAR2

- **Lógica Difusa Combinatória.** Aplica algoritmos de lógica difusa para prever dados de séries temporais, combinando métodos de previsão, para criar um modelo otimizado. A lógica difusa é uma lógica probabilística que lida com raciocínio aproximado ao invés de determinístico ou preciso, quando variáveis lógicas difusas podem ter um valor verdadeiro que oscila 0 e 1 de pertinência.

- o Dica: Calcule as previsões de séries temporais usando lógica difusa, combinando e otimizando múltiplos métodos de previsão em uma previsão unificada.

- o Entrada do modelo: Dados Tipo A. Apenas uma variável de entrada é necessária.

  - ▪ Variável:

    - • >VAR1

- • **Gráficos de Controle: C, NP, P, R, U, X, XMR.** Às vezes, os limites de especificação de um processo não são definidos; em vez disso, os limites de controle estatístico são calculados com base nos dados reais coletados (p.ex., o número de defeitos em uma linha de produção). O limite de controle superior (UCL) e o limite de controle inferior (LCL) são calculados, assim como a linha central (CL) e outros níveis de *sigma*. O gráfico resultante é chamado de gráfico de controle e, se o processo sair de controle, a linha de defeito real estará fora das linhas UCL e LCL por um determinado número de vezes.

  - o **Gráfico C.** A variável é um atributo (p.ex., defeituoso e não defeituoso), os dados coletados aparecem em um número total de defeitos (contagem real em unidades), e há múltiplas medições em um experimento amostral; quando vários experimentos são executados e o número médio de defeitos nos dados coletados é de interesse; e o número constante de amostras é coletado em cada experimento.

    - ▪ Dica: O Gráfico de Controle C representa e mede os níveis de controle superior e inferior sobre o número de defeitos.

    - ▪ Entrada do modelo: Dados Tipo A. Apenas uma variável de entrada é necessária.

      - • Unidades Defeituosas

        - o >VAR1

- Gráfico NP. A variável é um atributo (p.ex., defeituoso e não defeituoso), os dados coletados aparecem em proporções de defeito (ou número de defeitos em uma amostra específica) e há múltiplas medições em um experimento amostral; quando vários experimentos são executados e as proporções médias dos defeitos dos dados coletados são de interesse; e um número constante de amostras são coletadas em cada experimento.

  - Dica: O Gráfico de Controle de NP representa e mede os níveis de controle superior e inferior sobre as proporções de defeitos.

  - Entrada do modelo: Dados Tipo A. Apenas uma variável de entrada é necessária, e uma segunda entrada numérica manual do tamanho da amostra é necessária.

    - Unidades Defeituosas, Tamanho da Amostra:

      - >VAR1

      - 20

- Gráfico P. A variável é um atributo (p.ex., defeituoso ou não), os dados coletados aparecem como proporções de defeitos (ou número de defeitos em uma amostra específica) e há múltiplas medições em um experimento amostral; quando vários experimentos são executados e a proporção média de defeitos nos dados coletados é de interesse; e com um número diferente de amostras em cada experimento.

  - Dica: O Gráfico de Controle P representa e mede os níveis de controle superior e inferior usando unidades defeituosas em comparação com o tamanho da amostra.

  - Entrada do modelo: Dados Tipo B. Apenas uma variável de entrada é necessária, e uma segunda entrada numérica manual do tamanho da amostra é necessária.

- Unidades Defeituosas, Tamanho da Amostra:
  - \>VAR1
  - \>VAR2
- Gráfico R. A variável tem valores brutos de dados, existem múltiplas medições em um experimento amostral, múltiplos experimentos são executados e o intervalo dos dados coletados é de interesse.

  - Dica: O Gráfico de Controle R representa e mede níveis de controle superior e inferior usando medições repetidas de unidades defeituosas.

  - Entrada do modelo: Dados Tipo C. São necessárias múltiplas variáveis de medidas de unidade defeituosas.

    - Variáveis de Medição de Unidade Defeituosas:
      - \>VAR1; VAR2; VAR3; ...
- Gráfico U. A variável é um atributo (p.ex., defeituoso ou não), os dados coletados aparecem como um número total de defeitos (contagem real em unidades), e há múltiplas medições em um experimento amostral; quando múltiplos experimentos são executados e o número médio de defeitos nos dados coletados é de interesse; e com um número diferente de amostras coletadas em cada experimento.

  - Dica: O Gráfico de Controle U representa e mede os níveis superiores e inferiores de controle no total de unidades de defeitos.

  - Entrada do modelo: dados Tipo-A. Apenas uma variável de entrada é necessária, e uma segunda entrada numérica manual do tamanho da amostra é necessária.

    - Unidades Defeituosas, Tamanho da Amostra:
      - \>VAR1
      - \>20

o Gráfico X. A variável tem valores brutos de dados, existem múltiplas medições em um experimento amostral, múltiplos experimentos são executados e a gama de dados coletados é de interesse.

- Dica: O Gráfico de Controle X representa e mede os níveis superiores e inferiores de controle usando múltiplas medidas de unidades defeituosas repetidas.

- Entrada do modelo: Dados Tipo C. São necessárias múltiplas variáveis de medidas de unidade defeituosas.

  • Variáveis de medição da unidade defeituosas:

    o >VAR1; VAR2; VAR3; ...

o Gráfico XMR. A variável tem valores brutos de dados, há uma medição única feita em cada experimento amostral, múltiplos experimentos são executados e o valor real dos dados coletados é de interesse.

- Dica: O Gráfico de Controle XMR representa e mede os níveis superiores e inferior de controle sobre as unidades totais de defeitos.

- Entrada do modelo: Dados Tipo A. Apenas uma variável de entrada é necessária, e uma segunda entrada numérica manual do tamanho da amostra

  • Unidades Defeituosas:

    o >VAR1

• Matriz de Correlação (Linear e Não Linear). Calcula as correlações lineares de tempo para produto de Pearson (comumente conhecidas como R de Pearson), bem como a correlação não linear de faixas entre pares variáveis e retorna como uma matriz de correlação. O coeficiente de correlação varia de -1,0 a +1,0, inclusive. O sinal indica a direção de associação entre as variáveis, enquanto o coeficiente indica a magnitude ou a força da associação.

- o Dica: Executa correlações não paramétricas de Pearson lineares e não lineares, bem como valores p significativos (H_0: cada correlação é igual a zero).

- o Entrada do modelo: Dados Tipo C. São necessárias duas ou mais variáveis de entrada. Diferentes variáveis são organizadas por colunas, e todas as variáveis devem ter, cada uma, pelo menos 3 pontos de dados, com o mesmo número de pontos de dados para todas as variáveis.

  - ▪ Variáveis:
    - • >VAR1; VAR2; VAR3; ...

- • Matriz de Covariância. Executa a matriz de variância-covariância para uma amostra e população, bem como a matriz de correlação linear de Pearson. Para obter mais detalhes sobre correlações, execute o método Matriz de Correlação em vez do linear de Pearson, o não paramétrico de não linear Spearman, e p-valores significativos de correlações.

  - o Dica: Gera matrizes de variância e correlação.

  - o Entrada do modelo: Dados Tipo C. São necessárias duas ou mais variáveis de entrada. Diferentes variáveis são organizadas por colunas, e todas as variáveis devem ter o mesmo número de pontos de dados ou linhas.

    - ▪ Variáveis:
      - • >VAR1; VAR2; VAR3...

- • A Regressão de Cox. Executa o modelo de risco proporcional Cox para o tempo de sobrevivência e testa o efeito de múltiplas variáveis para o momento em que um evento especificado ocorre.

  - o Dica: Executa o modelo de risco proporcional de Cox.

  - o Entrada do modelo: Dados Tipo C. São necessárias múltiplas variáveis de entrada. Diferentes variáveis são organizadas por colunas, e todas as variáveis devem ter o mesmo número de pontos de dados ou linhas.

- Sobrevivência, Morte e Variáveis Independentes:
  - \>VAR1
  - \>VAR2
  - \>VAR3, VAR4; VAR5; ...

- **Spline Cúbica.** Interpola valores ausentes em um conjunto de dados de séries temporais e extrapola os valores de períodos de previsão futuros usando curvas não lineares. As curvas Spline também podem ser usadas para prever ou extrapolar valores futuros do período de tempo, além do período de tempo dos dados disponíveis, e os dados podem ser lineares ou não lineares.

  o Dica: Interpola e extrapola uma série de dados com valores faltantes.

  o Entrada do modelo: dados Tipo-B. São necessárias duas variáveis de entrada. Diferentes variáveis são organizadas em colunas, e todas as variáveis devem ter pelo menos 5 pontos de dados cada, com o mesmo número de pontos de dados totais ou linhas por variável.

    - Valores Conhecidos de X, Valores Conhecidos de Y, Período de Início, Período Final, Tamanho da Etapa:
      - \>VAR1
      - \>VAR2
      - \>3
      - \>8
      - \>0,5

- **Modelo Econométrico Personalizado.** Aplicável para prever séries temporais e dados transversais e relacionamentos de modelagem entre variáveis, e permite criar vários modelos de regressão personalizados. Econometria refere-se a um ramo de técnicas de análise de negócios, modelagem e previsão de negócios para modelar o comportamento ou prever certos negócios, financeiros, econômicos, ciências físicas e outras variáveis. Executar modelos de Econometria Básica é como a análise de regressão regular, exceto que variáveis dependentes e independentes podem ser modificadas antes de executar uma regressão.

- o Dica: Personalize seu modelo de regressão linear e não linear usando variáveis independentes personalizadas.

- o Entrada do modelo: Dados Tipo C. São necessárias uma variável dependente e múltiplas variáveis independentes.

  - Variável Dependente, Variáveis Independentes:
    - >VAR1
    - >VAR2; LN(VAR3); (VAR4)-2; LAG(VAR5,1); (VAR6*VAR7)

- **Análise de Dados: Tabulação Cruzada.** Ele é usado para encontrar valores alfanuméricos (combinações de números e palavras) e para encontrar valores únicos e, em seguida, executar uma tabulação cruzada (*crosstab*).

  - o Dica curta: Execute *Crosstab* em valores alfanuméricos ou texto únicos.

  - o Entrada do modelo: Dados Tipo B. São necessárias duas variáveis de entrada. Ambas as variáveis podem ser numéricas, alfabéticas ou alfanuméricas.

    - Variável 1 (Alfanumérico), Variável 2 (Alfanumérico):
      - >VAR1
      - >VAR2

- **Análise de Dados: Apenas Novos Valores.** É utilizado para encontrar novos valores na Variável Primária que não existem em Variáveis de Referência e para encontrar valores que já existem na Variável Referência, bem como em valores que são Duplicados se ambas as variáveis forem combinadas.

- o Dica: Encontre os dados alfanuméricos na variável primária que existe ou não existe na variável de referência, e identifica duplicatas se ambas as variáveis são combinadas.

- o Entrada do modelo: Dados Tipo B. São necessárias duas variáveis de entrada. Diferentes variáveis são organizadas por colunas, e todas as variáveis devem ter pelo menos 3 pontos de dados cada, com o mesmo número de pontos de dados totais ou linhas por variável.

  - ▪ Variável Primária (Alfanumérica), Variável de Referência (Alfanumérica), Número de Caracteres (Opcional, padrão para todos os caracteres):

    - >VAR1

    - >VAR2

    - >5

- **Análise de Dados: Subtotal por Categoria.** Usado para encontrar valores subtotais baseados em categorias únicas.

  - o Dica: Calcula subtotais com base em categorias únicas.

  - o Entrada do modelo: dados Tipo-B. Duas variáveis de entrada são necessárias: a categoria pode ser alfanumérica, enquanto os Valores devem ser numéricos.

    - ▪ Categoria (Alfanumérico), Valores (Numérico):

      - >VAR1

      - >VAR2

- **Análise de Dados: Apenas Valores Únicos.** Identifica os valores únicos em cada variável. Os dados podem ser alfanuméricos, e os primeiros caracteres N podem ser usados opcionalmente para determinar a singularidade.

- o Dica: Busca por valores alfanuméricos únicos em cada variável.

- o Entrada do Modelo: Dados Tipo B e Tipo-C. São necessárias duas ou mais variáveis de entrada. Diferentes variáveis são organizadas por colunas, e todas as variáveis devem ter pelo menos 3 pontos de dados cada, com o mesmo número total de pontos de dados ou linhas por variável.

  - Principais Variáveis (Alfanumérico), Número de Caracteres:

    - \>VAR1; \>VAR2; VAR3; ...

    - \>5

- **Estatísticas Descritivas dos Dados.** Quase todas as distribuições podem ser descritas dentro de quatro momentos (algumas distribuições requerem um momento, enquanto outras requerem dois momentos e assim por diante). Esta ferramenta calcula os quatro momentos e a estatística descritiva associada.

  - o Dica: Calcule vários momentos e estatísticas descritivas.

  - o Entrada do modelo: Dados Tipo A. Uma variável de entrada é necessária.

    - Variável:

      - \>VAR1

- **Dessazonalizar.** Este modelo decompõe e elimina a tendência de seus dados originais para remover quaisquer componentes sazonais ou de tendência. Nos modelos de previsão, o processo elimina os efeitos do acúmulo de sazonalidade ou conjuntos de dados de tendências para mostrar apenas mudanças absolutas nos valores e identificar potenciais padrões cíclicos removendo: deriva geral, tendência, curvas, curvas e efeitos de ciclo sazonal a partir de um conjunto de dados de séries temporais.

  - o Dica: Dessazonaliza um conjunto de dados de séries temporais.

- o Entrada do modelo: Dados Tipo A. Uma variável de entrada e um número de períodos por estação são necessários.
  - Variável, Periodicidade:
    - \>VAR1
    - \>4

- **Análise Discriminante (Linear).** A LDA (*Linear Discriminant Analysis*) refere-se à análise de regressão ANOVA e multivariada, que tentam modelar uma variável dependente como uma combinação linear de outras variáveis independentes. A Análise Discriminante possui variáveis independentes contínuas e uma variável dependente categórica.
  - o Dica: Variáveis independentes contínuas utilizadas para explicar linearmente e modelar uma variável dependente categórica.
  - o Entrada do modelo: Dados Tipo C. Uma variável dependente (dados categóricos) e uma ou mais variáveis independentes são necessárias.
    - Variável Dependente Categórica, Variáveis Independentes:
      - \>VAR1
      - \>VAR2; VAR3; ...

- **Análise Discriminante (Quadrática).** O QDA (*Quadratic Discriminant Analysis*) refere-se à análise de regressão ANOVA e multivariada, que tenta modelar uma variável dependente como uma combinação não linear de outras variáveis independentes. A Análise Discriminante possui variáveis independentes contínuas e uma variável dependente categórica. Este QDA é uma versão não linear do LDA (*Linear Discriminant Analysis*).
  - o Dica: Variáveis independentes contínuas são usadas para explicar quase e modelar uma variável dependente categórica.

- o Entrada do modelo: Dados Tipo C. Uma variável dependente (dados categóricos) e uma ou mais variáveis independentes são necessárias.
  - Variável Dependente Categórica, Variáveis Independentes:
    - \>VAR1
    - \>VAR2; VAR3; ...
- Ajuste de Distribuição. Que distribuição um analista ou engenheiro usa para modelar uma variável de entrada em um modelo? A hipótese nula comprovada é que a distribuição ajustada é a mesma distribuição da população a partir da qual os dados amostrais a vem a ser ajustado.
  - o Dica: Realiza vários métodos de ajuste de distribuição para identificar a distribuição mais adequada.
  - o Entrada do modelo: Dados Tipo A. Uma variável é necessária.
    - Variável:
      - \>VAR1
- Critério de Informação Akaike (AIC). Recompensa a qualidade do ajuste, mas também inclui uma penalidade que é uma função crescente do número de parâmetros estimados (embora a AIC penalize o número de parâmetros menos fortemente do que outros métodos).
  - o Anderson–Darling (AD). Quando aplicado para testar se uma distribuição Normal descreve adequadamente um conjunto de dados, é uma das ferramentas estatísticas mais poderosas para detectar saídas de normalidade e também é poderosa para testar caudas normais. No entanto, em distribuições não Normais, este teste carece de potência quando comparado com outros.
  - o Kolmogorov–Smirnov (KS). Um teste não paramétrico para a igualdade de distribuições de probabilidade contínua, que pode ser usado para comparar uma amostra com uma distribuição de probabilidade de referência, o que o torna útil para

testar distribuições com forma anormal e distribuições não normais.

- o Estatística Kuiper (K). Relacionado ao teste KS que o torna sensível em caudas, bem como Mediana e é invariante sob transformações cíclicas da variável independente. Este teste é inestimável ao testar variações cíclicas ao longo do tempo. Comparativamente, a AD fornece a mesma sensibilidade nas caudas que na Mediana, mas não oferece invariância cíclica.

- o Critério de Informação de Schwarz/Bayes (SC/BIC). O SC/BIC apresenta um termo de penalidade para o número de parâmetros no modelo com pena maior do que a AIC.

- o Discreto (Qui-Quadrado). O teste Qui-Quadrado é usado para fazer ajustes de distribuição em dados discretos.

- Índice de Diversidade (Shannon, Brillouin, Simpson). A diversidade mede a distribuição de probabilidades de observações ou frequências entre diferentes categorias e calcula a probabilidade de que quaisquer dois itens selecionados aleatoriamente pertençam à mesma categoria. Três índices são calculados: o *Índice de Diversidade de Shannon* para uma amostra de dados categóricos (frequências de ocorrência entre diferentes categorias), o *Índice de Diversidade de Brillouin* para quando toda a população está presente, e o *Índice de Diversidade Simpson*, para uma amostra de substituição dentro de uma grande população. Quanto mais próximas as taxas de diversidade estão ao máximo, maior o nível de diversidade.

  - o Dica: Mede a diversidade de um conjunto de dados usando frequências de várias categorias como entradas. Quanto mais perto os índices estão ao máximo, maior o nível de diversidade.

  - o Entrada do modelo: É necessária uma variável de entrada com pelo menos 3 linhas de dados.

    - Frequência:

      - >VAR1

- Autovalores e Autovetores (*Eigenvalues/Eigenvectors*). Execute e calcule seus Autovalores e Autovetores típicos de seu vetor/matriz de dados.

  o Dica: Calcule seus próprios valores e vetores da sua matriz de dados.

  o Entrada do modelo: São necessárias duas ou mais variáveis de entrada. Diferentes variáveis são organizadas por colunas e todas as variáveis devem ter pelo menos 3 pontos de dados cada, com o mesmo número de pontos de dados totais ou linhas por variável. O número total de variáveis deve corresponder ao número de linhas, por exemplo, os dados inseridos devem estar em uma *matriz $N \times N$*.

    ▪ Variáveis:

      • >VAR1; VAR2; VAR3; ...

- Teste de Endogeneidade com Mínimos Quadrados em Duas Etapas (Durbin–Wu–Hausman). Teste se um regressor é endógeno usando o método de mínimos quadrados de dois estágios e aplicando o teste Durbin–Wu–Hausman. Tanto o Modelo Estrutural quanto o Modelo Reduzido (2SLS) são calculados em um paradigma 2SLS, e um teste Hausman é administrado para testar se uma das variáveis é endógena.

  o Dica: Teste se o regressor é endógeno usando o método de quadrados mínimos de dois estágios e aplicando o teste Durbin–Wu–Hausman

  o Entrada do modelo: Dados Tipo C.

    ▪ Variável Estrutural Dependente, Variável de Teste, Variáveis Independentes Estruturais, Variáveis Independentes de Equação reduzida:

      • VAR1

      • VAR2

      • VAR3

      • VAR4; VAR5; VAR6; VAR7

- Modelo Endógeno (Variáveis Instrumentais com Mínimos Quadrados em Dois Estágios). Executa mínimos quadrados em dois estágios com variáveis instrumentais em um modelo bivariado, para estimativa de inclinação.

  o Dica: Executa quadrados mínimos em dois estágios com variáveis instrumentais para estimativa de inclinação.

  o Entrada do modelo: Dados Tipo C.

    ▪ Variável Dependente, Variável Endógena, Variáveis Instrumentais:

      - VAR1
      - VAR2
      - VAR3; VAR4; VAR5; VAR6; VAR7

- Modelo de Correção de Erro (Engle–Granger). Executa o modelo de correção de erros, assumindo que as variáveis mostram cointegração. Se duas variáveis de séries temporal são não estacionárias na primeira ordem, I(1), e quando ambas as variáveis são cointegradas, podemos executar um modelo de correção de erros para estimar os efeitos de curto e longo prazo de uma série temporal sobre outra. A correção de erro vem do desvio de períodos anteriores de um equilíbrio de longo prazo, onde o erro influencia sua dinâmica de curto prazo.

  o Dica: Executa um modelo de correção de erros assumindo que as variáveis exibem Cointegração.

  o Entrada do modelo: Dados Tipo B. Exatamente duas variáveis de entrada são necessárias. As variáveis são organizadas por colunas, e ambas as variáveis devem ter pelo menos 3 pontos de dados cada, com o mesmo número de pontos de dados totais ou linhas por variável.

    ▪ Variável Dependente, Variável Inde-pendente:
      - >VAR1
      - >VAR2

- **Curva-J Exponencial.** Esse método gera crescimento exponencial onde o valor do próximo período depende do nível atual do período e o aumento é exponencial. Com o tempo, os valores aumentarão significativamente de um período para outro. Este modelo é geralmente usado para prever crescimento biológico e reações químicas ao longo do tempo.

  - Dica: Gera uma previsão de série temporal usando a Curva-J Exponencial.

  - Entrada do modelo: Dados Tipo A. Requer três entradas manuais simples: o valor inicial da previsão, a taxa de crescimento periódico em percentual e o número total de períodos a serem previstos.

    - Valor Inicial, Taxa de Crescimento (%), Períodos de Previsão:

      - >400
      - >3
      - >100

- **Análise de Fatores.** Executa uma Análise de Fatores para analisar inter-relações dentro de um grande número de variáveis e simplifica esses fatores em um número menor de fatores comuns. O método condensa as informações contidas no conjunto original de variáveis em um conjunto menor de variáveis de fator implícito com perda mínima de informações. A análise refere-se à Análise de Componentes Principais (PCA) ao utilizar a matriz de correlação e aplicar o PCA juntamente com uma matriz de rotação Varimax para simplificar fatores.

  - Dica: Execute uma Análise de Fatores para analisar inter-relacionações dentro de um grande número de variáveis e simplificar esses fatores em um número menor de fatores comuns.

  - Entrada do modelo: Dados Tipo C. Requer três ou mais variáveis com pelo menos o mesmo número de linhas.

    - Variáveis:

      - >VAR1; VAR2; VAR3; ...

- **Acurácia da Previsão: Todas as Medidas de Qualidade de Ajuste.** Executa várias medições de precisão e erro de previsão usando valores reais e de previsão. Os modelos a serem executados incluem múltiplos R, R-quadrado, erro padrão das estimativas, Akaike, Bayes, Log-Likelihood, Hannan–Quinn, SQE (somas dos erros quadrados), MAD (desvio médio absoluto, MAPE (erro percentual médio absoluto, MSE (erro quadrático médio, RMSE (erro quadrático médio, MdAE (erro absoluto mediano), MdAPE (erro percentual absoluto mediano), RMSLE (erro logístico médio quadrático médio), RMSPE (erro quadrático médio quadrático de raiz perda, RMdSPE), sMAPE (erro percentual absoluto médio simétrico), U1 de Theil (medida de precisão de Theil) e U2 de Theil (medida de qualidade de Theil).

  o Dica: Executa várias medições de precisão e erro de previsão usando seus erros de previsão.

  o Entrada de dados: Dados Tipo B. Variável de dados reais, variável de dados de previsão e entrada manual do número de regressores usados para gerar sua previsão e erros subsequentes.

    ▪ Atuais, Previsões, Número Total de Variáveis (Dependente + Independente):
      - >VAR1
      - >VAR2
      - >6

- **Acurácia de Previsão: Akaike, Bayes, Schwarz, MAD, MSE, RMSE.** Executa várias medidas de acurácia de previsão e erros de previsão usando seus erros de previsão. Os modelos executados incluem: Critério de Informação Akaike (AIC), Critério Bayes e Schwarz (BSC), Correção AIC (AIC Aumentada), Correlação BSC (BSC Aumentado), Média Percentual Absoluta do Erro (MAD), Erro Médio Quadrático (MSE), Raiz Quadrado do Erro Médio (RMSE).

  o Dica: Executa várias medidas de precisão de previsão e erros de previsão usando seus erros de previsão.

  o Entrada de dados: Dados Tipo A. Uma variável de entrada de erros de previsão é necessária, como uma entrada manual do número de regressores usados para gerar sua previsão e erros subsequentes.

- Erros de Previsão, Número Total de Variáveis (Dependente + Independente):
  - >VAR1
  - >6

- Acurácia de Previsão: Diebold–Mariano (Previsões de Competidores Duplos). Execute os testes Diebold–Mariano e Harvey–Leybourne–Newbold comparando duas previsões para ver se há diferença. A hipótese nula comprovada é que não há diferença significativa entre as duas previsões.

  - Dica: Teste se as duas previsões são igualmente válidas (H_0: não há diferença entre as duas previsões).

  - Entrada do modelo: Dados Tipo C. Três variáveis são necessárias: Dados Reais, Primeiros Dados Previstos e Segundo Dados Previstos, com pelo menos 5 linhas de dados para cada variável. Cada variável deve ter o mesmo número de linhas.

    - Real (-1), Previsão 1; Previsão 2:
      - >VAR1
      - >VAR2; VAR3

- Acurácia da Previsão: Pesaran–Timmermann (Previsão Direcional Simples). Execute o teste Pesaran–Timmermann para ver se a previsão pode rastrear corretamente as mudanças de direção nos dados. A hipótese nula comprovada é que a previsão não acompanha as mudanças de direção nos dados.

  - Dica: Teste se a previsão rastreia corretamente as alterações direcionais nos dados (H_0: a previsão não acompanha as alterações direcionais).

  - Entrada do modelo: Dados Tipo B. Duas variáveis são necessárias: Dados reais e previsão, com pelo menos 5 linhas de dados para cada variável. Cada variável deve ter o mesmo número de linhas.

    - Real, Previsão:
      - >VAR1
      - >VAR2

- Modelo de Equação Estrutural: Estimativa do Caminho (Mínimos Quadrados Parciais). O Modelo de Equação Estrutural (MEE) é tipicamente usado para resolver estruturas dependentes de caminhos com variáveis endógenas. Em uma regressão multivariada padrão, temos uma variável dependente (Y) e múltiplas variáveis independentes (X_i),onde estas últimas são independentes umas das outras. No entanto, em situações em que as variáveis independentes estão relacionadas (por exemplo, variáveis endógenas), então é necessário MEI. Por exemplo, se o X3 é impactado por X1 e X2, e x4 é impactado por X1 e X3, estes precisam ser modelados em uma estrutura simultânea e resolvidos usando menos quadrados parciais.

  o Dica: Executa um modelo de Estimativa de Caminho usando modelos sequenciais e simultâneos (análise de caminho usando o método Mínimos Quadrados Parcial na Modelagem de Equações Estruturais).

  o Entrada do modelo: Data Tipo C. Uma ou Múltipla Variável Independente, e Uma Variável Dependente, com pelo menos 5 linhas de dados em cada variável, com o mesmo número de pontos ou linhas totais de dados por variável.

    ▪ Variáveis Independentes, Variável Dependente (repita para todos os caminhos, começando com o mais longo até o menor, e certifique-se de que a última variável seja a variável dependente)

      - >VAR1; VAR2; VAR3; VAR4; VAR5

      - >VAR1; VAR2; VAR3; VAR4

      - >VAR1; VAR3; VAR4

      - >VAR1; VAR2

- Modelos Lineares Generalizados (Logit com Resultados Binários). Técnicas variáveis limitadas dependentes são usadas para prever a probabilidade de que algo aconteça dadas certas variáveis independentes (p.ex., prever se a linha de empréstimo será violada dadas as características do devedor, como idade, salário, níveis de endividamento do cartão de crédito; ou a probabilidade de que um paciente terá câncer de pulmão com base na idade e no número de cigarros fumados por mês, e assim por diante). A variável dependente é limitada (p.ex., binária 1 e 0 por não conformidade/câncer, ou limitada aos valores inteiros 1, 2, 3 etc.). A análise de regressão tradicional não funcionará, pois, a probabilidade prevista é geralmente inferior a zero ou superior a uma e muitos dos pressupostos de regressão necessários são violados (p.ex., independência e normalidade dos erros). Também temos um vetor de regressores variáveis independentes, X, que devem influenciar o resultado, Y. Uma abordagem típica de regressão de mínimos quadrados é inválida porque os erros de regressão são heterocedásticos e não-normais, e as estimativas resultantes da probabilidade estimada retornarão valores sem sentido acima de 1 ou abaixo de 0. Esta análise lida com esses problemas usando uma rotina de otimização iterativa para maximizar uma função de probabilidade logarítmica quando as variáveis dependentes são limitadas.

- o Dica: Executa um modelo de Regressão Logística Binária com uma variável dependente binária (0/1) e múltiplas variáveis independentes.

- o Entrada do Modelo: Dados Tipo C. Uma variável dependente binária com valores 0 e 1 e múltiplas variáveis contínuas ou categóricas independentes é necessária.

  - Variável Dependente, Variáveis independentes:

    - >VAR1

    - >VAR2; VAR3; ...

- Modelos Lineares Generalizados (Logit com Resultados Bivariados). Executa o Modelo de Regressão Logística Multivariada ou Logit com duas variáveis bivariadas dependentes (Número de Sucessos ou Falhas) que dependem de uma ou mais variáveis independentes. Em vez do modelo Logit padrão que requer dados brutos de 0 a 1 como uma única variável, podemos usar este Modelo Linear Generalizado de Logit (GLM) com o modelo resultados binários bem sucedidos e falhos (Contagem de Frequências) como duas variáveis separadas.

- o Dica: Executa o Modelo Linear Generalizado e Regressão Logit com duas variáveis dependentes (contagem de sucesso e falha).
- o Entrada do modelo: Dados Tipo C. Duas variáveis dependentes (Número de Sucessos e Falhas) são necessárias, e uma ou mais variáveis independentes são permitidas, com o mesmo número de pontos de dados totais ou linhas por variável.
  - Variáveis Independentes, Sucessos, Falhas:
    - >VAR1; VAR2: ...
    - >VAR3
    - >VAR4

- **Modelos Lineares Generalizados (Probit com Resultados Binários).** Um modelo Probit (às vezes também conhecido como modelo Normit) é uma especificação alternativa popular para um modelo de resposta binária. Ele emprega uma função Probit estimada usando uma estimativa de probabilidade máxima e é chamada de regressão Probit. Modelos de Probit e regressão logística tendem a produzir previsões muito semelhantes, onde as estimativas de parâmetros em uma regressão logística tendem a ser 1,6 a 1,8 vezes maiores do que em um modelo Probit correspondente. A opção de escolher um Probit ou Logit depende inteiramente da conveniência, e a principal distinção é que a distribuição logística tem uma curtose maior (caudas mais gordas) para explicar os valores extremos. Por exemplo, suponha que a decisão a ser modelada seja a propriedade de uma casa, e essa variável de resposta é binária (compra ou não a casa) e depende de uma série de variáveis independentes X_i como renda, idade e assim por diante, de modo que $I_i = \beta_0 + \beta_1 X_1 + \cdots + \beta_n X_n,$ onde quanto maior o valor de I_i, maior a chance de ter uma casa própria. Para cada família, há um limiar crítico I^* que se excedido, a casa é comprada, caso contrário a casa não é comprada, e assumimos a probabilidade (P) do resultado normalmente distribuída, de modo que $P_i = CDF(I)$ utilizando uma função de distribuição Normal Acumulada (CDF). Portanto, utilize os coeficientes estimados exatamente como o do modelo de regressão e, utilizando o

Y estimado, aplique uma distribuição padrão normal para calcular a probabilidade.

- o Dica: Executa um modelo binário de regressão de Probit com uma variável dependente binária (0/1) e múltiplas variáveis independentes.

- o Entrada do modelo: Dados Tipo C. É necessária uma variável dependente binária com valores 0 e 1 e múltiplas variáveis independentes contínuas ou categóricas.

  - Variável Dependente, Variáveis Independentes:
    - >VAR1
    - >VAR2; VAR3; ...

- Modelos Lineares Generalizados (Probit com Resultados Bivariados). Executa Regressão Multivariado Probit ou modelo Probit com duas variáveis bivariados dependentes (Número de Sucessos ou Falhas) que dependem de uma ou mais variáveis independentes. Em vez do modelo Probit padrão que requer dados brutos de 0 a 1, podemos usar este Modelo Linear Generalizado Probit (GLM) com o modelo resultados binários onde sucessos e falhas são contagem de frequências.

  - o Dica: Executa o Modelo de Regressão Linear Generalizada Probit com duas variáveis dependentes (conta sucessos e falhas).

  - o Entrada do modelo: Dados Tipo C. São necessárias duas variáveis dependentes (número de sucessos e falhas) e uma ou mais Variáveis Independentes são permitidas, com o mesmo número de pontos ou linhas totais de dados por variável.

    - Variáveis Independentes, Sucessos, Falhas:
      - >VAR1; VAR2: ...
      - >VAR3
      - >VAR4

- Modelos Lineares Generalizados (Tobit com Dados Censurados). O modelo Tobit é um método de modelagem econométrica e biométrica usado para descrever a relação entre uma variável Y dependente não negativa e uma ou mais variáveis X_i independentes. Um modelo Tobit é um modelo econométrico no qual a variável dependente é censurada, ou seja, a variável dependente é censurada porque valores abaixo de zero não são observados. O modelo Tobit pressupõe que há uma variável latente inobservável Y^*. Esta variável é linearmente dependente das variáveis X_i através de um vetor dos coeficientes β_i que determinam suas inter-relações. Além disso, há um termo de erro U_i comumente distribuído para capturar influências aleatórias nesta relação. A variável observável Y_i é definida como igual a variáveis latentes, desde que estejam acima de zero, e presume-se ser o oposto de Y_i sendo zero. Quero dizer, $Y_i = Y^*$ por $Y^* > 0$ e $Y_i = 0$ por $Y^* = 0$. Se o parâmetro de razão β_i for estimado usando a regressão ordinária de mínimos quadrados de Y que observamos sobre X_i, os estimadores de regressão resultantes são inconsistentes e produzem coeficientes com inclinação tendenciosa para baixo e uma interceptação com viés ascendente.

- o Dica: Executa um modelo de Regressão Tobit com uma variável dependente limitada ou censurada e múltiplas variáveis independentes

- o Entrada do modelo: Dados Tipo C. Uma variável dependente censurada e múltiplas variáveis independentes contínuas ou categóricas são necessárias.

   - Variável dependente, variáveis independentes:

      - >VAR1

      - >VAR2; VAR3;

- **Causalidade de Granger.** Teste se uma variável Granger causa outra variável e vice-versa, usando retardatários autorreguladores restritos e modelos de *lag* distributivos irrestritos. A causalidade preditiva em finanças e economia é testada medindo a capacidade de prever os valores futuros de uma série temporal usando valores anteriores de outra série temporal. Uma definição mais simples pode ser que uma variável X Granger séries temporais causa outra variável Y de séries temporais se as previsões de valor Y forem baseadas apenas em seus próprios valores anteriores e os valores X anteriores são comparativamente melhores do que as previsões de Y que são baseadas apenas em seus próprios valores passados.

- o Dica: Teste se uma variável Granger causa outra variável e vice-versa, usando atrasos (*lags*) autorreguladores restritos e modelos de *lag* distributivos irrestritos.

- o Entrada do modelo: Dados Tipo B. Exatamente duas variáveis de entrada são necessárias. As variáveis são organizadas por colunas, e ambas as variáveis devem ter pelo menos 3 pontos de dados cada, com o mesmo número de pontos de dados totais ou linhas por variável.

  - Variáveis, *Lags* Máximos:

    - >VAR1; VAR2

    - >3

- Teste *Outliers* de Grubbs. Execute o teste *Outliers* Grubbs para testar a hipótese nula de se todos os valores vêm da mesma população Normal sem *outliers*.

  - o Dica: Teste os atípicos em seus dados (H_0: sem *outliers*).

  - o Entrada do modelo: Dados Tipo A. É necessária uma variável de entrada com pelo menos 3 linhas de dados.

    - Variável:

      - >VAR1

- Prova de Heterocedasticidade (Breusch–Pagan–Godfrey). Execute o teste heterocedasticidade Breusch-Pagan-Godfrey. Ele usa o modelo principal para obter estimativas de erro e, usando estimativas quadráticas, executa um modelo restrito, e o teste Breusch–Pagan–Godfrey é calculado. A hipótese nula é que a série temporal é homocedástico.

  - o Dica: Teste heterocedasticidade (H_0: série temporal é homocedástico).

- Entrada de dados: Dados Tipo C. São necessárias uma variável dependente e uma ou mais variáveis independentes.

    - Variável Dependente, Variáveis independentes:

        - >VAR1

        - >VAR2; VAR3; VAR4; ...

- Teste Heterocedasticidade (Lagrange Multiplicativo). Execute o teste Multiplicativo Lagrange para heterocedasticidade. Ele usa o modelo principal para obter estimativas de erro e, usando estimativas quadráticas, executa um modelo restrito, e o teste multiplicativo Lagrange é calculado. A hipótese nula é que a série temporal é homocedástico.

    - Dica: Teste Heterocedasticidade (H_0: série temporal é homocedástico).

    - Entrada de dados: Dados Tipo C. São necessárias uma variável dependente e uma ou mais variáveis independentes.

        - Variável Dependente, variáveis Independentes:

            - >VAR1

            - >VAR2; VAR3; VAR4; ...

- Teste Heterocedasticidade (Wald–Glejser). Execute o teste Wald–Glejser para heterocedasticidade. Ele usa o modelo principal para obter estimativas de erro, e usando estimativas quadráticas, um modelo restrito é executado, e o teste Wald–Glejser é calculado. A hipótese nula é que a série temporal é homocedástico.

    - Dica: Teste heterocedasticidade (H_0: série temporal é homocedástico).

    - Entrada de dados: Dados Tipo C. São necessárias uma variável dependente e uma ou mais variáveis independentes.

- Variável Dependente, Variáveis Independentes:
  - >VAR1
  - >VAR2; VAR3; VAR4; ...

- Heterocedasticidade (Wald em Variáveis Individuais). Existem vários testes para determinar a presença de heterocedasticidade, ou seja, volatilidade ou incertezas (o desvio padrão ou variância de uma variável não é constante ao longo do tempo). Aplicáveis apenas aos dados de séries temporais, esses testes também podem ser usados para testar especificações incorretas e não linearidades. Este teste baseia-se na hipótese nula de não heterocedasticidade.

  o Dica: Executa o teste de heterocedasticidade de Wald em cada uma das variáveis independentes (H_0: cada variável independente é homocedástica).

  o Entrada do modelo: Dados Tipo C. São necessárias variáveis dependentes e múltiplas variáveis contínuas ou categóricas independentes.

    - Variável Dependente, Variáveis Independentes:
      - >VAR1
      - >VAR2; VAR3; ...

- Teste de Hotelling T^2: 1 VAR com Medidas Relacionadas. Execute o Teste de Hotelling T^2 para um conjunto amostral de múltiplos recursos relacionados (variáveis). Por exemplo, recursos como utilidade, atratividade, durabilidade e nível de interesse em um único novo produto são coletados e listados como colunas variáveis. A hipótese nula comprovada é que não há diferenças entre todas as características relacionadas (variáveis) quando comparadas com seus respectivos objetivos. O Teste de Hotelling T^2 para uma Variável com Medidas R selecionadas é uma extensão do teste-T para variáveis independentes e as configurações de Bonferroni são aplicadas simultaneamente a múltiplas variáveis.

- o Dica: Teste simultaneamente as múltiplas características de um grupo de múltiplas variáveis. (H_0: não há diferença entre as características da variável versus seus objetivos).

- o Entrada do modelo: Dados Tipo C. São necessárias duas ou mais variáveis de entrada. Diferentes variáveis são organizadas por colunas, e todas as variáveis (características) devem ter pelo menos 5 pontos de dados cada, com o mesmo número de pontos de dados totais ou linhas por variável. O número de gols inscritos deve corresponder ao número de variáveis.

  - Dados, Objetivos:

    - \>VAR1; VAR2; VAR3; ...

    - \>7

    - \>8

- **Teste de Hotelling T²: 2 VAR Pares Dependentes com Medidas Relacionadas.** Execute o teste de Hotelling T^2 de Dois Grupos Emparelhados para dois conjuntos de amostras de múltiplas características relacionadas (variáveis). Por exemplo, recursos como utilidade, atratividade, durabilidade e nível de interesse em dois novos produtos são coletados e listados como colunas variáveis. A hipótese nula comprovada é que não há diferenças entre todas as características relacionadas (variáveis) em relação aos dois grupos versus seus respectivos objetivos. O Teste de Hotelling T^2 para Duas Variáveis Dependentes com Medidas Relacionadas é uma extensão do teste-T para variáveis dependentes e as configurações de Bonferroni são aplicadas simultaneamente a múltiplas variáveis emparelhadas.

  - o Dica: Teste simultaneamente múltiplas características de dois grupos variáveis emparelhados. (H_0: não há diferença entre as características das variáveis dos dois grupos versus seus respectivos objetivos).

  - o Entrada do modelo: Dados Tipo D. Exatamente dois grupos são necessários. Duas ou mais variáveis de entrada são necessárias em cada grupo. Diferentes variáveis são organizadas por colunas, e todas as variáveis (características) devem ter pelo menos 5 pontos de dados cada. Todas as variáveis em ambos os grupos devem ter um número igual de linhas de dados. O número de Variáveis do Grupo2 deve ser igual ao número de Variáveis do Grupo1. O número de Objetivos deve estar em conformidade com o número de variáveis no Grupo1 e são entradas opcionais (a configuração padrão é que todas as metas são iguais a zero).

- ▪ Grupo1 Variáveis, Variáveis do Grupo2, Objetivos:

  - >VAR1; VAR2; VAR3; ...

  - >VAR6; VAR7; VAR8; ...

  - >7

  - >8

- Teste de Hotelling T²: 2 VAR Independente, Mesma Variância com Medidas Relacionadas. Execute o Teste de Hotelling T² de Dois Grupos Independentes com Medidas Relacionadas à Variância Igual para dois conjuntos amostrais de características relacionadas (variáveis). Por exemplo, recursos como utilidade, atratividade, durabilidade e nível de interesse em dois novos produtos são coletados e listados como colunas variáveis. A hipótese nula comprovada é que não há diferenças entre todas as características relacionadas (variáveis) em relação aos dois grupos. O teste de Hotelling T² para Dois Grupos Independentes, com Medidas Relacionadas de Variância Igual é uma extensão do teste-T para variáveis independentes com igual variância e as configurações de Bonferroni são aplicadas simultaneamente a múltiplas variáveis independentes.

  - o Dica: Teste simultaneamente múltiplas características de dois grupos de múltiplas variáveis com igual variância. (H₀: não há diferença entre as características da variável dos dois grupos).

  - o Entrada do modelo: Dados Tipo D. Exatamente dois grupos são necessários. Duas ou mais variáveis de entrada são necessárias em cada grupo. Diferentes variáveis são organizadas por colunas, e todas as variáveis (características) devem ter pelo menos 5 pontos de dados cada. Todas as variáveis de cada grupo devem ter o mesmo número de linhas, mas o número de linhas no Grupo 1 e no Grupo 2 pode ser diferente. O número de Variáveis do Grupo 2 deve ser igual ao número de Variáveis do Grupo 1.

- Variáveis Grupo 1, Variáveis Grupo 2:

  - \>VAR1; VAR2; VAR3; ...

  - \>VAR6; VAR7; VAR8; ...

- **Teste de Hotelling T^2: 2 VAR Independente, Variância Desigual com Medidas Relacionadas.** Execute o Teste de Hotelling T^2 de Dois Grupos Independentes com Medidas Relacionadas de Variância Desigual para dois conjuntos amostrais de múltiplas características relacionadas (variáveis). Por exemplo, recursos como utilidade, atratividade, durabilidade e nível de interesse são coletados de dois novos produtos e listados como colunas variáveis. A hipótese nula comprovada é que não há diferenças entre todas as características relacionadas (variáveis) comparadas nos dois grupos. O Teste de Hotelling T^2 de dois Grupos Independentes com Medidas Relacionadas de Variância Desigual é uma extensão do teste T para variáveis independentes com igual variância e as configurações de Bonferroni são aplicadas simultaneamente a múltiplas variáveis independentes.

  o Dica: Teste simultaneamente múltiplas características de dois grupos de múltiplas variáveis com variância desigual (H_0: não há diferenças nas características da variável entre dois grupos).

  o Entrada do modelo: Dados Tipo D. Exatamente dois grupos são necessários. São necessárias duas ou mais variáveis em cada grupo, com mais de 5 linhas de dados em cada variável. Todas as variáveis de cada grupo devem ter o mesmo número de linhas, mas o número de linhas no Grupo 1 e no Grupo 2 pode ser diferente. O número de Variáveis do Grupo 2 deve ser igual ao número de Variáveis do Grupo 1.

- ▪ Variáveis do Grupo 1, Variáveis do Grupo 2:
    - • >VAR1; VAR2; VAR3; ...
    - • >VAR6; VAR7; VAR8; ...
- • Confiabilidade Interna e Consistência: *Alfa* de Cronbach (Dados Dicotômicos). O *Alfa* Cronbach mede a consistência interna e a confiabilidade de dados contínuos e não diatópicos, incluindo dados do questionário e a escala Likert [‡]. Uma alta medida *alfa* (> 0,7) implica forte Confiabilidade versus a hipótese nula comprovada para *alfa* igual a zero, onde não há consistência interna ou confiabilidade entre os avaliadores. Cada pergunta é configurada como diferentes colunas de variáveis versus linhas de dados, que são as diferentes avaliações ou respostas dos avaliadores.
    - o Dica: Reveja a Consistência e a Confiabilidade das diferentes respostas das pessoas para as mesmas perguntas (H_0: não há Confiabilidade *Alfa* zero e nenhuma Consistência interna).
    - o Entrada do modelo: Dados Tipo C. São necessárias duas ou mais variáveis de entrada. Diferentes variáveis são organizadas por colunas, e todas as variáveis devem ter pelo menos 5 pontos de dados cada, com o mesmo número de pontos de dados totais ou linhas por variável.
        - ▪ Variáveis:
            - • >VAR1; VAR2; VAR3; ...
- • Confiabilidade Interna de Consistência: *Lambda* Guttman e Modelo Split Half. A consistência interna e a Confiabilidade implicam que as medições de um experimento serão consistentes ao longo de testes repetidos do mesmo sujeito em condições idênticas. O teste Gutman e o modelo Split Half pegam um conjunto de dados existente e o dividem em vários testes internos replicáveis.

[‡] A escala Likert ou escala de Likert é um tipo de escala de resposta psicométrica usada habitualmente em questionários, e é a escala mais usada em pesquisas de opinião. Ao responderem a um questionário baseado nesta escala, os perguntados especificam seu nível de concordância com uma afirmação.

Esses testes medem a Consistência e a Confiabilidade de respostas diferentes para a mesma pergunta, onde correlações e escores baixos de *lambda* significam baixa Confiabilidade e baixa Consistência, e maiores escores de *lambda* e correlação (>0,7) significam um nível mais alto de Confiabilidade.

- o Dica: Meça a Consistência e a Confiabilidade de respostas diferentes para as mesmas perguntas onde baixas correlações e escores de *lambda* significam baixa Confiabilidade e baixa Consistência.

- o Entrada do modelo: Dados Tipo C. São necessárias duas ou mais variáveis de entrada. Diferentes variáveis são organizadas por colunas, e todas as variáveis devem ter pelo menos 3 pontos de dados cada, com o mesmo número de pontos de dados totais ou linhas por variável. O número total de variáveis deve ser igual.

  - Variáveis:
    - >VAR1; VAR2; VAR3; ...

- **Confiabilidade de Consistência Interna: Estatística Kuder–Richardson (Dados Dicotômicos).** As estatísticas Kuder–Richardson 20 e 21 medem a consistência interna das medições de respostas dicotômicas e binárias e é normalmente entre 0 e 1. Quanto maior o valor, maior o nível de consistência e o método é semelhante ao Alpha de Cronbach. As estatísticas KR 20 e KR 21 medem a consistência interna e a confiabilidade para dados dicotômicos. Uma estatística KR alta (> 0,7) implica forte confiabilidade.

  - o Dica: Verifica a consistência interna e a confiabilidade das respostas de diferentes pessoas às mesmas perguntas.
  - o Entrada do modelo: Dados Tipo C. Duas ou mais variáveis de entrada são necessárias. Diferentes variáveis são organizadas em colunas e todas as variáveis devem ter pelo menos 5 pontos de dados, com número idêntico de pontos / linhas de dados totais por variável.
    - Variáveis:
      >VAR1; VAR2; VAR3; …

- **Confiabilidade Inter Avaliadores: Cohen Kappa.** O teste Kappa de Cohen mede a Confiabilidade de dois avaliadores independentes medindo seus níveis de acordo e levando em conta as chances aleatórias de discordância. A hipótese nula comprovada é que os julgamentos de dois pesquisadores independentes são confiáveis ou não têm diferença significativa. Digite os dados como uma matriz $N \times N$ (linhas para respostas de um juiz a múltiplas perguntas e colunas para as respostas do segundo juiz para as mesmas perguntas).

- o Dica: Mede a Confiabilidade de dois avaliadores independentes e seus níveis de acordo (H_0: ambos os conjuntos de julgamentos concordam e são confiáveis em comparação uns com os outros).

- o Entrada do modelo: Dados Tipo C. São necessárias duas ou mais variáveis de entrada. Diferentes variáveis são organizadas por colunas, e todas as variáveis devem ter pelo menos 5 pontos de dados cada, com o mesmo número de pontos de dados totais ou linhas por variável. O número de colunas deve ser igual ao número de linhas *(matriz N x N)*.

  - ▪ Variáveis:

    - • >VAR1; VAR2; VAR3; ...

- • Confiabilidade Inter Avaliador: Correlação Interclasse (ICC). O teste de Confiabilidade da Correlação Interclasse (ICC) determina a Confiabilidade dos escores comparando a variabilidade de múltiplos escores do mesmo sujeito com variação total em todos os escores e todos os sujeitos simultaneamente. Um ICC alto indica um alto nível de Confiabilidade e a análise pode ser aplicada em escalas *Likert* e quaisquer outras escalas quantitativas. As colunas de variáveis correspondem a cada uma das respostas do juiz a diferentes sujeitos (linhas).

  - o Dica: Mede a Confiabilidade das respostas de diferentes juízes aos mesmos sujeitos onde baixas correlações significam baixa Confiabilidade e baixa Consistência.

  - o Entrada do modelo: Dados Tipo C. São necessárias duas ou mais variáveis de entrada. Diferentes variáveis são organizadas por colunas, e todas as variáveis devem ter pelo menos 5 pontos de dados cada, com o mesmo número de pontos de dados totais ou linhas por variável.

- Variáveis:
  - >VAR1; VAR2; VAR3; ...

- **Confiabilidade Inter Avaliador: W Kendall (Sem Laços).** Executa *Kendall's Match Measure* ou W Kendall entre os avaliadores. Cada coluna é um elemento diferente e cada linha é o valor de cada juiz ou avaliador. A hipótese nula comprovada é que não há acordo entre os diferentes juízes (W=0), indicando que não há Confiabilidade entre os avaliadores.
  - o Dica: Mede a partida entre os avaliadores (H_0: não há correspondências entre os diferentes avaliadores, indicando W=0 ou que não há Confiabilidade entre os avaliadores).
  - o Entrada do modelo: Dados Tipo C. São necessárias duas ou mais variáveis de entrada. Diferentes variáveis são organizadas por colunas, e todas as variáveis devem ter pelo menos 3 pontos de dados cada, com o mesmo número de pontos de dados totais ou linhas por variável.
    - Variáveis: >VAR1; VAR2; VAR3; ...

- **Confiabilidade Inter Avaliadores: W Kendall (Com Laços).** Executa a medida de correspondência W de Kendall entre avaliadores após ajuste de laços. Cada coluna é um elemento diferente, e cada linha é um valor de juiz ou avaliador. A hipótese nula comprovada é que não há acordo entre os diferentes juízes (W=0), indicando que não há Confiabilidade entre os avaliadores.
  - o Dica: Mede a partida entre avaliadores ajustados para empates (H_0: há zero partidas entre diferentes avaliadores, indicando W=0 ou nenhuma Confiabilidade entre os avaliadores).
  - o Entrada do modelo: Dados Tipo C. São necessárias duas ou mais variáveis de entrada. Diferentes variáveis são organizadas por colunas, e todas as variáveis devem ter pelo menos 3 pontos de dados cada, com o

mesmo número de pontos de dados totais ou linhas por variável.

- ▪ Variáveis:
  - • >VAR1; VAR2; VAR3; ...

- **Correlação Tau de Kendall (Sem Laços).** Tau de Kendall é um coeficiente de correlação não paramétrico, que leva em conta correspondência ou incompatibilidade, com base em todas as combinações possíveis emparelhadas. A hipótese nula comprovada é que não há correlação zero.

  - o Dica: Correlação não paramétrica para a gravação de Tau de Kendall (H_0: há correlação zero entre as duas variáveis)

  - o Entrada do modelo: Dados Tipo B. São necessárias duas variáveis de entrada. Diferentes variáveis são organizadas por colunas, e todas as variáveis devem ter pelo menos 3 pontos de dados cada, com o mesmo número de pontos de dados totais ou linhas por variável.

    - ▪ Variáveis:
      - • >VAR1; VAR2

- **Correlação Tau de Kendall (com empates).** Tau de Kendall é um coeficiente de correlação não paramétrico, que leva em conta correspondência ou incompatibilidade, e corrige laços, com base em todas as combinações possíveis emparelhadas. A hipótese nula comprovada é que não há correlação zero entre as duas variáveis.

  - o Dica: Correlação não paramétrica para correspondência Tau de Kendall corrigida para laços (H_0: não há correlação zero entre as duas variáveis)

  - o Entrada do modelo: Dados Tipo B. São necessárias duas variáveis de entrada. Diferentes variáveis são organizadas por colunas, e todas as variáveis devem ter pelo menos 3 pontos de dados cada, com o mesmo número de pontos de dados totais ou linhas por variável.

    - ▪ Variáveis:
      - • >VAR1; VAR2

- Interpolação Linear. Em certas ocasiões, as taxas de juros ou qualquer tipo de taxa dependente do tempo podem ter valores faltando. Por exemplo, as taxas do Tesouro para os anos 1, 2 e 3 existem, e depois pulam para o ano 5, pulando o ano 4. Podemos, usando interpolação linear (p.ex., assumir que as taxas durante os períodos perdidos estão linearmente relacionadas), determinar e "completar" ou interpolar seus valores.

  o Dica: Complete os pontos perdidos na série de dados.

  o Entrada do modelo: Dados Tipo B. São necessárias duas variáveis de entrada. Diferentes variáveis são organizadas por colunas, e todas as variáveis devem ter pelo menos 3 pontos de dados cada, com o mesmo número de pontos de dados totais ou linhas por variável.

    - Períodos, Valores, Valor Exigido por Período.
      - >VAR1
      - >VAR2
      - 5

- Logística Curva-S. A Curva-S, ou curva de crescimento logístico, começa como uma Curva-J, com taxas de crescimento exponenciais. Com o tempo, o ambiente fica saturado (p.ex., saturação de mercado, concorrência, superpopulação), o crescimento é mais lento e o valor da previsão acaba eventualmente em uma saturação ou em um nível máximo. O modelo Curva-S é geralmente utilizado na previsão da participação de mercado ou crescimento de vendas de um novo produto desde sua introdução ao mercado até a maturidade e declínio, dinâmica populacional, crescimento de culturas bacterianas e outras variáveis de ocorrência natural.

  o Dica: Gera uma previsão de série temporal utilizando a curva Logística S.

  o Entrada do Modelo: Dados Tipo A. Requer quatro entradas manuais simples: supostas taxas de crescimento (%), valor de início previsto, valor máximo da capacidade e o número total de períodos a serem previstos.

- Taxa de Crescimento Alegada (%), Valor Base Inicial, Valor Máximo da Capacidade, Períodos de Previsão:
  - >10
  - >10
  - >1200
  - >120

- Distância de Mahalanobis. A distância de Mahalanobis mede a distância entre o ponto X e uma distribuição Y, com base em generalizações multidimensionais do número de desvios padrão X está longe da média de Y. Esta distância de Mahalanobis multidimensional é equivalente à distância euclidiana padrão. A hipótese nula testada é que não há outliers em cada uma das linhas de dados.
  - o Dica: Verifica se há outliers em cada linha de dados.
  - o Entrada Modelo: Dados Tipo C. Duas ou mais variáveis de entrada são obrigatórios. Diferentes variáveis são organizadas em colunas e todas as variáveis devem ter pelo menos 5 pontos de dados cada, com o mesmo número total de pontos de dados ou linhas por variável.
    - Variáveis:
      - >VAR1; VAR2; VAR3; …

- A Cadeia Markov. A Cadeia de Markov modela a probabilidade de um estado futuro que depende de um estado anterior (sistema matemático que experimenta transições de um estado para outro), formando uma cadeia que quando ligadas umas às outras (processo aleatório caracterizado pela falta de memória, por exemplo, o próximo estado depende apenas do estado atual e não da sequência de eventos que o precedem) é revertido para um nível de estado estável a longo prazo. Usado para prever a participação de mercado de dois concorrentes.
  - o Dica: Gera uma série temporal de uma Cadeia Markov de dois estados de estados alternativos.
  - o Entrada do modelo: Dados Tipo A. Requer duas entradas manuais simples, Probabilidade de Estado 1, Probabilidade de Estado 2.

- Estado 1, Estado 2
  - >10
  - >10

- Matriz Transição de Riscos Cadeia de Markov. A Matriz de Transição de Markov modela a probabilidade de estados futuros usando um sistema matemático que experimenta transições de um estado para outro. É uma extensão da cadeia Markov de dois estados.

  o Dica: Gera uma série de tempo a partir de uma cadeia Markov de estados alternados como uma matriz de transição para riscos.

  o Entrada do modelo: Data Tipo-A. Requer uma variável de dados histórico e uma simples entrada manual do número de estados para modelar.

    - Variável, Número de Estados:
      - >VAR1
      - >5

- Regressão Múltipla de Poisson (População e Frequência). A regressão de Poisson é como a regressão de Logit em que variáveis dependentes só podem tomar valores não negativos, mas também que a distribuição subjacente dos dados é uma distribuição de Poisson, que é obtida de uma população conhecida.

  o Dica: Executa uma regressão de Poisson com variáveis dependentes não negativas onde todas as variáveis seguem uma distribuição de Poisson com algum tamanho populacional conhecido.

  o Entrada do modelo: Dados Tipo C. É permitida uma Variável Dependente, um Tamanho Populacional ou Frequência V, e uma ou mais Variáveis Independentes, com o mesmo número de pontos de dados totais ou linhas por variável.

    - Variável Dependente, População ou Frequência, Variáveis Independentes:
      - >VAR1
      - >VAR2
      - >VAR3; VAR4; VAR5

- Regressão Múltipla (Regressão de Deming com Variância Conhecida). Em regressões multivariadas regulares, a variável Y dependente é modelada e prevista por variáveis independentes X_i com algum erro ε. No entanto, em uma regressão de Deming, assumimos ainda que os dados coletados para Y e X têm incertezas e erros adicionais, ou variâncias, que são usados para fornecer um ajuste mais relaxado em um modelo Deming

  - Dica: Executa uma regressão bivariada assumindo que as variáveis têm incertezas ou variâncias adicionais.

  - Entrada do modelo: Dados Tipo B. São necessárias duas variáveis com pelo menos 5 linhas de dados cada, Variável Dependente e Variável Independente. Variâncias dessas duas variáveis também são necessárias.

    - Variável dependente, variável independente, variância variável dependente, variância variável independente:
      - VAR1
      - VAR2
      - 0,09
      - 0,02

- Regressão Múltipla (Linear). A Regressão Linear Multivariada é usada para modelar a estrutura de relacionamento e características de uma determinada variável dependente, pois depende de outras variáveis exógenas independentes. Usando a relação modelada, podemos prever os valores futuros da variável dependente. A precisão e a qualidade do ajuste também podem ser previstas para este modelo. Modelos lineares e não lineares podem ser ajustados em regressão múltipla.

  - Dica: Executa regressão linear múltipla.

  - Entrada do modelo: Dados Tipo C. São necessários dois conjuntos de variáveis: uma variável dependente e uma ou mais variáveis independentes, com pelo menos 5 linhas de dados em cada variável, com o mesmo número de pontos ou linhas totais de dados por variável.

- Variável Dependente, Variáveis Independentes:

  - \>VAR1

  - \>VAR2; VAR3; ...

- Regressão Múltipla (Não Linear). A regressão multivariada não linear é usada para modelar a estrutura de relacionamento e características de uma determinada variável dependente, pois depende de outras variáveis exógenas independentes. Usando a relação modelada, podemos prever os valores futuros da variável dependente. A precisão e a qualidade do ajuste também podem ser previstas para este modelo. Modelos lineares e não lineares podem ser ajustados em análise de regressão múltipla.

  - Dica: Executa regressão múltipla não linear

  - Entrada do modelo: Dados Tipo C. São necessários dois conjuntos de variáveis: uma variável dependente e uma ou mais variáveis independentes, com pelo menos 5 linhas de dados em cada variável, com o mesmo número de pontos ou linhas totais de dados por variável.

    - Variável Dependente, Variáveis independentes:

      - \>VAR1

      - \>VAR2; VAR3; ...

- Regressão Múltipla (Regressão Logística Ordinal). Executa uma regressão logística ordinal multivariada com duas variáveis dependentes e múltiplas variáveis independentes.

  - Dica: Executa uma regressão logística ordinal multivariada com duas variáveis dependentes e múltiplas variáveis independentes. Variáveis independentes podem ser variáveis ordinais e pontos de dados são contagens. Por exemplo, as duas variáveis dependentes podem ser categorias idade (1-5) e Sexo (0/1), com cinco variáveis independentes completadas com o número ou frequências de pessoas que concordam, concordam, concordam, neutras, discordam ou muito discordam.

o Entrada do modelo: Dados Tipo C. São necessários dois conjuntos de variáveis: duas variáveis dependentes e uma ou mais variáveis independentes, com pelo menos 5 linhas de dados em cada variável, com o mesmo número de pontos ou linhas totais de dados por variável.

- Variáveis Dependentes, Variáveis Independentes:

  - >VAR1; VAR2
  - >VAR3; VAR4; VAR5; ...

- **Regressão Múltipla (Através da Origem).** Executa regressão linear múltipla, mas sem interceptação.

  o Dica: Executa regressão linear múltipla, mas sem interceptação.

  o Entrada do modelo: Dados Tipo C. São necessários dois conjuntos de variáveis: uma variável dependente e uma ou mais variáveis independentes, com pelo menos 5 linhas de dados em cada variável, com o mesmo número de pontos ou linhas totais de dados por variável.

  - Variável Dependente, Variáveis Independentes:

    - >VAR1
    - >VAR2; VAR3; ...

- **Regressão Múltipla (Dois Testes de Forma Funcional Variável).** Execute um teste de regressão bivariada em múltiplas formas funcionais, incluindo Linear, Linear, Recíproco, Quadrático, Log Linear, Log Recíproco, Log Quadrático, Log Duplo, Logística.

  o Dica: Execute um teste de regressão bivariada em múltiplas formas funcionais.

  o Entrada do modelo: Dados Tipo B. São necessárias duas variáveis: uma variável dependente e uma variável independente, com pelo menos 5 linhas de dados em cada variável, com o mesmo número de pontos ou linhas totais por variável.

- Variável Dependente, Variável Independente:

  - >VAR1

  - >VAR2

- **Regressão Múltipla de Ridge (Baixa Variância, Alto Viés, VIF Alta).** Uma regressão de Ridge vem com um viés maior do que uma regressão múltipla comum de menos quadrados, mas tem menos variância. É mais adequado para situações que possuem fatores de inflação com alta variância e multicolinearidade ou quando há um alto número de variáveis em comparação com os pontos de dados.

  - Dica: Regressão múltipla ajustada para um VIF multicolinearidade alta ou quando há um alto número de variáveis independentes em comparação com os pontos de dados disponíveis.

  - Entrada do modelo: Dados Tipo C. É necessária uma variável dependente, e uma ou mais variáveis independentes são permitidas, com o mesmo número de pontos totais de dados ou linhas por variável. Lambda é uma entrada opcional.

    - Variável Dependente, Variáveis independentes, *Lambda* (Opcional, padrão para 0,1):

      - VAR1

      - VAR2

      - 0,09

      - 0,02

- **Regressão Ponderada Múltipla (Método de Regressão para Fixação da Heterocedasticidade).** Executa uma regressão multivariada sobre variáveis ponderadas para corrigir a heterocedasticidade em todas as variáveis. Os pesos utilizados para ajustar essas variáveis são os desvios padrão da entrada do usuário.

- o Dica: Modelagem de regressão múltipla em variáveis com peso ajustado para corrigir heterocedasticidade.

- o Entrada do modelo: Dados Tipo C. É necessária uma variável dependente, e uma ou mais variáveis independentes são permitidas, com o mesmo número de pontos totais de dados ou linhas por variável. Finalmente, é necessária uma variável de entrada ponderada, que é uma série de desvios padrão.

  - Variável Dependente, Variável independente, Pesos no Desvio Padrão:

    - VAR1

    - VAR2; VAR3; VAR4; ...

    - VAR5

- **Rede Neural.** É comumente usada para se referir a uma rede ou circuito de neurônios biológicos. O uso moderno do termo *rede neural* muitas vezes se refere a redes neurais artificiais compostas de neurônios artificiais, ou nódulos, recriados em um ambiente de software. Essas redes visam imitar neurônios no cérebro humano da maneira que pensa e identifica padrões e, em nossa situação, identifica padrões para prever dados de séries temporais.

  - o **Linear.** Aplica uma função linear.

  - o **Logística não Linear.** Aplica uma função logística não linear.

  - o **Cosseno não Linear com Tangente Hiperbólica.** Aplica um cosseno não linear com função tangente hiperbólica.

  - o **Tangente Hiperbólica não Linear.** Aplica uma função tangente hiperbólica não linear.

    - Dica: Execute uma rede neural para séries temporais prevendo através de algoritmos de reconhecimento de padrões (linear, logístico, cosseno, hiperbólico).

    - Entrada do modelo: Dados Tipo A. Variável Dados, Camadas, Conjunto de teste, períodos de previsão e *Multiphase Optimization*

Application (Opcional, padrão definido para 0 ou nenhuma otimização)

- Variáveis de Dados, Camadas, Conjunto de Testes, Períodos de Previsão:
  - >VAR1
  - >3
  - >20
  - >5
  - >1

- **Análise de Contingência de Dados Nominais (Teste McNemar de Homogeneidade Marginal).** Execute o teste McNemar em um par de dados nominais alfanuméricos e crie tabelas de contingência 2x2 com traços diatômicos. O teste determina se as probabilidades marginais de linhas e colunas variáveis são iguais, ou seja, se há homogeneidade marginal. A hipótese nula é a homogeneidade marginal onde as duas probabilidades marginais para cada resultado são as mesmas.

  - Dica: Execute o teste McNemar em um par de dados nominais alfanuméricos e crie tabelas de contingência de 2 bits × 2 com ensaios diatômicos.

  - Entrada do modelo: Dados Tipo B. São necessárias duas variáveis alfanuméricas, com o mesmo número de pontos totais de dados ou linhas por variável.

    - Variável 1, Variável 2:

      - VAR1; VAR2

As técnicas não paramétricas não assumem a forma específica ou a distribuição de onde a amostra é extraída. Essa falta de suposições é diferente de outros testes de hipóteses, como ANOVA ou teste-t (testes paramétricos) de onde a amostra deveria ser extraída de uma população que é normalmente ou aproximadamente distribuída. Se houver um caso de normalidade, o poder do teste é maior devido a essa restrição de normalidade. No entanto, se a flexibilidade nos requisitos de distribuição é necessária, então as técnicas não paramétricas são superiores. Em geral, as metodologias não paramétricas fornecem as seguintes vantagens em relação aos testes paramétricos:

- o Não há necessidade de assumir a normalidade aproximada ou normalidade.
- o São necessários pressupostos menores sobre a população e os testes não paramétricos não exigem suposição populacional de qualquer distribuição específica.
- o Tamanhos amostrais menores podem ser analisados.
- o Em comparação com os testes paramétricos, testes não paramétricos usam dados de forma menos eficiente.
- o O poder do teste é menor do que os testes paramétricos
- o As amostras podem ser testadas com escalas de medição nominal e ordinal.
- o As variações amostrais não devem ser as mesmas (exigidas em testes paramétricos).

- Não Paramétrico: Teste Qui-Quadrado de Ajustes do Teste de Ajuste para Normalidade (Dados Agrupados). O teste Qui-Quadrado de qualidade do ajuste é usado para examinar se um conjunto de dados de amostra pode ter sido extraído de uma população que tem uma distribuição de probabilidade especificada. A distribuição de probabilidade testada aqui é a distribuição Normal. A hipótese nula comprovada é tal que a amostra é extraída aleatoriamente da distribuição normal.

  - o Dica: Teste não paramétrico para normalidade (H_0: o conjunto de dados é normalmente distribuído)

- o Entrada do modelo: Dados Tipo B. São necessárias duas variáveis de entrada com pelo menos 3 linhas de dados cada.
  - Limite Superior da Categoria de Dados, Frequência Dentro dessa Categoria, Média, Desvio Padrão:
    - \>VAR1
    - \>VAR2
    - \>945
    - \>145
- **Não Paramétrico: Qui-Quadrado Independência.** O teste Qui-Quadrado para independência examina duas variáveis para ver se há alguma relação estatística entre elas. Este teste não é usado para encontrar a natureza exata da relação entre as duas variáveis, mas simplesmente para testar se as variáveis testadas podem ser independentes umas das outras. A hipótese nula comprovada é tal que as variáveis são independentes umas das outras.
  - o Dica: teste não paramétrico na dependência i entre duas variáveis (H_0: as variáveis independentes e não têm efeito um sobre o outro).
  - o Entrada do modelo: Dados Tipo B. São necessárias duas variáveis de entrada com pelo menos 3 linhas de dados cada.
    - Variáveis:
      - \>VAR1; VAR2
- **Não Paramétrico: Qui-Quadrado para Variância Populacional.** O teste Qui-Quadrado para variância populacional é usado para testar hipóteses e estimar o intervalo de confiança para uma variância populacional. A variância da população de uma amostra é geralmente desconhecida e, portanto, há necessidade de quantificar esse intervalo de confiança. A população deve ser distribuída normalmente.
  - o Dica: Teste não paramétrico na variância amostral em comparação com a variância hipotética (H_0: variância amostral é igual a variância hipotética).
  - o Entrada do modelo: Dados Tipo A. Variáveis digitadas manualmente são necessárias.

- Variância Hipotética, Variância da Amostra, Tamanho da Amostra:
  - >4
  - >5
  - >20
- **Não Paramétrico: Q de Cochran (Medidas Binárias Repetidas).** Executa o teste Cochran, que é o equivalente não paramétrico de um ANOVA com medições repetidas, mas onde os valores são binários 0 e 1. A hipótese nula comprovada é que as proporções de 1s e 0s para todas as variáveis são equivalentes.

  - Dica: equivalente não paramétrico de ANOVA com múltiplos tratamentos (H_0: as proporções binárias são equivalentes para todas as variáveis).
  - Entrada do modelo: Dados Tipo C. São necessárias duas ou mais variáveis de entrada. Diferentes variáveis são organizadas por colunas, e todas as variáveis devem ter pelo menos 5 pontos de dados cada, com o mesmo número de pontos de dados totais ou linhas por variável. Os dados devem ser apenas valores binários 0 ou 1.
    - Variáveis:
      - >VAR1; VAR2; VAR3; ...
- **Não Paramétrico: Teste de Normalidade de D'Agostino–Pearson.** Executa o teste de normalidade D'Agostino–Pearson para testar a hipótese nula se os dados forem normalmente distribuídos.

  - Dica: Teste a normalidade dos seus dados (H_0: os dados são normalmente distribuídos).
  - Entrada do modelo: Dados Tipo A. É necessária uma variável de entrada com pelo menos 5 linhas de dados.
    - Variável:
      - >VAR1
- **Não Paramétrico: Teste de Friedman.** O teste de Friedman é a extensão do teste de *Wilcoxon Sign Range* para amostras emparelhadas. O teste paramétrico correspondente é ANOVA de Múltiplos Tratamentos com Blocos Randomizados, mas ao contrário da ANOVA, o teste de Friedman não exige que o conjunto de dados seja

amostrado aleatoriamente de populações normalmente distribuídas com variâncias iguais. O teste de Friedman utiliza o teste de hipóteses de duas caudas onde a hipótese nula é tal que a população mediana de cada tratamento é estatisticamente idêntica ao resto do grupo; ou seja, não há efeito entre os diferentes grupos de tratamento.

- o Dica: Executa o teste não paramétrico de Friedman, um equivalente ANOVA com variáveis de bloqueio.
- o Entrada do modelo: Dados Tipo C. São necessárias duas ou mais variáveis de entrada. Diferentes variáveis são organizadas por colunas, e todas as variáveis devem ter pelo menos 3 pontos de dados cada, com o mesmo número de pontos de dados totais ou linhas por variável.
  - Variável:
    - >VAR1; VAR2; VAR3; ...

- **Não Paramétrico: Teste de Kruskal-Wallis.** O teste de Kruskal-Wallis é a extensão do teste *Wilcoxon Sign Ranges* que compara mais de duas amostras independentes. O teste paramétrico correspondente é ANOVA de mão única, mas ao contrário da ANOVA, o Kruskal-Wallis não exige que o conjunto de dados seja amostrado aleatoriamente de populações normalmente distribuídas com variâncias iguais. O teste de Kruskal-Wallis é um teste de hipótese de duas caudas onde a hipótese nula é tal que a população mediana de cada tratamento é estatisticamente idêntica ao resto do grupo; ou seja, não há efeito entre os diferentes grupos de tratamento.

- o Dica: Executa o teste não paramétrico Kruskal-Wallis, equivalente a ANOVA com Múltiplos Tratamentos.
- o Entrada do modelo: Dados Tipo C. São necessárias duas ou mais variáveis de entrada. Diferentes variáveis são organizadas por colunas, e todas as variáveis devem ter pelo menos 3 pontos de dados cada, com o mesmo número de pontos de dados totais ou linhas por variável.
  - Variáveis:
    - >VAR1; VAR2; VAR3; ...

- Não Paramétrico: Teste de Lilliefors para Normalidade. O teste de Lilliefors avalia a hipótese nula sobre se a amostra de dados foi extraída de uma população normalmente distribuída, em comparação com uma hipótese alternativa onde a amostra de dados não é normalmente distribuída. Se o p-valor calculado for menor ou igual ao valor de significância *alfa*, então rejeite a hipótese nula e aceite a hipótese alternativa. Caso contrário, se o p-valor for maior que o valor de significância *alfa*, não rejeite a hipótese nula. Este teste depende de duas frequências cumulativas: uma derivada do conjunto de dados da amostra e outra derivada de uma distribuição teórica baseada na média e desvio padrão dos dados amostrais. Uma alternativa para este teste é o teste Qui-Quadrado para a normalidade. O teste Qui-Quadrado requer mais pontos de dados para ser executado em comparação com o teste de Lilliefors.

  o Dica: Execute o teste não paramétrico do Lilliefors para a normalidade de seus dados (H_0: os dados são normalmente distribuídos).
  o Entrada do modelo: Dados Tipo A. É necessária uma variável de entrada com pelo menos 5 pontos de dados ou linhas.
    ▪ Variável:
      • >VAR1

- Não Paramétrico: Teste de Mann–Whitney (Duas VAR). Ele executa o teste não paramétrico de Mann–Whitney para duas amostras independentes (relacionados ao Teste de Intervalo de Sinais de Wilcoxon) e é o equivalente não paramétrico do teste T de duas amostras para variáveis independentes. A hipótese nula comprovada é que não há diferença zero entre as duas variáveis.

  o Dica: teste não paramétrico em duas variáveis (H_0: não há diferença entre as duas medianas).
  o Entrada do modelo: Dados Tipo B. São necessárias duas variáveis de entrada com pelo menos 3 linhas de dados cada. As duas variáveis não precisam ter o mesmo número de linhas.
    ▪ Variáveis:
      • >VAR1; VAR2

- **Não Paramétrico: Teste Mood's Mediana Multivariado.** Executa o teste não paramétrico para medianas de Mood's em múltiplas variáveis simultaneamente. É uma extensão do teste não paramétrico de *Wilcoxon Sign Ranges* para duas variáveis estendidas a múltiplas variáveis. O teste de Modd's está relacionado à ANOVA paramétrica com múltiplos tratamentos e é equivalente ao teste não paramétrico de Kruskal–Wallis.

  - Dica: Teste não parametricamente se as medianas de várias variáveis forem semelhantes (H_0: todas as medianas são iguais ou homogêneas), relacionadas aos testes de Wilcoxon e Kruskal–Wallis.
  - Entrada do modelo: Dados Tipo C. São necessárias duas ou mais variáveis de entrada. As diferentes variáveis são organizadas por colunas e todas as variáveis devem ter pelo menos 3 pontos de dados cada. São permitidos diferentes números de pontos de dados totais ou linhas por variável.
    - Variáveis:
      - >VAR1; VAR2; VAR3; ...

- **Não Paramétrico: Teste de Runs para Aleatoriedade.** O teste Runs avalia a aleatoriedade de uma série de observações analisando o número de corridas que contém. A execução é uma ocorrência consecutiva de uma ou mais observações semelhantes. A hipótese nula comprovada é se o fluxo de dados é aleatório, versus a hipótese alternativa na qual o fluxo de dados não é aleatório.

  - Dica: Executa teste não paramétrico para aleatoriedade dos dados. (H_0: Os dados são aleatórios).
  - Entrada do modelo: Dados Tipo A. Uma variável de entrada com pelo menos 5 pontos de dados ou linhas de dados é necessária.
    - Variável:
      - >VAR1

- **Não Paramétrico: Teste de Shapiro–Wilk–Royston para a Normalidade.** Execute o teste Shapiro-Wilk para normalidade usando o algoritmo de Royston para testar a hipótese nula se os dados forem normalmente distribuídos.

- Dica: Teste a normalidade de seus dados (H$_0$: os dados são fornecidos normalmente distribuídos).
- Entrada do modelo: Dados Tipo A. É necessária uma variável de entrada com pelo menos 3 linhas de dados.
  - Variável:
    - >VAR1

- Não Paramétrico: Teste Wilcoxon de Ranqueamento com Sinais (uma VAR). O teste *Wilcoxon Sign Ranges* Variável Simples determina se um conjunto de dados amostral pode ter sido extraído aleatoriamente de uma população cuja mediana está sendo hipotética. O teste paramétrico correspondente é o teste-t de uma amostra, que deve ser usado se a população subjacente for considerada normal, o que dá maior poder ao teste.

  - Dica: Executa um teste Wilcoxon não paramétrico para uma variável (H$_0$: a mediana é equivalente a zero).
  - Entrada do modelo: Dados Tipo A. É necessária uma variável de entrada com pelo menos 3 linhas de dados.
    - Variável:
      - >VAR1

- Não Paramétrico: Teste de Wilcoxon Ranqueamento Com Sinais (duas VAR). O teste *Wilcoxon Sign Ranges* para variáveis emparelhadas determina se as diferenças medianas entre as duas variáveis emparelhadas são as mesmas. Este teste é especificamente formulado para testar a mesma amostra ou similar antes e depois de um evento (por exemplo, as medidas tomadas antes do tratamento médico são comparadas com as medidas tomadas após o tratamento para ver se há diferença). O teste paramétrico correspondente é o teste t de duas amostras com meios dependentes, que devem ser utilizadas se a população subjacente for considerada normal, o que dá maior poder ao teste.

  - Dica: teste não paramétrico sobre igualdade mediana (H$_0$: as duas variáveis têm medianas iguais).

o Entrada do modelo: Dados Tipo B. São necessárias duas variáveis de entrada com pelo menos 3 linhas de dados cada.

  ▪ Variável 1, Variável 2, Diferença Mediana Hipotética:

    • >VAR1; VAR2
    • >0

TESTES DE HIPÓTESES PARAMÉTRICOS

- **Teste Paramétrico: T para a Média, uma Variável.** O teste t para a média de uma variável é apropriado quando o desvio padrão populacional não é conhecido, mas onde a distribuição da amostra é considerada aproximadamente normal (o teste t é usado quando o tamanho da amostra é inferior a 30). Este teste t pode ser aplicado a três tipos de testes de hipóteses um teste-t bicaudal, um teste de cauda direita e um teste de cauda esquerda para examinar se a média populacional é igual, menor ou maior do que, do que a média hipotética com base no conjunto de dados da amostra.

  o Dica: Executa um teste t de uma variável para a média (H_0: a média populacional é estatisticamente igual à média hipotética).

  o Entrada do modelo: Dados Tipo A. É necessária uma variável de entrada com pelo menos 5 linhas de dados.

    ▪ Variável:

      • >VAR1

- **Teste Paramétrico: Z para Média, uma Variável.** O teste-z de uma variável é apropriado quando o desvio padrão populacional é conhecido, e quando a distribuição da amostra é considerada aproximadamente Normal (isso se aplica quando o número de pontos de dados excede 30).

  o Dica: Executa um teste-z de uma variável para a média (H_0: a média populacional é estatisticamente igual à média hipotética).

- Entrada do modelo: Dados Tipo A. É necessária uma variável de entrada com pelo menos 5 linhas de dados.
    - Variável:
        - >VAR1

- Teste Paramétrico: Z para Proporção, uma Variável. O teste-z de uma variável para proporções é apropriado quando a distribuição amostral é considerada aproximadamente Normal (isso se aplica quando o número de pontos de dados excede 30, e quando o número de pontos de *dados, N*, multiplicado pela média da razão hipotética populacional, P , é *maior* ou iguala 5, $NP \geq 5$). Os dados utilizados na análise devem estar em proporções e estar entre 0 e 1.

    - Dica: Executa o teste-z de uma variável para proporções (H_0: a razão populacional é estatisticamente igual à média hipotética).
    - Entrada do modelo: Dados Tipo A. É necessária uma variável de entrada com pelo menos 5 linhas de dados.
        - Variável:
            - >VAR1

- Teste Paramétrico: T Curva de Potência. Beta é o nível aceitável do Erro Tipo II (a probabilidade de que a hipótese nula não será rejeitada quando falsa) e a potência é 1 – Beta.

    - Dica: Calcula o Beta e a potência de um único teste variável.
    - Entrada do modelo: Dados Tipo A. É necessária uma variável de entrada com pelo menos 5 linhas de dados. A média hipotética pode ser qualquer valor numérico, e o nível Alfa deve ser uma entrada positiva (geralmente 0,01, 0,05 ou 0,10).
        - Variável de dados, média hipotética, alfa:
            - >VAR1
            - >50
            - >0.05

- Teste Paramétrico: F para a Variância de Duas Variáveis. O teste f-variável de duas variáveis analisa as variâncias de duas amostras (a variância populacional na Amostra 1 é testada com a variância populacional na Amostra 2 para ver se são iguais) e é apropriado quando o desvio padrão populacional não é conhecido, mas assume que a distribuição amostral é aproximadamente normal.
    - Dica: Teste se as variâncias de duas variáveis são iguais (H_0: as variâncias de duas variáveis são iguais)
    - Entrada do modelo: Dados Tipo B. São necessárias duas variáveis de entrada com pelo menos 5 linhas de dados cada.
        - Variável 1, Variável 2:
            - >VAR1; VAR2
- Teste Paramétrico: T para a Média de Amostras Dependentes de Duas Variáveis. O teste t dependente de duas variáveis é apropriado quando o desvio padrão populacional não é conhecido, mas a distribuição amostral é considerada aproximadamente Normal (o teste t é usado quando o tamanho da amostra é inferior a 30). Além disso, este teste é especificamente formulado para determinar a mesma amostra ou similar antes e depois de um evento (por exemplo, as medidas tomadas antes do tratamento médico são comparadas com as medidas tomadas após o tratamento para ver se há diferença).
    - Dica: Testa se as médias de duas variáveis são iguais quando as variáveis são dependentes (H_0: as médias das duas variáveis são iguais).
    - Entrada do modelo: Dados Tipo B. São necessárias duas variáveis de entrada com pelo menos 5 linhas de dados cada.
        - Variável 1, Variável 2:
            - >VAR1; VAR2
- Teste Paramétrico: T Duas Variáveis Independente para com Variância Igual. O teste-t de duas variáveis com variâncias iguais é apropriado quando o desvio padrão populacional não é conhecido, mas a distribuição amostral é considerada aproximadamente Normal (o teste t é usado quando o tamanho da amostra é inferior a 30). Além disso,

supõe-se que as duas amostras independentes (variâncias semelhantes).

- o Dica: Teste se as médias são iguais para duas variáveis independentes de igual variância. (H_0: as médias das duas variáveis são iguais).
- o Entrada do modelo: Dados Tipo B. São necessárias duas variáveis de entrada com pelo menos 5 linhas de dados cada.
  - ▪ Variável 1, Variável 2:
    - • >VAR1; VAR2

- **Teste Paramétrico: T Duas Variáveis Independente com Variância Desigual.** O teste t de duas variáveis com variâncias desiguais (espera-se que a variância populacional na Amostra 1 seja diferente da variância populacional na Amostra 2) é apropriado quando o desvio padrão populacional não é conhecido, mas assume que a distribuição da amostra é aproximadamente normal (o teste t é usado quando o tamanho da amostra é inferior a 30). Da mesma forma, as duas amostras independentes devem ter variâncias semelhantes.

  - o Dica: Teste se as médias são iguais para duas variáveis independentes com variância desigual (H_0: as médias das duas variáveis são iguais).
  - o Entrada do modelo: Dados Tipo B. São necessárias duas variáveis de entrada com pelo menos 5 linhas de dados cada.
    - ▪ Variável 1, Variável 2:
      - • >VAR1; VAR2

- **Teste Paramétrico: Z Médias de Duas Variáveis Independentes.** O teste-z de duas variáveis é apropriado quando se sabe o desvio padrão populacional para as duas amostras e a distribuição amostral de cada variável é considerada aproximadamente Normal (quando o número de pontos de dados em cada variável excede 30).

  - o Dica: Teste se as médias são iguais a duas variáveis independentes com variâncias conhecidas (H_0: as médias das duas variáveis são iguais).
  - o Entrada do modelo: Dados Tipo B. São necessárias duas variáveis de entrada com pelo menos 5 linhas de dados cada.

- ▪ Variável 1, Variável 2, Diferença Média Hipotética, Desvio Padrão 1, Desvio Padrão 2:
    - • >VAR1; VAR2
    - • >5
    - • >123,45
    - • >87,6
- • Teste Paramétrico: Z Proporções Duas Variáveis independentes. O teste Z de duas variáveis sobre proporções é apropriado quando a amostragem é considerada aproximadamente Normal (isso se aplica quando o número de pontos de dados em ambas as amostras excede 30). Além disso, todos os dados devem ser proporções e entre 0 e 1.
    - o Dica: Teste se as proporções são iguais para duas variáveis independentes (H_0: as proporções das duas variáveis são iguais).
    - o Entrada do modelo: Dados Tipo B. São necessárias duas variáveis de entrada com pelo menos 5 linhas de dados cada.
        - ▪ Variável 1, Variável 2, Diferença média hipotética:
            - • >VAR1; VAR2
            - • >5

CONTINUAÇÃO DA LISTA DE MÉTODOS ANALÍTICOS

- • Correlações Parciais (Utilizando a Matriz de Correlação). Executa e calcula a matriz de correlação parcial usando sua matriz de correlação completa existente $N \times N$.
    - o Dica: Calcule a matriz de correlação parcial usando uma matriz de correlação quadrada completa existente $N \times N$.
    - o Entrada do modelo: Dados Tipo C. São necessárias duas ou mais variáveis de entrada. Diferentes variáveis são organizadas por colunas, e todas as variáveis devem ter pelo menos 2 pontos de dados

cada, com o mesmo número de pontos de dados totais ou linhas por variável. O número total de variáveis deve corresponder ao número de linhas, por exemplo, os dados inseridos devem estar em uma *matriz* $N \times N$.

- ▪ Variáveis:
  - ● >VAR1; VAR2; VAR3; ...

- Correlações Parciais (Utilizando Dados Brutos). Executa e calcula a matriz de correlação parcial usando dados brutos de várias colunas.

  - ○ Dica: Calcule a matriz de correlação parcial utilizando dados brutos.
  - ○ Entrada do modelo: Dados Tipo C. São necessárias duas ou mais variáveis de entrada. Diferentes variáveis são organizadas por colunas, e todas as variáveis devem ter pelo menos 5 pontos de dados cada, com o mesmo número de pontos de dados totais ou linhas por variável.
    - ▪ Variáveis:
      - ● >VAR1; VAR2; VAR3; ...

- Análise do Componente Principal (PCA). A análise principal de componentes, ou PCA, facilita o modelo e o resumo de dados multivariados. Para entender o PCA, suponha que comecemos com variáveis N que dificilmente serão independentes umas das outras, de modo que mudar o valor de uma variável mudará outra variável. A modelagem PCA substituirá as variáveis N originais por um novo conjunto de variáveis M que são inferiores a N, *mas* não estão correlacionadas umas com as outras, enquanto, ao mesmo tempo, cada uma das variáveis M é uma combinação linear das variáveis N originais, de modo que a maior *variação* pode ser levada em conta apenas usando menos variáveis explicativas.

  - ○ Dica: Executa uma análise do componente principal sobre múltiplas variáveis.
  - ○ Entrada do modelo: Dados Tipo C. São necessárias três ou mais variáveis de entrada. As diferentes variáveis são organizadas por colunas e todas as variáveis devem ter pelo menos 5 pontos de dados

cada, com o mesmo número de pontos de dados totais ou linhas por variável.

- ▪ Variáveis:
  - • >VAR1; VAR2; VAR3; ...

- • Capacidade do Processo Dadas as entradas do usuário da média e sigma do processo, bem como os limites de especificação superior e inferior, o modelo retorna as várias medidas de capacidade do processo (CP, CPK, PP), unidades de proporção com defeito (DPU), defeitos por milhão de oportunidades (DPMO) , rendimento de saída (%) e sigma geral do processo.
  - o Dica: A capacidade do processo é usada para calcular o rendimento de saída do processo de fabricação projetado e defeitos.
  - o Entrada do modelo: Dados Tipo A. Média do processo, Sigma do Processo, Limite Superior de Especificação USL, Limite Inferior de Especificação LSL
    - ▪ Variáveis:
      - • >2,2500
      - • >0,0500
      - • >2,1375
      - • >2,8125

- • Estatísticas Descritivas. Valor Absoluto (ABS), Média (AVG), Contagem, Diferença, Atraso, Avanço, LN, LOG, Max, Mediana, Min, Moda, Potência, Faixa Ascendente, Faixa Descendente, Retornos Relativos LN, Retornos Relativos, Desvio Semi-Padrão (Inferior), Desvio Semi-Padrão (Superior), Desvio Padrão Amostral, Desvio Padrão População, Soma. Várias estatísticas básicas, como média, desvio padrão, hierarquia, soma e outras são calculadas usando um único conjunto de dados variáveis.
  - o Dica: Executa várias estatísticas básicas, como média, desvio padrão, hierarquia, soma, etc.
  - o Entrada do modelo: Dados Tipo A. Uma variável de entrada com pelo menos 3 pontos de dados ou linhas de dados é necessária.
    - ▪ Variável:
      - • >VAR1

- Curvas ROC, AUC e Tabelas de Classificação Execute curvas ROC e Tabelas de Classificação para o número de falhas e sucessos. A área sob a curva (AUC) é calculada usando o modo retangular (R) e o modo trapezoide (T).

  - Dica: Execute ROC e os Ranqueamento de Falha ou Sucesso e calcule a área sob a curva (AUC).
  - Entrada do modelo: Dados Tipo B. Duas variáveis de entrada são necessárias: Falhas e Sucessos, com pelo menos 3 linhas de dados para cada variável. Cada variável precisa ter o mesmo número de linhas de dados. A entrada final que é necessária é o valor do ponto de interrupção.

    - Falhas, sucessos, ponto de corte:
      - >VAR1
      - >VAR2
      - >5

- Sazonalidade. Muitos dados de séries temporais exibem sazonalidade onde certos eventos se repetem após algum período de tempo ou período de sazonalidade (p. ex., a renda das estações de esqui é maior no inverno do que durante o verão, e este ciclo se repetirá a cada inverno). O método testa múltiplos períodos de sazonalidade (número de períodos em um ciclo sazonal).

  - Dica: Execute vários modelos de sazonalidade para determinar o melhor ajuste de sazonalidade.
  - Entrada do modelo: Dados Tipo A. Uma variável de entrada com pelo menos 3 pontos de dados ou linhas de dados e a sazonalidade máxima a ser testada é necessária.
    - Variável:
      - >VAR1
      - >4

- Técnica de Agrupamento. Ao tomar o conjunto original de dados, executamos alguns algoritmos internos (uma combinação hierárquica ou agrupamento de *k-means* e outro método de momentos, a fim de encontrar os melhores ajuste de grupos ou agrupamentos estatísticos naturais) para dividir estatisticamente ou segmentar o conjunto de dados original em vários grupos.

- o Dica: Execute a segmentação de agrupamento de um conjunto de dados existente e segregue os dados em vários grupos estatísticos.
- o Entrada do modelo: Dados Tipo A. Uma variável de entrada com pelo menos 3 pontos de dados ou linhas de dados é necessária.
  - Variável:
    - >VAR1
- Assimetria e Curtose: Shapiro–Wilk e D'Agostino–Pearson. Execute os testes de Assimetria e Curtose para ver se os dados têm ambas as estatísticas iguais a zero (Normal), e o teste D'Agostino–Pearson que determina se a assimetria e a curtose são simultaneamente zero. A hipótese nula é se os dados têm assimetria zero e curtose, que estão próximos do Normal.
  - o Dica: Teste se tanto a assimetria quanto a curtose são iguais a zero e, portanto, Normal aproximada (H_0: assimetria e curtose são zero e a abordagem dos dados é normal).
  - o Entrada do modelo: Dados Tipo A. É necessária uma variável de entrada com pelo menos 5 linhas de dados.
    - Variável:
      - >VAR1
- Teste de Especificação Cúbica (Teste de RESET de Ramsey). O teste de erro de especificação da Equação de Regressão de Ramsey (RESET) determina a especificação global incorreta do seu modelo usando uma variação de teste-F e previsões cúbicas. Rejeitar a hipótese nula indica algum tipo de especificações incorretas no modelo. A hipótese nula comprovada é que o modelo atual é especificado corretamente.
  - o Dica: O teste de erro de especificação da Equação de Regressão de Ramsey (RESET) determina a especificação global incorreta do seu modelo usando uma variação de teste-F e previsões de cúbica.
  - o Entrada do modelo: Dados Tipo C. Uma variável dependente e uma ou mais variáveis separadas com modificações personalizadas são necessárias.

- Variável:
  - >VAR1
  - >VAR2; LN(VAR3); (VAR4)-2
- Teste de Especificação Quadrática (Teste de RESET de Ramsey). O teste de erro de especificação da Equação de Regressão de Ramsey (RESET) determina a especificação global incorreta do seu modelo usando uma variação de teste F e previsões quadráticas. Rejeitar a hipótese nula indica algum tipo de especificações incorretas no modelo. A hipótese nula comprovada é que o modelo atual é especificado corretamente.

  - o Dica: O teste de erro de especificação da Equação de Regressão de Ramsey (RESET) determina a especificação global incorreta do seu modelo usando uma variação de teste F e previsões quadráticas.
  - o Entrada do modelo: Dados Tipo C. Uma variável dependente e uma ou mais variáveis separadas com modificações personalizadas são necessárias.
    - Variável:
      - >VAR1
      - >VAR2; LN(VAR3); (VAR4)-2
- Estacionária: Dickey Fuller Aumentado. Executa o teste raiz da unitária para Estacionariedade sem interceptação, constante e nenhuma tendência linear usando um processo autorregressivo de várias ordens AR(p). A hipótese nula comprovada é que há uma raiz unitária e a série temporal não é estacionária.

  - o Dica: Teste raiz da unidade com uma constante e tendência (H_0: a raiz da unidade de exibição de dados e a série temporal é uma série AR não estacionária (p)).
  - o Entrada do modelo: Dados Tipo A. É necessária uma variável de entrada com pelo menos 10 linhas de dados.
    - Variável:
      - >VAR1

- Estacionária: Dickey Fuller (Constante e Tendência). Executa o teste raiz unitária para Estacionariedade, com intercepto constante e tendência linear usando um processo de autorregressão de primeira ordem AR(1). A hipótese nula comprovada é que há uma raiz unitária e a série temporal não é estacionária.
  - Dica: Teste raiz unitária com constante e tendência (H_0: Os dados mostram a raiz da unidade e a série temporal é uma série AR(1) não estacionária.
  - Entrada do modelo: Dados Tipo A. É necessária uma variável de entrada com pelo menos 10 linhas de dados.
    - Variável:
      - >VAR1
- Estacionária: Dickey Fuller (Constante Sem Tendência). Executa o teste raiz unitária para Estacionariedade, com um intercepto constante e sem tendência linear, usando um processo de autorregressão de primeira ordem AR(1). A hipótese nula comprovada é que há uma raiz unitária e a série temporal não está estacionária.
  - Dica: Teste raiz unitária com uma constante, mas sem tendência (H_0: os dados mostram a raiz da unidade e a série temporal é uma série AR(1) não estacionária.
  - Entrada do modelo: Dados Tipo A. É necessária uma variável de entrada com pelo menos 10 linhas de dados.
    - Variável:
      - >VAR1
- Estacionária: Dickey Fuller (Sem Constante Sem Tendência). Executa o teste raiz da unitária para Estacionariedade sem interceptação constante e sem tendência linear usando um processo de autorregressão de primeira ordem AR(1). A hipótese nula comprovada é que há uma raiz unitária e a série temporal não está estacionária.
  - Dica: Teste raiz da unidade sem constante ou tendência (H_0: os dados mostram a raiz da unidade e a série temporal é uma série AR(1) não estacionária.

- o Entrada do modelo: Dados Tipo A. É necessária uma variável de entrada com pelo menos 10 linhas de dados.
  - ▪ Variável:
    - • >VAR1
- • Regressão em Etapas (*Stepwise*).
  - o Dica: Executa múltiplos modelos de regressão linear em etapas.
  - o Entrada do modelo: Dados Tipo C. São necessários dois conjuntos de variáveis: uma variável dependente e uma ou mais variáveis independentes, com pelo menos 5 linhas de dados em cada variável, com o mesmo número total de pontos de dados ou linhas por variável.

    - ▪ Variável Dependente e Independente:
      - • >VAR1
      - • >VAR2; VAR3; ...
  - o Regressão em Etapas (Para Trás). No método retrógrado, executamos uma *regressão com Y em* todas as variáveis *X* e, revendo o p-valor de cada variável, excluímos sistematicamente a variável com o maior p-valor. Em seguida, execute uma regressão novamente, repetindo cada vez até que todos os p-valores são estatisticamente significativos.

  - o Regressão em Etapas (Correlação). No método de correlação, a variável dependente *Y mapeia* todas as variáveis independentes *X,* e começando pela variável *X* com o maior valor de correlação absoluta. As variáveis X subsequentes são então processadas até que os valores p indiquem que a nova variável X não é mais estatisticamente significante. Esta abordagem é rápida e simples, mas não contempla interações entre variáveis, e quando você adiciona uma variável *X,* ela esconderá estatisticamente outras variáveis.

  - o Regressão em Etapas (Para a Frente). No método de avanço, Y é *mapeado* pela primeira vez para todas as variáveis *X, uma regressão para Y é executada* com o maior valor de correlação absoluta de X, e erros *de* ajuste são obtidos. Esses erros são então correlacionados com as variáveis X restantes e a correlação do maior valor absoluto entre este conjunto restante é escolhida e outra regressão é executada. O processo é repetido até que o p-valor para o último coeficiente da variável X não seja mais estatisticamente significativo e, em seguida, o processo para.

  o Regressão em Etapas (Para Frente Para Trás). No método para frente e para trás, aplique o método de avanço para obter três variáveis X e, em seguida, aplique o foco para trás para ver se uma delas precisa ser removida porque é estatisticamente insignificante. Repita o método para a frente e, em seguida, o método para trás até que todas as variáveis X restantes sejam levadas em conta.
- Processo Estocástico. Às vezes, as variáveis não podem ser previstas usando meios tradicionais, e essas variáveis são ditas como estocásticas. No entanto, a maioria dos fenômenos financeiros, econômicos e naturais (p.ex., o movimento de moléculas no ar) seguem uma lei ou relação matemática conhecida. Embora os valores resultantes sejam incertos, a estrutura matemática subjacente é conhecida e pode ser simulada usando a simulação de risco Monte Carlo.

  o Dica: Gera várias previsões com processos de séries temporais estocásticas.
  o Entrada do modelo: Dados Tipo A. São necessárias várias entradas manuais. Os requisitos específicos de entrada dependem do processo estocástico selecionado.
    ▪ Valor Inicial, Taxa de Deriva, Volatilidade, Horizonte, Passos, Sementes Aleatórias, Iterações
      • >100
      • >0,05
      • >0,25
      • >10
      • >100
      • >123456

- Movimento Browniano com Processo de Caminhada Aleatória. O Movimento Browniano com Processo de Caminhada Aleatória assume a forma $\frac{\delta S}{S} = \mu(\delta t) + \sigma\varepsilon\sqrt{\delta t}$, numa versão mais genérica, de um processo geométrico $\frac{\delta S}{S} = \left(\mu - \frac{\sigma^2}{2}\right)\delta t + \sigma\varepsilon\sqrt{\delta t}$. Para uma versão exponencial, basta pegar os exponenciais e, como exemplo, temos $\frac{\delta S}{S} = exp[\mu(\delta t) + \sigma\varepsilon\sqrt{\delta t}]$, onde definimos S como o valor anterior da variável, δS como mudança intervalar da variável, de um passo para o outro, μ é o crescimento anualizado ou taxa de deriva e σ é a volatilidade anualizada.

- Processo de Reversão para a Média. Descreve a estrutura matemática de um processo de reversão de tendência: $\frac{\delta S}{S} = \eta(\bar{S}e^{\mu(\delta t)} - S)\delta t + \mu(\delta t) + \sigma\varepsilon\sqrt{\delta t}$. Aqui definimos η como a taxa de reversão para a média e $\bar{s}$ como o valor de longo prazo em que o processo se reverte.

- Processo de Difusão com Salto. Um processo de difusão de salto é como um processo de caminho aleatório, mas inclui uma probabilidade de um salto a qualquer momento. As ocorrências desses saltos são totalmente aleatórias, mas sua probabilidade e magnitude são regidas pelo próprio processo. Nós temos a estrutura $\frac{\delta S}{S} = \eta(\bar{S}e^{\mu(\delta t)} - S)\delta t + \mu(\delta t) + \sigma\varepsilon\sqrt{\delta t} + \theta F(\lambda)(\delta t)$ para um processo de difusão de salto, e definimos o θ o tamanho do salto de S, $F(\lambda)$ o inverso da distribuição cumulativa de Poisson distribuição de Razão de probabilidade acumulada, e (λ) como a taxa de salto de S.

- Processo de Difusão com Salto e Reversão para a Média. Este modelo é essencialmente uma combinação dos três modelos apresentados acima (movimento browniano geométrico com processo de reversão média e um processo de difusão de salto).

- Quebra Estrutural. Ele testa se os coeficientes em diferentes conjuntos de dados são os mesmos e a análise da série temporal é mais comumente usada para testar a presença de uma ruptura estrutural. Um conjunto de dados de séries temporais pode ser dividido em dois subconjuntos, e cada subconjunto é testado no outro e todo o conjunto de dados para determinar estatisticamente se há de fato uma quebra que começa em um determinado período de tempo. Um teste de hipótese de uma cauda é realizado na hipótese nula de tal forma que os dois subconjuntos de dados são estatisticamente semelhantes um ao outro; ou seja, não há ruptura estrutural estatisticamente significante.
    - o Dica: Executa um teste de quebra estrutural em pontos de interrupção específicos usando uma variável dependente e uma ou mais variáveis independentes.
    - o Entrada do modelo: Dados Tipo C. São necessários dois conjuntos de variáveis: uma variável dependente e uma ou mais variáveis independentes, com pelo menos 5 linhas de dados em cada variável, com o mesmo número de pontos ou linhas totais de dados por variável.
        - ▪ Variável Dependente, Variáveis independentes, Breakpoints Estruturais:
            - >VAR1
            - >VAR2; VAR3; ...
            - 6; 8
- Simulação de Convolução. Executa uma simulação que convolução frequências discretas de eventos de risco (por exemplo, distribuições discretas Normais e de Poisson) e soma suas gravidades de impacto contínuo (por exemplo, logNormal, Frechet, máx. Gumbel, Normal, Pareto e distribuições Weibull). A distribuição simulada tem os mesmos valores esperados que a multiplicação estática dos primeiros momentos e a multiplicação de duas distribuições de probabilidade simuladas. No entanto, a largura distribucional de segundo momento é menor e mais conservadora, em comparação com uma simples multiplicação de duas distribuições de probabilidade simuladas independentes. Este método de convolução é útil para modelar perdas de risco operacional.

- Discreto Normal com Lognormal (aritmética)
  - Normal discreto com Lognormal (logarítmica)
  - Poisson com Frechet
  - Poisson com Gumbel Max
  - Poisson com Lognormal (aritmética)
  - Poisson com Lognormal (logarítmica)
  - Poisson com Normal
  - Poisson com Pareto
  - Poisson com Weibull

  o Dica: Executa uma simulação que "convoluta" frequências discretas de eventos de risco e resume suas gravidades de impacto contínuos.
  o Entrada do modelo: Tipo de dados A. Múltiplos parâmetros de entrada manual.

    - Lambda, Média, Desvio Padrão, Dedutível (Opcional), Ensaios (Opcional), Semente (Opcional):
      - >6
      - >2
      - >0.8
      - >00
      - >1000
      - >123

- Tabelas de Sobrevivência e Perigo (Kaplan–Meier). Kaplan-Meier, o método de mesa de vida mais usado na prática médica, permite comparações entre grupos de pacientes ou entre diferentes terapias.

  o Dica: Corra as tabelas de sobrevivência e perigo de Kaplan–Meier. Entrada do modelo: Dados Tipo C. Três variáveis são necessárias: Pontos de Partida de Intervalo, Em Risco no Fim do Intervalo e Morte no Final do Intervalo, com pelo menos 3 linhas de dados em cada variável, com o mesmo número de pontos de dados totais ou linhas por variável.
    - Pontos de partida de intervalo, em risco no fim do intervalo, morte no final do intervalo:
      - >VAR1
      - >VAR2
      - >VAR3

- Análise de Séries Temporais. Em dados de séries temporais de bem comportadas (p.ex., receita de vendas e estruturas de custos de grandes empresas), os valores tendem a ter até três elementos: valor base, tendência e sazonalidade. A análise da série temporal usa esses dados históricos e os divide nesses três elementos, e os recompõe em previsões futuras. Em outras palavras, esse método de previsão, como outros descritos, primeiro realiza um ajuste retro (retrospectivo) dos dados históricos antes de fornecer estimativas de valores futuros (previsões).

  o Dica: Execute várias previsões de séries temporais com otimização usando dados históricos, levando em conta histórico, tendência e sazonalidade, e selecione o modelo que melhor se encaixa.

  o Entrada do modelo: Dados Tipo A. É necessária uma variável de entrada com pelo menos 5 pontos de dados ou linhas, seguida por entradas manuais simples, dependendo do modelo selecionado:
    - Variável:
      - >VAR1
      - 4
      - 4

  o Análise da Série Temporal (Auto). A seleção deste foco automático permitirá que o usuário inicie um processo automatizado para selecionar metodicamente os melhores parâmetros de entrada em cada modelo e classificar os modelos de previsão de melhor para pior, olhando para seus resultados de qualidade de ajuste e medidas de erro.

  o Análise da Série Temporal (DES). A abordagem de dupla suavização exponencial (DES) é usada quando os dados mostram uma tendência, mas sem sazonalidade.

  o Análise da Série Temporal (DMA). O método Média Móvel Dupla (*Double Moving Average* - DMA) é usado quando os dados mostram uma tendência, mas sem sazonalidade.

  o Análise da Série Temporal (HWA). A abordagem Holt–Winters aditiva (HWA) é usada quando os dados mostram sazonalidade e tendência.

- o Análise da Série Temporal (HWM). A abordagem Holt–Winters multiplicativa (HWM) é usada quando os dados mostram sazonalidade e tendência.

- o Análise da Série Temporal (SA). A abordagem sazonalidade aditiva (HS) é usada quando os dados mostram sazonalidade e nenhuma tendência.

- o Análise da Série Temporal (SM). A abordagem sazonalidade multiplicativa (SM) é utilizada quando os dados mostram sazonalidade e nenhuma tendência.

- o Análise Série Temporal (SES). A abordagem Suavização Exponencial Simples (SES) é utilizada quando os dados não mostram tendência e nenhuma sazonalidade.

- o Análise da Série Temporal (SMA). A abordagem SMA (*Simple Moving Average*, média móvel simples) é usada quando os dados não mostram tendência ou sazonalidade.

- • Obter Tendências e Eliminar Tendências. Os métodos usuais para obter a tendência e eliminar a tendência são: diferença, exponencial, linear, logarítmico, móvel médio, polinomial, potência, taxa, média estática e mediana estática. Essa função elimina a tendência de seus dados originais para obter os componentes de tendência. Nos modelos de previsão, o processo remove os efeitos do acúmulo de sazonalidade e conjunto de dados de tendências para mostrar apenas mudanças absolutas nos valores e identificar potenciais padrões cíclicos após a remoção de deriva geral, tendência, curvas, curvas e efeitos de ciclo sazonal de um conjunto de dados de séries temporais. Por exemplo, a remoção de tendências de conjunto de dados de pode ser necessária para descobrir a verdadeira saúde financeira de uma empresa. Pode-se eliminar a tendência de aumento das vendas em torno da temporada de Natal para ver mais claramente as vendas da empresa em um determinado ano, movendo todo o conjunto de dados de uma linha de tendência plana para que você possa ver melhor os ciclos e flutuações subjacentes. Os gráficos resultantes mostram os efeitos dos dados de remoção de tendências em relação ao conjunto de dados original, a porcentagem da tendência que foi removida com base em cada método de remoção de tendências usado e o conjunto de dados excluído por tendências.

- o Dica: Executa várias linhas de tendência de séries e previsões, utilizando dados históricos, levando em conta histórico, tendência e sazonalidade.
- o Entrada do modelo: Dados Tipo A. É necessária uma variável de entrada com pelo menos 5 pontos de dados ou linhas, seguida por entradas manuais simples, dependendo do modelo selecionado:
  - Variável:
    - >VAR1
    - 4

- Value at Risk (VaR e CVaR). Dados a média e o desvio padrão de um retorno, bem como os graus de liberdade, este modelo calcula o Valor em Risco (VaR) e o Valor em Risco Condicional ($CVaR$) dos retornos usando distribuições padrão Normal e t.

  - o Dica: Retorna o valor em risco e o valor condicional em risco com base nas distribuições de retornos usando distribuições normal e t.
  - o Entrada do modelo: Dados Tipo A. Média dos Retornos, Sigma dos Retornos, Graus de Liberdade
    - Variáveis:
      - >100
      - >20
      - >8

- Teste de Bartlett para Homogeneidade de Variância. Retorna os cálculos de variância amostral para cada uma das variáveis de entrada, usando o teste logarítmico combinado de Bartlett. A hipótese nula comprovada é que as variâncias são homogêneas e estatisticamente semelhantes.

  - o Dica: Teste se as variâncias de várias variáveis são semelhantes (H_0: todas as variâncias são iguais ou homogêneas).

- o Entrada do modelo: Dados Tipo C. São necessárias duas ou mais variáveis de entrada. As diferentes variáveis são organizadas por colunas e todas as variáveis devem ter pelo menos 3 pontos de dados cada. São permitidos diferentes números de pontos de dados totais ou linhas por variável.
    - Variáveis: >VAR1; VAR2; VAR3; ...

- **Volatilidade: Modelos GARCH.** O Modelo Generalizado de Autorregressivo com Heterocedasticidade Condicional é usado para modelar níveis históricos e de volatilidade futura de uma série temporal de níveis brutos de preços de títulos comercializáveis (por exemplo, preços das *ações, preços das commodities* e preços do petróleo). O GARCH primeiro converte os preços em retornos relativos e, em seguida, executa uma otimização interna para se adequar aos dados históricos de uma estrutura de reversão à volatilidade média, assumindo que a volatilidade é heterocedásticos por natureza (muda ao longo do tempo de acordo com algumas características econométricas). Várias das variações dessa metodologia estão disponíveis no Simulador de Risco, incluindo: EGARCH, EGARCH-T, GARCH-M, GJR-GARCH, GJR-GARCH-T, IGARCH e T-GARCH. O conjunto de dados deve ser uma série de tempos que contempla os preços brutos hierárquicos.

    - o Dica: Gera várias previsões de volatilidade em séries temporais usando variações do GARCH.
    - o Entrada do modelo: Dados Tipo A. É necessária uma variável de dados, seguida de múltiplas entradas manuais. Os requisitos de entrada específicos dependem do modelo GARCH.
        - Preços das ações, periodicidade, base preditiva, períodos de previsão, metas de variância, P, Q:
            - >VAR1
            - >250
            - >12
            - >12
            - >1
            - >1
            - >1

- Volatilidade: Abordagem para Retornos Logarítmicos. Calcula a volatilidade utilizando estimativas de fluxo de caixa futuros individuais, estimativas comparáveis de fluxo de caixa ou preços históricos, calculando o desvio padrão anualizado dos retornos relativos logarítmicos correspondentes.
  - o Dica: Gera uma volatilidade da série temporal usando a abordagem de retornos logarítmicos.
  - o Entrada do modelo: Dados Tipo A. É necessária uma variável de dados, seguida de periodicidade (número de períodos por estação).
    - ▪ Dados, periodicidade:
      - >VAR1
      - >250
- Curva de Desempenho (Bliss). Usado para gerar uma estrutura de prazo de taxa de juros e uma estimativa de curva de desempenho com cinco parâmetros beta e lambda estimados. Algumas técnicas de modelagem econométrica são necessárias para calibrar os valores de vários parâmetros de entrada neste modelo. Praticamente qualquer forma da curva de desempenho pode ser interpolada usando esses modelos, que são amplamente utilizados em bancos ao redor do mundo.
  - o Dica: Gera uma curva de desempenho Bliss em séries temporais.
  - o Entrada do modelo: Dados Tipo A. São necessárias várias entradas manuais.
    - ▪ Beta 0, Beta 1, Beta 2, Lambda 1, Lambda 2, Início ano, ano de conclusão, tamanho da etapa:
      - >0,8
      - >0,8
      - >0,1
      - >0,1
      - >1,5
      - >1
      - >10
      - >0,5
      - >1

- Curva de Desempenho (Nelson-Siegel). Um modelo de apelo com quatro parâmetros estimados para gerar a estrutura temporal das taxas de juros e uma estimativa da curva de rendimento. Algumas técnicas de modelagem econométrica são necessárias para calibrar os valores de vários parâmetros de entrada neste modelo.
    o Dica: Gera uma curva de rendimento de taxa de juros em séries temporais usando o método Nelson-Siegel.
    o Entrada do modelo: Dados Tipo A. São necessárias várias entradas manuais.
        ▪ Beta 0, Beta 1, Beta 2, Lambda, Ano de Início, Ano de Conclusão, Tamanho da Etapa:
            • >0,03
            • >0,04
            • >0,02
            • >0,25
            • >1
            • >15
            • >1

Para esses tipos de modelos necessitamos de uma coluna de variáveis, geralmente com pelo menos 5 linhas de dados numéricos. Existem alguns modelos que requerem apenas 3 pontos de dados (p.ex., algumas Estatística Descritiva). Alguns modelos exigem apenas entradas simples, como a Curva J Exponencial (p.ex., 400, 3, 100).

Row	VAR1
1	155
2	125
3	201
4	135
5	220
6	130
7	210
8	125
9	165
10	165

Agrupamento de Segmentos
Ajuste de Distribuição: Contínuo (Anderson–Darling)
Ajuste de Distribuição: Contínuo (Critério de Informação de Akaike)
Ajuste de Distribuição: Contínuo (Critérios Schwarz/Bayes)
Ajuste de Distribuição: Contínuo (Estatística de Kuiper)
Ajuste de Distribuição: Contínuo (Kolmogorov-Smirnov)
Ajuste de Distribuição: Discreto (Qui-quadrado)
Ajuste de Distribuição: TODOS: Contínuo
Análise da Séries Temporais (Holt-Winters Aditivo)
Análise de Séries Temporais (Automático)
Análise de Séries Temporais (Holt-Winters Multiplicativo)
Análise de Séries Temporais (Média Móvel Duplo Lag)
Análise de Séries Temporais (Média Móvel Dupla)
Análise de Séries Temporais (Média Móvel Simples)
Análise de Séries Temporais (Sazonal Aditivo)
Análise de Séries Temporais (Sazonal Multiplicativo)
Análise de Séries Temporais (Suavização Exponencial Dupla)

Análise de Séries Temporais (Suavização Exponencial Simples)
ARIMA
Assimetria e Curtose: Shapiro-Wilk e D'Agostino-Pearson
Auto ARIMA
Autocorrelação e Correção Parcial
Cadeia Markov e Matriz de Transição de Risco
Correntes Markov
Curva de Desempenho (Bliss)
Curva de Desempenho (Nelson-Siegel)
Curva J Exponencial
Curva S Logística
Dados de Estatística Descritiva
Dessazonalizada
Estacionariedade: Dickey Fuller (Constante e Tendência)
Estacionariedade: Dickey Fuller (Constante Sem Tendência)
Estacionariedade: Dickey Fuller (Sem Constante, Sem Tendência)
Estacionariedade: Dickey Fuller aumentado
Estatística Descritiva: Alcance Ascendente
Estatística Descritiva: Alcance Descendente
Estatística Descritiva: Amostra de Desvio Padrão
Estatística Descritiva: Avanço
Estatística Descritiva: Contagem
Estatística Descritiva: Diferença
Estatística Descritiva: Lag (Atraso)
Estatística Descritiva: LN
Estatística Descritiva: LOG
Estatística Descritiva: Max
Estatística Descritiva: Média (AVG)
Estatística Descritiva: Mediana
Estatística Descritiva: Min
Estatística Descritiva: Moda
Estatística Descritiva: População de Desvio Padrão
Estatística Descritiva: Potência
Estatística Descritiva: Retornos Relativos
Estatística Descritiva: Retornos Relativos da LN
Estatística Descritiva: Semidesvio Padrão (Inferior)
Estatística Descritiva: Semidesvio Padrão (Superior)
Estatística Descritiva: Soma
Estatística Descritiva: Valores Absolutos (ABS)
Estatística Descritiva: Variância (Amostra)
Estatística Descritiva: Variância (População)
Gráficos de Controle: C

Gráficos de Controle: NP
Gráficos de Controle: U
Gráficos de Controle: XMR
Gráficos: Área 2D, Barra, Linha, Ponto, Disperso
Gráficos: Área 3D, Barra, Linha, Ponto, Disperso
Gráficos: Box-Whisker
Gráficos: Q-Q Normal
Índice de Diversidade (Shannon, Brillouin, Simpson)
Linha de Tendência (Exponencial com eliminação de tendências)
Linha de Tendência (Linear com remoção de tendências)
Linha de Tendência (Linear)
Linha de Tendência (Logarítmica com Remoção de Tendências)
Linha de Tendência (Logarítmica)
Linha de Tendência (Média estática com eliminação de tendências)
Linha de Tendência (Média estática com eliminação de tendências)
Linha de Tendência (Média móvel com eliminação de tendências)
Linha de Tendência (Média móvel)
Linha de Tendência (Polinomial com Eliminação de Tendências)
Linha de Tendência (Polinomial)
Linha de Tendência (Potência com eliminação de tendências)
Linha de Tendência (Potência)
Linha de Tendência (Taxa com Eliminação de Tendências)
Linha de Tendências (Diferenciada)
Linha de Tendências (Exponencial)
Lógica Difusa Combinatória
Não paramétrica: executa teste de aleatoriedade
Não paramétrica: Testando intervalos de sinais Wilcoxon (um var)
Não paramétrica: Teste de Lilliefors para normalidade
Não paramétrica: Teste de Normalidade D'Agostino-Pearson
Não paramétrica: Teste de Normalidade Shapiro-Wilk-Royston
Não paramétrica: Variância populacional de Qui-Quadrada
Paramétrico: Curva de potência para Teste-T
Paramétrico: Média de uma Variável (T)
Paramétrico: Média de uma Variável (Z)
Paramétrico: Proporção de uma Variável (Z)
Precisão da previsão: Akaike, Bayes, Schwarz, MAD, MSE, RMSE
Processo estocástico (Difusão de Salto)
Processo estocástico (Movimento Browniano Exponencial)
Processo estocástico (Movimento Browniano Geométrico)
Processo estocástico (Reversão para Difusão de Médio e Salto)
Processo estocástico (Reversão para média)
Rede Neural (Cosseno com Tangente Hiperbólico)

Rede Neural (Linear)
Rede Neural (Logística)
Rede Neural (Tangente Hiperbólico)
Ruptura Estrutural
Sazonalidade
Teste Atípico Grubbs
Transformação Box-Cox Normal
Volatilidade (EGARCH)
Volatilidade (EGARCH-T)
Volatilidade (GARCH)
Volatilidade (GARCH-M)
Volatilidade (GJR GARCH)
Volatilidade (GJR TGARCH)
Volatilidade (Retornos de Log)

São necessárias duas colunas de variáveis de entrada. Diferentes variáveis são organizadas em colunas, e todas as variáveis devem ter pelo menos 3 pontos de dados cada, geralmente com o mesmo número de pontos de dados totais ou linhas por variável.

Todos Testes Listados Abaixo

Linha	DEP Y VAR1	INDEP X VAR2
1	5.1	5.4
2	5.6	5.6
3	6.8	6.3
4	5.9	6.1
5	4.0	4.7
6	5.6	5.1
7	6.6	6.6
8	6.7	6.8
...	...	...
N	4.5	4.1

*Wilcoxon, Testes-T Independente

Linha	VAR1	VAR2
1	78	4
2	78	23
3	60	25
4	53	48
5	85	17
6	84	8
7	73	4
8	78	26
...	78	
N	75	

*É aceito linhas desiguais

Análise de Dados: Apenas Novos Valores
Análise de Dados: Apenas Valores Únicos
Análise de Dados: Subtotal por Categoria
Análise de Dados: Tabulação cruzada
Análise Nominal de Contingência de Dados (Homogeneidade Marginal McNemar)
Causalidade de Granger
Correlação tau de Kendall (com Empates)
Correlação tau de Kendall (Sem Empates)
Curvas ROC, AUC e Tabelas de Classificação
Gráficos de Controle: P
Gráficos: 2D Área
Gráficos: 2D Barras
Gráficos: 2D Dispersão
Gráficos: 2D Linhas
Gráficos: 2D Pontos
Gráficos: 3D Área
Gráficos: 3D Barras
Gráficos: 3D Linhas

Gráficos: 3D Pontos
Interpolação Linear
Precisão da Previsão: Todas as Medidas de Qualidade de Ajuste
Modelo de Correção de Erros (Engle–Granger)
Não paramétrica: Teste Mann-Whitney (duas VAR)
Não paramétrica: Independência de Qui-Quadrada
Não paramétrica: Teste de intervalo de sinais de Wilcoxon (duas VAR)
Não paramétrica: Teste X^2 GOF Normalidade para Normalidade (dados agrupados)
Paramétrico: duas Variáveis (T) da Média Dependente
Paramétrico: duas Variáveis (T) de Variáveis Independentes Desiguais
Paramétrico: duas Variáveis (T) de Variáveis Independentes Iguais
Paramétrico: duas Variáveis (Z) de Proporções Independentes
Paramétrico: duas Variáveis de Meios Independentes (Z)
Paramétrico: Variâncias de duas Variáveis (F)
Precisão da Previsão: Pesaran–Timmermann (Previsão de Mão Única)
Regressão Múltipla (dois testes de forma funcional variável)
Regressão Múltipla (Regressão de Deming com variância conhecida)
Spline Cúbica
Teste Cointegração (Engle–Granger)

São necessárias duas ou mais colunas com variáveis de entrada, e geralmente iniciadas com três variáveis. Diferentes variáveis são organizadas em colunas, e todas as variáveis devem ter pelo menos 3 a 5 pontos de dados cada, tipicamente com o mesmo número de pontos de dados totais ou linhas por variável. Em casos especiais para Autovalores e Autovetores (*Eigenvalues/ Eigenvectors)*, Confiabilidade entre Avaliadores: Cohen Kappa, e Correlações Parciais (utilizando a Matriz de Correlação), o número total de variáveis também deve corresponder ao número de linhas, por exemplo, os dados inseridos devem estar em uma matriz $N \times N$. Abaixo estão vários exemplos de como organizar certos tipos de variáveis.

Linha	VAR1	VAR2	VAR3
1	2	6	-2
2	6	8	7
3	-2	7	3
N	...	...	...

ANOVA Bloco Aleatório

	Method 1	Method 2	Method 3
Block 1	2	6	-2
Block 2	6	8	7
Block 3	-2	7	3

ANOVA Tratamentos Múltiplos

	Method 1	Method 2	Method 3
Person 1	2	6	-2
Person 2	6	8	7
Person 3	-2	7	3

Correlação Interclasse

	Judge 1	Judge 2	Judge 3
Wine 1	10	4	1
Wine 2	6	16	2
Wine 3	0	3	8

Kappa de Cohen

Juiz 1

Judge 2	Answer 1	Answer 2	Answer 3
Answer 1	10	4	1
Answer 2	6	16	2
Answer 3	0	3	8

ANOVA Duas Vias

	Factor B1	Factor B2	Factor B3
Factor A1	804	836	804
Factor A1	816	828	808
Factor A2	819	844	807
Factor A2	813	836	819
Factor A3	820	814	819
Factor A3	821	811	829
Factor A4	806	811	827
Factor A4	805	806	835

Alfa Cronbach, Lambda Guttman W de Kendall, Método Split Half

	Question 1	Question 2	Question 3
Person 1	10	4	1
Person 2	6	16	2
Person 3	0	3	8

MANOVA

Row	VAR1	VAR2	VAR3	VAR4
1	loam	76.7	29.5	7.5
2	loam	60.5	32.1	6.3
3	loam	96.1	40.7	4.2
4	sandy	88.1	45.1	4.9
5	sandy	50.2	34.1	11.7
6	sandy	55.0	31.1	6.9
7	salty	65.4	21.6	4.3
8	salty	65.7	27.7	5.3
9	salty	67.3	48.3	5.5
N	...	...	...	...

Econometria Person., Regressão Múltipla

Linha	VAR1	VAR2	VAR3	VAR4
1	804	76.7	29.5	7.5
2	816	60.5	32.1	6.3
3	819	96.1	40.7	4.2
4	813	88.1	45.1	4.9
5	820	50.2	34.1	11.7
6	821	55.0	31.1	6.9
7	806	65.4	21.6	4.3
8	805	65.7	27.7	5.3
9	884	67.3	48.3	5.5
N	...	...	...	...

Análise de Componentes Principais
Análise Discriminatória (Linear)
Análise Discriminatória (Quadrática)
Análise Fatorial (APC com Rotação Varimax)
ANCOVA (Tratamentos Múltiplos de Fator Único)
ANOVA (Medidas Repetidas de Fator Único)
ANOVA (Análise de Dois Fatores)
ANOVA (MANOVA Dois Fatores Modelo Linear Geral)
ANOVA (Modelo Linear Geral MANOVA)
ANOVA(Múltiplos Tratamentos de Fator Único)
ANOVA(Múltiplos Tratamentos com Blocos Randomizados)
ARIMA
Auto ARIMA
Autovalores e Autovetores
Coeficiente de Variação com Teste de Homogeneidade
Confiabilidade Inter Avaliador: Correlação Interclasse (ICC)
Confiabilidade Inter Avaliador: Kappa de Cohen
Confiabilidade Inter Avaliador: W de Kendall (Com Empates)
Confiabilidade Inter Avaliador: W de Kendall (Sem Empates)
Confiabilidade ou Consistência Interna: Alpha de Cronbach (Dados Diatômicos)
Confiabilidade ou Consistência Interna: Modelo Lambda de Guttman e
   Divisão pela Metade
Correção Automática de teste de Durbin–Watson AR(1)
Correlações Parciais (Usando Dados Brutos)
Correlações Parciais (Utilizando matriz de correlação)
Diagramas: Pareto 2D
Diagramas: Pareto 3D
Econometria Automática (Detalhado)
Econometria Automática (Rápido)
Gráfico de Controle: R
Gráfico de Controle: X
Matriz de Correlação (Linear, Não Linear)
Matriz de Covariância
Modelo Econométrico Personalizado
Modelo Endógeno (Variáveis Instrumentais com Quadrados Mínimos em Dois Estágios)
Modelos Lineares Generalizados (Logit com Resultados Binários)
Modelos Lineares Generalizados (Logit com Resultados Bivariados)
Modelos Lineares Generalizados (Probit com Resultados Binários)
Modelos Lineares Generalizados (Probit com Resultados Bivariados)
Modelos Lineares Generalizados (Tobit com Dados Censurados)
Não Paramétrico : Cochran Q (Repetidas Medidas Binárias)
Não Paramétrico: teste de Friedman
Não Paramétrico: teste de Kruskal–Wallis
Não Paramétrico: teste Mediana Mood Multivariada
Precisão da previsão: Diebold–Mariano (Previsão de Concorrência Dupla)
Regressão de Cox

Regressão de Poisson Múltipla (População e Frequência)
Regressão Múltipla Logística (Regressão Logística Ordinal)
Regressão Múltipla (Através da Origem)
Regressão Múltipla (Linear)
Regressão Múltipla (Não Linear)
Regressão Múltipla de Ridge (Variância Baixa, Alto Viés ,Alto VIF)
Regressão passo-a- passo (para frente-para trás)
Regressão passo-a-passo (correlação)
Regressão passo-a-passo (para afrente)
Regressão passo-a-passo (retrocesso)
Regressão Ponderada Múltipla (Arranjo de Heterocedasticidade)
Tabelas de Sobrevivência e Perigo (Kaplan–Meier)
Teste de Bonferroni (Variável Única com Repetição)
Teste Endogeneidade Mínimos Quadrados duas etapas (Durbin–Wu–Hausman)
Teste de Especificação do cubo (teste de RESET de Ramsey)
Teste de Especificação quadrada (teste de RESET de Ramsey)
Teste de Heterocedasticidade (Breusch–Pagan–Godfrey)
Teste de Heterocedasticidade (Wald em Variáveis Individuais)
Teste de Heterocedasticidade (Lagrange Multiplicativo)
Teste de Heterocedasticidade (Wald–Glejser)
Teste de Homogeneidade de Variância de Bartlett
Teste de T2 de Hotelling: 1 VAR Medidas Relacionadas

Dois grupos variáveis são necessários para dados do Tipo-D. Em cada grupo, são necessárias duas ou mais colunas variáveis com pelo menos 5 pontos de dados cada e o mesmo número total de pontos de dados ou linhas para todas as variáveis para o par dependente de Hotelling. Os outros testes permitem um número desigual de linhas entre os grupos, mas devem ter o mesmo número de linhas dentro do mesmo grupo.

	Grupo 1					**Grupo 2**				
Linha	VAR1	VAR2	VAR3	VAR4	VAR5	VAR6	VAR7	VAR8	VAR9	VAR10
1	6	8	3	5	19	8	6	5	6	10
2	6	7	3	4	9	8	6	3	6	4
3	5	7	1	4	16	7	5	6	4	17
4	10	9	8	4	4	9	8	6	3	4
5	7	9	7	6	9	8	5	6	8	11
6	6	6	3	9	17	8	7	4	4	13
7	5	8	6	7	6	7	3	6	3	8
8	3	7	3	6	16	6	6	5	8	14
9	8	8	9	3	8	6	9	7	5	12
10	8	6	5	3	13	7	5	9	6	11
11	5	9	5	4	17	7	5	4	6	15
12	8	8	2	3	5	5	7	4	4	6
13	5	8	7	5	8	6	4	6	4	12
14	4	9	10	2	16	8	7	8	5	12
15	2	9	4	10	14	5	6	5	7	12
16	7	5	8	6	15	10	5	7	6	6
17	4	8	8	2	16	9	6	9	5	11
18	5	10	9	3	11	8	7	10	5	5
19	7	7	3	7	12	6	2	5	3	8
20	1	5	2	7	17	5	7	5	5	8
21	5	6	7	7	20	8	4	8	8	10
22	4	3	1	2	15	3	2	4	4	15
23	7	9	6	6	9	8	6	3	6	12
24	4	5	2	4	12	5	4	6	5	9
25	8	9	5	7	18	6	3	4	8	8

ANCOVA(Tratamento múltiplo de fator único)
Teste de Bonferroni (Duas Variáveis com Repetição)
Teste de caixa para homogeneidade de covariância
Teste de Hotelling T2: 2 pares independentes de VAR com medidas iguais
Teste de Hotelling T2: 2 pares dependentes do VAR com medidas relacionadas
Teste de Hotelling T2: 2 pares independentes de VAR com medidas relacionadas desiguais

Normal Padrão (Z) Área Parcial

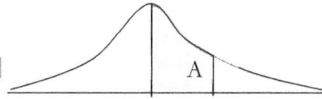

Z	0.00	0.01	0.02	0.03	0.04	0.05	0.06	0.07	0.08	0.09
0.0	0.0000	0.0040	0.0080	0.0120	0.0160	0.0199	0.0239	0.0279	0.0319	0.0359
0.1	0.0398	0.0438	0.0478	0.0517	0.0557	0.0596	0.0636	0.0675	0.0714	0.0753
0.2	0.0793	0.0832	0.0871	0.0910	0.0948	0.0987	0.1026	0.1064	0.1103	0.1141
0.3	0.1179	0.1217	0.1255	0.1293	0.1331	0.1368	0.1406	0.1443	0.1480	0.1517
0.4	0.1554	0.1591	0.1628	0.1664	0.1700	0.1736	0.1772	0.1808	0.1844	0.1879
0.5	0.1915	0.1950	0.1985	0.2019	0.2054	0.2088	0.2123	0.2157	0.2190	0.2224
0.6	0.2257	0.2291	0.2324	0.2357	0.2389	0.2422	0.2454	0.2486	0.2517	0.2549
0.7	0.2580	0.2611	0.2642	0.2673	0.2704	0.2734	0.2764	0.2794	0.2823	0.2852
0.8	0.2881	0.2910	0.2939	0.2967	0.2995	0.3023	0.3051	0.3078	0.3106	0.3133
0.9	0.3159	0.3186	0.3212	0.3238	0.3264	0.3289	0.3315	0.3340	0.3365	0.3389
1.0	0.3413	0.3438	0.3461	0.3485	0.3508	0.3531	0.3554	0.3577	0.3599	0.3621
1.1	0.3643	0.3665	0.3686	0.3708	0.3729	0.3749	0.3770	0.3790	0.3810	0.3830
1.2	0.3849	0.3869	0.3888	0.3907	0.3925	0.3944	0.3962	0.3980	0.3997	0.4015
1.3	0.4032	0.4049	0.4066	0.4082	0.4099	0.4115	0.4131	0.4147	0.4162	0.4177
1.4	0.4192	0.4207	0.4222	0.4236	0.4251	0.4265	0.4279	0.4292	0.4306	0.4319
1.5	0.4332	0.4345	0.4357	0.4370	0.4382	0.4394	0.4406	0.4418	0.4429	0.4441
1.6	0.4452	0.4463	0.4474	0.4484	0.4495	0.4505	0.4515	0.4525	0.4535	0.4545
1.7	0.4554	0.4564	0.4573	0.4582	0.4591	0.4599	0.4608	0.4616	0.4625	0.4633
1.8	0.4641	0.4649	0.4656	0.4664	0.4671	0.4678	0.4686	0.4693	0.4699	0.4706
1.9	0.4713	0.4719	0.4726	0.4732	0.4738	0.4744	0.4750	0.4756	0.4761	0.4767
2.0	0.4772	0.4778	0.4783	0.4788	0.4793	0.4798	0.4803	0.4808	0.4812	0.4817
2.1	0.4821	0.4826	0.4830	0.4834	0.4838	0.4842	0.4846	0.4850	0.4854	0.4857
2.2	0.4861	0.4864	0.4868	0.4871	0.4875	0.4878	0.4881	0.4884	0.4887	0.4890
2.3	0.4893	0.4896	0.4898	0.4901	0.4904	0.4906	0.4909	0.4911	0.4913	0.4916
2.4	0.4918	0.4920	0.4922	0.4925	0.4927	0.4929	0.4931	0.4932	0.4934	0.4936
2.5	0.4938	0.4940	0.4941	0.4943	0.4945	0.4946	0.4948	0.4949	0.4951	0.4952
2.6	0.4953	0.4955	0.4956	0.4957	0.4959	0.4960	0.4961	0.4962	0.4963	0.4964
2.7	0.4965	0.4966	0.4967	0.4968	0.4969	0.4970	0.4971	0.4972	0.4973	0.4974
2.8	0.4974	0.4975	0.4976	0.4977	0.4977	0.4978	0.4979	0.4979	0.4980	0.4981
2.9	0.4981	0.4982	0.4982	0.4983	0.4984	0.4984	0.4985	0.4985	0.4986	0.4986
3.0	0.4987	0.4987	0.4987	0.4988	0.4988	0.4989	0.4989	0.4989	0.4990	0.4990

Normal Padrão (Z) Acumulada

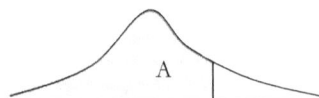

Z	0.00	0.01	0.02	0.03	0.04	0.05	0.06	0.07	0.08	0.09
0.0	0.5000	0.5040	0.5080	0.5120	0.5160	0.5199	0.5239	0.5279	0.5319	0.5359
0.1	0.5398	0.5438	0.5478	0.5517	0.5557	0.5596	0.5636	0.5675	0.5714	0.5753
0.2	0.5793	0.5832	0.5871	0.5910	0.5948	0.5987	0.6026	0.6064	0.6103	0.6141
0.3	0.6179	0.6217	0.6255	0.6293	0.6331	0.6368	0.6406	0.6443	0.6480	0.6517
0.4	0.6554	0.6591	0.6628	0.6664	0.6700	0.6736	0.6772	0.6808	0.6844	0.6879
0.5	0.6915	0.6950	0.6985	0.7019	0.7054	0.7088	0.7123	0.7157	0.7190	0.7224
0.6	0.7257	0.7291	0.7324	0.7357	0.7389	0.7422	0.7454	0.7486	0.7517	0.7549
0.7	0.7580	0.7611	0.7642	0.7673	0.7704	0.7734	0.7764	0.7794	0.7823	0.7852
0.8	0.7881	0.7910	0.7939	0.7967	0.7995	0.8023	0.8051	0.8078	0.8106	0.8133
0.9	0.8159	0.8186	0.8212	0.8238	0.8264	0.8289	0.8315	0.8340	0.8365	0.8389
1.0	0.8413	0.8438	0.8461	0.8485	0.8508	0.8531	0.8554	0.8577	0.8599	0.8621
1.1	0.8643	0.8665	0.8686	0.8708	0.8729	0.8749	0.8770	0.8790	0.8810	0.8830
1.2	0.8849	0.8869	0.8888	0.8907	0.8925	0.8944	0.8962	0.8980	0.8997	0.9015
1.3	0.9032	0.9049	0.9066	0.9082	0.9099	0.9115	0.9131	0.9147	0.9162	0.9177
1.4	0.9192	0.9207	0.9222	0.9236	0.9251	0.9265	0.9279	0.9292	0.9306	0.9319
1.5	0.9332	0.9345	0.9357	0.9370	0.9382	0.9394	0.9406	0.9418	0.9429	0.9441
1.6	0.9452	0.9463	0.9474	0.9484	0.9495	0.9505	0.9515	0.9525	0.9535	0.9545
1.7	0.9554	0.9564	0.9573	0.9582	0.9591	0.9599	0.9608	0.9616	0.9625	0.9633
1.8	0.9641	0.9649	0.9656	0.9664	0.9671	0.9678	0.9686	0.9693	0.9699	0.9706
1.9	0.9713	0.9719	0.9726	0.9732	0.9738	0.9744	0.9750	0.9756	0.9761	0.9767
2.0	0.9772	0.9778	0.9783	0.9788	0.9793	0.9798	0.9803	0.9808	0.9812	0.9817
2.1	0.9821	0.9826	0.9830	0.9834	0.9838	0.9842	0.9846	0.9850	0.9854	0.9857
2.2	0.9861	0.9864	0.9868	0.9871	0.9875	0.9878	0.9881	0.9884	0.9887	0.9890
2.3	0.9893	0.9896	0.9898	0.9901	0.9904	0.9906	0.9909	0.9911	0.9913	0.9916
2.4	0.9918	0.9920	0.9922	0.9925	0.9927	0.9929	0.9931	0.9932	0.9934	0.9936
2.5	0.9938	0.9940	0.9941	0.9943	0.9945	0.9946	0.9948	0.9949	0.9951	0.9952
2.6	0.9953	0.9955	0.9956	0.9957	0.9959	0.9960	0.9961	0.9962	0.9963	0.9964
2.7	0.9965	0.9966	0.9967	0.9968	0.9969	0.9970	0.9971	0.9972	0.9973	0.9974
2.8	0.9974	0.9975	0.9976	0.9977	0.9977	0.9978	0.9979	0.9979	0.9980	0.9981
2.9	0.9981	0.9982	0.9982	0.9983	0.9984	0.9984	0.9985	0.9985	0.9986	0.9986
3.0	0.9987	0.9987	0.9987	0.9988	0.9988	0.9989	0.9989	0.9989	0.9990	0.9990

Distribuição T de Student

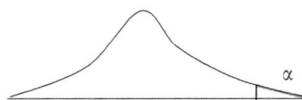

t	0.10	0.05	0.01	0.005	←α→	0.10	0.05	0.01	0.005
gl 1	3.0777	6.3138	31.8205	63.6567	gl 31	1.3095	1.6955	2.4528	2.7440
2	1.8856	2.9200	6.9646	9.9248	32	1.3086	1.6939	2.4487	2.7385
3	1.6377	2.3534	4.5407	5.8409	33	1.3077	1.6924	2.4448	2.7333
4	1.5332	2.1318	3.7469	4.6041	34	1.3070	1.6909	2.4411	2.7284
5	1.4759	2.0150	3.3649	4.0321	35	1.3062	1.6896	2.4377	2.7238
6	1.4398	1.9432	3.1427	3.7074	36	1.3055	1.6883	2.4345	2.7195
7	1.4149	1.8946	2.9980	3.4995	37	1.3049	1.6871	2.4314	2.7154
8	1.3968	1.8595	2.8965	3.3554	38	1.3042	1.6860	2.4286	2.7116
9	1.3830	1.8331	2.8214	3.2498	39	1.3036	1.6849	2.4258	2.7079
10	1.3722	1.8125	2.7638	3.1693	40	1.3031	1.6839	2.4233	2.7045
11	1.3634	1.7959	2.7181	3.1058	41	1.3025	1.6829	2.4208	2.7012
12	1.3562	1.7823	2.6810	3.0545	42	1.3020	1.6820	2.4185	2.6981
13	1.3502	1.7709	2.6503	3.0123	43	1.3016	1.6811	2.4163	2.6951
14	1.3450	1.7613	2.6245	2.9768	44	1.3011	1.6802	2.4141	2.6923
15	1.3406	1.7531	2.6025	2.9467	45	1.3006	1.6794	2.4121	2.6896
16	1.3368	1.7459	2.5835	2.9208	46	1.3002	1.6787	2.4102	2.6870
17	1.3334	1.7396	2.5669	2.8982	47	1.2998	1.6779	2.4083	2.6846
18	1.3304	1.7341	2.5524	2.8784	48	1.2994	1.6772	2.4066	2.6822
19	1.3277	1.7291	2.5395	2.8609	49	1.2991	1.6766	2.4049	2.6800
20	1.3253	1.7247	2.5280	2.8453	50	1.2987	1.6759	2.4033	2.6778
21	1.3232	1.7207	2.5176	2.8314	51	1.2984	1.6753	2.4017	2.6757
22	1.3212	1.7171	2.5083	2.8188	52	1.2980	1.6747	2.4002	2.6737
23	1.3195	1.7139	2.4999	2.8073	53	1.2977	1.6741	2.3988	2.6718
24	1.3178	1.7109	2.4922	2.7969	54	1.2974	1.6736	2.3974	2.6700
25	1.3163	1.7081	2.4851	2.7874	55	1.2971	1.6730	2.3961	2.6682
26	1.3150	1.7056	2.4786	2.7787	56	1.2969	1.6725	2.3948	2.6665
27	1.3137	1.7033	2.4727	2.7707	57	1.2966	1.6720	2.3936	2.6649
28	1.3125	1.7011	2.4671	2.7633	58	1.2963	1.6716	2.3924	2.6633
29	1.3114	1.6991	2.4620	2.7564	59	1.2961	1.6711	2.3912	2.6618
30	1.3104	1.6973	2.4573	2.7500	60	1.2958	1.6706	2.3901	2.6603

BAIXAR E INSTALAR O SOFTWARE

Como as versões atuais do software são continuamente atualizadas, recomendamos que você visite o site da Real Options Valuation, Inc. e siga as instruções abaixo para instalar os aplicativos de software mais recentes:

- **Passo 1:** Visite **www.realoptionsvaluation.com** e clique em **Downloads** e **Download de Software** (Gráfico A). Você precisará se registrar aqui. Se você for um usuário da primeira vez (Tabela B) registre-se primeiro e receberá um e-mail automático em poucos minutos. (Se você não receber este e-mail de inscrição após a inscrição, envie uma nota para o seguinte e-mail:

  support@realoptionsvaluation.com)). Ao receber e-mails automáticos, navegue nesta página e assista aos vídeos de iniciação, estudos de caso e modelos de exemplo, que você pode baixar gratuitamente.

- **Passo 2:** Retorne a este site e DIGITE usando as credenciais de login recebidas por e-mail. Baixe e instale as versões mais recentes do Risk Simulator e do Real Options SLS nesta página. Links para download, instruções de instalação e informações de ID de hardware também aparecem nesta página (Gráfico C).

- **Passo 3:** Depois de instalar o software, inicie o Excel e você verá uma guia (Aba) Risk Simulator. Siga os passos na página da Web para obter instruções e envie um e-mail para support@realoptionsvaluation.com com sua ID do Hardware. Mencione o código **"MR3E 30 Dias"** para receber uma licença estendida e gratuita de 30 dias que você pode usar tanto no software SLS Opções Reais quanto no Risk Simulator.

Real Options Valuation

inglês | Chinês simplificado | Chinês tradicional | francês | alemão | italiano
japonês | coreano | Português brasil | russo | espanol
0 item $0.00

DOWNLOADS DE SOFTWARE

VÍDEOS DE INTRODUÇÃO E MODELAGEM

FOLHETOS DE PRODUTO

MODELOS DE AMOSTRA

ARTIGOS E ESTUDOS DE CASO

CENTRO DE DOWNLOAD

Você também pode visitar nosso site de download espelho se tiver problemas para fazer download desta pá

Bem-vindo ao centro de download da Real Options Valuation, Inc. Aqui você poderá baixar versões de test... pletas do software que você adquiriu (informações de licença necessárias para instalar essas versões completas), brochuras de pro... bers e vídeos de treinamento de amostra para ajudá-lo a começar ao usar nosso software, bem como modelos de amostra d... ...isk Simulator e Real Options Super Lattice Solver.

COMEÇANDO E MODELANDO VÍDEOS

A seguir estão alguns vídeos de movimento ao vivo e narrados por voz que podem ser reproduzidos no seu computador usando o Windows Media Player ou outros reprodutores de vídeo com capacidade de reprodução WMV. Você pode simplesmente clicar em qualquer um dos links abaixo para visualizar os vídeos em streaming.

ROV SOFTWARE COMEÇANDO A VÍDEOS

Também temos alguns vídeos de introdução aos softwares Risk Simulator e Risk Simulator mais detalhados que você pode baixar e assistir. Esses vídeos totalizam cerca de 2 horas. Para um treinamento ainda mais detalhado, confira nosso conjunto de 12 DVDs de treinamento (mais de 30 horas) ou nossos seminários práticos de Certified in Risk Management (4 dias). A seguir estão os vídeos de introdução detalhados atualizados no Risk Simulator, apresentando todas as novas ferramentas, como Auto ARIMA, GARCH, JS Curves, Cubic Spline, Máxima verossimilhança, Diagnóstico de dados, Análise estatística, Modeling Toolkit e muito mais...

Figura A: Passo 1 - Site de Download de Software

CENTRO DE DOWNLOAD

Você também pode visitar nosso site de download espelho se tiver problemas para fazer download desta página

Bem-vindo ao centro de download da Real Options Valuation, Inc.. Aqui você poderá baixar versões de teste de nosso software, versões completas do software que você adquiriu (informações de licença necessárias para instalar essas versões completas), brochuras de produtos, estudos de caso e white papers e vídeos de treinamento de amostra para ajudá-lo a começar ao usar nosso software, bem como modelos de amostra do Excel para usar com o software Risk Simulator e Real Options Super Lattice Solver.

VOCÊ É OBRIGADO A ENTRAR PARA VER ESTA PÁGINA.

Nome do usuário

Senha

| CONECTE-SE | REGISTRO |

Figura B: Registre-se caso seja a primeira vez

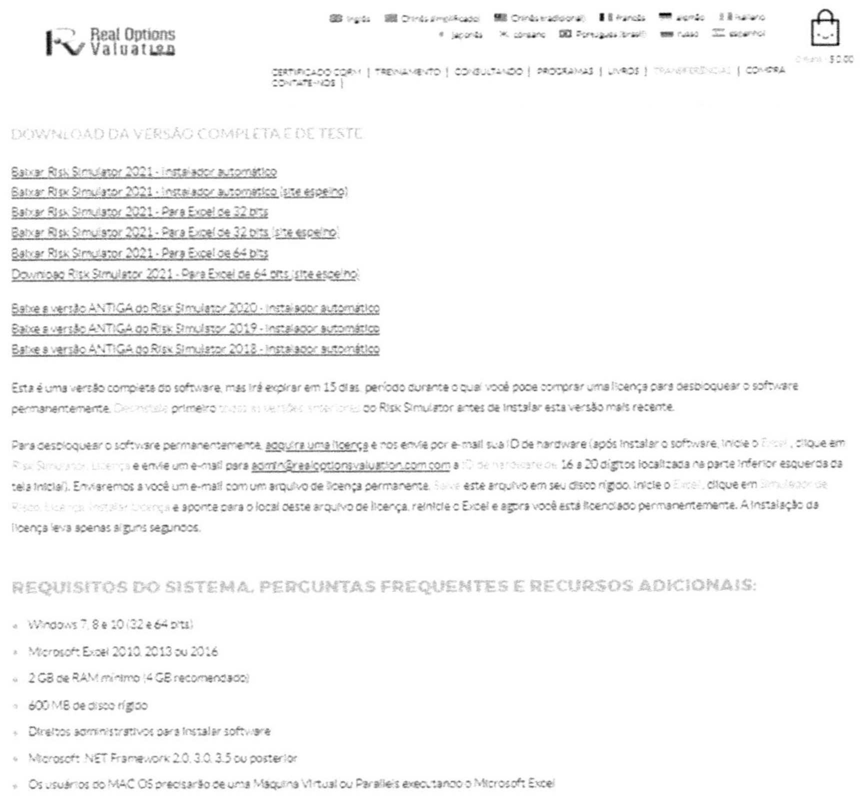
Real Options Valuation
CERTIFICADO CQRM | TREINAMENTO | CONSULTANDO | PROGRAMAS | LIVROS | TRANSFERÊNCIAS | COMPRA
CONTATE-NOS |
DOWNLOAD DA VERSÃO COMPLETA E DE TESTE
Baixar Risk Simulator 2021 - Instalador automático
Baixar Risk Simulator 2021 - Instalador automático (site espelho)
Baixar Risk Simulator 2021 - Para Excel de 32 bits
Baixar Risk Simulator 2021 - Para Excel de 32 bits (site espelho)
Baixar Risk Simulator 2021 - Para Excel de 64 bits
Download Risk Simulator 2021 - Para Excel de 64 bits (site espelho)
Baixe a versão ANTIGA do Risk Simulator 2020 - Instalador automático
Baixe a versão ANTIGA do Risk Simulator 2019 - Instalador automático
Baixe a versão ANTIGA do Risk Simulator 2018 - Instalador automático
Esta é uma versão completa do software, mas irá expirar em 15 dias, período durante o qual você pode comprar uma licença para desbloquear o software permanentemente. Desinstale primeiro todas as versões anteriores do Risk Simulator antes de instalar esta versão mais recente.
Para desbloquear o software permanentemente, adquira uma licença e nos envie por e-mail sua ID de hardware (após instalar o software, inicie o Excel, clique em Risk Simulator, Licença e envie um e-mail para admin@realoptionsvaluation.com.com a ID de hardware de 16 a 20 dígitos localizada na parte inferior esquerda da tela inicial). Enviaremos a você um e-mail com um arquivo de licença permanente. Salve este arquivo em seu disco rígido. Inicie o Excel, clique em Simulador de Risco, Licença, Instalar licença e aponte para o local deste arquivo de licença, reinicie o Excel e agora você está licenciado permanentemente. A instalação da licença leva apenas alguns segundos.
REQUISITOS DO SISTEMA, PERGUNTAS FREQUENTES E RECURSOS ADICIONAIS:
Windows 7, 8 e 10 (32 e 64 bits)
Microsoft Excel 2010, 2013 ou 2016
2 GB de RAM mínimo (4 GB recomendado)
600 MB de disco rígido
Direitos administrativos para instalar software
Microsoft .NET Framework 2.0, 3.0, 3.5 ou posterior
Os usuários do MAC OS precisarão de uma Máquina Virtual ou Parallels executando o Microsoft Excel

Figura C: Baixe links e instruções de ID de hardware

1. De um exemplo de abordagem a um problema. Quais são alguns dos elementos e características necessários de uma abordagem bem escrita para um problema?

2. Forneça um exemplo de elaboração de uma tese de pesquisa ou dissertação. Descreva cada uma das seções ou capítulos envolvidos.

3. Explique o que é uma análise Bayesiana e como funciona. Você pode usar o Teorema de Bayes como uma ilustração da abordagem. Quais são os principais requisitos para executar uma análise Bayesiana?

4. O que é e como funciona uma probabilidade condicional? As probabilidades condicionais são importantes em situações em que há dependência ou independência entre os eventos?

5. Qual é a diferença entre a estatística descritiva utilizada na dedução versus a estatística inferencial utilizada para fins de indução? Como funcionam as estatísticas inferenciais em termos de uso de amostras estatísticas?

6. Explique alguns dos métodos amostrais (p.ex., amostragem hierárquica, amostragem aleatória) e como as variáveis intervenientes podem ser controladas ou bloqueadas. E quanto à representação adequada, dispersão e diversidade da população?

7. Qual é a definição de hipóteses? O que significa e como é geralmente construído?

8. Forneça exemplos de hipóteses direcionais versus não direcionais. O que acontece com os níveis de significância *alfa* e *p*-valores calculados quando passamos de um teste de uma cauda para um teste bicaudal e vice-versa?

9. Quais são os quatro níveis de medição de dados? Dê alguns exemplos. Sob quais notas de medição são notas Fahrenheit, resultados binários condicionais, localização em uma corrida, quilogramas, tempo e preços do mercado de ações localizados?

10. Qual é a diferença entre um parâmetro e uma estatística do momento de distribuição? Como eles podem ser diferenciados? Quais teriam mais incertezas?

11. O que é um desvio padrão? O que é um coeficiente de variação? Quando cada um é usado? O que é uma medida relativa, e o que seria uma medida absoluta? Forneça exemplos que suportem sua resposta.

12. Quais são as diferenças entre média aritmética, média geométrica, média móvel, média ponderada e média harmônica? Quando cada um é usado?

13. Quais são as suposições em torno do uso de uma distribuição Binomial versus uma distribuição Poisson? Exemplos para cada distribuição.

14. Forneça um exemplo de como uma distribuição hipergeométrica pode ser aplicada. É uma distribuição discreta ou contínua? Essa distribuição tem memória de evento ou é considerada sem memória? Por que ou não?

15. Quais são os quatro momentos de distribuição e o que cada um mede? O que são IQR, Beta e VaR, e quais são esses momentos?

16. O que significa alta curtose em seus dados? Uma distribuição triangular tem curtose positiva, negativa ou zero? Que tal um uniforme, distribuição Normal? A alta curtose é boa ou seria uma preocupação para alguém que trabalha no controle de qualidade da Six Sigma?

17. O que você usa para medir a dispersão de um conjunto de dados? Que informações a dispersão fornece? Como a dispersão é usada em testes de hipóteses?

18. Qual é a principal diferença entre combinações e permutações? Ao determinar o número de correlações emparelhadas exigidas a partir de um conjunto de variáveis, qual usaríamos?

19. O que é PDF, CDF, ICDF e como são usados? Explique como você pode identificar os quatro momentos da forma curva-S do CDF.

20. Quando um escore-Z é usada e quando seria apropriado? Quais são as principais suposições necessárias para um modelo de escore Z? Forneça um exemplo como funciona um modelo de escore-Z.

21. Quais são as principais características de uma distribuição Normal e por que a normalidade é tão importante nos métodos de pesquisa quantitativa?

22. Quais são os erros tipo I, Tipo II, Tipo III e Tipo IV? Quais podemos controlar diretamente, e quais desses erros podem ser falsos positivos ou falsos negativos?

23. Qual é o poder estatístico de um teste e como ele é calculado? A que tipos de erro o poder estatístico pode estar relacionado?

24. Qual é a diferença entre acurácia ou exatidão e precisão, e qual você poderia exercer controle sobre e como? Explique as diferenças: exato e preciso; exato, mas não preciso; preciso, e não exato; e não preciso nem exato.

25. O risco leva à incerteza ou à incerteza que leva ao risco? E algumas das medidas de risco e incerteza?

26. O que é o Teorema da Limite Central, como funciona e por que é importante? Forneça um exemplo de amostragem estatística que pertença ao Teorema do Limite Central.

27. O que é uma distribuição amostral e como funciona? A partir de um exemplo de uma amostra em larga escala versus amostragem estatística.

28. Explique o significado dos seguintes termos e como eles podem ser testados: confiabilidade dos dados, consistência e credibilidade. O que é confiabilidade entre avaliadores versus intra avaliadores?

29. Como você mediria a validade interna e externa de um modelo? Quais são as medidas estatísticas que podem ser utilizadas?

30. O que é validade preditiva? Como é medido ou quantificado?

31. Quando e por que métodos não paramétricos são usados? Quão diferentes são as hipóteses? Quais são os pontos fortes e fracos dos métodos não paramétricos versus paramétricos?

32. Por que métodos não paramétricos usam medianas em vez de média? Qual deles tem o maior poder estatístico?

33. Correlação envolve causalidade? Causalidade envolve correlação? Como a causalidade é testada?

34. Que teste você aplica para ver se há uma diferença estatisticamente significante em um efeito? Especificamente, se você quisesse testar

o pré e pós-efeito de uma nova vacina viral ou tratamento terapêutico, que abordagem você usaria e por quê?

35. Como você testa se duas variáveis são estatisticamente independentes uma da outra? A correlação é uma boa maneira de medir a dependência estatística ou a independência? Se não, que outros testes ou abordagens eu poderia usar e por quê?

36. Qual é a diferença entre a correlação de Spearman e Pearson? Como uma correlação de Spearman é calculada usando a abordagem de Pearson?

37. Compare e contraste os diferentes modelos ANOVA. Especificamente, explique para que cada modelo é usado e em que condições.

38. O que os métodos Hotelling e Bonferroni fazem? Por que não usar vários testes padrão em vez desses testes maiores e volumosos?

39. A partir de um exemplo de como um ANOVA poderia ser usado com variáveis de bloqueio, e por que podemos lidar com vieses em dados e modelagem se este método não for usado. O que são esses blocos variáveis?

40. Como é um modelo ANOVA bidirecional com replicação? Podemos testar as interações entre os fatores que usam esse método?

41. A regressão multivariada tem dois usos principais. O que é que eles são? Quais são os prós e contras de uma regressão linear multivariada?

42. O que é uma raiz de unidade e por que pode ser importante? É aplicável a séries temporais ou dados transversais ou ambos?

43. As variáveis independentes precisam ser independentes da variável dependente ou de outras variáveis independentes? Por que ou não? O que acontece se for violado é exigência?

44. Compare e contraste os seguintes termos: binário, binômio, bivariado, bimodal.

45. Quais são alguns exemplos de especificações do modelo de regressão bivariada?

46. Você pode executar uma regressão multivariada regular quando a variável independente é binária ou truncada? O que acontece quando a variável dependente é binária ou truncada?

47. Quais são algumas das suposições que são necessárias ao executar uma regressão multivariada comum de menos quadrados? Quais são alguns erros potenciais em um modelo de regressão?

48. O que são autocorrelação, multicolinearidade e heterocedasticidade?

49. Quais são os modelos Logit e Probit e quando são aplicáveis? Quais são as diferenças e semelhanças entre esses dois métodos?

50. O que são caminhos aleatórios, o movimento browniano, a reversão para a média e os processos de difusão de salto? Esses processos são dinâmicos ou estocásticos e para que são usados?

51. Como você mede a precisão de um modelo de previsão? Que tal a precisão do modelo de um modelo de previsão? Compare e contraste esses dois termos.

52. Para que você usa um teste de Runs e como funciona? É um teste poderoso? Quais são algumas das alternativas para o teste de Runs?

53. Para que o teste Alfa de Cronbach e o W de Kendall são usados? Apresente um exemplo de como os métodos podem ser aplicados.

54. Por que a normalidade dos dados é tão importante? Como você sabe se os dados são Normais? Se eles não são Normais, então o que acontece? Os resultados estatísticos ainda são válidos? O que faremos se os dados não forem Normais?

55. Para que os testes Lilliefors, Shapiro-Wilk-Royston e D'Agostino-Pearson são usados? E o modelo Kuiper ou Akaike?

56. Em um teste de Kolmogorov-Smirnov no processo de ajuste de distribuição, qual é a hipótese nula comprovada, e você procuraria um alto p-valor e por quê?

57. Quais são alguns exemplos de erros e vieses em seus dados e modelo?

58. Se seus dados não são lineares e não Normais, como você lineariza ou normaliza e por que você faria?

59. Explique o significado do seguinte: heterocedasticidade, multicolinearidade, não linearidade, atípico (*outliers*), micro numeroso, quebras estruturais.

60. O que é sazonalidade de dados e por que é importante saber? Quais problemas podem resultar e como você lidaria com esses problemas se seus dados estão parados versus não estacionários?

61. O que é confiabilidade entre avaliadores e intra avaliadores? Como você tentaria isso?

62. Quais são os testes de Kruskal-Wallis e Friedman?

63. Para que o teste de Wilcoxon é usado?

64. Como você identificaria e modelaria a causa e o efeito? Como você se identifica e sabe se encontra *um laço de causalidade?*

65. Geralmente, uma hipótese é uma indução ou inferência à população a partir de uma amostra, contrariando a dedução com construções e proposições. Alguém poderia realmente rejeitar ou aceitar uma hipótese? Qual ação é mais fácil? Você poderia dar um exemplo?

66. Quais são alguns exemplos de vieses de dados e modelagem? Forneça detalhes.

67. Quais são os cálculos como o Critério de Informação Akaike (AIC), o Critério Bayes e Schwarz (BSC) e a medida do Critério Henman-Quinn?

68. Explique o viés auto selecionador e viés do sobrevivente. Exemplos.

69. As simulações computacionais Monte Carlo e modelos estocásticos foram realizadas para gerar dados a partir de experimentos teóricos e construções. A partir de alguns exemplos onde você pode enfrentar a necessidade de fazer isso em pesquisas futuras.

70. Qual é a causalidade de Granger? Explique os indicadores de avanço, defasagem e correspondência. Como uso um desses resultados do modelo Granger?

71. Como funciona um Gráfico estatístico de controle de processos (CFS)? Para que essas tabelas são usadas? Posso usar o SPC para identificar eventos normais, atípicos e extremos?

72. Descreva alguns exemplos de potenciais dados e erros de modelagem que podem existir em uma regressão multivariada.

73. Como a aleatoriedade de dados é testada? A abordagem é válida para séries temporais, dados transversais ou de painel misto, ou qualquer combinação do acima?

74. Qual é a diferença entre a ARIMA e o modelo GARCH? Para que cada um deles é usado, quais tipos de dados são mais apropriados e por que usar esses modelos em comparação com outros métodos? Quais podem ser as limitações e vantagens desses modelos?

75. Como você modela interações entre múltiplas variáveis independentes? As mesmas abordagens são aplicáveis para dados de séries temporais e dados transversais?

76. Se você encontrar um fator de inflação de alta variância em seu modelo é uma coisa boa ou ruim? Como você resolveria quaisquer problemas potenciais que possam ocorrer com um VIF alto?

77. Se você deve modelar uma eleição presidencial ou outros tipos de resultados eleitorais em nível nacional, descreva os passos e a metodologia que você escolheria.

78. O que é um modelo de rede neural e como funciona?

79. A heterocedasticidade é crítica tanto em séries temporais quanto em modelos transversais? Por que ou não? Como a heterocedasticidade é organizada?

80. O Critério de Informação Akaike e Bayes Schwartz são usados em uma variedade de modelos. O que esses dois métodos realmente fazem?

81. Mencione alguns dos diferentes tipos de regressão multivariada e quando cada um e sob quais condições poderiam ser utilizadas.

82. Quando o modelo de reversão é usado adequadamente em média?

83. Para que o teste Kolmogorov-Smirnov é usado? Explique a ideia por trás desse método.

84. Qual é a diferença entre precisão e precisão? Qual você pode controlar para um modelo de simulação computacional de Monte Carlo?

85. Para que é usado o valor das sementes? Como funciona e como os resultados mudarão?

86. Todos os dados da série de tempo podem ser divididos em três elementos fundamentais. Quais são esses elementos e como eles funcionam em combinação para ajudar a gerar uma previsão?

87. Comparação e contraste entre os seguintes métodos: Análise de tornados, análise de cenários, análise de Sensibilidade Dinâmica, *simulação de bootstrap,* Simulação Computacional Monte Carlo e análise de Aranha.

88. Explique as diferenças entre análise estática, análise dinâmica e análise estocástica em termos de simulação computacional de Monte Carlo e otimização não linear.

89. Quais tipos de dados e propriedades dos dados podem ser mais adequados para um modelo Holt-Winters? Para que este modelo é usado?

90. O que é um modelo dinâmico e o que é um modelo de processo estocástico? Como eles são similares ou diferentes? Quando você vai usar cada um?

91. Em que circunstâncias seria mais apropriado usar uma curva exponencial ou uma curva logística?

92. Comente sobre os diferentes tipos de regressão de passos e como eles funcionam (p.ex., para frente, para trás, para trás, correlação, entre outros).

93. Quais são os quatro parâmetros típicos de entrada para executar a otimização estocástica? Exemplos de otimização estocástica e como você obteria essas entradas.

94. O que é um modelo 2SLS de menos quadrados em dois estágios e como as variáveis instrumentais são usadas para modelá-lo? O que é endogeneidade neste caso?

95. É mais fácil modelar sazonalidade ou cíclica em um conjunto de dados? Por quê? Os dados transversais são suscetíveis a essas alterações? E o painel de dados?

96. Explique a análise e análise do fator do componente principal. O que todo mundo faz? Explique como você usaria os *autovalores calculados e autovetores próprios* (Eigenvalues/Eigenvectors).

97. Como funciona uma cadeia de Markov? Para que uma Cadeia Markov multiestado seria usada?

98. O que é um Spline Cúbico? A partir de um exemplo de como você aplicaria este método.

99. O que é lógica difusa combinatória? Em geral, o que é lógica difusa e por que alguém usaria esse método?

100. O que é um modelo de equação simultânea ou um modelo de equações estruturais? A partir de um exemplo de quando este método pode se aplicar.

www.ingramcontent.com/pod-product-compliance
Lightning Source LLC
Chambersburg PA
CBHW060317200326
41519CB00011BA/1759